葛洪义 著

法律·理性·实践

葛洪义法学文集

华工文库·名家系列

华南理工大学出版社
·广州·

图书在版编目（CIP）数据

法律·理性·实践：葛洪义法学文集/葛洪义著.-- 广州：华南理工大学出版社，2025.6.--（华工文库）.--ISBN 978-7-5623-7851-8

Ⅰ.D90-53

中国国家版本馆CIP数据核字第2024NA7531号

Falü·Lixing·Shijian：Ge Hongyi Faxue Wenji

法律·理性·实践：葛洪义法学文集

葛洪义　著

出 版 人：房俊东
出版发行：华南理工大学出版社
　　　　　（广州五山华南理工大学17号楼，邮编510640）
　　　　　http：//hg.cb.scut.edu.cn　E-mail：scutc13@scut.edu.cn
　　　　　营销部电话：020-87113487　87111048（传真）

策划编辑：陈　蓉　陆颖珊
责任编辑：付爱萍
责任校对：李　桢　梁樱雯
印 刷 者：广州市人杰彩印厂
开　　本：787 mm×1092 mm　1/16　印张：23.5　字数：458千
版　　次：2025年6月第1版　印次：2025年6月第1次印刷
定　　价：108.00元

版权所有　盗版必究　　印装差错　负责调换

总 序

习近平总书记指出:"人类社会每一次重大跃进,人类文明每一次重大发展,都离不开哲学社会科学的知识变革和思想先导。"哲学社会科学如同一盏明灯,照亮历史的进程;哲学社会科学拥有一种力量,促进社会的进步。在以中国式现代化全面推进强国建设、民族复兴伟业的征程中,哲学社会科学大有作为、大有可为。

大学,尤其是一流大学,是我国哲学社会科学的重要力量。2004年,华南理工大学应时代之变,行人民之盼,有组织、成规模地发展哲学社会科学。目前,学校哲学社会科学学科体系不断健全,拥有文科院系13个,一级学科博士点8个,华南理工大学公共政策研究院、教育部高校思想政治工作创新发展中心(华南理工大学)入选国家级高端智库,"国家关键产业韧性与安全研究创新团队"首批入选教育部哲学社会科学创新团队建设名单,社会科学总论、经济学与商学跻身ESI全球前1%,文理工交叉研究蓬勃兴起,哲学社会科学发展势头强劲,为国家重大战略实施和区域经济社会发展作出了重要贡献。

这些成绩的背后,学校引育的一批名师大家功不可没,他们以回答中国之问、世界之问、人民之问、时代之问为学术己任,以彰显中国之路、中国之治、中国之理为思想追求,以宽广的研究视野和卓越的创新能力,积极投身构筑中国精神、中国价值、中国力量的新实践,述学立论、建言献策,持续产出优秀学术成果,见证并推动学校哲学社会科学向下扎根、向上攀登,向新发展、向强迈进。

今天,学校将名师大家的部分重要理论成果结集出版,形成"华工文库·名家系列"丛书。丛书收录的名家大师作品,有的是对某一学术领域的深刻认识,有的是对某一社会现象的深入思考，有的是对某一历史时期的深切感悟，凝聚着著者数十年的心血和智慧，体现着他们深厚的学术底蕴、敏锐的洞察能力和不懈的探索精神。丛书不仅是对名师大家学术成就的回顾梳理，更是对学校哲学社会科学发展历程的提炼总结，不仅丰富了学校的学术宝库，更为未来学术探索和学科建设奠定了扎实的基础。

党的二十届三中全会明确，"实施哲学社会科学创新工程，构建中国哲学社会科学自主知识体系"，这为学校哲学社会科学的"再出发"战略指明了新方向。我们期望丛书能够成为桥梁，连接过去与未来，助力传承与创新；我们期望丛书能够成为平台，让广大师生和社会各界了解华南理工大学哲学社会科学发展历程、领略名家风采、汲取学术智慧；我们期望丛书能够成为动力，激发学校相关学科领域的积淀，加快打造特色鲜明的"华工文库"品牌，为构建中国哲学社会科学自主知识体系贡献华工智慧。

是为序。

唐洪武

华南理工大学校长

自　序

为庆祝华南理工大学大学城校区投入使用20周年及法学院、新闻与传播学院、经济与贸易学院、艺术学院等文科学院建院20周年，学校计划为本校人文社会科学学者出版一套文集，其中包括我这位曾经在华工任职10年的这一本。作为华南理工大学文科高速发展的见证人和亲历者，能够参与到这一重要的庆祝活动中，深感荣幸。感谢学校的美意，也感谢学校社科处与出版社的热情组织。

编入本文集的论文，时间跨度接近40年。最早的一篇是我硕士毕业前夕的1987年发表于上海华东政法大学（当年的华东政法学院）《法学》月刊的文章。作为改革开放时代的同龄人，有机会参与到我国从计划经济到市场经济、从人治到法治这一具有重大历史意义的革命性变革之中，我们这个年代的法学学者非常幸运。尽管，一个人的思想与思考的重点问题会随着时代的变化和思想环境的变化而发生变化，但思想在激烈的社会变迁中碰撞，观点在自由的学术争鸣土壤中生根，我们都从年轻幼稚到逐渐走向成型成熟。所以，我的所有写作，包括收入文集中的文章，贯穿始终的主题，就是对中国如何走向法治的思考。我想，这也是我们所属的时代所决定的。

文集中的文章，大致可以分为五个相互关联的研究领域，分别为自己不同时期的关注重点。法律与价值领域，是引导我进入法学理论最初的问题域。与当时的理论背景有关，即必须打破"以阶级斗争为纲"的思想束缚，法学要体现对社会正义与人的尊严的关切。我在这个领域的思考，涉及法律与良善、法律与公平正义，法律作为一种社会现象的形式意义，以及权利、法律、价值相互之间的关系。思考的重点是法律本位问题，即法律的终极关怀；该领域的问题，又不可避免地将我带入法律的本体领域，从对传统法律概念思想方式和思维架构的批判性考察，逐渐扩展到对法律与理性、法律与实践以及法律的正当性与认识论问题的研究。2002年前后，我已经确信，法律根本上乃是一个实践理性框架内的问题，是一个人的行为选择问题，需要通过对人的思想与行动环境及地方性问题的认识来把握；2001年到2007年，我关注的重点转向更为微观的法律实践活动，试图理论化法律实践中的方法与技能，就创办了《法律方法与法律思维》连续出版物，发起了"法律方法与法律思维"系列学术论坛，就法律方法、法律推理、法律论证撰写了几篇论文，积极推动了之后遍及全国的法律方法研究；同时，与法律方法研究相呼应，全国启动统一司法考试，我又开始思考法律职业、司法、职权法定与法治的关系。在党的十八届四中全会作出有关全面依法治国的决定后，我还就法治、司法改革、司法权、职权法定分别撰写了论文；2007年，我在华南理工大学法学院创建了广东省人文社会科学重点研究基地——广东地方法制研究中心，由此开始，我进入一个从地方的视角研究、观察和思考中国法治建设重大理论问题的时期，承担了一项教育部重大课题和两项国家社会科学基金重大项目，撰写了系列论文。必须再次强调的是，近40年来，我的思考和研究，尽管可以分为多个领域，但这些领域都是相互承接和延续的。

我相信，一个真正的学者与现实之间，总是会存在一些张力的。思想与知识不同，它永远没有停滞和被终结的时候，总是要面临批评和检讨，处于不断的变化进步之中。思想史上，"只有永恒的问题，没有永恒的答案"。所以，我始终把自己定位为法学领域建设性的批判者。我所有的文字都是出于这一写作目的，即发现问题，推动中国的法治进步。基于相同的原因，我相信，后来者也一定会超过我们，提出比我们更有见地的观点。2004年，我来到华南理工大学担任法学院院长时，就意识到自己无法弥补的知识结构和理论训练的短板，意识到自己思想能力的局限性，这也是我选择当院长并分出一部分甚至大部分精力培养学生的原因。我希望后来者能够与各国法学同行开展平等的学术对话与交流，能够为世界贡献中国的智慧。

呈现在各位面前的这本文集，缺点、错误肯定难以避免，欢迎并期待各位批评指正！但我能保证，其中绝大部分文字，都是真诚和认真的。

葛洪义

2024年9月17日于杭州

目录

一　法律的价值　　1

实证法学和价值法学的协调与我国法学研究　　2
目的与方法：法律价值研究论析　　7
法律家与知识分子的良知　　16
论法律权利的本质　　21
法律・权利・权利本位——新时期法学视角的转换及其意义　　28
现象与意义——法律哲学的若干理论及方法问题　　35

二　法律的本体　　45

规范主义・概念主义・国家主义——评我国法概念研究理论框架的
　　逻辑实证倾向　　46
法的普遍性、确定性、合理性辨析——兼论当代中国立法和法理学
　　的使命　　58
法学研究中的认识论问题　　70
法律的理论与方法——法理学作为一门科学的条件和界限　　91
法理学的定义与意义　　104
法理学基本问题的形成与演变——对法理学知识谱系的一种考察　　116
略论中国法律制度的正当化问题　　136
法律的实践属性与旨趣　　141

三 法律方法与法律思维　　163

法律方法的性质与作用——兼论法律的结构及其客观性　　164
法律方法与几个相关概念的比较　　179
法律原则在法律推理中的地位和作用——一个比较的研究　　189
试论法律论证的源流与旨趣　　204
试论法律论证的概念、意义与方法　　215

四 法治、司法、法律职业　　227

论法律的发展　　228
法治如何才能形成？——中国足球职业联赛的个案分析及其启示　　237
论法的生成　　249
法官的权力——中国法官权力约束制度研究　　261
司法权的"中国"问题　　275
顶层设计与摸着石头过河——当前中国的司法改革　　283

五 地方与法制（法治）　　295

我国地方法制研究中的若干问题　　296
法治建设中的"地方"　　306
多中心时代的"地方"与法治　　318
作为方法论的"地方法制"　　329
关于我国地方立法的若干认识问题　　333
"地方法制"的概念及其方法论意义　　341
何以"应当"——地方法制的规范性维度　　355

一

法律的价值

实证法学和价值法学的协调与我国法学研究

一、严格意义上的法学是实证法学与价值法学的统一

法学，就其基本研究倾向，可分为实证法学与价值法学两类。实证法学侧重于用科学分析和逻辑推理的方法研究现实中的法律、法律规范和法律制度。与价值法学相比，它关心的是学科自身的逻辑关系。价值法学，广义上说，比较注重的是法是否符合客观规律，是否符合社会理想，以及法的社会效益，总之是法的外部联系；狭义上说，价值法学是从法学研究的主体——人出发，探讨法如何满足人的需求的法学方法论。所以，它更关心学科的"感情色彩"。我们这里所说的价值法学是它两方面含义的综合。纵观整部法学史，可以发现，实证法学与价值法学呈现出互相斗争，交替上升，继而综合发展的趋势。

从理论上说，实证法学与价值法学之间并不存在一条不可逾越的鸿沟。所谓法学的实证性或法学的价值化都不是绝对的。"法律是什么"是法学的一个实证判断命题；"法律应该是什么"则是法学的一个价值判断命题。谁又能说这两个命题是必然矛盾的呢？法学是一门科学，但它同时也是一门关于价值的学问。从这个意义上说，法学应该是实证法学与价值法学的统一。

历史上众多的法学流派，有的崇尚实证，有的追求价值，但是前者不能否认自己具有一定的法学价值观（尽管他们有时不承认）；后者也不可能不搞实证研究。比如，法学史上典型的实证主义法学代表汉斯·凯尔逊认为：法学是一门科学（即知识体系），因此，它的研究对象只能是现实中的纯粹的法律规范体系。他主张法学不应该考虑法的价值问题，即"恶法亦法"。以他为代表的法学流派被后人称之为纯粹法学或分析实证主义法学。其实正如不选择就是一种选择一样，标榜不研究法的价值问题，这也就是他们的法学价值观。法律，就其调整对象而言，无论是人与人的关系或是人与自然的关系，都离不开"人"，那么，法学家又怎么能离开人的愿望、需求和理想来研究法呢？况且，法学作为一门世界学科，它本身就应该具有一种预见性，预见是或然判断。没有法学研究的多元化

为法律调整提供更多的选择余地，岂不是自我束缚吗？又怎样制定和实施一部符合客观规律和社会理想的法律呢？

从另一方面说，也不存在只研究价值不考虑实证的法学流派。价值法学的研究成果离开实证法学是毫无意义的。但怎样使法律和法制建设符合一定社会占主导地位的价值观则是价值法学的一大基本理论问题。

实证法学与价值法学的统一还表现在两者是不可分割的。通过实证法学建立起来的法律规范体系是法律在现实社会生活中得以贯彻实施的不可缺少的条件。严密、科学的法律规范体系，明确、清晰的法律术语，为人们应用法律、遵守法律提供了一个良好的条件。但是仅仅这些并不能称为完整的法学，因为它还缺少一种对法的实证研究具有指导意义的内容，这就是价值法学。而法理学家则是这一研究任务的主要承担者。离开了实证法学，现实法律就会成为一盘散沙；离开了价值法学，法律就失去了方向，它的目的就会不明确，因此，从整个社会法学研究的总体而言，两者应该是统一的，法学研究应沿着实证法学与价值法学协调发展的道路向纵深推进。

马克思关于客观法与现实法统一的二元法观念就是从价值法学的价值出发谈了实证法学要与价值法学协调发展的问题并深刻揭示了这一协调的本质。在马克思看来，现实法之上还存在一个客观法，前者相依于后者，否则就是非法。客观法所体现的人与人之间的交往是理性的、自由的、平等的，它是人类理性的自然规律，是不可违背的。马克思所说的客观法具有两个重要特征：首先，他的客观法与人民意志相联系。人民意志是客观法的深刻内容，同时也是衡量现实法的尺度。其次，他的客观法与客观规律相一致，而现实法则是客观规律的认识和表述。立法者的任务只是将客观法中符合人类理性的自然规律如实地加以反映。

二、法学等于法律注释学的推导形成了法学研究发展缓慢的现状

社会主义法学与一般意义上的法学既有相同之处，也有特殊的地方。它的相同点表现在实证法学同样需要与价值法学协调发展；它的特殊点在于社会主义性质为价值法学的研究提供了更为广阔和真实的背景。所以，社会主义法学应该并可以是实证法学与价值法学的合理统一和协调发展。从整体意义而言，它们之间不应有孰轻孰重的问题，更不应该形成某一方片面发展的局面。

然而，我国的法学研究现状是：实证法学与价值法学相脱离。众多的法学工作者热衷于法学的实证研究，而忽略了价值法学的研究，在某些领域浅尝辄止，更谈不上推陈出新。我们不妨列举一些现象说明这个问题。

崇尚实证、回避（暂且称为回避）价值的直接表现首先是：法学等同于法律

注释学。具体表现一是注释法律条文，二是注释经典著作。理论界有这样一种倾向，似乎文中无经典根据，此文就大可怀疑，以致出现从同一句经典论述中引出许多不同的解释。其次，有人把法学等同于法律考证学。大量人力物力不是放在考证法律术语的出处，法律人物的生卒年代，就是放在对经典著作语录的证实或证伪上。再次，把法学等同于法律。整个法学研究围绕现行法律这根轴运转。我国法学教育、法学研究、法学研究人员的配备和机构设置等各方面都在为现行法律和现实需要服务，理论上虽提出，但实践中仍缺乏一个多层次的长远规划。

毋庸置疑，法学的实证研究对法学来说是个永恒的课题，但是脱离价值而片面发展的实证法学不仅不会带来法学的昌盛，相反，只能导致法学和法制的危机。这一可能性已初露端倪，不少同志已敏感地认识到了。

第一，法学落后于立法。十一届三中全会后，国家立法发展很快。相比之下，法学研究则显得比较沉闷。立法的生气源于现实需要，法学的沉闷源于注释现行法律。既然众多的法学家都把精力投入到对现实法律的注释和考证中，他们就很难通过自己切实的研究成果为立法、司法等法律实践活动提供更多的理论前提和选择余地。从当前国家制定的几部重要法律来看，法学家的影响是非常有限的。

第二，法理学落后于部门法学。由于社会经济的发展迫切需要法律调整，因此，与其关系密切的部门法学，特别是经济法学有了长足的进步。比较而言，法理学则受到各种条件的限制，几年来一直没有突破性的进展，以致形成法理学与部门法学脱节的现象，法理学的龙头作用被削弱。

第三，法学落后于其他学科的发展。法学与其他学科相比，显得呆板和毫无生气。表现在：①体系的陈旧。仍是20世纪50年代从苏联搬来的现成理论，仅在此基础上加以修修补补。②观点的陈旧。如果说实证法学的理论还有所发展的话，那么价值法学的一些"最新"理论问题不过是20世纪50年代争议问题的重复罢了。当然，应该承认是有所发展的，但是这种发展并不是法学理论工作者创造性劳动的成果，而是深深依赖于国家政治风云的变化。有人将这种现象的原因解释为法学的政治性太强，敏感的地区多。这的确是个事实。但是，随着国家政治生活的民主化，这个问题是解决的时候了。

第四，法学落后于社会主义现代化建设的实际。虽然我国法学界一再强调法学要为现代化建设服务，但这个问题并未解决。究其原因无非：①从概念出发，玄而又玄，忽视中国现代化建设的实际。②从法学＝法律的公式出发，认为法律是统治阶级意志的体现，那么，法学不就是阶级统治之学吗？法学家应该站在谁的立场上？③从实用主义原则出发，头痛医头，脚痛医脚，以致法学失去了应变能力和稳定发展的特性。形势一变，观点就变。变幻莫测的理论风云使法学不能真正切实地从实际出发。我以为法学如果不在价值问题上高屋建瓴，取得重大突破，是无法摆脱这种被动局面的。需要不能替代规律。

第五，法学研究中的主体危机。法学的主体危机主要存在于：脱离实际（客观规律）和脱离世界法学。由于法学研究对象的单一性，人们更注重法律而轻视法的规律，致使研究主体丰富的个性特征被淹没。殊不知法律是可变的，法的规律却是永恒的；法律是国家的，法学是跨国界的。不提法学研究的多元化发展，对我国法学的现代化是极为不利的。由于法律教育的实用性，法学教育变成了普法宣传，我们目前培养的法律专业本科生，大多只停留在司法干部的水平上，很难承担社会对这一代人多层次的需求。另外，法学研究的主体危机还表现在法学界还没出现一支独立的研究群体。现有的研究群体基本在一个"统"字下研究，很难说有派别的分野，这种现象对学术活动是致命的。

我国法学研究中实证法学与价值法学的脱节现象及其危害还有不少，在此恕不一一列举。这种现象的出现固然有其政治、经济（自然经济、产品经济）等外在原因，但是中国知识分子的群体人格因素也是不容忽视的。当今，随着改革的全面展开，法学繁荣的外在条件是空前的，法学家应该挣脱传统人格的束缚，在价值法学领域来个飞跃，使法学与时代同步前进。

三、更新观念是实证法学与价值法学协调发展的首要任务

如果我们承认实证法学与价值法学都是社会主义法学的有机组成部分，那么，如何克服我国法学界明显存在的偏重实证的倾向就成为一个必须正视的问题。这并不意味着否定实证法学的价值，而是要求把实证法学与价值法学合理地统一起来，使二者能够协调发展。

如前所述，价值法学的研究成果对实证法学具有指导意义，就好比修建一个建筑物，前者是个设计师，后者是个工程师，离开了前者，后者就是使出浑身的解数也无济于事。但是如果设计师是个蹩脚的人，高明的工程师也毫无办法。因此，价值法学要想避免成为一个蹩脚的设计师，就要争取拿出尽可能完美的研究成果。具体来说，实证法学与价值法学的协调发展还取决于下列观念的更新。

第一，法学不等于法律科学。首先，法学的内涵不能仅用科学来定义。法学一方面是知识体系，另一方面还是"良心"的事业，包含着无法"计量"的价值内容；其次，从其实证部分讲，法学的研究对象应该是法律；从其价值部分讲，法学的研究对象应该是法的规律。所以，法学应该是关于法律及其规律的科学和学问。由此出发，法学是不能与法律画等号的。

第二,法学可以并且也应该研究现行法律。既然法学以古今中外存在过的法律、法律制度及其所体现的一般规律和人们对它们的评价为自己的研究范围,那么,就应该根据自己所经验的材料对现行法律的正确性与正当性作出自己的评价。有人以为,对法律的评价只能由有权创制法律的国家机关作出,这种认识是不对的。国家机关的正确决策有赖于法学研究的成果,况且对规范自己行为的现行法律提出一些不同看法,只要属于言论范围,就是合法的。以往,由于"左"的思想影响,人们不敢对国家大事提出自己的不同认识和看法,这是国家政治生活非民主化的结果。今天,在发扬社会主义民主,广开言路,特别是在党的"双百方针"的指引下,国家政治生活都属于可以讨论的范围,宪法和法律理所当然地应成为我们的认识和判断对象。

第三,法的价值是多层次、多方面而不是单一的。这种价值包括在多大程度上符合和满足人的理想、愿望和需要。因此,人的理想、愿望和需要的多层次就决定了法的价值的多层次。价值法学就是通过研究人的丰富的价值观念与法的关系,使社会主义法制建设尽量符合大多数人的理想、愿望和需要,使法律从传统的、制约人的工具变为"人民自由的圣经"。

第四,法学也是"人"学。人在法学研究中一身兼二任——一方面他是研究的对象,另一方面他又是研究的主体。作为研究的对象,他要求法律尽可能肯定他作为社会成员和国家成员应有的权利,这种权利就表现为作为人的人权和作为公民的公民权。因此,法学与人性有着非常密切的联系。法律与道德的关系则是价值法学的一个亘古常新的论题,作为研究的主体,并不能也不可能纯粹客观地反映现实需要。由于法律与人非同寻常的关系,研究主体几乎总是要把自己的感情色彩和思想观点注入他的研究内容,所谓"法律不承认良心"的断言今天已丧失其现实性。另外,法律是人的行为规范,但是,它也只有通过人的行为才有意义。许多案例都说明,人们在运用法律时是怎样受自己价值观的影响的。从法学也是人学的价值判断出发,把"人"所丧失的但本应属于他的法律地位返还给人,是法学研究者义不容辞的道义责任。

综上所述,法学的进步与发展将取决于实证法学与价值法学的协调程度。当代中国法学显露出实证法学脱离价值法学而片面发展的趋势,如果不及时克服,将不利于法学和法制的现代化。

(原载《法学》1987年第5期)

目的与方法：法律价值研究论析

法律价值是法哲学研究领域的一个十分引人注目的重大课题。可以说，法学史上几乎所有重大的理论争论都直接或间接地与这一问题有关，如法律与道德、法律的性质和目的、法律的作用等。鉴于此，运用马克思主义的立场、观点与方法深入研究法律价值问题无疑具有一定的理论和现实意义。

我国学者一般认为：价值是主体需要和客体适应与满足主体需要之间的一种特定关系；法律价值则是人与法律之间的一种需要与满足的特定关系。这种观点因其强调法律价值研究要着眼于人与法两个方面和注重法律价值与人的密切关系而为法律价值研究奠定了扎实的理论基础。然而，它似乎也有需要进一步讨论、精确和完善之处。最值得注意的是，有些讨论法律价值的文章实际上有意或无意地混淆了法律价值与法律作用这两个尽管有密切联系但也存在严格界限的概念。法律价值具有一般价值的共性和普遍性，但其存在的根据却应该是自身的个性和特殊性。语义随语境的变化而变化，受语言的使用目的与方法的制约。因而，深入考察法律价值研究的目的和方法对明确法律价值的特殊含义以及法律价值研究在我国社会主义法制建设中的地位和作用是必要的和有益的。

一、法律价值作为社会关系主体对法律的一种主观体验，必然存在于人的需要与法律满足人的需要的属性之间的特定关系之中，因而，法律的作用、目的、性质必然深刻地制约法律价值的有无及大小

"好坏问题，推而广之，就是价值问题。"[①] 所谓有价值实际上就是指某种东西对人有好处，因此，价值无非是人们对有益于自己的某种外界物的主观体验和主观把握。但是，人对外界物的这种主观体验和把握又不能理解为是纯粹"主观"的，即人头脑中固有的。它建立在主客体相互作用的基础上，是在主体需要见之于客体，客体属性满足主体需要的过程中形成的。正如马克思所说："价值这个普遍的概念是从人们对待满足他们需要的外界物的关系中产生的。"[②]

---

① 李德顺：《价值论》，中国人民大学出版社1987年版，第11页。
②《马克思恩格斯全集》第19卷，第406页。

法律价值作为人对自身与法律的关系的一种主观体验必然存在于人与法律的关系之中，是人与法律相互作用的产物。研究人与法律之间的这种相互作用也就有助于深入认识法律价值。法律是人类千百年来社会实践的产物，是人的对象化活动的结果。从一定意义上说，它产生于人的精神活动，属于劳动的精神产品。人创造了法律，法律又作用于人，满足人的需要。考察有文字记载的历史，法律对人类的生存与发展发挥了巨大的作用，这种作用既体现在经济、政治领域，也体现在思想、文化领域。法律的价值就产生于这一相互作用的过程中，离开了法律作用就无所谓法律的价值，而研究法律的价值也就不能不研究法律的作用。

人类创造了能够满足自己特定需要的法律，法律的制定、法律的内容都带有明确的目的性。就满足社会某种需要而言，法律始终是一种工具、一种手段。它的内容是具体的，它的目的也是具体的。如果说，一个社会总是存在不同的利益、不同的利益群体、不同的阶级，那么，法律也就必然需要在相互否定的利益之间、互相对立的利益群体之间、直接对抗的阶级之间进行平衡与选择，以使这种对抗继续维持在"秩序"的范围内。按照马克思主义的基本原理，法归根结底是由一定社会的物质生活条件决定的。法律的作用和目的取决于"个人的物质生活，即他们之间相互制约的生产方式和交往形式"①，取决于生产力发展的水平和状况。生产力发展的不同阶段决定了法律具有不同的性质，不同性质的法律又具有不同的作用和目的。因此，法律能够满足人的需要这一基本属性就不能不受制于法律的性质，法律的价值也就必然地与法律的性质直接相关。在一定社会中，法律的性质、目的与作用总是一致的，它们决定了法律价值的有无及大小，从而确定了法律价值与社会生产力之间的关系，揭示了衡量法律价值的一个根本标准的客观属性。

可见，人与法律的关系作为一个总体构架制约着法律的价值。法律的价值即人们对自身与法律的关系的主观体验和由这种主观体验所决定的主观把握总是必然地存在于人与法律的关系之中。人与法律的关系最直接地表现为它们之间的相互作用、相互联系。人与法律之间的相互作用及法律对人的需要的满足是多层次、多方面的，可以从不同的角度划分。但无论是人对法律的作用还是法律对人的作用，无论法律满足的是人的何种需要，都不能离开法律的性质来认识。因而，在人与法律的总体构架内就存在三个相互联系、相互制约、相互区别的层次：法律价值、法律作用、法律性质。由于法律价值是在人与法律的相互作用的过程中形成的，因而，人们往往容易把法律的价值理解为法律的作用，这就在实

---

① 《马克思恩格斯全集》第3卷，第376页。

际上抑制了法律价值研究的独特价值。所以，对法律价值进行研究首先就要区分人与法之间的三个层次的关系，既要注意到它们之间的密切联系，又要把握住它们之间的严格界限。

二、法律价值深刻地受制于法律作用，但是法律价值毕竟不同于法律的作用，它有自己独立的研究领域。从根本上说，法律价值不是指法律的价值，而是指体现在法律中的人的价值需要，因而不存在所谓负价值问题

法律的作用泛指法律对社会的影响，研究法律的作用有必要考察三个概念，即法律的效力、法律的实效、法律的效果。法律的效力是指法律的有效性、约束力；法律的实效是指法律实施的实际结果；法律的效果是指产生实际结果的法律对社会是有益的还是无益的，是促进了社会进步还是阻碍了社会进步。法律的作用机制一定意义上说就是这三个概念的统一。法律作用的研究领域一般限于这一法律作用的客观机制。法律价值则意味着法律规定体现了一定社会的价值观从而引起了人们物质与精神上的满足感，是人们所感觉到的法律对他的"好"处。法律价值实际上不是法律本身的价值而是通过法律所反映的价值要求，或者说，法律的价值是由人赋予的。法律价值研究对象则是一个主观见之于客观的活动（仅就人与法律的关系而言）。

从历史上看，法律价值研究特指研究现实法律与社会价值体系之间的关系的活动，其中，主张法律应该符合社会价值体系，认为法学研究对象应该包括社会价值观的法学思潮则被称为价值法学。价值法学代表着对社会价值关注的法学研究倾向。美国法学家霍尔等认为以美国现实主义法学为代表的社会法学、分析法学和自然法学分别强调了法律的事实、形式、价值要素，指出了自然法学对价值的偏爱[1]；德国法学家坎特罗维茨也提出了类似的观点[2]。我国也有学者认为自然法学是西方最典型的价值法学[3]。因此，研究自然法学的基本观念和基本方法将有助于进一步展开对法律价值的讨论。

自然法学说的理论框架主要有三个支点：第一，人类所共有的权利或正义体系就是自然法，自然法是指普遍的、人类共有的法律。自然法学强调法律的统一性并把法律统一的基础归结为正义、平等、自由、幸福、尊严、权利等；第二，

---

[1] 沈宗灵：《现代西方法律哲学》，法律出版社1983年版，第39页。
[2] 沈宗灵：《现代西方法律哲学》，法律出版社1983年版，第30页。
[3] 严存生：《"法律价值"概念的法哲学透视》，《法律科学》1989年第1期。

强调国家制定或认可的实在法应该属于作为权利或正义体系的自然法，自然法凌驾于实在法之上，具有支配实在法的效力，实在法如果与自然法相抵触就必须修改或废除以满足自然法的要求；第三，自然法本身是由永恒的、先验的、普遍适用的一般原则构成，或说是"被理性的自然之光照亮了的各种原则构成的"，因此，它不具有实在法普遍采纳的成文形式和国家强制。① 自然法学观察法律问题的视角，分析问题的方法，它所倡导的法律价值研究是值得重视的。自然法学的法律价值观有三个思维特征：①法律价值不是现实法律本身的价值而是自然法的价值和体现在法中的自然法的价值；②价值是以自然法形式得以论证和表现的道德观念，道德观念对法有积极作用，法律与道德不可分；③价值是法律内在的实体标准，实在法必须符合社会的道德标准。符合道德标准是实在法有效力的必备条件。

以外在于实在法的某种价值观为评价标准提出对现行法律的要求并非自然法独有的观点。早在古希腊时期，著名思想家亚里士多德提出"法治"的两个标准，其中包含了与自然法学方法类似的看法。他认为，所谓法治，一是指普遍守法，二是指被遵守的法律应该是好法。显然，在他看来，法律的"好""坏"是法律的内在标准之一，也是人们是否负有守法义务的根据之一。持有类似观点的学者在法学史上很多。如果说历史上人们倾向于以道德标准作为法律的价值标准，那么目前人们则更愿意接受一种比较宽泛的法律价值理论，如彼德·斯坦和约翰·香德在《西方社会的法律价值》这部著作中一反西方传统观点，把秩序列为与正义、公平、个人自由同等重要的法律制度的价值。我国学者张文显等则进一步指出，法的价值除了秩序、正义、自由以外，还应该更宽泛一些，比如包括效率②。

事实上，尽管人们普遍认为自然法学侧重于法律价值研究，但是公认的自然法学的代表人物却很少研究法律价值的概念，甚至也很少提到"价值"一词。所以，我们倾向于认为法律价值研究的首要含义不是指观点而是指方法，不是语义分析而是理性把握的问题。它首先代表的是一种方法论，是一种以理性方式探讨问题的方法。众所周知，自然法学派与分析实证主义法学派在历史上曾进行过不少次争论。分析法学认为自然法学混淆了法律与道德，进而提出法学的研究对象只能是实在法，"恶法亦法"。奥斯丁曾指出："法律的存在是一回事，而它的优点、缺点又是一回事。它是不是法律是一回事，而它是否适合于人们想象的标

---

① 俞荣根：《自然法学说献疑》，《台湾研究》1990年第1期。
② 张文显：《法的一般理论》，辽宁大学出版社1988年版，第93页。

准，这又是另一回事。"① 显然，奥斯丁反对把道德标准作为法律的内在条件。因而，法律价值研究是以承认法律有价值为前提，是指区别现实法律和社会价值体系进而要求法律满足人的价值需求的一种思想方法。所以，法律价值研究执着地追求通过法律实现社会价值和人的价值，关心的也就主要不是法律本身的价值而是法律所体现的社会价值和人的价值。鉴于此，法律价值研究的领域始终是法律与价值的关系，这也是价值法学特有的、传统的研究领域和理论优势所在。

由此可见，法律价值研究与法律作用研究之间的关系是可以进一步明确的。法律价值即便不能作为法律的内在条件从而对法律的效力产生影响，它也可以通过对法律的效果进行评价影响法律的作用。法律的作用作为法律产生影响的客观过程也不能不受作为人的主观体验的法律价值的制约，这种主观体验转化为人的价值需求必将对法律提出更进一步的要求。当然，在它们之间的关系中，法律的作用应该是第一位的，法律如果没有作用，价值问题也就无从谈起。

三、研究法律价值最直接的目的就是促使法律符合特定社会的占统治地位的普遍的价值观念。价值观念是一个国家、一个民族在其历史发展过程中自发形成的，与特定社会的文化背景有关，但是它最终决定于社会的经济结构和生产力的发展水平

无论是从历史还是从现实进行考察，法律价值研究最直接的目的都是促使法律符合特定社会的价值观念。当古罗马法学家塞尔苏士提出"法律乃善良公正之术"时，"善良公正"这一道德要求实际上已被作为塞氏所说的法律的内在标准与条件；德国古典哲学家康德认为法律是最低限度的道德；黑格尔则认为法律与道德是自由意志得以实现的两种不同形式，前者是"抽象法"，后者是"主观意志的法"。把法律与道德、法律与价值联结考察的直接目的都是为法律提供一个广泛的价值标准，从而使法律在社会文化心理的深层次上得到认同。

暂且不谈价值标准能否作为法律效力的构成条件，社会价值观能够在一定意义上对法律起支配作用则是公认的。问题在于能够支配法律的价值标准究竟是什么？它是绝对的还是相对的？美国法学家庞德指出："在法律史的各个经典时期，无论在古代还是在近代世界里，对价值准则的保证、批判或合乎逻辑的适用，都曾是法学家们的主要活动。"② 20世纪以前，人们主要倾向于为法律提供一个普遍的价值标准，许多人确信人类的共同理性必将导致对权利与正义的认同。在此基

---

① 彼德·斯坦等：《西方社会的法律价值》，中国人民大学出版社1990年版，第10页。
② 庞德：《通过法律的社会控制》，法律出版社1984年版，第55页。

础上,许多学者甚至主张制定共同的法律。20世纪以来,人们则更多地持有价值相对的观点,认识也显得更为实际。人们注意到,即使在西方社会,价值观念也在不断变化,甚至相互冲突。

法律价值是社会价值的反映,不同国家的法律往往维护着不同的价值。价值观生成于一定的历史形成的文化环境和氛围中,文化环境不同,价值观有时也就不同,甚至互相冲突。例如,在美国,刑事被告人被赋予不得迫使其"自证其罪"的权利。警方对嫌疑人审问之前,必须告知其下列事项:①你有权保持沉默;②你所说的任何事都可以并将在法庭上作为对你不利的依据;③你有权同律师进行谈话,并有权要求在你被讯问时有律师在场;④如果你需要律师而又无力聘请的话,将在讯问前为你指定律师。被告人放弃这些权利必须出于自愿并有明确的表示,否则他的陈述是不能做为定案的依据的。1966年,一位名为米兰达的美国青年在菲尼克斯附近劫持并强奸了一名18岁的女青年。10天后,米兰达被捕,在警察的连续审问下,他供认了所犯罪行。但是,审讯期间,警察没有通知他有权拒绝回答问题,有权请律师为自己辩护,因此,最高法院推翻了下级法院作出的有罪判决。理由是宪法修正案第5条明确规定的"程序保护措施"(正当法律程序)以及关于保护被告,使其"不得自证其罪"的内容已经受到侵犯。这就是美国司法制度中著名的米兰达规则,它反映并说明了美国社会制度中的典型的价值观①。这个案例从一个侧面反映了美国法律在有利被告原则指导下对个人自由的保护,维护个人自由是美国法律制度最鲜明的特点之一。但是,对这一案例的理解却不能从法律本身入手,而应该联系美国社会的文化背景和历史传统,深入到美国人的个人主义价值观中去认识。

法律维护的基本价值在各个国家可能是不同的,有时甚至可能是对立的,但是却不能由此推导出这样的结论:各国、各民族的价值观永远都不可能交流与融合。根据马克思主义的基本原理,意识只能是意识到了的存在。社会的价值观作为意识形态的组成部分最终是由一定社会的物质生活条件决定的,法律维护哪些价值,维护哪些人共同的价值观都与一定社会的经济条件不可分,法律对社会价值的维护是与一定生产力的发展相适应的。由于社会生产力是能动的、不断发展变化的,社会的价值体系注定会或迟或早地发生变化,不存在永恒不变的价值。如当前一些发达的资本主义工业国,他们的法律制度就在变化,出现了相当规模的社会立法,这实际上就是对以往的绝对的个人自由的限制。总之,社会生产力从根本上决定了社会的价值观,法律的价值就是从社会价值观念自然演进的历史

---

① 龙宗智、张曦:《中美两国刑事法价值和手段体系比较研究》,《比较法研究》1988年第1期。

过程中获得自己的生命形式的。因而，研究法律如何适应特定社会发展的价值观念，研究法律如何在多种价值观中进行合理选择以确定需要法律保护的社会价值体系并合理协调各种价值的关系，研究法律怎样才能更好、更充分全面地维护社会占统治地位的普遍的价值，这些都是法律价值研究最直接的现实课题。

需要说明的是，任何法律的价值都不是单一的，我们也可以在各民族法律中发现一些共同的价值。法律价值是社会价值体系的反映，在特定社会的价值体系里对各种价值的基本估计和对某种价值的优先考虑组成了一个有机的整体。人们所说的法律价值的不同，在相同社会性质的国家里往往表现为价值组合形式的变化与区别。所以，在讨论生产力对社会基本价值的最终决定性的同时，决不能忽视文化背景，包括历史传统、思维取向、宗教信仰等非经济因素的影响。正是在这些经济的与非经济的因素的交替作用下，法律的基本价值才呈现出千变万化、千姿百态的动人景观。

四、由于受到法律价值研究目的的直接制约，法律价值的研究必然遵循两极对立的二元思维模式。在这种研究方法的作用下，法律价值研究始终包含着积极的变革指向和丰富的创造性的内容

如果说法律价值研究确如我们所认为的那样是寻求现实法律对现实社会价值体系的认同，那么它的方法论特点就是法律价值一分为二变成法律与价值的关系。在特定社会的历史文化背景下，生产力的发展状况制约着社会的价值体系及其发展变化。因此，法律与价值之间必然表现为由相互适应到不适应再到适应的矛盾发展过程，而在这种矛盾中，社会的价值体系始终是积极的、主导的、矛盾的主要方面。由于社会的价值体系在经济的和非经济的因素的交互作用下呈现出发展进步的变化趋势，强调价值对法律的支配作用就意味着包括要求法律适应社会变革的积极成分。因此，从历史上看，法律价值研究在总体上表现为一种创造性的活动。这种将法律价值一分为二的方法，我们称之为两极对立的二元思维模式，即在法的理想与法的现实、法的应然状态和法的实然状态之间寻求对立统一的思想方法。应该强调的是，在法律与价值之间寻求对立从来都只是一种思想方法，其目的仍然在于实现法律与价值的统一。法律与价值的对立统一关系既贯穿于法与法学的历史发展的全部过程，又必将向法与法学的未来延伸。

法学研究中两极对立的二元思维模式曾遭到分析实证主义法学的激烈责难。在奥斯丁、凯尔逊、哈特等人看来，价值不属于法学研究的范围，尽管法律应该体现价值，但价值问题应该是立法科学和政治学所讨论的问题，作为一门科学，法学应该排除"好""坏"等形而上学的概念，法律的存在与法律的功过毕竟是两个问题。如果把法律的好坏作为法律的内在条件，必将导致人们或者盲目崇拜法律或者轻率否定法律。我们同意并赞成对法律与价值的关系持一种谨慎的态度，反对漫无边际地扩大法学研究的范围。不过，我们认为法律与价值的关系应该是社会主义法学深入研究的重大课题。

从理论上说，首先两极对立的二元思维模式是马克思主义法学研究的一种基本方法。青年马克思在争取出版自由、反对封建的书报检查制度，进而反对普鲁士封建主义法律的斗争中就是运用客观法与现实法相对立的思想方法得出了"法典是人民自由的圣经"的结论。随着历史唯物主义方法的形成，他又提出法不能从它们本身来理解，也不能从所谓的人类精神的一般发展来理解，相反地，它们根源于社会的物质生活条件。可以说，历史唯物主义法律观最基本的思想方法就在于不从法律本身也不从人类精神的一般发展来解释法律，而是深入到法律赖以产生和发展的社会经济结构中探求法律的生命动力。这种思想方法必然把法律视为被动的被决定的因素。其次，法律与价值的辩证运动规律是马克思主义方法论的理论优势。生产力与生产关系、经济基础与上层建筑的辩证运动是历史发展的基本规律。事物就是在其内部的矛盾运动中发展变化的。法律作为上层建筑的重要组成部分受到社会发展这一普遍规律的制约。生产力引起的变革要求只能通过人的意识发生作用，其中包括通过人的价值观念对法律发生作用。根据这一基本原理来解释、认识法律现象，可以使我们科学地把握法律的发展变化规律，得出法律不是人类永恒的社会现象，它处于不断发展变化、充实完善之中的正确理论。再次，这种方法也是法律自身发展的需要。许多法律学家都曾指出：成文法律最大的缺陷是不能对社会发展和复杂的社会现象作出及时准确的反应。相对于社会变化，法律经常处于扮演社会的"保守"力量的角色和地位。因而，通过对法律与法律的关系的研究，可以为合法条件下的必要的平衡提供一个可供选择的合理的标准，以便法律调整能顺利运行。

从实践中看，十一届三中全会以来，党总结了"文化大革命"的惨痛教训，提出了加强社会主义法制的方针。邓小平更是多次强调，要一手抓建设，一手抓法制，把加强社会主义法制提高到与社会主义经济建设并列的战略地位。在这个特定的历史背景下，加强法律与价值关系的研究，遵循两极对立的二元思维模式，首先，可以使法律保持与社会的密切关系。我们所处的时代是一个迅急变化的时代，改革也是一场革命，这场革命必然引起人们价值观念方面的重大变化。不失时机地寻求法律对社会价值观作出必要的反应是法学工作者的一项重要任务。其次，社会主义法律区别于以往一切旧法的根本特点就在于它必须始终保持与人民的血肉联系，从人民普遍的价值情感中聚集反映人民意愿的法律价值，使法律成为团结人民、维护人民利益的一项重要措施，从而使广大人民自愿遵守法律、维护法律，积极使用法律武器投身于社会主义建设的宏伟事业。再次，我国法制建设才刚刚起步，法律制度还不十分健全，在许多领域尚存在法律调整的空白点。在这种情况下，迫切需要更多的人形成共同的价值准则，特别是要求国家执法、司法人员对社会主义基本价值能够形成共识，以便使案件的审理、法律的适用确实能够符合绝大多数人普遍的价值观念。最后，我国对法律价值的研究也是刚刚起步，许多基本的法律价值观念还没形成。这就迫切需要法学工作者通过对法律与价值关系的研究，深入到各个具体的法律部门中去，通过比较与鉴别，切实准确地把握具体法律部门的价值，研究优化法律内部结构以满足基本的法律价值要求，而且尤其要注重解决法律内部及部门法律具体规定中"价值到位"与"价值优位"的诸多问题，保证社会主义法的协调统一和合理有效，维护社会主义法的尊严和权威。

综上所述，法律价值研究是一个古老而常新的课题，它有自己特定的研究目的与研究方法。为了保持社会主义法的持久生命力，遵循法律价值研究的固有方法就显得极为必要和有益。它可以使我们在新的创造性的时代里，不断丰富法的内容，使社会主义法律更好地成为来自于社会，服务于社会，与人民血肉相连的社会规范形式。

（原载《法律科学》1992年第2期）

法律家与知识分子的良知

有法律知识的人不一定有良知，如敲诈当事人的法官、检察官、律师、警官以及学校里个别敲诈学生的具有法律知识背景的教职员工，等等，这些人显然不是缺乏法律知识而是缺少良知。在几乎所有已知的古代法律文献中，法律的象征符号都与公平、正义等语汇相关联，故法律职业因其执掌着正义之剑，又特别依赖于良知。那么，我们如何获得良知呢？显然，良知不是来源于天启或母体，而是来自于我们的知识背景。尽管良知所依赖的知识背景不一定来自学校，例如，善良的母亲往往能够培养出对人类苦难具有伟大的同情心和怜悯心的后辈，但是，当代法律职业者的良知则与其在高等学校中所接受的法律教育的内容和方式是分不开的，毕竟，我们生活在一个依赖学校提高知识水平的时代。所以，法律家特别是法学家应该尽可能成为知识分子。只有那些既有知识又有良知的人才能被称为知识分子。因此，从一定意义上说，如何看待法律、法律家与知识分子的关系，实际上是一个法律的价值问题，也是一个如何看待法治的问题。

我的问题是：在逐步理性化的中国法律制度背景下，法律家应否、能否又当如何保持自己的知识分子身份？对我来说，这一直是一个令人烦恼的问题。这一提问方式实际上已经设定了我的基本立场，即法律家应该是知识分子。这个问题，中国古人解决得比较好。在中国古代，法律事务通常是由知识分子来处理的，尽管这些"准"法律家缺乏相关的专业化的法律知识，好在古代法律本身也没有严格的界限，所以，那些饱读诗书或者经过科举制度或者伯乐相马选拔出来的博学之士也就理所当然地司职法律事务。法律与知识的关系在中国古代知识分子那里是不成问题的。难道判决能不说理吗？不引经据典难道还能算说理吗？除了文人墨客，谁有资格和能力引经据典呢？或许，这也就是我们经常可以从中国古代司法判决中欣赏到如诗如画、文采飞扬、深入浅出、引人入胜同时又体察人情的优美判词的原因。问题在于：在现代的中国，由于西方学术体系的影响，法律知识已经成为一个独立的知识体系，甚至在法学内部也出现了所谓"理论法学"与"应用法学"之分。从此之后，依鄙之愚见，在现代中国，法律家的知识分子身份是非常值得怀疑的。

中国的法律家与知识分子看起来似乎是不搭界的：法律是入世的、工具性的，一般而言，知识分子通常总是脱尘超俗的、出世的；知识分子必须保持一种独立的人格和批判精神，既不盲从，又不媚俗，而法律是一种日常生活中的实践理性，讲究应用性、实用性；法律家是专业化的职业群体，而知识分子通常都要超越专业的界限。我们都知道，良知依赖于广博的人文社会知识背景，萌发于对自己的同胞、同类历史与现实苦难、欢乐的关切，蕴涵于哲学、文学、艺术、历史学以及其他各个学术门类的伟大作品（包括法学作品）之中。而我们的法律家的知识结构则越来越单一，即使是校园内的"法学家"，也常以讲授本国法律规定（文字含义）为主而排斥非法律知识，甚至排斥法律的"理论"知识。我以为这种现象足以表明，我们的法律教育已经游离于知识之外，学生不以成为知识分子为荣，教师也疏于省察自己的知识分子立场，许多学校自诩为培养"应用性"人才的地方，法律硕士也被官方文件界定为"高级"法律"应用"人才，不少民法学、商法学、刑法学等部门法学教师自我定位为"务实"的，学生们对抽象的理论问题似乎也不感兴趣，所以，毕业论文的选题，报考研究生的专业方向大都与这个话题相关。我们越来越倾向于把法律职业视为"应用型"的、"死抠"法律条文的工匠和操刀手行业，法律家则往往被视为缺乏"人情味"的官僚群体，学者们则以注释现行法律为责。或许正是与此相关，现代中国的一些学院派学者，如梁治平等，常常发出中国法学界与中国知识界难以对话的感慨。

法律家当然不会公开声称自己不是、也不愿意成为知识分子，毕竟他们之中的大多数人具有大专以上的符合法律职业一般资格条件的学历并且从中受益。他们所做的不过是通过各种理由排斥知识特别是能够启迪人们被浮躁遮盖着的内心深处的良知的知识，以掩盖自己在知识能力上的匮乏和惰性。我们能够听到的他们的理由主要有三个。

第一个理由是：法律家以及未来的法律家是从事法律实务工作的，不喜欢抽象的理论和非法律的知识。对这个说法，我是一直怀疑的。我不相信困扰于复杂社会关系的法律家和涉世不深的学生们（未来的法律家）会并且能够真的把法律与知识分开。最近碰巧经历的一件事恰好印证了我的这个看法。

春节过后，教育部法律硕士专业学位指导委员会在西安组织了两次活动，我搭了个便车，在获得院方和院内（指西北政法学院）有关部门支持的情况下，成功地邀请到一些前来开会的学界的老友新朋在七天内为研究生、本科生或许还有其他一些浪迹校园的法律学子举办了八次学术讲座。在我的记忆中，西北政法学院连续举办如此大规模、高密度的理论法学学术讲座还是第一次，特别让我感动和感慨的是，进入讲座后期，无论海报何时张贴，也无论报告厅的大小，听讲者总是能够在下午三点以前就将座位抢占一空，更有甚者，有的学生头一天就在托人打听报告场所,以便占据有利地形。总之,在学生,当然也包括部分教师中,这些旁征博引、深入浅出、妙趣横生的报告产生了一种轰动效应!一时间,教授学者们也成了校园内的"大腕""明星"。其实,依我看来,这些学者的思维方式大部分或者是比较专业化的或者是非常"另类"的。例如,王健对美国法学院法律评论引证规则的叙述,几乎是在批评我们所有的学术论文和论著都存在不规范的问题;强世功博士声称长期不读法学论文,他的发言对莘莘法律学子的刺激不可谓不大;孙笑侠教授对职业思维与职业伦理的阐发,胡旭晟教授对法治理念的内心确信,都是发自于某种处境不妙的"宏大叙事"。这些讲座的一个共同特点和结果,不是使学生、听众知道什么是正确的,而是使大家对自己以前认为是正确的观念和知识产生怀疑。在我看来,这正是理论思维的特点,也是法律与知识结合的产物,当然也是校园内知识分子型法学教师的责任。学生们对这类讲座的欢迎程度令我深受鼓舞。

第二个理由是:法学是一门实用性很强的学科,不需要太多的抽象理论和非法律的知识。对这个说法,我不敢苟同。

法学是一门实用性很强的学科不错,但是实用性很强的学科就不需要理论和非法律的知识吗?我觉得理论法学与应用法学的划分是法学领域中流行的最荒谬的反常识的见解。它不是来源于无知,就是产生于懒惰,或者两者兼备。我们用于思考法律问题的知识有多少是"纯粹的"法律的?法律家用于推理的逻辑和思维的语言难道不是"非法律的知识"吗?法律的内容能够离开反映自身的人文社会背景的文学、历史、艺术等知识而被理解和解释吗?有谁见过与实践无关的理论?或许我们只是把我们所不喜欢或者不愿意深入学习的东西称之为"无用"的并冠之以"理论"的符号。这里有一个奇怪的现象:20世纪80年代初法学教育恢复创建时,法学理论曾经显赫一时,不过好景不长,法律越制定越多,法学"解释"其中的"学问"和知识却越来越少;理论繁荣的条件越充分,理论越是繁荣,越是深入,越是被认为无关紧要。其中的原因当然很多,例如学术民主制度的推行使理论上的唯我独尊的东西少了,相应地也少了推行理论的制度上的强制;法制越是发展,实用性越强,操作越是技术化,人们越是把它视为类似傻瓜相机的现代法律流水线,务虚的善于复杂化问题的法律理论自然被认为总是制造麻烦而缺少市场,等等。这些原因和事实难道真的能够成为我们法律界、法学界必然拒绝理论、拒绝知识、拒绝知识分子的理由吗?

第三个理由是:法律家、法学家应该恪守自己的职责,忠于法律条文的文字含义。这或许是所有理由中最具有杀伤力的,同时也是最能够为法律家中的懒惰和贪婪之辈提供借口的理由。

我们经常被一种幻想或假象所蒙蔽：法律是由确定无疑的客观知识构成的。这种幻想不仅欺骗了学生和学生出身的法律职业者，也常常欺骗着教师。法学者撰写论文论著，本来只是在探讨法律问题，而不是在陈述法律真理，否则，真理也就太不值钱了；教师们哪怕是在课堂上也只是在探讨性地介绍自己关于法律的观点；没有那么多确定的法律真理和公式化的胜诉模式，那些传播如何打赢官司秘诀的人类似于江湖术人，法学如果陷入法律条文文字说明而不能自拔，要么恐怕就离旁门左道不远了，要么就是在做一些有文化者甚至识字的人都能够做的事情；法官、检察官、律师、警官等法律职业者从来没有，今后也永远不可能完完全全依法办事，因为法律并不可能给他提供百分之百恪守法律条文的法律前提。

现在看来，这种假象至少在客观上使法律家减少了思考之苦与累；使其中的贪婪之徒有了以法律的名义巧取豪夺的机会；使一些所谓的法学家有了不需要花费太多力气而能够获取荣誉、名气与财富的条件；使各类高等学校都以为上法律专业是一件最容易的事情，而且什么人都可以教法律；使几乎所有的人都能够成为"优秀"的法律家。这是不是法学者自己不努力把自己改造成为知识分子的原因呢？每当想到这里，我就觉得中国古代知识分子的人格是没有问题的，所谓穷则独善其身，达则兼济天下，如果时代不允许他们讨论法律，那么干脆就远离法律，决不奉迎法律、强奸法律，更不借法律赚昧心钱。如果可能，则积极介入法律问题的解决，给纠纷一个解决的"道理"，以显示读书人的良知和自尊。由于时代不同了，现在的法学者本来应该继承和承担起法律知识分子的责任，做个有良知的法律家，无论是所谓的理论法学工作者还是部门法学家，无论是教师还是实务者，似乎都应该努力提高自己的理论素质，捍卫社会的良知和自己的职业尊严。

反过来说，学生们之所以愿意听讲座，不过是其中少了些虚伪，多了份真诚。知识分子与法律应该保持一种若即若离的、不迷信法律的思想状况。记得冯象在他的《木腿正义》中提到了美国宪法学家费斯的一句名言：法学院雇教授，绝非要他教法律；教授教授，教他碰巧想到的不论什么问题而已。[①] 现在看来，美国法学院并不打算将法律教师作为传道、授业、解惑者。知识分子实际上不是知识的传播者，不是有知识的人都能概括在知识分子这个词汇中。知识分子法律家的第一品质是捍卫社会良知，法律家不能把法律问题的解决作为一件表现自己良知的工作，法学教师的法律知识若不能服务于有意义的人的生活，法律知识又有何用？千百年来被形塑的法律家和法学家的职业尊严何在？法律知识分子的第

[①] 冯象：《木腿正义》，中山大学出版社1999年版，第6页。

二品质则是把法律作为思考的对象而非前提。正是因为法律可以作为被思考和讨论的东西，才能够作为知识的对象。美国法学院的做法就是希望法学者能够成为法律知识分子，或者说，客观上使教授能够以知识分子的批判精神和独立人格阐释法律和法律制度，进而培养法律职业者的职业能力和职业伦理。问题的症结似乎就在于此：我们实际上没有把法律作为一种知识而是作为统治策略看待，法学者习惯于把自己定位于法律知识的传播者，而没有把法律作为知识的或研究的对象。所以，在中国，法学者往往不是知识分子。

　　这算不算干什么吆喝什么？我不知道！我知道的是：在中国古代法律历史上，知识分子能够参与法律问题（不是法律）的讨论并且出现了包公、海瑞等千古传颂的为法律界赢得极大荣誉的人士；在西方国家，判决必须说理，直到现在也是毋庸置疑的，法律和法律判决都是可以作为知识性话题讨论的，所以，出现了不少像马歇尔、霍姆斯、卡多佐、波斯纳那样的法官出身的学者或者学者出身的法官。我希望在现代中国也能够出现一些具有职业成就感并为后人所称道的法律家，这也就是我推崇知识分子类型法律家的原因。

（原载《法律科学》2001 年第 3 期）

论法律权利的本质

法律权利是法理学的基本概念之一，随着法制现代化的大潮，它被推上历史的前台。其实，如何看待权利问题是每一个严肃的法学研究者和法制建设者都无法回避的问题。当前，迫切要求我们反省传统的法律权利定义，把它纳入社会的价值体系，予以恰如其分地界定。

一、逻辑判断与价值判断的统一是研究法律权利概念的基本方法

逻辑判断是指对法律权利外部特征和逻辑结构所做的判断和分析；价值判断是指对法律权利的内容的分析、评价与判断。前者侧重于求得社会大众对法律权利外形的认同，对法律权利的实现具有直接意义；后者侧重于开掘权利的本质，谋求对法律权利社会价值的认同，对立法、司法以及各种法律行为发挥着直接的或潜在的作用。就二者的关系而言，它们应该是统一而不可分割的。一个完整的法律权利的概念，必须是逻辑分析与价值分析的统一。这是判断法律权利的基本标准，也是分析法律权利的基本方法。

当前，我国法学界对法律权利问题的研究，描述化的倾向很明显，对法律权利的逻辑分析基本上取代了价值判断，特别是在教科书中，法律权利的丰富内容已荡然无存，这不能不引起我们的注意。

传统的法律权利定义（特指中华人民共和国成立以来的法律权利定义），占主导地位的观点有：①法律权利是法律所确认和保护的法律关系主体所具有的某种权能；②法律权利是法律规范所规定的，法律关系主体所享有的作出某种行为的可能性；③法律权利是法律关系主体的行为尺度；④法律权利是国家通过法律规定，对人们可以作出某种行为的许可和保障。这些定义共同的特点是：①都认为法律权利是国家为法律关系主体规定的行为范围。至于这个范围的划分根据，具体尺度却无人问津；②都是在权利义务的形式比较中分析权利的特点。权利是可以做或者可以要求别人做某事，义务则是必须做；③既然是国家法律许可的行为，当然就受之保护。

这些定义和共同特点说明，它们仅仅是在描述，特别是在权利义务的对比中描述法律权利的特征，对法律权利的深刻内容却根本没有触及或只是一掠而过。

这也足以说明众多的表述没能形成直接交锋的奇怪局面是何以形成的。因此，它们不是法律权利的完整定义。

这种局面的形成（撇开价值分析，钻进逻辑圈）有特定的原因：第一，它与中国法学，特别是法理学受苏联法学界的长期影响是分不开的。苏联学者关于权利问题的研究也曾长期徘徊在逻辑层次，陶醉于"可能性""可能性的统一""行为尺度"中；第二，法律权利是法律体系的核心，有时是一个极为敏感的政治问题。在十一届三中全会之前极为特殊的政治环境里，也是不可能出台对法律权利的价值判断的；第三，中国社会传统政治思想中义利观的影响。中国正统法律思想一直以义务为本，鄙视权利，在它的价值体系中，没有权利的一席之地；第四，它与整个法学界的实证倾向是一致的；等等。

二、法律关系主体与国家的对立统一关系是法律权利的内在矛盾，即法律权利的本质所在。它是法律权利概念的核心

本质是与现象相呼应的一对范畴。它表示人对事物的认识逐渐深化，并且能够揭示出事物内部各因素之间的内在的、稳定的联系。因此，研究法律权利的概念，首先要找出它内部的相互联系的各种因素；其次，整理出各种因素中比较稳定的因素；最后，抓住主要因素之间的内在矛盾。只有抓住法律权利的内在矛盾，才能揭示它全部的复杂性、丰富性和深刻性。

让我们透视一下西方学者关于权利内容的认识。他们的观点基本上可以分为①自由；②利益；③能力；④权力。暂不评价这些观点的正误，我想没人会反对它们只能是法律关系主体的自由、利益、能力和权力。因此，研究法律权利的本质必然涉及法律权利与法律关系的关系。

从理论上说，法律权利是法律关系主体的权利，那么，法律权利的本质就应该反映作为自己载体的法律关系的本质。传统的观点认为，法律关系是法律规范在调整人们行为的过程中形成的一种特殊的社会关系——权利义务关系。从表面上看，法律关系似乎是当事人之间的关系，但就其实质而言，任何法律关系的任何一方主体都与国家存在根本性的联系。事实上，法律关系并不仅仅体现为权利义务关系。

从观念形成上看，人们对权利的认识可以分为三个阶段：①感性认识阶段。在此阶段，人们获得了法律权利的一般认识；②知性认识阶段。人们对所获得的有关权利的知识进行加工、改造、价值评价，从而决定自己的行为。在这个过程中，"义利观"起决定作用；③理性认识阶段。人们开始义无反顾地行使自己的权利，认识到义利观实际上就是一个"公与私""个体与整体"的关系问题，权利本身就是个体利益与整体利益的分界线。这是人们通过几千年的实践活动得出的结论。

综上所述,法律权利体现着法律关系主体与国家的关系。把握住这种关系,就能够揭示法律关系的本质,国家的本质,法律关系主体的特点。也正是通过法律关系主体与国家之间关系的矛盾运动,法律权利的本质才显露无遗。

三、法律关系主体都是以个体形式出现的,因此,个体的自主地位是理解法律权利本质的关键

法律关系主体具有鲜明的个别性。只有当某一个体具有与其他个体相异的独特性时,他才能成为法律关系的主体。在国内法律关系中,个人、法人都是以独立的个体的形式参加法律关系的;在国际法律关系中,国家也是以国际社会普通成员的个体身份参与各种形式的交往。在关于权利的种种表述中,它往往与单一的个体相联系,比较典型的例证是:我国宪法对中央国家机关使用"职权"一词;对地方国家机关使用"权限";对公民才使用"权利"。因此,法律权利是个体自主地位的标志。个体的自主地位是指人类与外在自然界、个体与其他个体、个体与整体这三组关系中,个体具有相对的独立性和自主性。这三类关系本质上是相互联系、相互作用的。人类在摆脱了对自然的盲目依附后,还需要摆脱对他人,对整体的人身依附,才具有一定的独立性和自主性,法律权利就是这种自主地位的标志。

个体首先是指个人。"个人"与"人"这个属概念是不同的。在许多民族的语言中,它们分别用不同的词来表示。这个差别非语言上的,而是植根于深刻的社会历史背景之中。有生命的"个人"的存在是人类历史的第一个前提,但是人并不是从来都被承认为"个人",尤其不是任何一个人都被承认是"个人"。只有在一定条件下,人才实际上成为"个人",作为"个人"而发展。作为"个人",意味着我们:①有一定的维护个人生存的权利;②有个性,并有表现自己个性的权利;③有一定程度的个人自由,以发挥他的积极性;④有一定的特殊利益,并有捍卫这种利益的权利;⑤国家承认这些权利,从而赋予个人维护自己合法权利的社会力量。总之,作为个人,他有一定的特殊的愿望、特殊的要求、特殊的利益和维护这种特殊性的手段。

由此可见,法律关系的主体只有以个体身份存在时,才成其为主体。他在法律关系其他参与者和国家面前必须有一定的独立地位。这是占据支配地位的主体与被支配的客体之间最具有决定意义的区别。正因如此,私有制才是权利产生的现实基础。黑格尔认为,在所有权中,一个人才能作为理性而存在。卢梭也指

出:"最初占有者的权利,虽然要比最强者的权利更真实些,但也唯有在财产权确立之后才能成为一种真正的权利。"① 迄今为止的人类历史也表明,分工愈细,交换形式愈完善,社会经济就愈发展,个体的地位也就愈高,他所享受的权利也就愈广泛、愈真实。因此,权利问题首先和主要是个体自主地位的问题。

四、确认个体自主地位,也即认真看待权利问题,最重要的理论前提之一就是坚决地、毫不迟疑地否定一切"偶像"

自主是一个与依附相对应的概念,两者成反比关系。无论是精神性的依附还是物质性的依附,都是扼杀人的权利的。"偶像"的存在正是这种依附性的标志。因此,弘扬权利必须否定"偶像"。

如前所述,法律权利的内在矛盾体现在法律关系主体(即个体)与国家的对立统一关系中,因此,国家的性质直接关系到个体所享受的权利的范围和实现程度。马克思曾经指出,"从前各个个人所结成的那种虚幻的集体,总是作为某种独立的东西而使自己与各个个人对立起来",从而或是达到否定个人具有自主地位的目的,或是无限夸大个人的自主性。

黑格尔则一方面认识到个人与国家的对立,另一方面又试图把他们统一起来。但他统一个人与国家的方式是要求个人无条件地牺牲自己以满足国家。他说:"特殊的事物比起普遍的事物来,大多显得微乎其微,没有多大价值,各个人是供牺牲的,被抛弃的"② "一般讲来,当一个人自己知道他是完全为绝对理念所决定时,他便达到了人的最高独立性"③。这里,他和费希特如出一辙。费氏认为,类存在的规律(即个人完全是类的牺牲品)是历史的规律。这些十九世纪的思想家们把个人意识到自己对类的依附,牺牲自己的追求以服从类的需要,称之为从必然性向自由的升华。这种社会历史观,只要求个人向社会负责,而社会却不必向个人负责,这是我们决不能同意的。

国家、社会的抽象化必然造成个体整体化,给国家、社会崇高地位的同时,势必赋予某个特殊的个体崇高地位,他以社会的"代表"自居,凌驾于普通人之上;他是当然的特权者,可以主宰一切,"因为他代表了人民的统一性。正如恩格斯所说:凡对统治阶级是好的,对整个社会——统治阶级是把自己与整个社会等同起来的——也应该是好的"④,而这恰恰是一种习惯性的伪善。

---

① 卢梭:《社会契约论》,第28页。
② 黑格尔:《历史哲学》,第72页。
③ 黑格尔:《小逻辑》,第324页。
④ 《马克思恩格斯选集》第4卷,第174页。

总之，不顾社会条件是否许可，盲目追求个人自由的行为是有害的，但动辄以国家、社会等整体的名义否定个人、个体的自主地位则更为有害。个体不是国家实现自己目的的手段，恰恰相反，国家是实现个体目的的手段。把个体当做供品，献给以整体面目出现的特殊个体，在历史上不知扼杀了多少生灵。

按照马克思主义学说，个体与整体是对立统一的关系，意味着：①个体不能被整体所取代；②个体的自主地位在不同的历史和阶级条件下有着高低之分；③个体自主地位的充分实现有赖于社会经济的发展和掌握先进生产力的阶级的解放；④无产阶级的阶级自由是通过每个人的自主地位来体现的，这也是我们所应有的个体。个体与整体是对立统一的，这也是探讨法律权利本质的基本立场。

五、法律权利的本质是一个多层次的价值组合体系

事物的本质是多层次的，既有基本的本质，又有次基本的本质。法律权利本质上是个体在国家中自主地位的标志，自主地位又是由若干因素组合而成。利益、自由和权利是与权力联系最为紧密的三个因素，因此，法律权利的本质就是个体的自主地位、利益、自由和权力构成的层次鲜明的价值组合体系。

首先，法律权利是个体谋求自身利益的法律根据。个体行使权利的活动，一般说，总是谋求自身利益。所谓利益，简单地说，就是"好处"，也就是主体对他所需要的任何对象的一种目的明确的态度。利益是通过客体对主体的影响而产生的，并表示客体对主体的主动关系。主体谋求利益的活动一般总是为了满足自身需要。这也是权利与义务的区别之一。

恩格斯说："每一个社会的经济关系首先是作为利益表现出来的。"① 一个主体的社会地位最清楚地表现在利益上。长远的、一般的利益又把社会地位相似的人互相联系起来，并通过一定的社会经济发展的客观过程把他们共同的、不断重新产生的地位与其他人持久的本质关系表现出来。人们可以通过利益，清楚地认识自己的社会地位的自主程度。尽管如此，利益并非就是权利。具体说有以下几点：

第一，权利是主观的，利益是客观的。权利必须取得某种社会承认和国家认可才具有法律意义，而利益则无须他人承认，而且利益关系的历史比权利史更长久。

第二，权利是个体的属性，利益比权利更大。权利属于享有它的人，表现为个体谋求自己利益的独占活动，不允许他人分享；利益是一个"共享"的概念，

---

① 《马克思恩格斯全集》第18卷，第307页。

并不因为别人享有该利益而减少了自己的利益。

第三,权利经常与具体的活动相联,没有这种活动就没有权利。利益则不同,一个人的利益并不完全取决于他的行为。

因此,利益并不是权利,而是权利本质构成中的一个重要因素,是个体自主地位的物化。

其次,法律权利是个体按照自己的意志进行自由活动时的法律根据。

自由的最初含义不受外界束缚。它的词源出于拉丁文 Libertas,原意是指从被束缚中解脱出来。关于自由、权利和法律的联结使用,人们通常有两种提法:一种是法律范围内的自由,一种是法律所保障的自由。我们倾向于后者,认为自由是在法律保障下人们能够按照现有条件发展人的能力的现实可能性。

法律权利是个体按照自己的意志而非他人的意志所进行的自由活动。作为一个独立的人,个体的自由选择活动总是依附在主体自身的利益之上,而什么是主体自身的利益,又取决于主体的知识、经验及对社会和自我的评价。因此,法律关系主体根据对自身利益的判断所进行的自由选择活动是法律权利的又一重要因素。

再次,法律权利是国家赋予个体维护自己自主地位的社会力量。个体的自主地位意味着他拥有维护自己自主地位的手段。法律权利是经国家认可的权利,它必然地赋予法律关系主体实现自己权利的"权力"。所谓权力,是对他人的一种影响力。一个人的行为一旦具有了法律权利的属性,同时也就具有了对抗他人和群体的社会力量。正因如此,有些人从事了违法行为,却还要冠以"权力"的名目。

法律权利赋予个体自主地位神圣的尊严,在正常情况下,侵权行为必然受到国家机关以社会的名义所进行的报复。法律认可权利,就意味着必要时国家机关强制性参与活动的可能性。国家机关的这种强制行为也表现为一种行使权力的活动,因此,权力与权利也存在密切关系。权力也是法律权利的基本要素。

综上所述,法律权利本质上就是个体自主地位、利益、自由和权力构成的一个层次分明的价值体系。如果说个体的自主地位是核心,那么,利益则是它的物质因素,自由则是它的环境条件,权力则是它实现的社会力量。该四个层次紧密联系,不可分割。

六、当对法律权利的价值判断与逻辑判断结合起来,我们便可得出一个法律权利的简要定义

如前所述,法律权利是由个体自主地位、利益、自由、权力四要素构成的,

以个体自主地位为核心的价值组合体系。这是法律权利的社会政治经济内容。从形式上看，法律权利又具有三个特征，它意味着：①个体能够从事或不从事某种活动；②个体能够要求法律关系的其他各方从事某种活动或不从事某种活动；③必要时可以请求国家协助，以实现自己的要求。因此，我们认为，法律权利是国家对个体根据自己的意志谋求自身利益的自由活动的认可与限制，目的是确保一定社会政治经济条件下的个体自主地位的实现。

（原载《当代法学》1988年第3期）

法律·权利·权利本位
——新时期法学视角的转换及其意义

目前，中国法理学界所热切关注的权利本位之争，可以说是十一届三中全会以来法学界最重要、最热烈的理论是非争论之一。这似乎能说明一个问题：无论我们持有何种自己视之极为神圣不可动摇的观点，都无法回避这一在我们看来多少有些新鲜有趣而实际上早在19世纪甚至更早时期就已形成的重大理论问题。换言之，理论的价值就在于我们可以支持它反对它但无法漠视它。如果说，持续10年之久的法本质之争主要是侧重于对历史进行反思，那么，权利本位之争则已经是一次关于法学界如何面向未来的讨论。笔者之见，这场讨论对实在法的实在价值从某种意义上说已超过了法本质之争所给予人们的启发。在此，让我们回到问题的起点，即从权利重新谈起，意在说明认真看待权利的必要性及重要性。

一、只要认真地看待法律，就必须认真地看待权利；只有认真地看待权利，才能认真地看待法律

从人的主观愿望讲，只要是真心实意地建设法治国家，就无法回避认真看待权利的问题；从人的社会实践看，只有认真地看待权利，才能有效地促进法制建设。法律与权利联系得如此紧密以至于有人（包括国内外著名学者）认为法就是权利，权利就是法。权利与法律相混同的观念几乎是16世纪后的一个历史的观念。在庞德看来，"法即权利、权利即法的观念完全是近代理性观念的产物"[①]，"因此，这并非是一个科学精确无懈可击的表述，用它推导人类社会古往今来的一切法律甚至可能导致荒谬的结论"[②]。然而，如果就我国法制建设的特定条件下提出这一问题，如果把这一提法的含义仅视为象征性的，表明权利是揭示法律现象独特性的深刻内容，表明权利对法具有特殊的意义，那么，它似乎也能成立。

权利何以是揭示法律现象独特性的深刻内容呢？十一届三中全会后不久，法

[①] 庞德：《法律史解释》，曹玉堂等译，华夏出版社1989年版。
[②] 参见《政治与法律》1989年第1期、第2期张恒山与白云的论战。张恒山：《法的重心何在？——评"权利本位"说》；白云：《也论法的重心——与张恒山君商榷》。

理学界曾就法学研究对象进行了一次广泛讨论,有学者就提出"法学应以'权利义务'为自己特殊的研究对象"①。其后不少学者进一步阐发了这一思想。1988年在长春举行的首次全国法学基本范畴研讨会上,多数与会学者就此形成了共识,提出应"以权利与义务为基本范畴重构法学理论体系","权利和义务贯穿于法的一切方面和一切过程的始终,凡是有关法的问题莫不围绕权利、义务及其界限这一中轴而聚集和旋转"②,从而揭开了权利问题大讨论的序幕。在讨论中有两点必须进一步强调:第一,正如义务约束是社会规范(包括法律规范与非法律规范)的普遍特征一样,在义务约束的同时予以权利宣告恰恰是法律规范的独有标志。一般认为,法律的特殊性多少是由权利义务联结方式的特殊性,即权利的特殊性决定的;第二,诉讼是法律的生命。法律的可操作性很大程度上表现在法庭诉讼的可能性上,没有诉讼就没有法律,而权利恰恰是诉讼的生命动力。一切法律纠纷如果离开了法定权利的损害,离开了受害人的权利主张,一般就不会导致法律诉讼的开始,就难以确定相应的责任和责任的承担方式。因此,权利与义务一样都具有可操作性。那种认为只有义务才有可操作性的观点未免有些失之偏颇。由此,我们不难看出权利之于法律是多么重要,只有通过权利才能揭示法律现象的独特性,才能把握住法律现象特有的生命形式。

  权利何以对法具有特殊意义呢?马克思曾热情洋溢地盛赞"法典是人民自由的圣经"。从一定意义上说,人民自由是法律的内容,法律是人民自由的形式。学者张恒山以早期法律的大量义务约束来论证法律的义务重心,这是一个看问题的角度问题,也是从实在法的规定出发认识法律。而从价值角度把握法律与时代精神、历史进程相结合的联结点却只能是权利。笔者曾经认真地分析过,"权利归根结底是一个个体在社会中的自主地位的问题"。暂时不谈个体问题,"权利不过表明人类逐渐摆脱了外部世界对自己的控制和奴役;表明了人类对统治自己的异己力量的依附已逐渐趋于瓦解;也表明人类已经具备了支配自己外部世界的力量"③。法律对权利的确认,表明社会对个体自主的认可,确认权利的法律也就成为一种独特的规范人类生活的准则。当然,这一权利确认的过程是漫长而复杂的,在法律上有时甚至主要是通过义务约束来实现的,但从总体上说,它与社会的文明进程总是一致的。总有这么一天,法律不再是外界强加给社会的,而是社会及其成员从其自身需要出发进行自我管理、自我约束的基本手段。如果说法律

---

① 余先予、夏吉先:《论马克思主义法学的科学性》,《法学研究》1980年第5期。
② 郑成良:《商品经济、民主政治的发展与法学的重构》,《政治与法律》1989年第1期。
③ 葛洪义:《论法律权利的概念》,《法律科学》1989年第1期。

不是立法者和法学家的创造,而是对现存社会关系的描述和反映,那么,当在生动的社会现实为人类的自身发展提供了必要的物质前提的情况下,自主就既是法律所必须保护的宝贵财富,又是推动法律进一步发展的强大驱力;如果说法律根本上是为了或有助于社会发展,那么,法律对于权利的保护则既是法律发展的一个重要标志,又是推动社会文明进程的重要方式。

十一届三中全会以来,加强社会主义法制已成为一种社会的共识。然而,需要指出的是,我国人民并不是首先从理论上感受到这一要求的迫切性,而是从自己对中华民族的历史和十年"文化大革命"的切身体验中认识到,没有社会主义法制,就没有社会主义民主,就没有正常的社会秩序,就没有中国人作为人的一切。正是对自身权利的关怀激发了我国人民建设社会主义法制的热情。因此,在社会主义法制发展面临一次新的转折的紧要关头,提出认真看待权利问题就是对历史经验和现实需要的一种理论概括,是对未来法制走向的一种期待。可以说,十一届三中全会后中国人民勃然而起的建设社会主义法制的热情蕴含着对自身权利的渴望与追求。随着中华人民共和国的成立,在走过几十年的曲折历史后,我国政治家、理论家和全体人民才找到能够将社会主义社会基本价值完美地予以体现的形式——法律。在社会主义法制建设必须加强的基本前提下,回过头来重提认真看待权利问题似乎是一个必然的选择。

二、权利问题归根结底是个体自主地位的问题。这是一个基本的价值判断,又是一个重要的实证问题

作为价值判断,法律范围内的权利已经超出了它的法律含义。它表明人摆脱了对外界物的依附,具备了相对独立的自主地位并能自主地对待与之发生联系的外界物;表明了人作为理性动物的存在价值。法律对权利的确认表明社会认可了个体在法律上是独立存在的。因此,权利与个体自主地位联结考察就意味着自主的个体的存在是权利问题的首要前提。它包含了三层应有之义:①人类的存在已摆脱了对外界自然物的依附;②个体摆脱了对其他个体的依附,个人摆脱了对他人的依附;③个体也摆脱了对抽象的整体的依附,不再承认那种异己的整体力量的存在权威。其中第三层含义是最为重要的。因此,法律可以对权利作出或多或少的规定,但任何一个真实的权利都包含某种能够与他人或抽象的整体相抗衡的力量,也即在整体利益能无条件任意地否定个体利益的地方不存在我们视为真实的权利。所以,权利的近代含义本身就意味着法律价值指向的转化:法律不再是也不应该是统治或奴役他人的手段,"自上而下的权力观念"应该转向"平向的

权利观念"或称建立"社会自身的双向控制系统"①。

　　作为一个实证命题,权利标志着个体在社会中的自主地位并不完全是一个抽象的哲学意义上的价值判断,也不完全是对应然的一种期待,而是在一定价值判断基础上形成的可证实的具体命题。以往人们之所以把它局限于形而上的领域,主要原因就在于庞德所指出的"对法律的伦理和宗教的解释限制了人们的视野"。每个时代的法律都具有与其社会条件相应的权利规定,以赋予权利享有者有对抗他人的社会力量。近代社会的法律由公民平等和自主的身份演绎出一系列实证权利,并以这些权利的实现程度来衡量法律的实现程度,来最终评判个体的自主程度,无论如何不能再视之为理论家期待的价值指向,而已变成活生生的现实。也即真实的法律权利总是有法律保障的个体自主地位的外在形式,它同样具有真实性、可操作性、可预测性和一定的规范性。法律的一个重要任务就是将权利从价值判断的应有领域转化成实证实然领域,而且有大量的历史材料可以确认这一转化过程已经开始。因此,权利的内容并不像有些人认为的那样是"天赋"的,纯理想化的,而是产生于可经验的社会现实,并可以从社会现实中得到确证。

　　将权利的核心归结为个体在社会中的自主地位似乎不存在太大的争议,只是在分析它的过程中引发出来的两个问题上人们表示出某些异议:一是担心将权利归结为个体而有可能助长我国社会时隐时现的个人主义;二是担心将权利指向个体自主会危及国家利益,从而背离社会主义公有制的既定选择。笔者以为这种理论上的两难境地根本性地产生于现实的法律活动,所以,更要看到这种对权利的担心显然不是完全没有道理的。然而,如果说是一对矛盾,那么法制发展过程中这一矛盾却又注定要产生。因此,这还涉及一个能否正视矛盾的问题。权利的个体性必然削弱整体的绝对性,这一矛盾在法的现实中是无法回避的。权利的个体属性蕴含于权利自身,是一个客观存在。从纯粹法律的角度看,能自主地决定自己的活动是法律关系主体资格的绝对条件。无论法律关系主体之间身份多么不同,职位有多少差别,他们都必须具有独立的地位,必须是以个体的身份出现,否则他们之间就没有法律关系,也无须用法律去调整。因此,当我们说到权利问题时必然是个体权利,否则就很难说是个法律问题;当我们承认权利是个体的并承认整体无权以自己的"任性"否定个体权利,也即个体始终存在自己的保留利益时权利的实现才有可能。所以,那种认为个体整体利益可以任意支配个体利益的整体观念显然要受到冲击。然而,由此而认为个体权利的高扬必然以破坏整体利益为代价的想法、担忧却又不能不说是多余的。因为:首先,这里所说的整体

---

① 张广博:《权利和义务的社会价值》,《当代法学》1990年第2期。

利益是建立在个体利益基础上的，是绝大多数人共同利益的反映；而脱离个体利益的所谓整体利益只不过是一种虚幻的整体利益，实质上是某个特殊人物和特殊阶层的特殊利益，不过是一种以普遍利益形式表现出来的特殊利益。如果说这就是整体利益，权利问题的提出就是要对抗这种整体利益。而真正的整体利益则只能是个体权利高扬的产物。虽然它们之间也可能存在差别和冲突，但却不是根本性的对抗。只有在此基础上才能谈到国家、集体、个人利益的一致性。其次，将权利定义为个体自主地位，其中的个体并不仅指个人，因而并不必然地导致个人主义。众所周知，法律关系主体既指个人，又指一定的组织体，甚至国家。这里将法律关系主体（即权利主体）定义为个体仅仅是为了说明主体的独立身份和它应有的自主性，由此而推导出主张权利本位会助长个人主义是很荒诞的。需要说明的是，整体与个体之间一旦形成法律关系，整体就不再具有法律上整体的意义和优势，而是一个独立的个体，否则法律关系就将是不平等的，也就不再是法律关系而是行政机构、企业组织、社会组织的内部关系。再次，认真看待权利无疑会弘扬权利并提高个人在社会中的地位，对此要具体分析，不能一概而论。个人与个人主义是两码事，不可同日而语。人作为个人而存在是社会的进步，绝不能因为反对个人主义就否定人作为个人的社会价值。由于我国人民历史上长期被排斥在社会政治生活之外，经济上也始终处于不能自主的地位，因此，提高我国公民在社会生活中的地位正是我国法制建设的题中应有之义和工作重点。总之，讳言权利的个体性是无法认真看待权利问题的，抹杀个体权利的真实性、重要性也是不能令人接受的。关于权利问题的探讨必须结合主体进行，否则，势必将讨论导向无意义的理论空谈。

三、法律本位是一个事实陈述，对权利义务而言，法律本位只能是其中之一，不存在折中选择的可能性

法律本位是对法律调整系统价值指向的一种比较通俗易懂和约定俗成的概括，是指在两种或两种以上的价值目标中的侧重点，表明一个法律体系的终极关怀是什么或应该是什么的问题。正如任何法律都有自己统一的立法意图一样，法律的本位并不取决于人们承认与否，它本身不过是一个事实陈述，尽管不一定非叫本位不可。

对于权利义务来说，当我们还在讨论法律有没有一个本位问题的时候，实际上义务本位的现象早已存在于各国各时代的法律实践之中，特别是中国古代更是如此。这种现象与当时的社会基本政治制度相结合，表现出如下特征：①在立法的指导思想上将法律看成统治者奴役他人的工具；②在法的内容上维护社会的等

级体系，刑罚严厉而苛刻；③在法的形式上，重刑轻民、以刑为主；④在法的技术规定上重义务轻权利；⑤在法的实施上，义务对他人，权利对自己。总之，体现的是一种权力支配法的特权观念。我国学术界和民间通常把上述现象概括为义务本位。或许，这一概括由于其表面的直观性，没有多少深刻的理论提炼，而被一些理论家视为不确切、不科学。但是，由于它是约定俗成和长期使用的一种概括，所以，它的含义和指向仍然是相当明确的，从它的象征意义上看，这种表达还是十分形象和非常贴切的。遗憾的是，在这种本来是很清楚的问题上我国有些颇有声望和影响的学者居然发出"不知道为什么非要有个本位不可的"感慨[①]。笔者以为权利本位不过是对历史上的义务本位的反拨，并表明一种与义务本位持相反价值选择的态度，尽管目前就说它很严谨、很科学尚为时过早，但它提出的问题无疑是很严肃、很有益的。

正如义务本位的义务并不以实在法的义务规定为限一样，权利本位论者的权利显然也具有广狭二义[②]：广义的权利不仅包括实在法的权利宣告，也包括实在法义务规定中的隐含权利，更指与个体自主地位相联的整个法律制度的价值指向。权利本位论者正是从权利的这一含义出发，试图对我国法律的未来走向予以把握。所以，实在法的权利宣告和义务规定作为一个法律技术手段问题，固然与采用什么样的法律技术手段满足一定社会的价值需要相关，但它本身并不是一个与已有的本位问题相应的本位问题，当然，它也就不能作为否定权利本位或推崇义务本位的依据。因为，它们与作为讨论前提的权利义务的含义并不相同。（由此出发，笔者认为张恒山阐述义务重心的系列论文与权利本位论者的基本观点并不矛盾，只是一个看问题的角度不同而已。）当然，选择什么样的法律技术手段并非无关紧要，实在法的权利宣告和义务约束都是必要的。如何分配权利义务以提高法律的效益一直是我国法学理论的薄弱环节，但是权利义务的分配方式总要受社会价值观的支配，总要受立法者的法律本位观的支配。所以，它既是一个重要的问题，又是一个次生的问题。

从上述观点出发，笔者认为所谓权利义务并重的"二元本位论"是不存在的。要么同意义务本位，强调维护社会的等级制度和人身依附关系，继续把法作为一种自上而下的管理与支配手段；要么尊重个体的自主活动并赞成对这种自主活动附加必要的、适度的限制。无论哪种选择，首要前提都是如何看待个体的自

[①] 王子琳：《关于法与权利问题之我见》，《政治与法律》1990年第1期。
[②] 参见郑成良：《权利本位说》，《政治与法律》1989年第4期；张文显：《"权利本位"之语义和意义分析——兼论社会主义法是新型的权利本位法》，《中国法学》1990年第4期。

我判断的能力。相信绝大多数人能够进行正确的理性思维和尊重个体解决自身问题的选择，并以此为基础进行法制建设就是权利本位；不相信或怀疑绝大多数人能够进行正确的理性思维和根本不尊重个体解决自身问题的选择并以此为基础进行法制建设就是义务本位。在相信与不相信、尊重与不尊重他人之间不存在第三种选择；是把法律建立在社会个体普遍的理性自觉还是建立在贤人政治的基础上，它们之间也不存在第三种选择。权利本位与义务本位之间似乎就是这样泾渭分明。理论与实践、历史与现实都可以作为这一判断的佐证。至于实在法规定上的权利义务的统一则既可以统一到权利本位上，又可以统一到义务本位上，这同样可以从理论与实践、历史与现实中得到说明。

四、权利问题讨论所引起的法学研究视角转换，或许是这次讨论最有意义的启示

法理学研究方法需要创新，这是理论界的共识。权利本位之争最具有潜在意义的启示便是为我们用一种比较纯粹的法律方式，使用一种比较纯粹的法律语言，解决比较纯粹的法律问题提供了一条新的思路。通过一个法律问题透视整个法律现象在我国法理学界尚属首次，属于尝试性的。也正因为如此，所以讨论过程中时而流露出一种以泛政治文化和泛道德文化的方式看待问题的倾向（包括笔者在内）。例如，由于我国学术界习惯性地认为早期资本主义法是权利本位的法，因而，权利本位一提出就遭到了这是哪个阶级本位观的诘难；再如，由于权利本位要求个体自主性，有些学者又立即提出会不会导致个人主义的疑问；等等。笔者认为法理学研究与其他科学研究一样，都可以，也必须从各个角度出发，以政治或以道德，间或以宗教观为焦点透视中国法律是必要的，以法律问题透视法律也是必要的。由于看问题的角度不同，问题才能完全展现出来，不应该动辄以政治要求干预尚未进行的学术讨论，否则，中国法学永远也走不出低谷，中国法制建设永远只能在低水平徘徊。

学术研究要求对同一个问题使用同一种语言，否则，交流就既是不可能的，又是不必要的。笔者非常赞成运用法律语言从法律技术角度论证权利本位的科学性问题，只有这样，我们才能在权利本位问题的讨论中找到通向中国法制明天的道路。但愿更多的人以更多的法律语言讨论法律问题。可以说，权利问题的讨论使法理学研究的视角得以转换，也使以法律语言进行交流成为可能。

（原载《社会科学》1991年第3期）

现象与意义
——法律哲学的若干理论及方法问题

法的现象是具体的、活生生的、瞬息万变的。它每时每刻都在具体的社会与历史条件下，在不断地发展运动中创造和丰富自己。直观并不意味着简单，最具体的常常又是最复杂的。因此，对于法的现象研究，人们理应给予重视，同时，重要的不是探讨现象本身是什么等诸如此类的问题，而是探究如何揭示有意义的法的现象。本文仅就法的本质与法的现象、法的现象与法的意义的关系以及其中所涉及的法律哲学的若干理论与方法问题谈些自己的认识；也可以说是，试图对法的现象研究的重要性及研究方法做些论证工作。

一、法的本质与法的现象

法的现象与法的本质既是法的概念的两个不可分割的组成部分，又是两个相对独立的范畴。它们具有不同的研究领域、研究思路和研究意义。

法的现象是指能够经验的、凭直观的方式可以认识的法的外部联系的总和，是直观的感性对象——法本身；法的本质则是深藏于法的现象之后以致凭借直观的方式无从把握的法的内在联系，是人们对可感知的法的外部联系的真实本源的一种主观把握和理性抽象。所以，法的现象与法的本质作为独立的范畴之间存在着有机联系。科学的法的定义既要能够反映法的现象的最一般的内容与特征，又要能够透过现象的表面关系揭示其深层次的本质。离开了现象，法的本体认知就无所谓意义；离开了本质，法的本体认知就无所谓价值。两者相互制约，构成统一的法的本体认知的两个层次。同时，法的现象与法的本质又是两个相互独立、认识上不宜合而为一的范畴。马克思主义创始人曾经指出，"如果事物的表现形式与事物的本质会直接合而为一，一切科学就都成为多余的了"[①]。法的现象研究既可以用于科学地阐述法的本质，又有自己直接的现实的功利目的；揭示法的本质或许有助于深刻认识法的现象，然而却不能代替法的现象本身的研究。如果将

[①]《马克思恩格斯全集》第25卷，第923页。

这两种不同性质的研究混为一谈,其结果只能是或者将本质视为现象,或者将现象视为本质,从而导致认识上的混乱与错误。因此,法的现象有相对独立的研究领域。

法的现象与法的本质还遵循着两种不同的研究思路。从法学发生学上看,各国法学几乎都出自一个共同传统,即对法的真实本源和假想中的作用的追寻,而作为感性对象的法本身则变成了次要的、派生的。如古代思想家对法即公平正义的普遍认同、经院哲学大师托马斯·阿奎那的支配人法的神意、欧洲启蒙思想家的理性、黑格尔关于法是自由意志的定在等观点,显然都已经远远超出了感性对象本身的范围,而是试图表征法的深层本质的一种抽象。它一开始就不是感性现象的符合而是对法的现象背后的万变不离其宗的基始的探究,是试图用某种永恒不变的人类的精神力量去阐释、规范、限制丰富多彩的生动的法的现象世界,这就难怪黑格尔宁愿把法哲学视为哲学的分支。康德则承认现象研究的价值,他无奈地宣布:本体属于彼岸世界,只能信仰不能认识,现象才是知识的领域。从这个意义上说,19世纪的分析实证主义法学无疑具有变革精神。尽管这一学派的思想家因主张法的性质存在于法自身而法又是主权者的命令或规范体系以致存在这样或那样的问题,但是,他们确实凭借对法的现象的研究推动了法学作为一门独立学科的进程,强有力地论证了法的现象的独立性。马克思、恩格斯首创的历史唯物主义法律观是从一个崭新的角度揭示法的本质的。他们指出:"法的关系正像国家的形式一样,既不能从它们本身来理解,也不能从所谓人类精神的一般发展来理解,相反,它们根源于物质的生活关系。"① 在《德意志意识形态》中,马克思、恩格斯针对"德意志意识形态"的集大成者施蒂纳把法归结为自由意志、把现实的法归结为统治者的意志的唯心主义法律观,明确指出:国家权力与法的现实基础是个人的物质生活,即他们之间相互制约的生产方式与交往形式,"而且在一切还必须有分工和私有制的阶段上,都是完全不依个人的意志为转移的。这些现象的关系决不是国家政权创造出来的,相反地,它们本身就是创造国家政权的力量"②。这些观点一方面指出了以往的思想家们关于法的本质的论述的错误所在,另一方面也道明了历史唯物主义关于法的本质研究的基本方法,即必须从法赖以产生、发展的物质生活条件中去寻求法的真实本源,法的内容归根结底是由社会物质生活条件决定的。可见,马克思主义关于法的本质的基本观点是沿着法与一定社会物质生活之间的关系的思路形成的,但职业法学家在关注法的现象

---

① 《马克思恩格斯选集》第2卷,第82页。
② 《马克思恩格斯全集》第3卷,第377–378页。

本身的研究时,却应该探求新的思路、新的方法。

法的现象与法的本质的研究实际上也具有不同的意义。研究法的现象并非仅仅为了揭示法的本质,而研究法的本质也绝非只是为了阐明法的现象。在《德意志意识形态》中,马克思、恩格斯指出了"德意志意识形态"法律观的唯心主义实质,认为施蒂纳等人把法等同于意志、观念,事实上是把现实领域的斗争转化为观念领域的斗争,其结果是,"他只是指出一项道德要求,即人们把'我'对这种政权的关系在形式上加以改变",对待现存政权本身,他则没有丝毫的认识,也就完全不打算攻击它,说到底他只是"在与现存政权的神圣灵光(风车)作斗争"。所以,"尽管青年黑格尔派思想家们满口讲的都是'震撼世界'的词句,而实际上他们是最大的保守分子"[①]。因此,马克思、恩格斯对法的本质的研究,其价值指向是为了揭示法对社会物质生活条件的依赖,从而指出一条消灭资产阶级国家与法的特殊道路。马克思、恩格斯还指出:"只要生产力还没有发展到足以使竞争成为多余的东西,因而还这样或那样地不断产生竞争,那么,尽管被统治阶级有消灭竞争、消灭国家和法律的'意志',然而它们所想的毕竟是一种不可能的事。"[②]在马克思、恩格斯看来,法总是与一定的生产力发展水平相适应的,它的存在与否,不依人的意志为转移。所以,当施蒂纳提出一种虚无主义法律观时,马克思、恩格斯立即指出:"圣桑乔对法的全部批判只限于把法律关系的文明的表现和文明的分工说成是'固定观念'、圣物的果实,而关于冲突的野蛮表现和调停冲突的野蛮方式,他反而为自己保留下来。"[③]显然,即使是剥削阶级的法律,也有野蛮与文明之别。那么,通过法律现象研究,我们可以使法更好地反映提高社会生产力的要求,为进一步研究法的本质创造条件;通过法的现象本身各种问题的研究,亦可以揭示法律关系的文明表现和文明分工,揭示和说明法的现象的独特意义,充分发挥法的现象的价值。法的现象的独特性只有通过观察法的现象本身才能予以把握。历史唯物主义法律观的形成有其特定的历史背景和历史任务,是为了阐述法的产生、发展、消亡的客观规律,这也是一切社会上层建筑现象产生、发展、变化的共同规律。它不是为了研究法的现象的独特性而产生的,也就不能就法的独特规律进行深入论述,而是把这一任务留给了后人。鉴于此,加强社会主义法制,发挥社会主义法在市场经济建设中的独特作用,深入探讨法的操作层次诸问题,就不能不就法的现象展开研究。正如一位西方学者所

[①]《马克思恩格斯全集》第3卷,第22页。
[②]《马克思恩格斯全集》第3卷,第378页。
[③]《马克思恩格斯全集》第3卷,第395页。

言:"形式是确定内容之为内容,是此不是彼的全部特点,从而使内容不同于无特征存在的不确定性。"①

根据以上三方面的分析,我们以为,把法的现象作为相对独立的命题进行研究是必要的,也是可能的,它既有利于法律的实际操作效率最大化,又可以促进法的本质的进一步思考。

二、法的意义与法的现象

法的意义是现代法学研究的中心问题之一。现代法学的进展不仅体现在运用科学手段揭示法的意义,而且还在于把采用逆向思维即通过法的意义揭示法律现象视为研究的动态手段,进而得出必须综合考察法的现象的社会学结论,实现了对法即规范这一传统法观念的超越。

意义是个关系的范畴,有两层基本含义:一是指事物间相互联系、相互作用的过程中,一事物对其他事物所具有的产生或能够产生一定后果的独特影响,这时的意义含有价值的意蕴;另一层则是指事物发生作用和作用方式的独特性。借用现代语言哲学的术语,前者表明事物的意义代表事物的一定的意向性,后者显示事物的意义还反映了事物的一定的指称性。从意义的双重性入手,可以认为,法的意向性是指通过依法调整、控制人的行为表明法的显在的或潜在的思想意向,从而反映法的目的性;法的指称性是指法总是表征一种特定现象,它可以通过其现象自身内容的交互作用和形式合理性达到其他社会现象无法企及的目的,表明了法的特殊性。简言之,法的意义就在于它能够通过自身的特殊性达到一定的社会目的。确切地说,法的意向性指向法的本质,法的本质决定法的社会效果;法的指称性指向法的现象,法的现象决定法的实效。法的本质研究的直接意义是促使法律对社会发展起到更为积极的作用;法的现象研究的直接意义则是促使法律切实得到实施和实现。

凭借从可验证的事实出发把握法的特征与实效,进而探讨法的内容与本质这种功能分析手段,法律社会学研究已经取得了令人瞩目的成就。然而,在我国,通过法的意义全方位透视法的现象这一富有研究价值的领域却尚未得到相应的重视和有效把握。法的实效是由法的现象内部各个要素之间的关系所决定的。法的现象是由彼此相联的各个要素共同构成的,任何一个单独的要素都不能导致法律实际效果的产生。作为一个整体,法的现象内部各个要素之间的特定关系——结构,决定着法的实效。结构不同,法的意义也不同。因此,研究法的现象,不仅

---

① 欧内斯特·J. 韦思瑞:《法律形式的本质》,载《法学译丛》1991年第2期,第9页。

要从法的现象内部的各个要素去认识它,更要从各要素之间的关系去认识它,要从结构的整体去认识。皮亚杰(J. Piaget)曾举例说明这一问题:"以语言来说,由词构成句子,句子的意义由其整体决定,而不是由独立的各成分决定。"①众所周知,在现代社会,经由合法的立法机关依据一定的合法程序制定出来的规范性法律文件都具有法律效力,但是,这也仅仅是为人们的行为提供了一个规范标准,这一标准并不能自然转化为人的自觉行为,它本身并不包含其得以实现的全部必要条件。孤立的规范,尽管具有法律效力,但它根本不足以覆盖法的全部现象,因为它没有法的实际约束力。因此,法的现象是一种系统的社会调整机制,最低限度也应包含能够维护法律的权威机关。法的意义与它的结构密切相联,意义产生于结构之中。

以结构的观点分析法的现象虽属鲜见,但对法的现象的全方位考察却由来已久。庞德曾经指出,法学家意义上的法的第一种含义是法律秩序,而在发达社会中才出现了法的第二种含义,即"法是一套权威性的审判指南或基础"②。实际上,把法的现象的范围扩大到维护法律的权威机关——司法机关及其活动,除了法律必须得到有效实施这一重要理由之外,还有另一层原因,即法律本身的局限性要求司法活动予以必要补充。依照自然法的理论,"只要通过理性的努力,法学家们便能塑造出一部作为最高立法智慧而由法官机械地运用的完美无缺的法典"③。这种观念在我国有着非常广泛的影响,以至于人们总是把法与规范性法律文件相等同。但是,也有许多学者认为法官恪守完美无缺的法典完全是不可能的。首先,法典不可能完美无缺。社会本身是发展变化的,立法者的预见能力则是有限的,因而,也就不可能为各种社会关系设定或正确设定永恒的行为标准。法律内含的稳定性与社会固有的多变性之间本来就存在着矛盾之处。因此,从历史的纵向发展看,法律难以完美无缺。而且,从社会的横断面看,规范性调整的对象是一般的人和事,它不可能为具体的各个行为设定行为模式。然而,人与人是不同的,事与事也总存在一定的细微差别,正如弗兰克所说:"每个纠纷都是独一无二的。"④法律作为一般的行为标准就很难直接体现与实现个别正义。其次,法官不可能完全恪守法律。法官是人不是神,也不是机器,他不可能机械地适用法律,必然在适用法律时掺杂自己对法律的各种理解与认识。所以,对于同一个案件,法官们往往意见相左,这完全是可以理解的,相反,如果意见一致,才属于

---

① 刘放桐等:《现代西方哲学》,人民出版社1997年版,第590页。
② 庞德:《通过法律的社会控制》中译本,第97页。
③ 庞德:《法律史解释》中译本,第13页。
④ 博登海默:《法理学——法哲学及其方法》,邓正来、姬敬武译,华夏出版社1987年版,第153页。

非正常。即使能够排除法官职业能力、道德水准等变量，这种情况也难以避免。哈特曾从语言的不确定性出发推导出法官自由裁量权的必然性。他指出："由于这些规则本身就是语言用法的一般规则，并且由那些它们本身就需要解释的词汇构成，它们不能比其他规则为自己提供更多的解释"，"语言固有的本质对一般语言所能提供的指导也有一定限制"。鉴于此，这位分析法学的泰斗对传统的实证主义法学进行了批评，指出："形式主义或概念主义法律理论的人所共知的弊端存在于这样一种态度中，一旦一般规则已制定出来，他们便逐字地解释那种企图隐藏或把这种选择的需要降低到最小限度的规则，这样做的目的是使规则的含义凝固化，使它的一般词汇在它的各种应用中出现问题的场合下必须具有同样的含义"。他由此而承认，法律规则存在一个"开放结构"，在这个结构中"很多东西必须留给法院来发展"①。卢埃林在对司法实践进行考察的基础上提出了一种更为极端的观点："那个根据规则审判案件的理论，看来在整整一个世纪中，不但把学究愚弄了，而且也把法官给愚弄了。"②弗兰克则认为，这种法观念是一个"基本的法律神话"和儿童"恋父情结"的残余。③上述观点，有些可以说是极端偏激的，但就提示注意司法机关及其活动对法律的整体影响而言，应该说是有借鉴意义的。法律毕竟是纸上的规定，而法官对案件的裁决与它不完全一致甚至完全不一致则是可能的。

早在20世纪70年代以前，苏联学者就对法的现象作出了一种更宽泛的解释。他们在研究法的一般概念时存在四种观点：①"规范说"，认为法是一种规范体系；②"形成过程说"，认为法律规范的形成过程必须到客观物质生活条件中去寻找；③"社会学说"的观点倾向于法不是规范的总和而是自然人和法人的活动。如马尔采夫提出："法首先是社会生活本身"；亚维奇则指出："如果在一定条件下，法律规范不能在人们实际行为中实现，那么，它就是没有用的、没有生命力的，就不是发生效力的法。"显然，"社会学说"的观点对法的现象的理解更为宽泛。④在前三种观点的基础上，还形成了"法律制度说"，这种观点认为"法律制度的概念（理论）不仅能够包括全部法律现象，而且还能够把作为我们社会生活特殊现象的整个法律现象的组织和相互作用看成是有机地联系着的"④。法的现象是社会现象的有机组成部分，法的现象的生命力来自于社会生活。应该

---

① 哈特：《法律的概念》，牛津大学出版社1981年版，第121—123页、第127页、第132页。
② 博登海默：《法理学——法哲学及其方法》，邓正来、姬敬武译，华夏出版社1987年版，第149页。
③ 博登海默：《法理学——法哲学及其方法》，邓正来、姬敬武译，华夏出版社1987年版，第150页。
④ 库德里亚夫采夫和瓦西里耶夫著：《法的一般概念的发展》，载《法学译丛》1986年第1期，第1—6页。

从社会现象的交互作用中去认识法的现象,这是运用社会学方法研究法的现象的重要进展。

在对法的现象的具体内容给予必要关注的同时,结构的观点要求对法的现象内部的结构关系给予高度重视。为了说明结构分析的地位和意义,这里先假定存在这样一个社会:A.立法机关制定的法律是最具权威性的行为规范;B.司法机关是最权威的法律适用机关,它对任何纠纷都能作出具有最终效力的判决。如果立法机关制定的法律不是最具有权威的或者没有权威,而司法机关的判决没有终极效力或没有效力,如果存在比立法机关更为权威或能影响立法机关权威的规则创制机关,又存在比司法机关更权威或能影响、干预司法权威的法律适用机关,那么,"A+B"的社会中法的现象的地位和意义必然有所变化。因此,可以推论如下:①特定社会法的现象的特性取决于其内部的组合形式;②法的现象的不同组合形式决定了法在不同的社会中处于不同的地位、发挥不同的作用;③法的现象是一个自律体系,其中任何一个要素的变化都足以引起法的现象的结构性变化,决定了法的意义的变化;④加强社会主义法制应是一种法的现象领域的全方位综合变革,其重要内容之一就是法的现象的结构性调整。

总之,法的现象是一个整体的结构性的范畴,它的意义决定于它的结构。法的意义与法的现象的联结考察可以促使我们有效地把握法的现象的整体而不是侧重其中某一部分。

三、规范:法的要素的意义及认知方式

如前所述,法的现象的内部结构决定着它的意义,研究法的现象应从认识现象的整体入手而不是偏执于构成整体的某个要素。然而,这丝毫不意味着可以忽视"要素"的意义。换言之,法的现象内部各个要素都是有意义的,问题在于,这种意义不是法的现象的意义而是要素本身的意义。只有当各个要素按照不同的形式组合为一个整体时,现象的意义才能够被充分地予以展示。要素本身只有在处于与其他要素的关系中才能发挥自己的优势并作为现象这一整体的部分起作用。那么,要素具有何种意义,应如何探讨要素的意义呢?

意义是通过我们直观和感觉到的外界物之间的对立呈现出来的,如"公正"的意义存在于与"偏私"的对立之中,"善"的意义存在于与"恶"的对立之中。我们感觉到外界物之间的差异,由于这种感觉,事物呈现在我们面前,为我们的目的而存在从而具有意义。如果说法的现象是有意义的,实际上这种意义正是通过法的现象各种组合形式的差异呈现出来的;如果说法的现象内部各个要素也有一定的重要意义,这种意义也将能够通过对比的方式予以揭示。鉴于法律规范在

法的现象中的特殊重要地位，我们以法律规范为例对此加以探讨。

首先，有必要重申一个众所周知的事实，即法律规范并不从来都是人们行为的主要标准，更不从来都是裁决纠纷的主要依据。中国法律史研究曾经指出，铸刑鼎是中国法律制度史上的一个重要里程碑。在此之前，人们更多的是依据习惯法调整自己的行为及评价他人的行为。法律、道德、宗教也曾经历了一个由融合走向分化的过程。在漫长的封建社会中，中国的历代封建主虽很偏爱和擅长立法，但在民事领域，发挥主要作用的仍然是"礼"等封建伦理规范；在刑事领域，儒家伦理规范也经常可以代替法律规范作为官方裁决案件的根据。有趣的是，案件当事人同样能够以儒家伦理规范为依据要求裁判者变通处理，直至诉诸君主的权威。无独有偶，创造了"简单商品经济社会的第一部世界性法典"的古罗马也存在类似情况，即使在法典统治的鼎盛时期，法律规范仍然受到自然法原则的支配。被查士丁尼授予代表官方解释法律特权的罗马五大法学家，在他们所留下的著作中都以不同方式表达了对自然法的关切。当西塞罗提出"为了自由，我们才成为法律的奴仆"，当塞尔苏斯把法定义为"善良公正之术"的时候，实际上道德原则已经获得了与法律规范相同的法律效力，甚至具有凌驾于法律规范之上的力量。这种道德原则在欧洲曾长期以自然法的形式直接运用于司法实践中，并可以取代实在法。①自然法与实在法相分离的二元思维模式曾导致欧洲一个重要的法律传统和观念的产生，即人们没有服从"恶法"的义务。时至今日，这种传统仍然在发挥作用并日益具有更为普遍的影响。

其次，法律规范在法的现象中重要地位的确定有一定的历史原因，它本身也是一个历史的观念。国家立法机关创制的法律规范的权威性是在资产阶级革命过程中随着以法制对抗专制的法的观念的产生而形成的。这种权威在分析实证主义法学一度将自然法学逐出法的领域之后达到了顶点。其原因主要有：①罗马法的复兴。由于罗马法适应了资本主义建立统一国家和扩大市场经济规模的需要，它"在各大学中被当作对整个教会帝国具有拘束力的东西来进行讲授"，这就导致了一种"把习惯、道德、法律归结为类似一套制定法规的倾向"。②②资产阶级革命后的大规模立法活动。资产阶级变革社会的要求在欧洲大陆是以立法的形式得到确认和保障的，立法由于分享"革命"的神圣性而获得了自身的权威性。③③法

---

① 博登海默：《法理学——法哲学及其方法》，邓正来、姬敬武译，华夏出版社1987年版，第15-17页。
② 庞德：《通过法律的社会控制》中译本，第92页。
③ 英国的情况从反面反映了立法与革命的关系。由于英国普通法院及法官坚定地站在市民等级的立场上投身于反抗王权的斗争，因此，英国司法系统被视为自由的捍卫者而予以重视和保留，至今未形成发达的成文法制。

的理想与法的现实由对立向统一的转化。自然法与实在法的关系在革命前后是不同的,之前侧重于对立,之后倾向于统一。这种法观念的变化要求人们尊重实在法以维护自然法。④分权学说的影响。启蒙思想家普遍认为由民选代表组成的立法机关可以制定体现人类理性的完美法律,这种法律的权威性足以使人民对抗行政、司法权力可能的专横与任性。⑤强调世俗的国家权力。欧洲资产阶级革命的一个重要结果就是主权的、独立的、民族的国家的兴起。新兴的民族国家为了从教会手中夺取政治自由需要强化世俗的国家权力。马基雅弗里强调权力对于法的重要性就是这一背景的产物。上述原因,最终引发运用立法形式反映国家意志以设定新秩序的实在法发展的新阶段。这一阶段以强调法律规范的重要性为其基本特征。

第三,法律规范在法的现象中重要地位的形成又是与一定的思想方式的演变相联系的。自亚里士多德时代开始,人们便潜心认识现象的性质并依据各种现象性质上的差别把握现象本身。这种思想方式反映在法的研究上,体现探索法律现象产生的最初原因和最终原因的尝试,结果法被视为某种单一因素造成的因果关系式线性发展的产物。起初,人们比较倾向于从自然的或超自然的权威那里获得对法的彻底解释,于是"自然""天意""神意""君主权力"就堂而皇之地登上了法学的殿堂;其后,由于受到人文主义思潮和新教革命的影响,市民等级获得了人对神的政治解放,权威不再是神而是人自身。但是,无论哪一种权威观,"都在法律秩序的背后安置了一个唯一的、终极的和无与伦比的权威,并且把它作为所有法律律令的渊源"①。

这种思想方式自牛顿时代以后逐渐发生了变化。伽利略曾给予我们一个有趣的启示:他是通过落体的场、速度、加速度等而不是落体的性质去研究落体的。他的成功,开辟了一个崭新的思想空间。新的思想方式要求人们不能满足于对现象性质的说明,而倡导以人类经验的领域为研究对象,以观察和分析为基本的研究方法。这种方法在那个时代被称为"科学"。分析实证主义法学就是在这一背景下开始致力于法的"科学"研究。他们提出,法学研究只能以可经验的法的现象为对象,主张将一切先验的和形而上学的理论赶出法学领域。由于他们认为,只有实在法规范体系才是可经验的法的现象,所以,法律规范在法的现象中也就具有了至高无上的地位。(需要说明的是,这一法学思潮由于反对法的性质研究,主张限制法的现象范围,而把法与国家权力紧密联系,以至于受到后来者的深刻批判。)上述分析表明,法律规范的作用是为人们提供行为标准和为司法机关提

---

① 庞德:《法律史解释》中文本,第3页。

供审判案件的依据。法律规范的意义存在于与其他各类规范标准和审判依据的比较之中。由于它可以由最权威的国家机构制定，也可以为人们的行为提供最大限度的具体标准，为审判活动提供最强有力的依据，并能够在一定意义上建立和维护体现现代民主精神的秩序，因而，它在现代法的现象中的地位是不容忽视的。但是，与法律规范地位的上升相伴随的则是道德规范、宗教规范等在法的现象层次地位上的下降。如果其他的规范标准和审判依据仍然存在并具有重大的法律实践意义，法律规范的作用必然相应减弱。如果其他规范标准和审判依据仍有其存在的合理性，那么就没有必要过分夸大法律规范的作用而绝对排斥其他。同时，法律规范作为社会的一种重要规范形式，是与社会的发展紧密相联的，它的地位和作用与它反映社会发展的能力相联系，如果它本身不能尽量完美地体现社会的需要和价值观念，而是单纯作为国家权力的产物，那么，人们行为的标准和司法解释的依据也就都会发生新的变化。法律规范并非永恒地发挥着它在近代以来社会中的重要作用。这一因素在法的现象中的可变性值得注意。

综上，法的现象：①是个相对独立的范畴，有自己独立的研究领域、研究思路与研究意义；②是个整体的结构的范畴，法的现象的意义存在于其内部各要素之间的关系，即结构之中；③单独的法的要素仍是有意义的，它的意义可以通过与同类要素的对比方式来认识，但不应把法的现象的某一个别要素与法的现象相等同，更不能把法的现象及其要素视为静止不动的。

（原载《学习与探索》1995年第2期）

二

法律的本体

规范主义·概念主义·国家主义
——评我国法概念研究理论框架的逻辑实证倾向

关于法概念、法本质的讨论是20世纪80年代我国法理学界最有争议的论题之一。近年来，人们陆续提出了"社会性""共同性""规范性"等法的本质观，以对抗明显有悖现实的"阶级意志论"。然而，值得注意的是，我国法概念研究和讨论过程中所表现出来的浓厚的逻辑实证"兴趣"却未能引起向来以反意志论而著称的我国法学理论界的相应的足够的重视，这不能不说是一种缺憾。我之所以称这种兴趣为一种"倾向"，并非仅指现状或趋势，而是说这是我国法学界的一种深刻的传统。这种传统的深刻性和讽刺意义更是体现在一些企望以法概念、法本质变革为法学更新和法律改革突破口的学者身上，他们仍然以这种传统为武器来反传统，难以实现实质上对法学落后局面的超越。换言之，对法本质的准确把握应结合法概念理论框架的整体格局来进行。如果不对现行法概念赖以形成的方法论基础——规范主义、概念主义、国家主义进行必要的反思，任何变革的努力与企图都难免功亏一篑。笔者立论的目的和意图也就在此。

近年来，我国法学理论与苏联法学理论密切的渊源关系受到学术界日益广泛的重视，其实，在法理学方面这种渊源关系主要体现在我们对维辛斯基法学理论的接受上，一些学者已经提出了对维辛斯基法学理论的质疑和否定[①]。为了讨论中的便利，有必要将1938年以维辛斯基为代表的苏联法学界关于法的定义与1988年出版的孙国华教授所著《法学基础理论》中法的定义加以简单对比。孙国华教授的观点也是迄今为止各法学基本理论教科书普遍采用的定义。

"法权是经国家政权制定或认可的，反映统治阶级意志的、而由国家的强制力来保证其适用的行为规则（规范）的总和，其目的在于保护巩固并发展有利于、适合于统治阶级的社会关系和社会秩序"[②]；"法是经国家制定或认可的，反映

[①]《维辛斯基法学理论的三大弊端》，载1988年8月4日《社会科学报》；《中国法学的新走向》，载1988年10月4日《光明日报》。

[②] 苏联科学院法学研究所：《马克思主义关于国家与法的理论教程》，中国人民大学出版社1955年版，第62页。

着被一定物质生活条件决定的统治阶级（在社会主义社会是工人阶级为首的广大人民）的意志，并且由国家强制力保证实施的规范体系，它通过确定人们在一定社会关系中的权利和义务，确认、保护和发展着对统治阶级有利的社会关系和社会秩序"①。

显然，上述两个定义都认为：法律是一种规范体系，这个规范体系是体现为国家意志的统治阶级意志的反映，并且是由国家强制力保证实施的。因此，似乎可以这样认为：①除了"统治阶级意志"外，我们还接受了法是一种规范体系和国家意志的内容，换句话说，"法是统治阶级意志的体现"这个当前最有争议的命题是借助于规范体系和国家意志形式而存在的；②凡是阶级斗争中胜利了的阶级，都可以通过立法形式，将自己的意志以国家的名义颁布出来，强迫全体社会成员，特别是被统治阶级服从。法的基础就是统治与服从关系；③无论怎样的生产力，怎样的经济关系，在它的正式代表——一定的阶级掌握国家政权之前，它不会得到法律的肯定，换言之，国家政权就是国家本身，它才是法律的效力根源。我认为上述看法具有很深的规范主义、概念主义和国家主义的痕迹，它们与"统治阶级的意志"一起共同构成了法定义中的一个逻辑实证体系。

一、我国法概念理论框架之三维结构

总体上说，我国现行法概念的理论框架是以统治与服从关系为基础，统治阶级意志为核心，由规范主义、概念主义、国家主义为支柱共同构成的完整的理论体系。

规范主义是指这样一种法律的思想倾向：法律只能存在于一个封闭的、等级森严的规范体系的形式之中，这个规范体系包含着普遍化了的行为的预期强制，既含有对可行行为的期待，又预示对非如此行为者的威吓与可能的惩戒。它是一个掌权者的命令构成的逻辑体系，每个规范都是一个命令。所以，对法的本质的寻找要么立足于规范本身（规范性），要么追寻到命令者（统治者、权力、国家等）。概念主义则认为法是由概念来说明的，法律规范是由概念间的推理形成的，人们只要能准确地把握概念，便能够了解法律的真谛，司法人员的工作就是把概念演绎到具体案件，运用到具体人的推理活动中。规范主义与概念主义的联系在于：法律规范是由相应的概念来证明、说明，概念之间是种属关系，规范之间也有个等级关系。人们总是通过说明规范的概念来理解和揣测自己行为的法律意义而不存在脱离法律概念的法律现实。最后，规范和概念中包含的行为的预期强制

---

① 孙国华：《法学基础理论》，天津人民出版社1988年版，第71–72页。

的最终效力导源于国家。法总是"由国家制定或认可的,并由国家强制力保证实施的",法的普遍性、权威性、强制性来自于国家,它分享着国家的神圣性。国家好像希腊神话中的迈达斯国王①,他的手所触之物都可以变成法律。因此,谁掌握了国家政权,谁就可以假借国家之手通过规范——他的命令,贯彻自己的统治意图。

这种与中央集权的政治、经济体制相适应的大一统法律观念模式在我国法概念研究中得到了淋漓尽致的发挥。首先,法是一种特殊的社会规范,即法律规范,法的表现形式是规范性法律文件的体系,法学意义上的法的渊源专指法的形式。换句话说,法学无须追踪实质意义的法渊源。其次,一切法律调整活动都是围绕法律规范进行的,立法机关创制的是法律规范,执法机关执行的是法律规范,群众遵守的还是法律规范。社会主义法制就是"有法可依、有法必依、执法必严、违法必究",只要严格依照法律规范办事,就是依法治国,就实现了法制和法律秩序。再次,法律规范从结构上看是命令性规范与逻辑性规范,"法律条文实际上是体现命令性规范。在分析命令性规范时又要把它纳入逻辑性规范中来考察"②,命令性规范是第一层次的法律规范,逻辑性规范是理解命令性规范的手段。命令来自于统治阶级,因此,法律规范就是以命令形式存在的统治阶级意志的体现。最后,规范是一种行为的预期强制,它是由国家制定或认可的。因此,法也就是国家制定或认可并由国家强制力保证实施,法律离不开国家。国家是一个阶级镇压另一个阶级的暴力工具,国家政权是统治阶级的专政手段,法律也就成了"刀把子"。以上概括就是现行法律概念的基本脉络。当然,统治阶级之所以成为统治阶级是社会物质生活条件决定的,经济地位决定统治阶级政治地位,然而,经济地位却又是可以由法律创造的,所以,这种决定论在法概念研究实践领域并未起到决定作用。

可能维辛斯基在阐述他的创造性定义时就已经认识到了他的定义中的规范主义色彩,他一方面竭力否认与规范主义的任何联系,但另一方面又一再强调他的定义是以统治与服从为基础的。"他们(规范主义)给规范本身所下的定义,乃是一个唯心主义的、法学教条的、抽象的定义",而我们的定义是从表现在法中的"统治关系和服从关系出发的",两者"毫无关系共同之处"③。事实果真如此吗?雅维茨在回顾20世纪三四十年代苏联法定义研究时含蓄地指出:那时,"法

---

①希腊神话故事《点金术》中的人物,他的手所触之物都可以变成黄金。
②孙国华:《法学基础理论》,天津人民出版社1988年版,第203页。
③王勇飞:《法学基础理论参考资料》第一册,北京大学出版社1981年版,第138-139页。

的规范方面的研究在理论研究中占据了统治地位","这些定义也包含在维辛斯基错误观点的影响下所提出来的定义,它们受到了教条主义、唯意志论和夸大国家强制作用的影响"①。其实,把维辛斯基的定义与规范主义联系起来并不过分。规范、概念、国家并不天然地与规范主义、概念主义、国家主义等同,然而,如果把前者看成或实际看成是一个绝对的、自我满足的体系,就另当别论了。维辛斯基正是这样做的,他把法律建立在一种赤裸裸的统治与服从的关系之上。在他看来,如果说作为统治者命令的法曾经是一种现实,那么他今天就应该是一种合理的存在。他是举着历史的鞭子运筹今天的法律。准确地说,这个历史是中世纪之前的历史。法是统治阶级意志的体现就是这样成为法学理论上的公理,反过来,为了贯彻这一点,法律当然必须寄生在一个创制出来的规范概念体系之中而非历史形成的社会之中,因为后者是传统的,前者却可以创造。只要能掌握国家政权,成为那位可敬的迈达斯国王,其他人也就变成了国王的婢女——法律的奴仆。

显然,这样的理论是有悖于社会主义人民大众的法律要求和法律意识的,法学家不会不正视这一点。②特别是维辛斯基的研究给社会主义法制建设造成难以挽回的损失,成为破坏性灾难时,人们更有理由怀疑这一点。当然,公正地说,我国现行法定义并不是维辛斯基法定义的照搬,然而,由于我们继承了他的定义的基本骨架和基本方法,无论是社会物质生活条件的决定性或是人民意志的体现都无法改变和阻挡一种破坏法制的法概念,一种法的专制形式在中国大地上的出现,"文化大革命"与当前法制建设的微妙处境都证明了这一点,几代法学家的努力也同样证明了这一点。

二、法概念理论三维结构的整体效应

规范主义、概念主义、国家主义是一个完整的理论体系,它与法是"统治阶级意志的体现"这一命题紧密联系,实践中又常常循环论证。法是统治阶级意志的体现,所以它是(国家)制定或认可的,通过概念说明的规范体系;法是概念组成的规范体系,所以,它又只能是统治阶级通过国家制定或认可的。这个逻辑实证体系并不复杂,然而,如果不把它看成是一个统一的整体,又难免陷入这个理论怪圈。由于传统的现行法定义存在显而易见的荒谬之处,每当社会主义国家处于社会变革、动荡时期,这个定义都要受到人们的责难。然而,每次责难、冲

---

① 雅维茨:《法的一般理论》,朱景文译,辽宁人民出版社1986年版,第90-91页。
② 社会主义法被认为是一种"例外",不再是一个绝对的统治阶级的意志的体系。

击都被它庞大的自证体系所化解。它是作为一个整体面对新时期的挑战并进行战后的恢复，苏联和我国的学者几十年的辛勤努力对此作出了强有力的说明。

第一次冲击是由苏联学者杰尼索夫、罗马什金等发起的。他们已经意识到作为一个封闭的规范体系的法所可能包含的任性因素。针对维辛斯基的定义，他们对法是单纯的意志的体现或以意志为基础的法观念提出了自己的看法。根据马克思、恩格斯在《共产党宣言》《德意志意识形态》中的论断，他们一再强调法的基础不是意志而是社会的物质生活条件，被奉为法律的统治阶级意志归根结底是由社会的物质生活条件决定的。换言之，法所体现的统治阶级意志并非是自由的、任意的，而是有着深刻的物质根源的[①]。这个观点现在已经得到了包括我国在内的社会主义国家法学界的认同，一定意义上，它正确指出了法的真正的发源地。然而，由于他们并不打算改变法是规范体系的命题，所以，这种社会的物质制约也就停留在由立法者来判断的法的制定领域。而且，他们还为统治与服从关系找到了一个合理的根据，强化了统治服从关系[②]。特别是罗马什金，他把社会主义法看成是一种新型的为消灭国家与法而存在的社会规范，从而又为意志论者找到了创造经济关系和消灭意志形态对手的法律根据。

第二次冲击是由苏联学者彼昂特考夫斯基发起的。他认为法不仅仅是一个规范体系，还包括法律关系。他和罗马什金都认识到维辛斯基法的定义无法涵盖社会主义法的本质和特点这一事实[③]，所不同的是，罗马什金不同意把社会主义法也视为阶级暴力的工具，而彼昂特考夫斯基则更进一步，他试图从人的主体性和能动性角度论证法是法律规范和法律关系的统一，试图把主观权利的意义置于法定之中。应该承认，彼昂特考夫斯基对法概念的研究极富有启发意义，他一方面对规范体系提出了质疑，又对无限的国家权力表示了否定，为以后的法定义研究开创了新的思路，然而，由于他原则上仅就社会主义这一范围讨论问题，结合"全民国家""全民法"的社会背景，他也就始终未能对整个法的基础和理论格局运用自己的新见解，并在自己的时代受到了合乎逻辑的指责。法尔别尔当时就指出："无论如何不能把主体权利归结为法，因为只有反映实现专政和其权力的阶级的国家意志的法律规范才是法。"[④]尽管如此，彼昂特考夫斯基的影响是巨大的，从雅维茨的法定义中可以明显地发现这一点："法是物质地被决定的上升

[①] 王勇飞：《法学基础理论参考资料》第一册，北京大学出版社1981年版，第140—147页、第157—162页。
[②] 一种庸俗的观点，由于社会物质条件的决定作用，统治者的统治就是天然合理的存在。
[③] 就像我们今天所遇到的难点一样。
[④] 王勇飞：《法学基础理论参考资料》第一册，北京大学出版社1981年版，第211页。

为法律的阶级的共同意志（在社会主义条件下是全民意志），不仅直接表现在具有国家约束力的一般规定中而且表现在由这些规定所确认的社会关系主体的实际权利中。"①

第三次冲击是由我国广大的法学工作者发起的，目标是"法是统治阶级意志的体现"这一根本命题，也就是说，苏联学者所提出的"物质制约"与对"权利义务"的确认并没有抵消"阶级意志论"的消极后果。十一届三中全会后首先由《法学研究》刊文对社会主义法是工人阶级意志的体现这一命题发难，在全国法学界引起了强烈反响，全国法学基础理论学会把它列为第一、第二两届年会的中心议题，几乎所有的法学刊物和与法学有关的刊物都发表过有关文章。法律工作者们从各个侧面，如原始社会有法，共产主义社会也有法，法不仅执行阶级统治的政治职能，也执行社会公共事务管理的社会职能，因此，法也具有社会性，社会主义社会不存在被统治阶级，因此，阶级性不再是社会主义法的根本属性等，对传统的现行法定义发表否证见解。这些问题的研究，对法概念的重新构架起到了非常积极的作用。但我们也同时注意到，现行法定义的根基并没因此而动摇：反对者虽然否定"法是统治阶级意志的体现"这一命题，但仍有人坚持法是由国家制定或认可的规范体系，他们反对用经典著作代替现实生活的教条主义倾向，却又不得不从经典中寻找反经典的根据，他们反对旧的概念体系，却又筑建起了一个新的概念体系。作为这场争论的实践结果，现实法律生活仍旧是传统的，摆脱不了"文字游戏"的命运，难以适应变革中的社会要求。

第四次冲击也是由我国学者发起的，目标虽然仍是"阶级意志论"，视角则是新的。人们从弘扬人的主体性的角度出发，认为法的核心是权利，权利是法的起始范畴，从这一观点引申出法的深刻根据是人的需求和自主性。如果说，法的核心是权利，那么，这个"合理"的内核必将与"倒置"的体系——阶级意志、阶级工具论发生尖锐冲突，并要求否定后者。这是一种全新的思维。1988年6月在长春举行的法学基本范畴研讨会，便是一个突出表现。这次权利的冲击与彼昂特考夫斯基的冲击有所不同，它要求现行法学理论从形式到内容都发生一次彻底变革。法作为规范必须由人制定，作为权利，它又在社会发展过程中逐步获得自己的合理的存在形式，这是一个潜在的、注定要表面化的冲突。它使人们的视野再次转向以国家命令形式出现的规范体系，转向与个体主体相对的国家主义，转向与生命的生动形式——现实相对的概念主义。这次要求在法的领域解放人的呼吁在改革的现实中变得更富有现实主义。当然，这一探讨才刚刚起步，人们也

---

①雅维茨：《法的一般理论》，朱景文译，辽宁人民出版社1986年版，第93页。

充分认识到规范中心、国家主义是弘扬个体权利的主要障碍,如果不能理顺规范与权利、国家与个人、概念与现实的关系,传统的深厚坚冰仍然无法打破,这也是一种冷酷的现实。

综上所述,规范主义、概念主义、国家主义这一理论构架与法是统治阶级意志体现的命题是相辅相成的,对"阶级意志论"的否证分析必须结合整个理论框架来进行,这种理论框架本身就是一种对实践有害的法学方法论。如果以传统的方法反传统,结果必然是传统的复归,仍然无法解决现实问题和促使中国法学面向世界,也无法摆脱改革中交"白卷"的命运和法学尚"幼稚"的断语。

三、对法规范主义、概念主义、国家主义的否证分析

一个能称之为定义的法概念至少应包括三个标准:①普遍性:能概括古今中外所有法律(从形式到内容);②有效性:能对法律实践有指导意义;③现实性:对现实法律的发展进步有促进作用。这也是我们衡量现行法学方法论的标准。换言之,一个法概念如果不具备普遍性、有效性、现实性,那么它赖以存在的方法就是错误的。我的分析就本着这个原则进行。

(一) 关于规范主义的否证分析

法律应该体现为一种规范体系,这是18世纪的一个具有革命性意义的法观念,它对于克服封建制法中的专横、任性和绝对权力具有非常广泛的意义,为资本主义大规模的立法活动奠定了理论基础,是法律发展史上的一次革命性变革。然而,这种法观念赖以建立、形成的自然法、自然权利基础本身却很难用理性作出判断,这是这一观念的致命弱点。凯尔逊为了摆脱这种困境才执意追求一个形式完美的、经得起科学检验的逻辑实证规范体系。我认为首要问题并不在于法律应不应该体现为一个规范体系,而在于它是不是一个规范体系;第二步才是社会主义法应不应该体现为一个规范体;第三步是我们能不能建立一个法的规范体系,以及如何与以命令为基础的规范主义体系相区别。

首先,把法律视为一个规范体系至少是不全面的。第一,规范的体系无法涵盖整个法律现实。①它忽视了英美法的形式。法如果是规范体系,那么,法官据以判断案件性质的根据就必须是一个或一套规范,也即是包含着行为普遍的预期强制的规则,但稍有法律常识的人都知道,英美法常常是法官的创造,而不是立法者设定的预期行为。②我们所称之为奴隶制的时代,法更经常的是一种表现为个别行为的任性。如果承认"铸刑鼎""铸刑书"的活动是中国法发展的一个重要转折,那是否意味着承认一个非规范化的法曾经存在的事实?③许多西方国家存在的,并呈发展趋势的法官自由裁量何以理解?第二,法也并非仅指规范。在

现代任何一个以规范性法律文件为法的主要表现形式的国家，所形成的法律文件并非全由规范组成，其中大量存在的"定义""说明""原则"很难用规范形式概括，更不能把规范简单地理解为都是命令性规范。

其次，社会主义法应该尽可能地用规范形式来体现。规范有助于克服任性、偏见、偏私和专横，是社会主义国家人民进行自我管理的一种有效形式，在当前改革、开放的活动中具有迫切的现实意义，这是应该予以充分肯定的。尽可能地把广大人民的法律要求转化为法律规范在当前乃至今后都是一项社会主义法的创制的重要任务。

再次，作为一种规范体系的社会主义法应该不同于以统治服从关系为基础的规范主义形式法学观念。后者以绝对的、必须服从的命令为前提，它忽视了法律效力的社会根源，任何法律在一定意义上都必须以符合社会中多数人的价值观念与社会理想为前提，强制只能作为法律上的例外。特别是在社会主义社会，硬要把法看成是一种统治者的命令和一部分人对另一部分人的统治手段，就不能不让人感到费解了。法律并不总是作为一种外在的强制由一部分人强加于另一部分人，因此，从根本上说，它不是一部分人为另一部分人制定的。

（二）关于概念主义的否证分析

概念主义是风行了几个世纪的法学思潮，它的方法论特征是：①可以用概念来推导法的规范体系。换言之，规范的法是由概念间的推理形成的。②规范体系之间是用概念来说明的思想体系。③法的实施是建立在对法律规范中的概念的准确理解的基础上，正确解释法律概念是法治状态的前提。总之，概念统治着法律世界。①

法学研究和法律实践的基本出发点究竟是概念还是现实，马克思主义的选择是坚定的、一贯的。马克思在反对黑格尔客观唯心主义哲学体系时早已指出，法不能从它本身来理解，也不能从人类精神的一般发展来理解，而应从它赖以产生的经济关系中来认识。换句话说，法的生命和活力来源于社会生活的生动内容。然而，这个本质上辩证的、发展的、反教条的理论在部分学者那里变成了一种新的教条，他们从一个固定的模式出发，满足于"法归根结底是由社会物质生活条件决定"的经典论断，不再承认或实际上不承认社会现实的决定意义。他们用经典代替现实、图解社会，反对反对者，似乎马克思已经替他们解决了20世纪80年代的问题。他们不是从法的现象看它的本质，从它的形式看它的内容，相反却

---

① 柯恩：《存在主义和法律科学》，1967年英文译本，第1—10页。

是从本质推导现象、从内容推导形式。为了内容上的逻辑一致，竟无视另一大法系的存在。"以不变应万变"是学术界某些人的"看家绝活"①。

我们既不能用经典代替、推衍法律现实，也不能用概念分析概括一切法律实践。概念主义在法的实施中的一个绝对前提是：一切法律规范都是完美无缺的，一切社会现实都是可以用法律规范来体现的。这个前提本身就是站不住脚的：第一，立法机关不可能把一切亟待调整的社会关系都及时用法律固定下来。第二，法律规范并不总是符合社会现实，否则法律既用不着修改、废除，也用不着试行、暂行。博登海默指出："即使规则的存在有助于在处理人际关系中消灭任性与偏见的极端表现形式，仍还存在着这种可能性，即规则在其内容与作用方面表现为苛刻的、非理性的、无人道的。"实际上，在规范主义那里，法律"无血、无肉、无心肝"②，也就难以避免这种非理性现象的出现。第三，现实法律生活中，没有两个绝对一样的案件，也就不可能指望完全根据规范所做的决定都是正确的。那种把法理解为一个绝对的规范体系，认为只要通过适当的逻辑分析就能作出正确决定的观念本身就是极为幼稚的。

需要补充的是，法律就是法律，不能把法的政治意义视为法律本身的意义，更不能在法的定义中用政治价值代替法律功能。否则，法律的自身价值是无法实现的。

（三）关于国家主义的否证分析

国家主义在我国法概念研究中的表现是：①国家是社会形式上的代表，它的利益当然地高于集体利益和个人利益，"大"比"小"好，"公"比"私"好；②通过国家制定或认可的规范性文件都是不容置疑的法律；③对违法行为的制裁是国家强制；④法律的效力渊源于国家。这种法观念根源于集权主义，大一统和国家主义思想。

首先，国家不是一种孤立的、超然的、抽象的存在，也不是绝对的理念，或者黑格尔客观精神发展的最高伦理现实。不能撇开个人、群体和具体的阶层、阶级而从抽象的个人、群体、阶层、阶级来论证国家偶像的合理性，国家不是市民社会的基础，相反，市民社会才是国家的基础，一般存在于个别之中，普遍性存在于特殊性之中，这是马克思主义的最基本的原理，个人不是实现国家的手段，相反，国家是实现个人利益的手段。个人为国家的牺牲不是一种自由的升华，不具有伦理上的普遍性。

---

① 《中国法学的新走向》，载《光明日报》1988年10月4日第3版。
② 博登海默：《法理学——法哲学及其方法》，邓正来、姬敬武译，华夏出版社1987年版，第219页。

其次，任何人都不能代表国家为社会制定法律。法律既然不是一个绝对的规范体系，就根本不存在一个绝对的制定者。国家不是一个人的国家，也不是一个阶级的国家，它与政府不是一回事，后者可能表现为一个阶级的专政，而前者则永远是一个人的集合体和生存形式。我们能够称之为法律规范的东西任何时候都必须得到哪怕是形式上的社会公认。

再次，法律并非总是与国家联系在一起。摩尔根、马克思、恩格斯、卢埃林、霍贝尔的人类学研究成果说明，作为一种制裁手段的法并非总是与阶级暴力意义上的国家相联。恩格斯视为法产生的三种典型形式没有一种是在统治阶级与被统治阶级斗争中产生的[①]。我国现代民族学、考古学、人类学研究也提供了不少可资借鉴的材料。夏、商法律的存在并非以国家为后盾，相反，法律倒是一种社会自我调节、防止毁灭的手段。我们视之为典型资本主义国家的美国，它的宪法就不是一个绝对的主权者制定的，现代国际法与其说是一种阶级暴力的产物，不如说这种观点本身就是一种自欺欺人或阶级偏见的产物。

最后，阶级的统治能否代替社会的法律。国家主义在我国一个重要的理论根据就是：统治阶级 = 国家，法律 = 统治阶级意志，这是一个荒诞的逻辑与等式。退一步说，即使我们承认统治阶级往往是社会的正式代表，那么法律就一定是一个阶级的专政工具吗？正如马克思所说："没有对抗就没有进步，这是文明直到今天所遵循的规律。到目前为止，生产力就是由于这种阶级对抗的规律而发展起来的，"马克思强调说，否认这一点，"那就是撇开阶级对抗，颠倒整个历史的发展过程"[②]。法律如果不是在这种阶级对抗中产生的，为协调这种对抗而存在，而是为了消灭对抗的另一方，那么对抗本身又何以存在，文明又何以发展呢？事实上，我们今天已不再把社会主义法看成是一个统治阶级的绝对统治形式，而称之为"工人阶级为领导的全体人民共同意志的体现"。显然，人民与阶级不是根据同一标准划分的，这是一个承认差别的表述，尽管是含蓄的。

总之，把法看成是一个抽象的国家的产物和统治阶级命令的规范体系在实践上是缺乏根据的，也是有害的，在理论上是难以自圆其说的。它必定将社会关系主体置于一个被动的接受地位而醉心于自身体系的逻辑完美性，但是"法律的灵魂不是逻辑"。这种法观念，既不符合历史，也无助于现实。

---

① 恩格斯：《家庭、私有制和国家的起源》，中央编译局1965年版。
② 马克思：《哲学的贫困》，人民出版社1961年版，第48页。

四、法概念研究方法论的直观认识

对传统法概念的全面反思并非反对、忽视规范、概念、国家在法律形成和实施中的意义。我的兴趣在于说明现行法概念理论框架中的规范、概念、国家被人为地绝对化,以致与"法是统治阶级意志的体现"这一命题一起共同构成了一个逻辑实证体系。法律的生命不在于逻辑,它来源于丰富多彩的社会生活和人们对自身存在合理性的期待。不能以规范置换法律,以概念代替现实,以国家否定个人,以整体否定个体,总之,不能以所谓的深层思考代替现象的简单直观。

对法律现象直观的认识(古今中外无例外)莫过于"公正"。这是一种被我们长期忽视和冷落的价值观念。我们绝不应该因为法律曾经是非理性的而放弃对理性的追求,去崇尚非理性;也不应以法律不能完全体现社会价值而放弃对价值的选择,去选择不讲社会价值。正如地球是圆的,但人们并不放弃量直线的愿望一样,法的价值并不是绝对的、永恒的,但并不影响人们对社会和法的价值追求。法是一种实现社会价值的手段,因此,它本身就具有一种价值,这个价值集中体现在公正、权利和自由之上。规范主义在"二战"后的消沉与自然法学的复兴及其在现代国际法中的地位,都以无可辩驳的事实说明法律价值化的实践意义。

因此,首先应该把法律看成千百万年来人类谋求自身存在价值的一种手段,法律的每一次进步变化都是人类沿着文明的大道向前努力的结果,标志着人类日益珍惜自己的尊严,特别是与那些社会中受屈辱、受压迫的人们的努力是分不开的。

其次,对法律的认识应在在深入社会中进行。特定的社会在每个时代都有自己特定的价值观念和理性指向,对法律的认识应结合对社会的分析进行。法律是社会的产物,法律的效力根源于社会,而绝非是一个抽象的、与社会脱节的国家。社会是由各个不同的利益群体和享有特定利益的个人组成的,现实利益的多元化与冲突构成了法产生的基本原因,因此,法的基本作用就在于协调,解决各种利益之间的冲突,缓和而不是加剧社会矛盾,更不可能取消社会矛盾。我国社会主义改革实践证明:抹杀或取消利益差别是违反社会发展客观规律的,相反,即便在社会主义社会,多元利益主体的存在也是一种无可争辩的社会现实,而且,利益关系主体逐渐分离、独立,产权日益清晰对社会发展已成为一种不可缺少的因素。

再次,法律对利益关系的调整是以社会上占主导地位的价值观念为指导的,无论是立法还是司法,在选择法律予以保护或限制的经济与政治、文化利益时,总是受到一定价值观影响的。法律是通过调整人的行为来实现的,人的行为总是受其观念支配的,尽管观念本身也受制于一定的利益关系,但仍然无法排除各种价值观的影响与渗透。无论是立法者的行为、司法者的行为或者社会公众的行为,都是在这种价值观的交锋中形成的,总体上说,又都是以社会中占主导地位的价值观的胜利而告终。换言之,法律调整是以现实社会中人们的利益差别(而非共同性)为其出发点,以利益的协调为目标的活动,它总是与一定社会占主导地位的价值观或社会理想相符合。

最后,法律的发展与文明的进步总是趋于一致。每个时代都有自己的法律和文明,法律总是时代文明的表现,它为现实而存在,又因为规定而发展。社会文明发展的总趋势是一个进化的过程,法律的进化表现为法律协调各种利益,解决各种纠纷的手段日益文明和有效。它促进文明发展的功能日益增大而不是相反。任何一种以逝去的时代文明为自己认同对象的法律观念根本上都是背叛自己的时代文明的。

基于上述认识,我们有必要重新估价规范、概念、国家在法概念研究中的地位。

其一,规范是现代社会法的主要表现形式,特别是社会主义法应尽可能地表现为规范体系。该规范体系不是一个自我封闭的命令体系,而是社会关系主体创造性活动的结果,随着文明的进程,它不仅表现为对任性、专横和绝对权力的限制与对社会关系主体权利义务的确定,而且它本身也日益成为全体社会成员自主活动的产物。

其二,概念是理解法律的重要途径,但并非是唯一的和主要的途径,对法律规范的认识和理解必须结合具体情况进行。特别是司法人员,他的职责并不是图解法律,而是凭借法律规范实现当时社会主导价值观念所要求保护的利益主体的权利。法律规范只是实现社会价值的手段,它本身不是目的。

其三,在法律的形成和实施活动中,国家发挥了巨大的作用,但不能因此而认为法律只能由国家制定或认可,并由国家强制力保证实施,更不能理解为经国家制定或认可的规范性文件都是法律。法律的真正效力根源于社会,它的生命来自于社会关系主体创造性活动。不能因为国家的存在就蔑视现实中的个人,后者比前者更为真实。

(原载《政治与法律》1989年第3期、第4期)

法的普遍性、确定性、合理性辨析
——兼论当代中国立法和法理学的使命

一、问题的提出

1814年，德国著名法学家萨维尼的《论当代立法和法理学的使命》发表。在这部对整个19世纪法学研究产生深远影响的小册子中，萨维尼提出了法律应与民族精神相一致这一历史主义观点。他认为，国家如对本民族社会规范的自然演变不予重视，法典化就近乎一种灾难，必将使这一自然演化过程萎缩并导致法律的凝固化及法的生命力的衰萎。因此，凝聚着民族生活传统的习惯才是法的主要渊源和生命原动力。鉴于此，他反对德国法律的法典化，认为在德国法学家和立法者对本民族历史上的法进行深入了解和把握之前，立法的条件是不成熟的[①]。20世纪80年代中期，我国由观念变革引发的对传统法律文化的检讨，已经在客观上形成一个法律文化研究热潮。无论人们主观期待如何，其结果恰恰与大部分讨论者的初衷相反，即不仅未能实现对传统的超越，而且很大程度上导致对传统的回归。[②] 在这一背景下，法律移植和法制现代化有时被归结为西方中心主义，[③] 依法治国被视为法治浪漫主义。[④] 这一现象的逻辑基点是对法律概念普遍性的怀疑，其逻辑结果之一则是当代中国立法和法理学的民族化与地域化。可见，对法律的文化学研究与对法律的历史主义态度是明通暗合的。

一种更为极端的、被称为后现代的思潮或研究方法近年来在我国也初见端倪。应该说明的是，"后现代"主要是一种观点。正如有学者所说：它"是指近代以来某些学者大致共享的一种思维方式和对待世界的态度"[⑤]。如果说，萨维尼和法律文化论者还仅仅是对人类理性能力的普遍性表示怀疑，那么，后现代思潮

---

① 沃克：《牛津法律大辞典》，李盛平等译，光明日报出版社1988年版，第798页。
② 葛洪义：《探索与对话：法理学导论》，法律出版社1996年版，第369页；苏力：《法治及其本土资源》，中国政法大学出版社1996年版，第6页。
③ 苏力：《法治及其本土资源》，中国政法大学出版社1996年版，赵晓力序。
④ 1996年在深圳举行的全国法理学年会上的个别意见。
⑤ 苏力：《后现代思潮与中国法学和法制》，《法学》1997年第3期。

则更具有毁灭性，它对近代以来的法治主义从根本上持否定态度；对构成法治基础的法律的普遍性、确定性、合理性提出质疑；强调法学研究的本土化和法制建设中对本土资源的充分利用。在他们看来，法制主要不是法学家的创造，法学与法制应加以区别，"法制只是一种规范性的社会秩序，这种社会秩序从根本上看是形成的，是人们在社会生活磨合并体现出来的，而不是按照理论构成的"[①]。因此，研究法制问题，应注重观察小规模社会各方面相互作用中对法律含义的协商过程，这种协商确定了正当行为和期望的许多非正式规则，决定了法律学书籍中正式规则的真正作用和意义。[②] 有学者在分析影视作品《秋菊打官司》时指出，秋菊关于司法机关对村长处罚方式的困惑表明"道常无为，而无不为"的"在每个人的生活中起作用"的秩序才是真正的法。"而一旦有人想强加一种外在的秩序时，这无为的法就会'无不为'，显示出其强劲的生命力"。因此，在中国的法制建设中，最重要的是重视"中国社会中的那些起作用的，也许并不起眼的习惯、惯例，注重经过人们反复博弈而证明有效、有用的法律制度"[③]。

  上述对后现代的概括是极不全面的，[④]本文也不是对后现代进行全面分析。仅仅是借助上述话题，引出笔者所关注的几个问题（而且后现代学者对许多问题的分析是极为中肯且富有启发性的）。我们认为，我国法学界长期以来一直致力于提高人们对法治的认识，而未能充分就法治本身的理论问题，特别是现代法治面临的挑战进行深入分析。仅从上述几个问题就可以看出：①法律文化研究和后现代思潮对法律的普遍性、确定性的怀疑可能动摇制定法的权威地位，从而，②导致法律概念的合理性基础面临挑战，进而，③在事实上否定了立法和法理学追求进步的努力，否定了法学工作者的理性能力和精神因素在法制建设中的积极的、创造性的作用。这是长期存在的并值得探讨的问题。虽然，我们赞成注重各国、各民族乃至各地区法律实践的特殊性，也注意到法律实践的过程一般同时也是各种规范的协商、对话、磨合的过程，但对法律实践中的理性因素的确信，使我们认为：当代中国立法和法理学的主要使命仍在于推动法制建设和社会进步的互动。对法律的普遍性、确定性、合理性以及制定法的实际有效性的怀疑固然有其根据，但并不足以否定制定法的权威性。在我们看来，在一个寻求变革的社会中，树立法律的权威是极其重要且刻不容缓的。

---

①苏力：《后现代思潮与中国法学和法制》，《法学》1997年第3期。
②罗杰·科特威尔：《法律社会学导论》，潘大松等译，华夏出版社1989年版，第169页。
③苏力：《法治及其本土资源》，中国政法大学出版社1996年版，第23页。
④需要详细了解这一问题，可参见季卫东：《面向二十一世纪的法与社会》，《中国社会科学》1996年第3期；苏力：《后现代思潮与中国法学和法制》。

二、法的普遍性和特殊性

自从亚里士多德提出著名的法律是制定良好的并被普遍遵守的法治定义以来，法的普遍性就成为法治的一个基本要素。对法治及法治条件下公平的追求，一定意义上就是建立在法具有普遍性这一确信基础上的，法的普遍性有两层基本含义：从表层上看，在一定的国家或区域范围内，法应该是普遍有效的，对每个人都一视同仁，它不会也不应受个别人琢磨不定的感情因素的支配。在这个意义上，法治所包涵的法的普遍性与法的统一性及公平性相联系；从深层看，被普遍遵守的法律还应具有被普遍尊重的根据。它要么是具有某些普适的道德性，从而获得了被尊重的内在根据；要么是与一定的公共权力相联系，分享着权力的神圣性。在这个意义上，法治社会的法律必定符合一种更为根本的超越国家与民族界线的更大范围有效的普遍准则。因此，法的普遍性理论往往与某种社会发展观联系在一起，法律也就具有了一种推动社会进步的功能。在我国，依法治国，建立社会主义法制国家的政策取向明显地与这种认识相关并依赖于法的普遍性学说。

关注法的特殊存在的学者一般是从两种值得推敲的视角对法的普遍性表示怀疑的。

（1）从各国各民族文化特性及法律的差别出发，强调法的特殊性，否定法的普遍性。萨维尼在谈到实在法的起源时，提出："有文字记载的历史初期，法律如同一个民族所特有的语言、生活方式和素质一样，就具有一种固定的性质。""这些属性之所以能融为一体是由于民族的共同信念，一种民族内部所必需的同族意识所至。""法律和语言一样，没有绝对中断的时候。"[1] 比较法研究最初时包含着一种构造"世界法"的努力，最终因各国法律之间的差异过大而不得不放弃。[2] 将一国法律与其民族文化传统相联结的确为我们认识法律现象提供了一个富有启发性的思路，促使人们思考现实法的多样性和复杂性，并要求各国在借鉴、吸收、移植外国法时充分考虑本国的特殊情况。但是，如果将各国法律之间的差异过分夸大，甚至达到否定法的普遍性的程度，则是不可取的。达维德在分析立法者借鉴和求助外国法的原因时看到："我们的时代期待于法制的不仅是要它建立秩序，而且是想通过新的法律手段多少从根本上改造社会。"[3] 法的多样性应该是为法的发展提供了更多的选择机会，在比较和借鉴中，促使本国法的改进，完成传统向现代的创造性转换，而不是加剧故步自封的状态，如萨维尼那

---

[1] 《西方法律思想史资料选编》，北京大学出版社1983年版，第526页。
[2] 沈宗灵：《比较法总论》，北京大学出版社1987年版，第18页。
[3] 勒内·达维德：《当代主要法律体系》，漆竹生译，上海译文出版社1984年版，第12页。

样,来个"民族对于自然的叛变"。①从这一视角对法的普遍性的否定,在实践上极有可能阻碍各国法律之间的相互借鉴和吸收,助长法律文化上的狭隘民族主义,从而导致以民族性借口反对法律领域的现代化努力。

(2)从规则的多样性和法的多元性出发,强调社区习惯及惯例的特殊效力,怀疑和否定法的普遍性。经验表明:社会交往形式的多样化决定了社会规则的多样性。从整个人类历史过程看,人类的沟通手段和方法与规则的存在形式有着直接关系。杜尔克姆曾经指出:在机械性团结的古代社会,人们之间的团结产生于个人差异被限制在极小、整体意识极大的条件下。而在与社会分工越来越细紧密联系的现代社会,人们之间的共性越少,他们之间的相互依赖性却越强,呈现出一种有机性的团结。②早期人类沟通手段的有限性使他们对社区习惯有较强的依赖性。这一点可以通过越封闭的社会,惯例越顽固得到印证;而在现代社会,人们纵然角色多样化,关系复杂化,规范其行为的规则越来越多,但规则之间的对立和冲突却远不如早期社会那样激烈,极少以暴力的方式解决。可见,习惯并不总是与法律相对立。提出这一点,并不是否定规则的多样化,而仅仅想说明,①习惯是可以随着人类生活方式的改变而改变的;②法律与习惯之间是可以保持沟通的;③在一个开放的社会中,法律可以反映习惯,但它不必迁就习惯。由此出发,我们不赞成苏力先生对秋菊打官司和破产法实施的分析结论。③因为,在前者中,秋菊以及村民对执法机关执行法律行为的不理解,固然能够用来解析法律与习惯的不一致,说明习惯的根深蒂固,但却并不能说明为什么法律非得迁就习惯,而不是相反。如果说,法律的介入会破坏原有的自然秩序,那么,传统本来就并不都是可爱的,为什么不能加以改变呢?

况且,法律从来就不仅仅是对既存秩序的肯定;在后者中,苏力先生用微观经济学的方法对破产法的实施提出不同看法。他认为,破产法在个案上的实施,交易成本过高,投入大于收益,所以无效率。因此,<u>立法必须考虑效率原则,尊重市场法则</u>。我们承认市场法则的客观存在,但也注意到,我国市场经济不是形成的,而是构造出来的,不存在先于市场经济的市场规则,不可能也不应该放任市场的自发性。因此,需要用法律来超前性地"创造"市场。对这些法律,用微观方法评价似乎不太合适。个案上,难免会出现资源耗费和收益倒挂的现象,但它在改革试验中的巨大间接收益却无法估算,等待市场规则自发地形成并产生作用,

---

① 葛洪义:《探索与对话:法理学导论》,法律出版社1996年版,第356页。
② 葛洪义:《探索与对话:法理学导论》,法律出版社1996年版,第354页。
③ 苏力:《法治及其本土资源》,中国政法大学出版社1996年版,第23页、第92页。

似乎不符合实际。需要说明的是，我们不否认法的多元性，也注意到社区习惯及其他规则在法律实践中的重要作用，只是，我们认为，由国家立法机关制定的成文法的出现在一定意义上标志着法制的进步，习惯则往往代表着传统的惰性。①

其实，问题的关键恰恰在这里。否定法的普遍性的观点一般不认为法的存在有其普遍的意义和必然的规律。这种观点认为法的存在只有特殊性，没有普遍性；只有偶然性，没有必然性。因此得出的结论就是，发展、进步是虚构的，法律只是对现实的机械反映。这样一来，法学和法治也就当然没有必然联系了。这种观点似乎有些消极。不错，法的现实中，人们所遭遇的常常是丰富多彩的特殊性、偶然性，必然性、普遍性不过是一种抽象，不应该用僵死的抽象去规定、限制永恒的发展。但是，这只是表明，不存在外在于特殊性的普遍性、脱离偶然性的必然性。普遍性、必然性总是寓于特殊性、偶然性之中，并通过特殊性、偶然性表现出来。因此，认识法律现象，必须从具体的法律现实开始。但是，人的认识并不局限于直接经验，法学研究局限在本国法律现实中，拒绝向前人的经验学习，排斥外域的成功经验，是不慎重的。从各国法律实践中抽象出的共同规律，当然具有普遍的指导意义。或者，这种对康德所说的"自在之物"的把握由于超出了经验知识的范围而显得有些"虚幻"，在实践中也经常出现脱离现实的情况。但是，对普遍性的理论追求却不会停止。因为，"没有革命的理论，就不会有革命的运动"②。任何立法都包含一定的理论预设，是对行为的预期强制。这种预设的正确程度随人类把握外部世界和自身能力的提高而提高，高估这种能力固然不妥，但低估它似乎更为不妥。

三、法的确定性和非确定性

休谟针对传统的形而上学，指出："让我们问一下，它包含任何涉及量或数的抽象推理吗？没有。它包含任何涉及事实和存在的经验的推理吗？没有。那就将它付之以炬，因为它含有的不过是诡辩和幻想。"③这种观点反映了近代自然科学和技术的进步对社会科学及哲学的巨大影响。在法学领域，传统上是将法学与法律分离的。法学注重探讨法的形而上问题，对法律实践持超脱态度。而法律的实际形态则存在于法官的判决和少量的制定法中。④近代以来广泛的立法活动与

---

① 葛洪义：《探索与对话：法理学导论》，法律出版社1996年版，第五章、第九章。
② 《列宁选集》，第1卷，第241页。
③ 刘放桐等：《现代西方哲学》，人民出版社1981年版，第431页。
④ 严存生：《判例与法的发展》，《判例与研究》1995年第3期；葛洪义、陈年冰：《现象与意义：法律哲学的若干理论及方法问题》，《学习与探索》1995年第2期。

法学寻求法律确定性的努力是一致的，法学研究中实证主义的盛行一定意义上表征并推动了这一进程。由此，法学研究转向了发源于笛卡尔的现代主义。法治不仅意味着通过理性的努力可以制定出完美无缺的法律以引导社会进步，而且，运用形式逻辑，还可以保证法律推理的确定性。法的确定性获得了"科学"方法的支持，并成为现代法治的重要基础之一。

从时间顺序上看，法的确定性观点为非确定性判断提供了一个视角和参照。所以，关于法的非确定性的各种观点一开始都是在确定性的框架内展开的，是从对法的确定性的怀疑开始的。自从美国大法官霍姆斯提出"法律的生活不是逻辑，而是经验"的著名判断以来，围绕法的确定性就不断出现争论，大致体现在两个方面。

（1）法律本身的确定性问题。20世纪30年代，在美国出现了一种被称为现实主义法学的法律理论。其中，以卢埃林为代表的学者认为，书本上的法律在司法过程中的作用并不像人们所预期的那么大，"那个根据规则审判案件的理论，看来在整整一个世纪中，不但是把学究给愚弄了，而且也把法官给愚弄了[①]。"在他们看来，法律是体现在法官的判决之中的，因此，法学研究的侧重点应该从立法者创制的法律规则转向司法人员特别是法官的实际行为。哈特则认为，法律规则的不确定性是由语言的不确定性所决定的。他指出，形式主义或概念主义法律理论的缺陷主要在于将规则的含义凝固化，将法官的活动理解为是对法律规则的逐字解释，忽视了构成规则的语言本身的不确定性。因此，法律存在一个开放结构，这是法官行使自由裁量权的客观依据。[②]他试图调和现实主义法学与形式主义法学之间的对立，提出词汇的不确定性是由词汇边缘含义的模糊造成的，词汇的核心含义则是稳定的。法律的不确定性仅存在于涉及词汇边缘含义的疑难案件中，而疑难案件的比例并不大，[③]所以，法律相对是确定的。针对哈特的观点，德沃金提出，把法律视为单纯的规则是错误的，法律是一个整体，包括规则、原则和政策，法官在处理案件时，如找不到条文，可以依据原则行事。因此，法律原则可以在规则不确定时保证法律的确定性。法官的自由裁量权是在法律原则引导下的。[④]

（2）对构成司法判决基础的事实的确定性的怀疑引起的法律的确定性问题。美国现实主义法学的另一代表人物弗兰克则认为：虽然许多法律规则是确定的，

---

① 博登海默：《法理学——法哲学及其方法》，邓正来、姬敬武译，华夏出版社1987年版，第149页。
② 哈特：《法律的概念》，牛津大学出版社1981年版，第121页以下。
③ 王晨光：《法律运行中的不确定性与"错案追究制"的误区》，《法学》1997年第3期。
④ 王晨光：《法律运行中的不确定性与"错案追究制"的误区》，《法学》1997年第3期。

先例制度也有很多价值,但是,由于在司法调查中存在大量的非理性的、偶然性的、推测性的因素,所以,人们无法对诉讼结果作出预测。他与卢埃林不同,后者主要针对上诉法院的判决,不重视初审判决。而弗兰克则着重研究初审法院的实情调查过程。他认为,法律规则不是司法判决的基础,法官审理案件的活动更多地受情绪、偏见等非理性因素决定。人们之所以会在法律中寻求无法实现的确定性,是因为他们试图在法律中发现类似其童年时代对父亲的可靠性、确定性的依赖的替代物。他在联邦上诉法院任法官时发现,①证明事实的证据可能是不可靠的,会有作伪证的、受人指使的、有偏见的、发生误解的证人;②会有证人失踪或死亡、物证灭失或被毁的情况;③有为非作歹和愚蠢的律师;④陪审官特别是法官的不可预测的独特个性都会导致对案件的处理带有很大的主观性,使人们无法预测其结果。由于这些主观因素的影响,法律规则往往是无效的。但是,值得注意的是,他并不否认法律规则的一般指导意义,所希望的是在规则中注入大量的司法处理权因素,以实现"看得见的正义"。① 这一点是非常重要的。他试图在对规则和事实确定性的怀疑的基础上,为司法正义寻求更大的确定性。因此,他将自己的一部代表作命名为"法律和现代精神",要求人们摆脱法律确定性的幻想,使法律适应现代精神。

一般认为,现实主义法学是对形式主义法学的反驳,但并不反对法律规则的主导或指导作用。他们并不一般的反对法律的确定性,而是在法律的确定性中寻求不确定,在不确定中寻求确定性。因此,他们的观点总体上看,对现代法治是建设性的。正因如此,以卢埃林为代表的法律现实主义者才被弗兰克视为以"争取实现法律的更大的确定性为目标"。② 而包括弗兰克在内的许多运用社会学观点研究法律的学者才被美国批判法学学者视为只是进行了一场不能触动现代西方法律制度和法律思想根本结构的宫廷革命。③ 对于许多人来说,研究法律社会学是为了进一步改进法律制度,巩固法治结构,限制法律运行中的非确定性因素。而围绕法的确定性的第三个方面的争论,即由美国批判法学提出的关于法律推理的不确定性而导致的对法治及其意义的讨论则涉及法治的价值这一根本性的问题。法律推理的不确定性是批判法学批判包括分别侧重价值、形式、事实的自然法学、规范主义法学和社会学法学在内的传统自由主义法学的基本前提。他们认为:法律推理的大前提法律规则和小前提法律事实都是不确定的,适用哪些规

---

① 博登海默:《法理学——法哲学及其方法》,邓正来、姬敬武译,华夏出版社1987年版,第149页。
② 朱景文主编:《对西方法律传统的挑战》,中国检察出版社1996年版,第26页。
③ 朱景文主编:《对西方法律传统的挑战》,中国检察出版社1996年版,第27页。

则，认定哪些事实，完全是法官或陪审官的主观选择，无客观性可言。他们不认为有约束这种主观性的可能，一方面，不存在这种约束的客观基础，法官在处理案件时不受包括波斯纳所说的效益在内的客观因素的制约；另一方面，不存在这种约束的主观条件，法官处理案件时不是中立的，而是受其统治者意识的支配。因此法治没有独立的价值。① 撇开法的理性化问题暂时不谈，批判法学的这种观点正如有学者所说的那样，也是自相矛盾的。② 法律推理的不确定性意味着法官解决纠纷时不受任何确定因素制约，但他们认为法律推理的结果反映统治者利益，又使法律推理变成具有确定性的活动。所以，仅就法的确定性问题而言，批判法学远不如现实主义法学那样能够保持观点的逻辑一贯性。

其实，法的确定性与非确定性是相对的，既是相互对立的，又是并存的法律的特征。③ 法律规则及其适用上的非确定性主要是由法律语言表现力的有限，立法时立法者的立法水平与认识能力，法官和律师及其他法律职业者的素质，法律的地位及司法体制等因素造成的。④ 其中，既有可变因素，又有不可变因素。对此，在法律上既有一个促进可变因素向积极方面发展与完善，以减少法的不确定性的问题，又有一个加强制度建设，最大限度地发挥不可变因素的积极作用，制约其消极作用的问题。如法律语言的不确定性，完全可以通过制度性的协商与对话机制予以解决。问题在于既不能迷信法律的确定性，又不能因此而丧失对法律确定性的信心。

尽管法律存在许多不确定的因素，但法律社会生活提供的确定性远远大于学者们所认识到的不确定性。由于社会生活要求建立在一定的确定性基础上，而且这种要求在现代远甚于古代，因此，寄希望于制定法的确定性而构建法治的努力有充分理由继续下去。当然，这必然同时反映在对法的不确定性的深入理解的过程中。

四、法的合理性与现实性

法的合理性是指法的制定与运行应接受一定的理性指导，符合一定的理性原则和社会规律；法的现实性是指法应反映社会存在，顺应社会现实。人类行动如果是理性的，法的合理性与现实性就应该是统一的，法的合理性来源于社会现实

---

① 朱景文主编：《对西方法律传统的挑战》，中国检察出版社1996年版，第11页。
② 朱景文主编：《对西方法律传统的挑战》，中国检察出版社1996年版，第358页。
③ 王晨光：《法律运行中的不确定性与"错案追究制"的误区》，《法学》1997年第3期。
④ 王晨光：《法律运行中的不确定性与"错案追究制"的误区》，《法学》1997年第3期；葛洪义：《探索与对话：法理学导论》，法律出版社1996年版，第五章。

中人们行为的目的性、可计算性等合理性因素；人类行动如果是盲目的、无意识的、非理性的，法的合理性与现实性就是对立的。由于人的行为总是取决于其独特的社会存在，发源于其独特的动机与利益，因而往往表现为偶然与非理性，所以，合理性与现实性之争也是合理性与非理性、科学主义与人本主义之争。这种对立反映在法学领域，表现为三个层次的分歧：一是体现在法律及其实施中的人的意志是否具有理性的普遍性；二是法律是否是一种新的专制形式；三是由上述分歧引出的或支持法律的制度创新功能，或拒绝法律的创制作用。所以，法的合理性与现实性的关系又是法的普遍性与特殊性、确定性与非确定性问题的自然延续和逻辑前提。如果法具有符合现实性的合理性，那么，法的普遍性和确定性就同时具有了道义前提和科学基础；如果法的合理性和现实性是相对立的，法律就没有独立的价值，法治就或是扼杀人性的工具，或是充满偶然性，缺乏独立性的东西。当然，法治也就不可能、不值得法学工作者去追求了。

应该说明的是，法的合理性与现实性可能的对立虽然是在特定的历史条件下凸显出来的，但这一矛盾却具有很深的理论根源。渊源于欧洲大陆唯理主义的人本主义与渊源于近代英国经验主义的科学主义在反对经院哲学、维护科学技术方面具有共同性。唯理主义以理性为旗帜，坚持知识和真理来自人的固有的理性，而非上帝、圣经和宗教；经验主义则高举经验的大旗，反对经院哲学的反经验立场，认为凡是符合经验并为观察和经验所证实的就是真理，反之就是谬误。他们虽然是彼此对立的，唯理主义强调理性，否认或贬低经验；经验主义强调经验，否定或贬低理性，但是，对现实的人的关注导致两者在现代发生了有趣的转换。"人是理性的"这一命题包含了对现实的人的尊重和现实的人的活动是可理解的以及人可以把握自己及其外部世界两层意思。应用到法的领域，就表现理性在立法中的积极作用，相信通过理性的充分努力，人类可以用法律手段建立一个符合理性的社会。但是，这时隐藏着一个问题：一旦法治形成或法律制定出来，它必定具有相应的稳定性、确定性和封闭性，必然伴随着一个与法律职业相应的官僚阶层，因此，作为政治问题的法治问题越来越同时成为技术问题。技术性越强，法的独立性越大，法的价值越明显。由此，一个发源于人本主义的问题为实证方法提供了施展的广阔的领域，实证与理性的同一最终为理性与经验的合一铺平了道路，同时又使人的问题再次成为问题。因为，法律固有的封闭性对人类生活的无限丰富性及人类追求自由的个性必然是一种限制。由于法律的无所不在，人类交往中金钱的利用、市场交换及理性的计算能力大大增加，很可能使人类生活在技术的"统治"中，社会交往中的理性化程度越高，人们行为的可预测性越强，社会生活越简单。因此，许多学者对此感到担忧。例如马克斯·韦伯就悲观地认为，现代法律的合理化和官僚制没有能力对付个别的特殊情况。当他谈到欧洲大陆的司法制度时说："现代的法官是自动售货机，投进去的是诉状和诉讼费，吐出来的是判决和从法典抄下来的理由。"① 而且，官僚化和合理化是不可避免的。"无所不包的官僚体制化和合理化正在来临，想想它们的后果吧……在所有现代化经济组织中，合理化的预测在各个阶段都已经很明显了。每个工作者的行动都可以准确地测量，每个人都变成机器上的一个齿轮了，他意识到这一点后，就会致力于成为一个大些的齿轮……问题不在于怎样才能改变这种演变，因为那不可能，问题在于这种演变会带来什么后果。"② 因此，在现代，合理性成为实证的概念，非理性则来源于欧洲大陆唯理主义的人本主义。注意到这一点是重要的，它表明，体现在法律及其实施中的理性的确是存在的，而且这种理性还具有一定的普遍性。法治化的过程一定意义上说也是理性化的过程，这一过程可能抑制人的个性发展。

法治是否可能引发又如何避免导致新的专制呢？这就涉及如何认识和处理合理性与非理性之间的关系以及如何在法治中保持或注入人文主义精神的问题。法治如果游离于人的自主活动之外，合理化就可能把自己的创造者非人化。而法治如果有助于人的自主活动，合理化就可能保持一种积极的创造性。这首先涉及对社会现实的理解和解释，即社会现实是否像韦伯所解释的那样全面技术化、合理化。针对韦伯的悲观主义，哈贝马斯试图提出一种更为积极的解释理论。他认为，科学只是知识类型之一，只满足一种类型的人类利益。而人类理性有三种知识类型，分别反映了人类利益的三种基本类型：①经验——分析的知识，指那些关注物质存在的性质的类型。反映了对环境的控制进行现存事物再生产的技术利益；②形而上学——历史的知识，体现了对情景意义作出理解的实践利益；③批判的知识，致力于揭示限制与支配的条件，体现了为争取成长与进步的解放利益。三种利益的需要分别通过工作、语言、权威的中介创造了科学、形而上学、批判三种知识。只有"沟通行动"才能把人类从被统治中解放出来，而在现代社会，科学在满足技术利益的过程中日益占据统治地位，导致人们通过理性辩论解决意见分歧的公共领域缩小了。因此通过进一步理解人们是如何沟通、互动及发展符号的意义，就可以实现重建被手段——目的合理化排挤了的以相互理解和信任为基础的行为。③ 对人类生活与知识多样性和层次性的探讨，至少为我们提供

---

① 刘易斯·科瑟：《社会学思想名家》，石人译，中国社会科学出版社1990年版，第253页。
② 刘易斯·科瑟：《社会学思想名家》，石人译，中国社会科学出版社1990年版，第253页以下。
③ 特纳：《社会学理论的结构》，吴曲辉等译，浙江人民出版社1985年版，第225页以下。

了了解人类生活无限丰富性的一种思路，正是在各种知识的沟通与对话中，才使我们的生活充满乐趣与温情，而非缺乏意义和冷酷无情。其次，法的合理化是否有助于社会生活的意义。在此，我们不讨论法的合理性是否仅仅是技术化的问题，而是想说明，以技术化为特征的法的合理性正是现代社会生活的意义和价值之一。人的理性不仅体现在个体自主的价值选择上，因为价值本身是多元的，甚至是相互冲突的，更体现为在相互冲突的价值中确定一个基本的行为规范，这是维系一个社会的最低要求。不仅现代如此，古代也是一样，所不同的是：古代的规范往往是自发形成的，而现代的规范经常是自觉制定的；习惯更多地体现了个体协商与自治的内容，法律更多地表现为权威者的意志。但是，社会组织形式和交往形式的变化决定了人们必须在更广阔的范围里汲取知识、获取经验以有意识地制定法律，规范社会生活。法律的产生是必然的，法律观念的趋同也是必然的。法律的合理化与技术化加强了法律的独立性与法官的中立，产生了一种能够与个体或权威的任性相抗衡的力量。法的技术性越强，合理性程度越高，法治的独立价值越大。当然，这有时会牺牲个别正义，这是法治固有的被韦伯称形式合理性的代价。我们只能尽量减少这种代价，而不可能从根本上消除它。人们只能在各种相互冲突的价值中进行选择和平衡，合理性的法由于最大限度地平衡了各种价值才成为社会生活中的目的和价值之一。至少在目前，人类尚未找到维系社会生活的较之法治更为理想的替代物。因此，不能因为法治的缺陷而否定其在生活中的意义。再次，法治一定意义上也是自治。毋庸讳言，制定法的封闭性及形式主义特征决定了它在丰富多彩的社会生活面前必然缺乏相应的灵活性。但它的科学主义色彩并不表明它排斥人文主义。法治内在地、本质上地意味着一定的自治，体现了深刻的人文精神。我们赞成莫纪宏先生的一个观点：法治实际上是一个借用词。社会关系都是人与人的关系，所谓人治，不过是指人对人的统治；法治则更多地依赖人的自治。① 法治的自治性体现在两个方面：①法律是由民主选举的立法机关通过民主的立法程序制定的。尽管立法机制中权力整合的形式多种多样，但法治社会的制定法都是经过民主方式产生的；②法治是一种制度，是一个过程。这个意义上的法治都包含着内在的对话机制，即正式规则与非正式规则之间的相互渗透。制定法最初往往与非正式规则相冲突，但经过磨合，彼此又趋于相容。这个过程既可能体现了制定法对非正式规则的改造，又可能反映为一种适应。问题在于如何将这种自发的适应转变为制度性的妥协机制。所以，法的合

---

① 莫纪宏先生在1997年4月中国社会科学院法学研究所召开的依法治国与社会主义精神文明建设研讨会的发言。如表述不符合莫先生原意，责任由笔者自负。

理性与现实性既有对立的一面,又有统一之处。

从对法的合理性与现实性关系的讨论中可以看出,现实的社会生活既趋于合理化,又不满足、不限于合理化。法治的价值就在于在推动社会生活的合理性的同时,还能够维系多元价值的共存。其中,制定法起着至关重要的作用。制定法所体现的不仅是对社会现实的反映,而且也是对社会现实的扬弃。因此,应充分重视法律的制度创新功能,以推动社会进步。

五、结语:当代中国立法和法理学的使命

法治意味着普遍性、确定性和合理性,它与社会进步的观念紧密联系在一起,普遍性表明可以用法律引导社会进步;确定性使含有社会进步因素的法律能够有效实施或使法律的实施起到推动社会进步的作用;合理性提高了法律的独立性,表明以合理性为内容的法治具有独特的价值。或许,当代中国确实面临许多独特的问题,对法治的特殊认识也是其中之一。这不仅不应影响我们建设法治的决心,相反,还促使我们提高了从事法治建设的自觉性。法治建设是一个自觉的过程,不可能自发形成。因此,应该大力加强立法工作和法典化的努力,以改造旧制度、旧规范、旧观念等旧传统,这与重视法律效益(不仅是经济效益)不矛盾。加强立法不是盲目立法,也不是脱离现实进行虚幻的理论预设,这就要求法学理论工作者,尤其是法理学工作者能够深入研究法治的基本理论,解决中国社会现实中的特殊问题。鉴于此,我们尊重关于法律的"纯学术"研究,支持对法律的技术性分析,但我们认为,更应提倡、鼓励直面现实,试图"创造"法治的学术研究。

(原载《法学研究》1997 年第 5 期)

法学研究中的认识论问题

当代中国法学理论的精神处境相当特殊与微妙,即面临着"现代"与"后现代"的双重精神压力:一方面,作为一个后起的现代化国家,我们仍然面临着"依法治国,建设社会主义法治国家"的迫切任务,需要通过建设现代化的法律制度以克服、铲除传统社会政治法律制度的弊端及其影响,这个任务当然地要求我们秉承启蒙时代的思想传统,高举理性的旗帜,坚定不移地反对封建专制,与传统法律文化的封建性因素彻底决裂;另一方面,我们又正处于后现代的语境之中,我国传统的法学理论目前正面临着后现代法学思潮和后现代哲学思潮的严峻挑战。[1] 后现代对法的现代性的解构,在一定意义上又解构了启蒙思想、启蒙理念与理性的权威,销蚀着人们的法治信念。可以说,在后现代的冲击下,我国法学理论研究方法正在发生重大的根本性的变革,或者可以沿用美国社会学家库恩的"范式"概念标识这场转变,称之为"范式转化"。库恩的"范式"概念意味着每一种具有特定范式的社会学理论对现实都持有自己独特的见解,从而主张不同的理论策略和研究策略。[2] 相应地,"范式转化"可能是一场非常具有革命性的变革。一个很奇特的现象可以对这个观点略加证明:我们可以对法的社会性、共同性等提法持宽容态度,但是早在20世纪80年代中期就开始提倡"法学理论更新"的我国法学理论界,在心理上却很难承受后现代法学思潮的冲击。[3] 在这个没有根据的时期,[4] 大家有一种无家可归的流浪者的感觉。在这样的思想背景下,法学理论界能够为中国法治建设做点什么?它如何能够在这个特殊的历史条件下为中国法治建设提供必要的理论支持?

本文拟以后现代哲学思潮、法学思潮所关注的问题为背景,检讨我国传统法学理论中的知识进路和思维"范式",特别着重关注传统法学理论中的认识论

---

[1] 苏力:《法治及其本土资源》,中国政法大学出版社1996年版;信春鹰:《后现代法学:为法治探索未来》,《中国社会科学》2000年第5期。
[2] 特纳:《社会学理论的结构》,吴曲辉等译,浙江人民出版社1985年版,第37页。
[3] 葛洪义、陈年冰:《法的普遍性、确定性、合理性辨析——兼论当代中国的立法和法理学的使命》,《法学研究》1997年第5期。
[4] 舒国滢:《战后德国法哲学的发展路向》,《比较法研究》1995年第4期。

领域的各种问题，以阐明传统法学理论何以在"后学"的冲击下如此缺乏承受能力，进而探讨相关的法学研究的学术"范式"。

一、后现代法学对理性的否定

从一定意义上说，后现代思潮的挑战相当尖锐地充分地揭示了我国传统法学理论的痼疾，向正在努力寻求中国法治现代化的中国法学理论界提出了许多新的必须回答的问题。在理论上，这场挑战的焦点实质上就是理性问题，即如何看待和评价理性在法学研究和法律实践中的地位及作用，更进一步，则涉及法律理性的内涵和特点的问题。[①] 具体地说，后现代法学思潮所持的理性批判立场，既指出了传统法学理论因迷恋工具理性而导致的理论失误，又因对理性的批判进而批判启蒙以降的理性主义法律观，从而导致对普遍性的法律、法治的否定和对人们从事法治"建设"的能力的怀疑。[②]

长期以来我国法学理论界尽管鲜有正面系统地讨论法律理性的论著和论点，但是，传统的理性主义思想方法则是根深蒂固的。在我国法学界和法律界，对人的认识的客观性的近乎迷信的推崇长期以来一直占据着统治地位。这种法律观念在法学理论领域表现为：确信任何情况下人们都能够为法律寻找到一个客观的确定的永恒不变的基础和本源，确信人们的理性认识能力是无限的、无条件的。例如，20世纪80年代初广泛开展的法的阶级性、社会性、客观性问题的大讨论，尽管讨论各方存在许多重大的区别，但是在研究方法上却并没有实质性的分歧，即都是从外在于人的某种客观存在物中寻求法的本质，都是把人作为法律之外的观察者和分析者，都是以主体与客体、主观方面与客观方面、应有与实有的二元论为认识、研究前提的。在这个前提下，法律不仅能够体现和反映某种统治阶级的（或者公共的）"意志"或者正确揭示某种"规律"，而且法律自身也必然存在某种客观确定有待把握和认识的内容；在法律实践领域，人们同样确信，通过人类自己的理性能力，可以为社会提供一整套充满预见性的符合人类理想的完美法

[①] 后现代意思为"现代之后"。准确地说，后现代思潮也就是以现代性问题为矛头所指的各种学说的总和。而后现代学者所说的现代性问题，按哈贝马斯的观点，核心就是理性问题。参见《现代性的地平线——哈贝马斯访谈录》，李安东、段怀清译，上海人民出版社1997年版，第119页以下；韦伯更是将现代性理解为理性化，他对现代性的历史——社会学的解释模式，就是将人类历史理解为不断理性化、祛魅的过程。而非理性主义则构成后现代思潮的基本思想倾向。参见王治河：《扑朔迷离的游戏——后现代哲学思潮研究》，社会科学文献出版社1993年版。
[②] 葛洪义、陈年冰：《法的普遍性、确定性、合理性辨析——兼论当代中国的立法和法理学的使命》，《法学研究》1997年第5期；法律文化研究中心：《法律的本质：一个虚构的神话》，《法学》1998年第1期。

律制度,也可以创造一个保证法律正确实施的制度结构,还可以建设一支有足够的能力"正确"实施法律的专业法律群体。在这种观念的指导下,人们往往认为,就自己的理性能力和理性本质而言,人类是可以制定"正确"的法律的,也是可以将应有的法律转化为实有的法律的,目前法律实践中存在的各种问题,法律的不完善、司法不公、执法混乱、腐败等,不是人类理性能力本身的问题,而是某种或某些其他因素干扰的结果,如法律意识水平比较低、地方保护主义、法律工作者的职业道德水准不高、资产阶级腐朽思想的影响等,只要能够排除这些干扰,人们就能够建立起公正的法律和法律制度,就能够公正执法、司法,就能够建设"法治国家"。① 所以,在实践中,我们一般认为只要加强法律工作者的法律知识的培训、提高全社会特别是领导干部的法律意识水平、强化理想道德教育、严惩司法和执法腐败,就能够实现法治。应该承认,这些都是解决当前亟待解决的法制建设领域的重大问题的重要措施,但是,由于这些措施都是着眼于立法者、司法者和领导干部的法律知识状况和思想道德状况,因此,人们实际上还是把法律问题归结为知识问题,即认为通过提高法律知识水平以及提供贯彻法律知识的制度机制,就能够保证人们正确、公正地制定法律(如克服行业和地方保护主义)和正确、公正地实施法律。特别需要注意的是,这些认识不仅是一个法律观念的问题,实际上它还对我们的法律制度构造产生了实质上的影响。法律解释制度就是非常有代表性的。根据《全国人民代表大会常务委员会关于加强法律解释工作的决议》以及相关法律规定,凡属于审判、检察、行政工作中如何具体运用法律的问题,分别由最高人民法院、最高人民检察院和国务院行使法律解释权力,而法律本身界限不清楚的时候,则由全国人民代表大会常务委员会进行解释。这些属于法律的正式解释,而正式解释则又与法律一样具有普遍约束力。显然,这种制度构造产生了一定的问题。② 最大的问题就是这种意义上的法律解释实质上具有准立法的特征,从而涉及立法权与司法权、行政权之间的关系问题,影响到立法权的专属性,还影响到上下级司法机关特别是上下级审判机关的关系问题。具体而言,在我国司法实践中,最高人民法院和最高人民检察院(以下简称"两高")的司法解释工作还在不断加强,民法通则、合同法、三部诉讼法等重要法律刚一颁布,"两高"就发布了系统的规范性解释文件。仅从解释性文件

---

① 在论及司法腐败等问题时,人们往往将其归结为司法人员的素质问题,包括道德素质、政治素质和业务素质等方面,而较少考虑如何从制度上着手解决问题,即使有论者涉及制度问题,也多是或者泛泛而谈,或者强调如何保证"正确"司法,如现在法院系统普遍建立的"错案追究制"。这种制度建设,仍然是以追求法律认识的正确性为前提的。
② 周水坤:《法理学——全球视野》,法律出版社2000年版,第397页以下。

的条文数量看，就经常超过被解释的法律文件；几乎所有实践中存在分歧的法律条款，"两高"都试图提供规范性意见。这样，就使上下级法院之间的监督与被监督的关系可能转化为实际上的领导与被领导的关系；还使法律解释的权力特定化、特权化。这种法律解释体制是我国为保证法律正确和统一实施而采取的一项重要措施。不过，从理论上看，它的存在的根据显然在于法律本身被作为知识的对象，法律的内容被认为是单一的确定的，法律存在着统一的立法原意和立法意图，因此，为了避免解释的混乱，立法机关赋予法律的统一含义还必须由其他权力机构不断说明。显然，最高权力机关、最高司法机关、最高行政机关与"最正确"的解释之间并不必然具有同一性，甚至法律本身由于往往是不同利益集团、不同价值取向之间妥协的产物，法律的模糊文字都可能是立法者的策略性选择，所以，寻求统一的解释的努力一开始就注定具有强权色彩。这里我们关心并试图说明的是：我国法学理论中，法律一直被作为单纯的认识对象，而且人们确信通过自己的主观努力，可以排除各种干扰，最终形成唯一的正确的客观认识。因此，在法学研究和法律实践中，揭示、维护法律的客观性并保证人的法律认识活动的客观性也就成为我们一切工作（立法、执法、司法、法学研究等）的中心。

  对于这种理性主义倾向，后现代哲学、法学思潮坚持一种激烈的理性批判的态度。罗蒂认为："康德把我们分成了两块，一块称为理性，我们的理性都是共同的，另一块（经验、情绪、欲望）是盲目、偶然、特异。但是我们应该认真对待这种可能性，即不存在什么被称为理性的东西。"福柯说："自从18世纪以来，哲学和批判思想的核心曾经是，现在是，将来仍然是这个问题：我们所使用的理性是什么？它的局限在哪里，它的危险在哪里？"利奥塔则直接提出："不存在理性政治，无论在理性意义上和概念意义上都不存在。"[1] 而如果理性和理性主体被否定，理性认识也就当然不复存在，法律的客观性以及法律认识的客观性也就一并被否定了。[2] 对于他们来说，基础、本质、本源、中心、连续、确定性等传统认识论的概念都是虚妄的。席沃尔曼把现代主义的特征描述为：对基础、权威、统一的迷恋；视主体性为基础和中心；坚持一种抽象的事物观。而对这一切的质疑则构成了后现代主义的特征。[3] 所以，后现代所发现的是多样性、无序、断裂、非确定性等，主张反本质主义、反基础主义、非理性主义。或许正是从这一点出发，苏力提出，"法律"仅仅由于使用的方便而具有"家庭相似"，既可以

---

[1] 上述罗蒂、福柯、利奥塔的观点均转引自信春鹰：《后现代法学：为法治探索未来》，《中国社会科学》2000年第5期。
[2] 信春鹰：《后现代法学：为法治探索未来》，《中国社会科学》2000年第5期。
[3] 王治河：《扑朔迷离的游戏——后现代哲学思潮研究》，社会科学文献出版社1993年版，第9页。

指法典，也可以指家庭法、习惯法、法官创造的法，它们并非指同一个东西，仅仅是拥有一个共同的名称，而没有一个共同的不变的本质。法律的本质是使用者加入"法律"这一对象，因此，法学研究应当抛弃人为虚构的"本质"，将语词从形而上学带入日常生活之中。①

尽管后现代法学所指出的问题是非常重要且深刻的，但是，正如信春鹰所说，"'后现代'代表一种游移不定的态度，它无深度、无中心、无神圣。而法学是严肃的，它有自己固定不变的基础和信条，如果它们被动摇了，'后现代法学'还是法学吗？"②显然，法律如果失去了确定性、秩序性、普遍性特别是合理性内涵，法学如果失去了自己的价值追求及其普遍性基础，不仅法学难以再称为法学，而且，近代以来的法治理念也将彻底动摇，中国人当下正在努力建设的法治国家也将势必面临更多的疑问。鉴于此，在后现代强有力的理性批判面前，反思传统的理性观念，对后现代所提出的相关问题进行回应就不仅仅是一个重要的法哲学问题，而且更是一个重大的法律实践课题。也就是说，在当前的思想状态下，如果我们不能正视和无力回应后现代法学所提出的理性面临的各种各样的问题，我们就无法切实地为我国法制建设提供充分而有效的理论支持；而我们如果不了解这些问题的症结所在，我们也就无法回应这些问题。

二、法学研究中的认识论

现在，传统法学理论所面临的理性问题，几乎都与我们的法学认识论相关联。在一定意义上，认识论与方法论是不同的，认识论必须解决认识的前提问题，对认识的条件进行批判性检验和考察，也就是反思认识如何才是可能的，在什么样的范围内才是有效的；方法论则是确定达到研究目的的方法，如比较的方法还是历史的方法，价值判断的还是实证分析的，演绎的还是归纳的。认识论与方法论当然存在一定的联系，但它们是不同的。认识论一定意义上是对方法的反思，而方法论则可能是未经反思的认识。严格地说，只有经过反思或者经得起反思的认识才能得出可靠的结论。

"法是理性"的命题本身最初很可能也就是一个认识论领域的命题。③理性意味着人对外界及自身具有一定的认识和控制能力。一般而言，凡是人类能够凭借自己的主观能动性自觉加以实践的东西，一定是人类理性可以认识、把握和控制

---

① 法律文化研究中心：《法律的本质：一个虚构的神话》，《法学》1998年第1期。
② 信春鹰：《后现代法学：为法治探索未来》，《中国社会科学》2000年第5期。
③ "法是理性"这个命题初看起来似乎是作为认识主体的人对独立于自己的认识对象——法所形成的认识结论。因此，必然涉及主体"如何认识"的认识论问题。

的东西。所以，法治与理性存在密切联系，法治也是以理性为前提和基础的。有关法律的常识告诉我们：人类制定法律，是因为人们相信根据理智的判断，法律应该是这样或者那样的，并且相信通过法律可以达到某种立法者所期待的目的；同样，在法律实施的领域，当一个心智健全的人决定去法院起诉的时候，他一定是经过反复权衡，甚至还会征求法律专家（如律师）的意见，确信这次起诉确实对自己有某种"好处"之后，才会采取这样的行动；法官在处理案件的时候，同样也要经过反复的权衡，如认真核对证据、慎重选择法律等，直到确认自己的认识、判断和推理是正确的，然后才作出判决；① 所有的法律职业者在自己的职业行为中都要依赖自己的一般认识能力和一定的法律专业知识。所以，公民的起诉行动与法律职业者的工作都是以他们对法律以及通过法律可能达到的目的的认识为前提的，都依赖理智的思维，在这个意义上，法律行为才可能是理性的，才可能是建立在理性认识的基础之上的。②

诚然，如果我们从这个常识性的观点继续深入探究，就会注意到：法律职业者的理性行动不仅依赖他们的理性认识能力，而且还要依赖认识对象——法律的理性结构。认识对象包含着能够被认识主体所把握的"客观性"同样也是传统认识论的一个思维前提。一般认为，法律职业者的行动之所以是理性的，那是因为他们"正确"地认识和运用了"法律"。在法官、检察官、律师组成的法庭庭审结构中，法律是他们的论证中心，他们的工作就是通过对法律的论证使自己的认识和见解具有无懈可击的正当性。可见，法律为法律职业者的理性行动提供了条件、依据和客观标准，法律如果不具有一种理性结构，法律职业者的理性行动就无从谈起。从这个意义上，法治需要理性的法律，不过，这样一来，我们又面临着一些新的问题：理性的法律又是从哪里来的？我们根据什么判断法律是否是理性的？法律职业者的理性行动对法律具有什么意义？法律不是纸上的规定，而是活生生的社会实践，显然，理性的法律又要依赖法律职业者的理性行动：理性的法律需要人来制定、建构和创造，法律的合理性程度需要人来判断，法律的理性

---

① 这里不涉及法官的枉法裁判问题。不过，一般而言，法官的徇私枉法行为从韦伯所说的工具合理性的角度看同样是理性的，因为，作出枉法裁判的法官同样也是要经过周密计算的。他确信枉法行为较之公正处理案件对自己更有好处，而且他还确信自己可以避免如此行为的不利后果或者认为从枉法裁判中所获得的好处值得承担冒险的后果。
② 传统的理性观中，合理性的生活方式是理性认识的结果，也是人类思想进步和社会发展的标志。作为政治组织的国家，本身就是理性的一个结果。马尔库塞指出，在黑格尔哲学中，国家本身就是理性的实现，而且，"只要理性被认为是一个纯粹的形而上学的概念，那么，就黑格尔的理念来说，尽管表现为唯心主义的形式，但仍然蕴涵着为自由和合理生活秩序而进行的顽强抗争。"马尔库塞：《理性与革命——黑格尔和社会理论的兴起》，程志民等译，重庆出版社1993年版，第4页。

需要人来维护。如果不能建立法律职业者的理性行动模式，法律也不可能具有一种理性结构。因此，理论上，法治至少必然包含两个方面的相辅相成的内容：一方面是理性化的法律，另一方面是能够采取合理性行动的法律职业者集团。而从实践上说，法治的上述两个方面的内容都必然指向人的理性并要求它的参与者都具有理性能力。毕竟，法治的目的是秩序，秩序依赖理智，而理智的行动则是建立在理性认识基础上的。这又使我们回到认识论问题。

可见，法与人的理性存在着密切的联系，这应该是无可争议的。而我们现在所面临的理性的难题则主要是认识论领域存在的问题，即：人们借以实践法治的理性是有限的还是无限的？是有条件的还是无条件的？正如我们所熟知的那样，人的认识的正确性总是相对的，人的理性能力显然应该是有限的和有条件的，那么，人的理性的有限性和有条件性也就必然要求我们对法律理性持一种批判的态度，坚持这种批判态度的目的是考察理性的界限，为理性确定相应的界限。现在，人们经常使用"科学"一词来表明某种观点、见解的正确性、正当性（例如，我们习惯于将科学性作为马克思主义法学的正确性的标志），或许基于把法学归于严格的知识体系的需要，我们一般把法学称为"法律科学"。科学已经不仅是真理的代名词，而且成为一种意识形态。这是非常危险的。"科学"是一个理性范围内的概念，尽管理性的东西未必都是科学的，但是科学的东西一定是理性的，所以，我们关于法律的任何一种观点、一个见解以及我们根据法律所作出的任何一种判断、决定是否正确或正当，从根本上看，必然涉及人类理性能力的范围问题，必然需要对指导、决定和影响人们进行法学研究和法律实践的人类理性能力本身明确界限，以了解人们是如何认识和实践法律的以及这种认识和实践的可能的范围。任何东西都是有界限的，没有界限的东西只能是虚妄的。理性也是如此，必须接受检验和批判。所以，一定意义上，法律实践也就是对法律实践者理性能力的实践和检验。如果我们的法律见解不能建立在理性批判的基础上，那么，我们就难免会把不科学甚至反科学的东西视为科学，把非理性视为理性。

由此可见，认识论问题是法学研究中的一个重要问题，我们不仅应该关心"法律是什么"或者"法律应该是什么"这类判断，而且我们更应该关心这些判断是建立在什么样的研究手段的基础上的，是如何形成的，是否是可靠的。如果我们没有或者不能对我们确定法学研究对象特殊性的方法进行充分、有效的批判性考察和检验，那么，我们的结论的可靠性就必然大打折扣。不过，这个问题在我国法学研究中并没有得到应有的重视。

三、我国法学研究中的认识论问题

我国法学研究中一直存在一个认识论的缺位问题。所谓认识论的缺位，就是指我们在讨论法的问题时往往忽视了对我们自身认识能力的检验。例如，我们经常会把自己的法律认识称为"科学"，视之为"客观规律"的反映；[1]我们总是期待对法律认识的"正确"，比如我们希望达到对社会发展客观规律的认识，希望法官能够正确处理案件。但是，我们却很少去考虑、论证什么是"正确""科学""规律""客观"，更少去探讨、检验自己的认识是否又如何才能达到上述目标。尤其矛盾的是：一方面，我们都知道人的认识能力是有限的；另一方面，我们又总是不可避免地，也就是非常独断地认为自己的观点是"正确"的。

我国法学研究中的认识论缺位问题是普遍存在的，但是在法的概念研究中则表现得更为集中和引人注目。它主要表现在：我们的法的概念往往只有结论，只有达至结论的方法，而没有达到结论的程序，也就无法对这种方法的可靠性进行检验。这种情况非常典型地反映在我们的法理学教科书中。在我国的法理学教科书中，法一般被表述为：法是由一定社会物质生活条件决定的统治阶级意志的体现，是由国家制定或认可，并由国家强制力保证实施的行为规范的总和。[2]我们在法律的概念上几乎非常明确地认定法律是一种社会规范，把法律作为一种社会规范来加以表述，但是这个概念形式所依赖的两个前提性的见解却是非常脆弱的，或者说是建立在一个并非有效的论证方式基础上。这两个前提性见解就是：第一，法律与国家联系在一起，产生于某种公共权力，并以国家强制力为后盾和要素。这是我们的教科书试图使法律与其他社会规范相区别而具有形式上的合法性的重要标志和途径；第二，法律根源于社会物质生活条件，法律的内容最终是由一定社会物质生活条件决定的。人们试图通过这种方式使法律最终具有内容上的合法性和正当性。应该说明的是，在这两个前提性见解中，前一个观点是分析法学的，既有奥斯丁的，又有凯尔逊的，或者还受霍布斯影响；后一个观点表面上是来自马克思的，来自马克思历史唯物主义解释框架。这个法的概念正确与否暂且不论，我们的问题是，这个观点赖以形成的方式、方法是否可靠？这两个前

---

[1] 随便打开一本法学（不仅是法理学）教科书或法学期刊，就可以发现大量的把自己的观点称之为"正确"，而将他人的观点视之为"不正确"的表述。从语言形式上看，"科学的""客观的""规律的"通常是"正确的"代名词，而违反"科学"、不符合"规律""主观"等则通常被用来指责与自己意见不同的观点。

[2] 这个概念基本上沿袭了苏联法学的表述，从20世纪50年代起就开始流行于我国法学理论界。目前为止，绝大多数我国法理学教科书依然以这个表述或者类似表述指称法律现象。参见孙国华主编：《法学基础理论》，法律出版社1982年版。

提是否可能并存呢？是否相容呢？从根本上是否可以根据理性加以检验呢？遗憾的是，我们并没有充分关注这些问题。

法的概念是一种对法的认识，所以，法的概念研究过程中必然涉及法学认识论的许多重大问题。我们研究法律、认识法律现象，目的是使法律和法律行为正当化，实际上也是使我们关于法律的认识正当化。法的概念研究及其所包含的方法反思是法律的正当化过程中的一个重要环节。法律本身就包含着一种正当化陈述。正当化就是寻找根据，使实际的行为和存在物符合一种公认的或者可靠的"应有"的标准。众所周知，法律是一种社会规范（这种社会规范的性质、形态、内涵暂且不论），既然是社会规范，法律就具有两种意义上的实然与应然的关系：一是法律本身是否正当，若想回答这个问题实际上必须在法律之外确立一个有效的评价标准；二是人的法律行为是否正当，若想回答这个问题，只需要依赖法律即可。如我们可以根据一个人的行为是否合法，判断他的行为是否正当（在特定的法律秩序中），我们还可以根据法律的规定判断法官的行为和他的判决是否正当。一般来说，正当的东西就具有合法性，不正当的东西就不具有合法性。而证明法律或者人的行为正当与否，又必须依赖可靠的论证。这就是本文所说的法的正当化问题。如何才能有效证明法律的正当性呢？历史上各家各派的法律理论都在试图或者论证上述两种意义上的法的正当性，或者论证其中之一的正当性。从这个角度看，不仅自然法要求正当化现实法律制度，分析实证主义法律理论和现实主义法学也都存在类似要求。只不过是正当化的对象和方式不同而已。

显然，法律的正当与否必须依赖论证。① 论证就是运用知识和理性来衡量、检验、说明我们的行为和陈述的正当性。论证充分就是说理充分，被充分论证的事物就是具有合理性的事物，法律上被充分论证的行为就是具有合理性的正当的行为，被充分论证的规范就是被合法化的法律规范。法律和法律、法律与其他社会规范、法律概念与法律概念之间的界限就是通过这种理性论证才被加以分辨，才能够合理化。从理论上说，前述两种意义上的法律的正当化都包含着各种复杂的问题。就法律的正当化而言，当我们判断某种法律是否正当的时候，我们往往需要依赖法律之外的评价标准，比如我们可以依据某种道德观念，但是这种道德

---

① 在理论上所说的论证具有两种不同的但又相关的含义，最初人们所说的论证意味着论证者通过提出理由证明自己见解的正确性，后来，哈贝马斯、阿雷库塞等人则认为，论证并不是一个简单的个人活动，而是一个谋求共识的活动，涉及人们之间的社会关系，所以，论证也就是平等者之间通过讨论而达成共识的活动。参见哈贝马斯：《公共领域的结构转型》，曹卫东等译，学林出版社1999年版，第107页以下；Robert Alexy, A Theory of Legal Argumentation. Oxford: Clarendon Press, 1989.

观念本身可能也是需要正当化的。因此，我们可能会陷入一个不断的求证过程，一直到寻找出一个可靠的终极的评价根据。但是这种评价根据如果是终极的，那么，又未必具有知识上的可靠性。[①]因为经验告诉我们，亘古不变的永恒法则是不存在的；就人的法律行为而言，法律的内容同样应该都是需要并且可以论证的，因为法律总是抽象的一般的规定，不可能为某一个具体的特定的事例制定一部法律，所以，法治国家中，法律的运用总是离不开理性论证，同时又总是陷入论证的难题中。而在一个法治的国家，法律的制定也同样不能离开理性论证。现在，我们已经知道，我们在法律推理过程中习惯于运用的形式逻辑并不总是有效的。所以，我们不可避免地面临的问题是：我们用于论证法律、使法律或法律人的行为正当化的论证知识是否存在界限？我们能够在一个什么样的范围内，又运用一种什么样的知识能力，才能够给予法律和法律行为有力的论证？法律又需要一种什么样的论证？这些都是认识论问题，它要求对我们的认识能力和知识能力进行充分的检验。[②]当然，这种认识和知识决不限于法律认识、知识。它首先是人类理性的一般能力问题，是对人类理性的一般能力的检验。现在，我们生活在一个高度分化和分工的社会，我们经常被分工的社会所形成的常识所蒙蔽。分工一方面是一种社会进步的表现，表明我们的认识和实践能力的提高；另一方面，分工所必然导致的片面性也经常给我们提供错误的信息，使我们被限定在一个狭小的领域内，误认为导致分工的前提是不需要检验的，或者是不需要在本学科领域内被检验的。我们在对法的概念的把握上，就存在这种误解，表现在，人们经常提出各种各样的法的概念，却几乎很少有人去论证自己用于提出法的概念的方式的可靠性。

现在，当我们回到法理学教科书中法的概念时，就不难发现其中的问题。我们都知道，马克思主义法律观的贡献主要在于提出社会物质生活条件对法律的制约作用或者说对法律内容的决定性作用，这也是马克思主义对以往法律理论关于社会与法律之间关系的各种见解的一个重大发展。可见，在马克思主义法学对法的概念的说明上，重要的并不是法律对社会的影响，而是社会对法律的作用。这是一个典型的社会理论的分析模式。这个理论并没有具体地探讨法律的形式，而是把法律作为社会的一个组成部分加以分析，目的是说明社会的结构而不是法律

---

① 知识上的可靠性来自于经验的验证，而最终的作为论证基点的东西往往具有形而上的特点，无法为经验所证实。
② 论证就是寻找根据证明自己的见解和行为的正当性。在解释学上，存在一系列难题，即我们在论证的过程中可能总是要陷入或者循环论证，或者无限倒退，或者武断地终止论证的境况。参见颜厥安：《法与实践理性》，台湾允晨文化实业股份有限公司1998年版，第106页。

的结构。而我们的法学教科书中,对这个观点实际上进行了改造。在教科书里法的概念的解释框架中,法是一种社会规范,某种社会规范是否属于法律取决于它是否出自于国家,在谱系上,只要出自国家的社会规范就是法律。国家制定和发布法律的行为的合法性在于社会,是社会的发展需要决定了国家制定法律的行为的正当性。这里存在一个严重的缺陷:强化了国家对社会的干预,弱化了社会对国家的决定性作用。① 这个缺陷导致了一个明显的矛盾,即马克思主义强调的是社会对国家与法律的决定作用,而我们将这个观点引入我们的法律理论后,却突出了国家对社会的作用。显然,把马克思社会理论的解释模式简单地搬到法的概念中并没有达到与马克思主义社会理论一致的结论。马克思社会理论的核心结论之一是社会决定国家和法律,法律对社会有反作用。而我国通行的法的概念中,国家、法律对社会具有强有力的穿透力,因为法律是由国家制定或认可的,并由国家强制力保证实施的。所以,实践上国家可以制定任何法律调节社会生活,而且国家还拥有保证法律实现的物质力量。而从社会对国家、法律的作用看,理论上国家活动是由社会决定的,社会决定了国家行为的界限。但是,在这个概念中,国家成了社会要求转化为法律的中介环节,使我们无法找到社会决定法律的渠道和有效机制,在制度的操作层面上不存在一个社会决定法律的论证程序。因此,社会决定国家的表述,除了使国家法律行为在理论上合法化之外,看不出它是一个实践中有效的论证:在立法上,我们缺乏一个有效的实践模式来保证法律体现先进生产力的要求;除了根据法律实施的经验结果对法律加以判断之外,没有一个在法律制定时就存在的法律内容合法性的验证机制;在法的实施中,同样没有任何意义上的有效地保证法律服从社会需要的机制,因为理论上法官和所有的执法者都必须服从法律。这样一来,社会对国家、法律实际上是缺乏影响力的,从而必然加剧国家主义的法律解释倾向。

这个缺陷的产生显然与认识论的缺位相关。按照一般的流行解释,国家的统治者是或者曾经是先进生产力的代表,因此,国家行为的合法性在于掌握政权者有足够把握社会现实需要和社会发展规律的认识能力,这也是国家的法律与强盗的命令的区别所在。但是这个流行的见解是缺乏说服力的,并不是一个可靠的解释,因为,掌握国家政权的人或许由于认识能力的不足,或许由于一己之私

---

① 这个结果的出现与我们的法的概念中所存在的两个对立的观念相关。按照分析法学的观点,法律是出自于官方活动的,而国家本身的合法性不是法学解决的问题,因此,关于法的正当化陈述应该到此为止;而按照马克思主义的观点,国家与法都是历史现象,其正当性存在于社会生活之中,因此,必须对法和国家的正当性进行进一步论证。参见马克思、恩格斯:《德意志意识形态》,《马克思恩格斯全集》第3卷。

利，并不总是能够甚至往往不能够作出正确的判断，也就是说，体现在国家法律中的统治者意志并非具有天然的合理性。掌握政权的人是否"代表"先进生产力与他们是否能够"正确反映"先进生产力的要求根本就是两个完全不同的问题。同时，从社会角度观察法律现象，这是一个方法论问题。法律作为一种意志的结果，无疑具有一定的主观性；法律作为一种规律的反映，同时又要求法律具有一定的客观性。因此，我们的法的概念实际上是在一个主体把握客体的认识模式中存在的，这个概念的可靠性完全取决于人是否具备又如何才能具备把握客观对象的能力的基础上，也即依赖于人的认识能力。所以，从社会角度把握法律仅仅是个认识的视角问题，如同从法官的行为中把握法律一样，都是研究方法的问题，都还没有涉及认识如何才是可能的这个认识论问题。从上述意义上，我们的法的概念仍然还是一个意见和判断，而不是一个能够被验证的理论论证。

我们把上述情况称为认识论的缺位。我们的法的概念中缺少了认识论的环节，以至于我们无法完成法的正当化过程。除非我们能够建构或者证明一个合理的法律论证模式，证明我们的社会性行为可以建立在理性的基础上，否则，我们揭示法的本质的努力注定是徒劳的，我们也无法应对后现代法学所提出的问题。

四、我国传统法学理论的知识进路

我国法学研究中的认识论问题，又与知识论思想传统存在密切关联。传统的理性概念是一个认识领域的概念。我们知道，理性作为一个清晰、明确的思想工具是一个晚出的概念，把理性作为分析西方社会及其法律制度的核心概念工具，是德国思想家韦伯的主要思想贡献之一。但是，理性的概念内容和思想方法却具有相当悠久的历史，构成理性概念思想基础的是西方源远流长的知识论思想传统。韦伯用"理性化"一词来概括西方近代文明的形成过程、基本特征和现代人的历史处境，在一定意义上是相当敏锐和有洞察力的。可以说，现代法治源于西方，它的最为明显的文化特征就是理性化。而把法律与理性紧密联系在一起则是西方知识论思想传统的一个重要成果。韦伯从形式合理性的法律入手所揭示的作为西方社会文化特征的理性化，又是西方知识论思想传统的合乎逻辑的结果。正是知识论思想传统奠定了传统法律理论的知识进路和思维范式。

知识论思想传统是指发源于古希腊、经过中世纪、一直延续到现在的一种以探求客观知识、真理性认识为宗旨的思想方式。在我们的日常生活中，我们总是会遇到各种各样的需要解决的问题。例如，地球是什么形状的？天为什么会下雨？电视为什么会出现图像？汽车为什么会跑？人体由哪些器官组成？等等，似如"十万个为什么？"的问题，这些问题都要求我们本着一种客观的态度，运用科学的方法，深入研究并加以说明。我们把对这些问题的正确回答称之为"知识",视之为揭示了认识对象内在联系的客观真理。这种知识论思想传统最为显著的特征就是将主体与客体相分离,将世界分为主观世界与客观世界,并认为作为主体的人的生命的意义就在于揭示独立于主体的外部世界的客观联系,有效把握自己的外部世界。关于这种知识论思想传统的形成和脉络,俞吾金从哲学的角度提出:"知识论哲学认为,哲学的根本使命在于认识世界的本质。在这类哲学中,我们大致可以辨认出三个不同的努力方向:一是直接追问世界的起源、本原和本质,这在古希腊哲学中得到了最为典型的表现;二是着重探求人的认识能力和认识活动,这在笛卡儿以来的近代哲学中,特别是在英国经验论哲学中得到了集中表现;三是致力于探讨客观知识(逻辑、语言等)在人的认识活动中的地位和作用,这在当代西方的分析哲学中显得尤为突出。"① 这种以探索客观真理为宗旨的思想传统不仅为科学技术的进步提供了有力的思想武器,而且也从科学技术的进步中获得了自身存在的合法性。这表现在:由于科学追求直接地以知识崇拜为基础,而近代以来自然科学领域又取得了巨大进步,大大推动了人类社会的文明进程,导致世界产生进步与落后之别,科学技术落后的国家往往成为拥有先进科学技术国家的附庸,进而推动了全球性的以科学技术进步为核心的现代化浪潮。所以,现代化的核心实际上是理性化,也就是知识化。知识论思想传统由此成为世界各国共同的思想财富。

知识论思想传统从下述三个方面奠定了启蒙时期以来的法学研究的知识进程。

首先,法作为理性的基本思维框架就是由知识论思想传统确定的。法作为理性的基本思维方式就是把法作为一种认识的对象,人首先要学习法律、了解法律,然后才能掌握法律、运用法律。法律对于人来说,是一种认识的对象,知识的对象。传统的知识论思想方式从三个方面框定了法作为理性的思维框架:第一,认识主体是具有把握认识对象的理性能力的理性存在者,也即人作为法律的运用者具有凭借自己的头脑进行理性思维而认识法律的能力,人是理性的动物,人的行动来自于他的理性判断。因此,人可以摆脱感性欲望的盲目性,在理性的支配下,自主选择自己的正确行为,独立判断行为的意义;第二,认识对象具有独立于认识主体并能够被认识主体所把握的理性结构。在知识论思想方式中,认识对象是独立于、外在于认识主体的,是不以人的意志为转移的具有内在规律性的客观实在。人只能发现它,利用它服务于自己的目的,却不能改变它。换言之,人是规律的认识者而不是创造者;第三,作为认识对象的法律,不仅存在着

---

① 俞吾金:《问题域外的问题》,上海人民出版社1988年版,第4页。

一种能够被认识主体所掌握的内在结构和内在联系,而且,它本身也是由某种客观规律或者更为本质的东西所决定的。因此,左右人们对法律的认识的,是一种所谓"深度模式",即由表及里、由浅入深、由现象到本质的认识进路。这三个方面对于法律理论来说都是至关重要的,就第一个方面来说,它决定了法的自治性。人具有学习法律、运用法律服务于自己目的的能力,这种能力存在于人的健全理智之中,理智的人才能够制定法律、了解法律、运用和自觉遵守法律,理智的人服从法律,不理智的人则受个人欲望的支配。所以,运用法律调节人类的自身生活也就具有了可能性;就第二个方面来说,它决定了法的确定性。法治社会不受个人的盲目性的支配,具有一定的客观的衡量和评价标准。立法者、执法者和一切公民都必须依照法律采取自己的行为,每个人的行为都可以根据法律加以衡量和判断,法律外在于一切孤立的个人,具有自己的客观内容和确定的含义;就第三个方面来说,它决定了法的客观性。法律尽管是由人来制定和实施的,但是,法律都具有自己的客观内容,立法者不是在创造法律,而是在表述法律,是把无意识的客观规律上升为有意识的国家法律,法律必须服从规律,法律也总是一定的规律的反映。

其次,法作为理性的法律理念的价值内涵也是由知识论思想传统赋予的。知识论能够作为一种思想传统与知识论内含的价值指向是分不开的。在中国古代,知识与道德是分离的,所谓"修身、齐家、治国、平天下"讲的是"半部'论语'治天下",是把个人的道德修养的提高作为治理国家的前提。可见,知识状况与道德状况在中国古代没有必然联系。而知识论思想传统所开辟的则是另外一种思路。知识论思想传统源于苏格拉底、柏拉图、亚里士多德开创的古希腊哲学。苏格拉底关于"自知自己无知"和"美德就是知识"的论点一开始就将知识与道德联系在一起,从而使道德上的"善"建立在认识上的"真"的前提下,奠定了西方知识论思想传统的理论基础;柏拉图关于理念世界与现实世界的划分,确认理念世界的秩序和善的本质,并且强调理性是通往理念世界的唯一道路,从而确认了理性的地位;亚里士多德则通过建立相应的逻辑形式和逻辑规则,使理性具有了特定的思想形式。把知识问题与道德问题相联系,把"善"建立在"真"的基础上,也就赋予了知识以崇高的地位。所以,知识论思想传统不仅认为世界是可以通过理性认识和把握的,而且,对世界的认识和把握还是每个人道德上的基本要求,人试图通过理性把握的世界本质上就是善的,从而也就使伦理问题还原为知识问题。形象一点说,就是一个人是否有道德,就看他是否有知识,有了知识,才能达到善的境界。正是从这种将"真"与"善"牢牢捆绑在一起的古希腊哲学出发,才形成了一个以探索客观知识、追求真理为宗旨的长期占据西方国家思想殿堂主位并且产生广泛世界性影响的知识论思想传统。从这一点出发，我们就不难理解为什么自然法理论能够长期影响和左右西方法律思想。① 自然法不仅是来自于"自然"的，而且是一种"至善"的境界。世界本质上是善的，目前的邪恶只是人们未能了解自然，没有能够按自然规律办事的偶然结果。人对自然的把握可能是正确的，也可能是不正确的，这与自然界本质上的善恶无关，属于人的认识问题。客观世界本质上是善的，现实中的恶则是人们没能达到世界本质的结果。从功能上看，因为知识论思想传统不仅致力于解释世界，而且更侧重于控制世界、改变世界，所以，法律不仅被视为一种可以被理性所理解和控制的规范形式，而且，这种规范形式本质上应该是好的、善的，国家制定的法律，即实在法，必须符合自然法。自然法则代表着自然正义，如果实在法不符合自然法，那么它就不是理性的产物，实在法就与它的本质相背离，所以，就是非法。法作为理性，也就不仅意味着认识论领域的"真"，而且代表着本体论领域的"善"。

再次，法作为理性的法律理念的形式主义取向还是由知识论思想传统奠定的。近代以来，西方国家的法治日益趋向韦伯所说的形式合理性，形式合理性成为现代法律制度的一个基本特征和标识。如法律体现严格的规则体系，法律须由大量的严谨的逻辑严密的法律概念构成，法律的制定有严格的程序与权限的规定，法律的实施必须依赖高度形式化的法律程序和证据制度，法律日益成为一支专业知识群体的垄断领域，等等。这其中当然有政治经济等多方面的原因。如，从政治法律制度的角度看，与科学技术的进步相伴随，近代以来出现了强大的主权的民族国家和大规模的立法活动，表现出人类对社会生活进行有组织调控的强烈愿望。社会生活的政治化同样成为现代社会的一个显著特征，法律与国家开始紧密地联系在一起，法律的理性化程度也就越来越高。不过，这种法律政治化的普遍倾向在一定意义上也是知识论思想传统的体现和反映，是建立在人类有足够的能力把握自身的社会关系的基础上。如同人类有足够的知识能力征服自然一样，人类也有足够的智慧认识社会、控制并改造社会。现代法律的统治功能正是凭借知识和理性的权威与名义牢固地建立起自身的权威性的。知识论思想传统强调将认识建立在严格的推理与分析的基础上，要求排斥一切没有根据的、出于幻想和假想的虚妄观念。随着科学技术的进步，这一思想传统必然要求把认识建立在严格的经验事实之上。在法律领域，对经验的强烈依赖必将转化为法律的严格

---

① 构成现代西方法治理论的思想基础的主流法律思想，几乎都产生于理性主义的知识背景下，包括自然法理论和实证主义法律理论。关于他们之间的区别，同样与他们所持的理性观念的不同有关。这个问题我们以后还要详加分析。这里只是通过自然法理论对理性以及知识论思想的持久影响略作说明。

的形式主义化，毕竟，只有建立在严格形式主义基础上的法律制度，才能被理性所有效把握、验证和控制。因此，实证主义法律理论尽管是近代以来西方法治发展的产物，但是其基本的思想倾向则早已为知识论思想传统所预设。

在法律思想领域中，知识论思想传统的影响是显而易见的。西方法律思想领域长期处于主导地位的法律理论主要体现为形而上学的法律理论和实证主义法律理论，关于这两种法律理论之间的冲突与分歧，有大量的学术著作和论文涉及，但是人们却往往容易忽视这两者的思想基础和学术谱系的共同之处，即它们都是以知识论思想传统知识为背景的。我国作为一个后起的法的现代化的国家，在法治建设的过程中，难免会以法治发达国家为参照，所以，在法学研究的知识进路上，也受到知识论思想传统的深刻影响。简言之，我国法学理论从表面上看有侧重价值判断与实证分析之分，实际上，在学术谱系上，两者并无实质上的不同之处。或许正是因为如此，我国法理学教科书中，才会存在实证主义法律理论（将法与国家权力紧密结合起来）和自然法理论并存的奇怪现象。①

五、我国法学研究学术范式的转换

我国传统法学理论的思维范式是建立在知识论思想传统的合法性基础上的。而后现代法学思潮所挑战的恰恰是知识论思想传统，他们否定理性主体的存在，也否定主观与客观、主体与客体等知识划分，甚至根本不承认人的理性认识，在他们看来，与其说人们是根据理性、理智采取行动的，不如说人本身就是被建构的，人的自主性、创造性是一种"神话"。福柯所宣告的"人的死亡"正是指作为理性主体的人已经不复存在。②因此，对于传统法学理论来说，后现代的冲击当然极具颠覆性。在这个思想背景下，探讨相关的法学学术范式的转换问题就具有极其迫切的意义。由于我国传统法学理论所存在的主要问题都与认识论问题相关，因此，从认识论角度考察我国法学研究范式的转换就是极为必要的。③

首先，在我国传统法学理论中，法律认识的主体一直是一个单纯的认识主体，这也是知识论思想传统的一个显著特点。在实证主义法律理论中，由于强调法学研究必须立足于经验事实，而作为法律的经验事实是完全独立于认识主体

---

① 法体现并反映某种"规律"与法是某种"神意"的产物，就思想方式来说，应该是同出一脉的，都是从法律之外寻求法律的根源，也就是以某种外在于、独立于法律现象的客观"自然"的东西作为法律的基础。
② 王治河：《扑朔迷离的游戏——后现代哲学思潮研究》，社会科学文献出版社1993年版，第128页以下。
③ 有人说，哲学历史上曾经经历了从本体论哲学向认识论哲学，再向语言哲学的转换，而以哲学方法为基石的我国法理学实际上尚没有完成从本体论向认识论的转变。

的，其中所包含的知识论的影响几乎直接呈现在了我们的面前。形而上学的法律理论同样也是知识论思想传统的产物，法律认识主体也是独立于作为认识对象的法律的。这里我们必须明确一个问题，形而上学的法律理论同样是站在理性主义立场上的。

从源流上看，法治总是发源于神圣的宏大叙事，如为了维护人类共同的正义体系、为了维护人类的与生俱来的不可剥夺的天赋权利、为了体现神圣的上帝意志，等等。所有这些宏大叙事都具有一个基本的特征，就是为法律寻找一个确定无疑的具有终极地位的根据和本源，形而上学法律理论的基本特点也就在于寻求法律的阿基米德点。从今天的观点看，他们的许多见解显然经不起科学检验。但是，值得注意的是：他们探求这个阿基米德点的思想方法却是理性的。形而上学是一种致力于发现事物或世界终极本原的学问，在这个思路上，世界不仅是有秩序的，即理性的，而且，作为世界组成部分的人还具有充分认识世界秩序的能力，即理性能力。在亚里士多德哲学中，物质世界是不断地、永恒地运动着的，但是物质世界的永恒运动在逻辑上必然需要一个不动的推动者作为逻辑前提，这样，亚里士多德哲学就设定了一个永恒不动的"第一推动者"，这个第一推动者是自然中一切充满活力的力量的源泉。探究这个作为一切变化的根据的学问就是形而上学。形而上学法律理论也就是相信并探索、研究、论证、说明充满活力的法律现象背后存在的最终的决定性因素，即法律的根本性质的学问。这种法律理论有三个基本的特征：第一，相信现实中存在的法律即实在法是由某种永恒不变的东西决定的；第二，法律研究就是要揭示这个法律的决定性力量并根据研究的成果，规划、设计现实的法律制度；第三，由于这种决定性因素存在于现实法律的背后，所以，形而上学法律理论虽然是从经验出发把握法律现象，但是最终必然依赖先验的判断和假定。这三个特征也就决定了形而上学法律理论必然具有基础主义、普遍主义、本质主义和理性主义的特征和色彩，其思维形式必然存在于知识论的思维构架中。自然法理论就是典型的形而上学法律理论。自然法这个词是由"自然"和"法"组成，它当然不是说自然或者自然规律就是法，而是强调自然法是先于实在法的、被理性的自然之光照亮了的法。它包括两个方面的内容：一是作为自然法的各项原则是通过人的理性被发现的；二是人的理性所发现的东西与人的本性存在密切联系。霍布斯认为，自然状态是一切人反对一切人的战争状态，人本性上是自私的、利己的、敌对的，所以，人的本性是非社交性的。由于人的理性洞察了这一点，为了自我保全，人们通过契约建立国家，克服了自然状态；洛克则看到的是人性中更为积极的一面；康德把人分为作为自然存在者的人和作为理性承担者的人，并认为后者向前者指明了道德律。所以，道德律不是人的本性中产生的,而是由理性赋予的。在这一点上,黑格尔与康德很接近,他把人的第一本性理解为是人的"直接的、动物的存在",使之与"人的实在的、精神的存在"这个人的第二本性对立起来。在这个意义上,自然法对人的理性是非常依赖的,也对人的本性中与其他生物所不同的人的精神本性非常依赖。因此,自然法理论所勾画的认知结构是理性主义的典型表现。

从作为认识对象的自然法来看,自然法理论相信人类存在一个普遍的权利或正义体系,它具有高于一切实在法的法律效力。尽管各种自然法理论对这种权利或正义的来源、性质、具体内容看法不尽相同甚至相反,但这并没有影响他们对自然法的信赖。在他们看来,在人类社会多样化的实在法背后存在着一个法律的真理和法律的阿基米德点,只要能够揭示这个真理,就不仅能够理解多种多样、形式各异的现实法律制度,而且更重要的是,还能够对现实法律制度进行评价、批判、考察。这个真理就是自然法,就是人类共同的权利或正义要求,只有符合自然法的现实法律制度,才具有行为强制的正当性;而不符合自然法的法律,就不具有法的本质,本身就不具有合法性。对这种法律,人们不仅没有义务服从它,而且还有权利反抗它。一个组织良好的政府,就应该按照自然法的原则建构现实法律制度;一个坏的政府,其法律必然是违反自然法的。因此,自然法理论通常对人的终极价值表现出极大关怀,对现实的人类苦难表现出深切同情,对一切有助于人类尊严的事业表现出强烈关注。同时自然法理论又是一种法的二元论,要求实在法必须符合、服从自然法。这两点结合起来,决定了自然法理论是一个非常富有革命精神的思想体系。这种革命性在封建制度的瓦解过程中,在对类似法西斯政权的清算过程中,在一切专制政体的解体过程中,都曾经得到了充分体现,发挥了举足轻重的作用。由于现代法治的合法性是以专制制度的不合法性为前提的,因此,离开了这个阿基米德点,一切现代法律制度都会成为没有"根据"的东西,成为缺乏内在合法性的东西。

从作为认识主体的人的认识能力来看,自然法理论突出了人的理性的绝对权威。自然法理论所说的自然法就是人类共同的权利或正义体系,而发现这个体系的手段则是理性。自然法理论直接秉承了西方知识论的思想传统,体现为认识上的一种深度模式,即现象只是事物的摹本或表象,它是由更为根本的东西决定的。只有达到这个更为根本的东西,才能真正认识事物。事物的根本不仅直接代表着事物的真理,而且意味着至高的善和道德上的完美。因此,认识活动的最高成就就是真与善的统一。而认识过程则是理性的展开过程,是人的推理的过程,是一种逻辑思维的活动。人与动物的区别就在于人能够进行这种认识活动,能够进行推理,具有理性。柏拉图说理念是最高的善,而达到理念的唯一手段就是理性;亚里士多德的形式逻辑解决的也是理性的思维形式问题。显然,如果依据今天的科学成就,不难发现古希腊思想家对事物本质的认识有许多粗糙、肤浅之处,但是,这种思维方式开创了人类认识的广阔空间。就自然法理论来说,从其最初产生开始,自然法的内容随着人类认识史上每一项成就的取得而变化,认识越是前进,自然法的内容越是具体、丰富。所以,自然法都是在理性的观照之下映现出来的,或者说是被理性之光照亮了的人类有关自己本性的认识。自然法的法二元论本身就是这种认识上深度模式的直接体现,就是对这种思想史上的认识论资源的直接利用。

其次,我国法学研究范式的转换,需要充分注意法律认识主体是在法律实践活动中认识法律的。形而上学和实证主义法律理论的理性化取向本身并无不当,问题仅仅在于存在于一定社会关系之中的人能否独立于自己的认识对象?如果他能够独立于认识对象,才能够保持认识的中立性和客观性;如果不能,人的认识又是如何发生的?所谓理性认识又应该如何把握?

在法律实践中,人不仅仅是一个认识主体,更是一个实践主体。法律不是单纯的外在于人的客观认识对象,而且还是人的实践对象。人在实践法律的过程中认识法律,在认识法律的过程中深化法律实践。所以,法律认识与法律实践存在密切联系。把实践环节引入认识论是马克思主义的重要创造。①马克思主义认为,人的认识来源于实践,并且反过来还可以指导实践,在实践中经受检验,实践是检验真理的唯一标准。可见,在马克思主义认识论中,实践是认识得以发展和形成的一个重要环节,离开了人的实践活动,不可能存在有效的认识。我们通常使用的法的概念不仅没有涉及认识论问题,而且,与实践也是脱离的。正是由于法是一种实践活动,所以,法才具有知识的综合性特征。但是,这里有两个问题值得注意:第一,实践不是仅指实证意义上的经验。我们经常把"实践经验"作为一个完整的术语使用,这个时候的实践经验还包括来自于人的感性体验,是作为实践主体的人的理性判断和感性活动的综合。而实证意义上的经验多指能够经受经验科学验证的知识。我们可以说实践是检验真理的唯一标准,但是我们不能说经验是检验真理的唯一标准。所以,把实践环节引入法学认识论,根本上是为了解决认识论的难题,是解决法律实践主体如何更好地把握作为实践对象的法律的

---

① 毛泽东曾经这样谈到马克思主义理论中将认识与实践相联系的重要性:"马克思以前的唯物论,离开了人的社会性,离开了人的历史发展,去观察认识问题,因此不能了解认识对社会实践的依赖关系,即认识对生产和阶级斗争的依赖关系。"《实践论》(1937年)。这个观点将社会实践仅仅理解为生产实践和阶级斗争,存在一定的偏颇,但是也充分说明了认识与实践的联结是马克思主义的重要观点。

问题，解决法律理论与法律实践之间的关系问题，而不是强调法律研究中的经验实证方法，当然也不是强调从先验的理论原则出发认识法律。第二，尤其应该注意的是，法律实践活动不仅是主体改造客体的行动，而且涉及主体相互之间的关系，涉及主体之间的互动。换句话说，作为主体的人在法律实践的过程中彼此之间发生交往，相互作用。所以，人们所说的法律上的正当性，实际上只是人们之间对正当行为的共识。在这里，交往着的法律实践的主体不仅在法律的应用领域通过相互作用被动地实践法律，如法官、律师、检察官之间发生互动，而且法律文本的应用者与创造者之间也在发生交往，法律文本的含义并不是它的创造者一劳永逸地完成和赋予的，它还要依赖法律实施者的创造性劳动而得以完善。所以，正是因为作为法律实践主体的人的积极努力和相互合作，最终才能够形成有效的法律实践活动。离开法律主体之间的关系，既没有所谓"正确"的行为，也没有所谓"正当"的行为。

  人从认识主体到实践主体是认识论领域的一个非常重要的变化。这意味着人真正作为法律实践的主体而存在。韦伯曾经设想现代法律制度如同自动售货机，法官只是法律的被动的机械的实施者。[①] 这个意义上的法律人无疑只是法律的发现者和使用者；即使是立法者，他的任务也只是发现法律，把自然的无意识的自然规律上升为有意识的国家法律。在法律与人之间，人只是一个单纯的认识者，在法律与法律所体现的规律或者理性、神意面前，人永远都是被动的、消极的、毫无创造性的。而将人作为法律的实践主体，法律对于他来说，就不仅仅是认识的对象，而且是实践的对象。人不是站在法律之外以旁观者的冷静立场观察、分析、研究法律，而是置身于法律实践过程之中，以主体身份亲身体验各种法律活动的感受，积极参与法律的创造活动。在法律实践之中，人开始真正成为主体。

  综上所述，法学认识论问题是我国法学理论亟待解决的重要问题。本文所关注的后现代思潮何以能够动摇法治理念，其原因就在于我们没有能够就法学认识论问题进行充分的讨论。这里一个最为根本的症结就是，我们在一个相当长的历史时期里，忽略了法律认识的可能性及其条件，过于相信人类的理性能力，以为人们在任何情况和条件下都可以产生法律的真理性认识，而忽视了对法律认识理性结构的建构和检验。实际上，任何认识都是具有局限性的，基于此，一方面，

[①] 当韦伯谈到欧洲大陆的司法制度的时候，他说："现代的法官是自动售货机，投进去的是诉状和诉讼费，吐出来的是判决和从法典上抄下来的理由。"转引自科瑟：《社会学思想名家》，石人译，中国社会科学出版社1990年版，第253页。

我们不能过于夸大人类理性认识的能力范围,把理性无法认识和把握的东西纳入理性范围;另一方面,也不能因为理性的局限性而推崇非理性。毕竟,人类的行为在许多方面都是可以理解和控制的,尤其是在法律的领域。更何况,产生于人类实践活动中的法律认识,其目的是多方面、多层次的。所以,在当前的思想条件下,完成理性的理性化,解决认识论难题,既是"法学理论更新"的迫切要求,又是法治建设的现实需要。

(原载《法学研究》2001年第2期)

法律的理论与方法
——法理学作为一门科学的条件和界限

一、问题的提出

现在，法学和法理学作为一门科学似乎已经是不言而喻的了。几乎所有的法理学教科书的开篇之页都提出"法学是一门以法或法律及其发展规律为研究对象的社会科学"（或类似表述），因此，被界定为"法学中的主要理论学科"[①]的法理学似乎当然应该属于科学之列。但是，法学和法理学为什么是"科学"？它究竟在何种意义上才是"科学"和"社会科学"呢？对这个问题的回答，不仅有助于法学和法理学自身的发展，而且也有助于我们认真把握法学和法理学的社会功能。本文的目的就在于：通过法律的理论和方法两个面向，考察、论述法理学作为"科学"的条件和界限。前一个面向强调法理学作为科学应该具有的社会理论内涵；后一个面向确定法理学作为科学的方法论基础。没有一门科学是漫无边际的，法理学作为一门科学自然应该具有自己确定或相对确定的范围。对作为科学的法理学的条件和界限进行审视，就是试图进一步明确法理学作为一个法学学科的范围。

引起笔者注意这个问题的原因是：多年以来，法理学的更新与改革都是我国法理学界乃至整个法学界关注的中心问题之一。[②] 其中，法理学界对法理学的理论性与现实性的关系和法学家的文化品位与职业技能的关系两个相互联系的问题

[①] 沈宗灵：《法理学》，高等教育出版社1994年版。
[②] 如张友渔、张宗厚：《法学理论要有新发展》，《文汇报》1988年5月5日；乔伟：《关于法学理论研究的反思：论更新与改造法学的若干问题》，《文史哲》1988年第6期；张志铭：《价值追求与经验实证：中国法学理论发展的取向》，《法学》1988年第12期；甘重斗：《在改革开放中创新法学理论》；张文显：《改革和发展呼唤着法学更新》；张传桢：《试论商品经济与法学基本理论》，《现代法学》1988年第5期；徐显明、齐延平：《走出幼稚——十一届三中全会以来法理学的新进展》，《山东大学学报（哲社版）》1998年第4期；童之伟：《论法理学的更新》，《法学研究》1998年第6期。1995年和1999年分别在昆明和上海召开的法理学年会均以"法理学的回顾、创新、展望"为主题。

分歧较大。① 这种分歧表面上看是法理学界对理论与实际的关系以及理论界参与现实的方式存在不同的看法，实际上，有些学者特别是法律实务部门和部门法学的学者，还多多少少地存在对理论形式的抽象性的怀疑。人们期待我国法理学能够对部门法学、法制实践发挥积极的促进作用，因而，比较集中的批评意见也就是指责法理学已经严重脱离实际。在许多人看来，法理学的进步应该体现在理论对现实的指导性上。由此，法学界有些人士，甚至不少是法理学学者都在呼吁法理学要"理论结合实际"，将法理学发展、进步的希望寄托在研究具体问题特别是与社会主义法制实践紧密结合的具体的现实问题上。言内之意，法理学的研究重心应该由"抽象"转为"具体"，不能再继续这样"抽象"下去。本文对法理学已经脱离实际的结论并无异议，也反对理论上的矫揉造作、无病呻吟、故弄玄虚，但是不赞成有些学者指出的解决这个问题的思路。我有一个粗浅的认识：法理学所面临的问题本质上不是法理学所独有的，而是我国所有法学学科的共同问题。这个问题的关节点，不是法理学乃至法学的实践性不强，而是这些学科的理论性不充分，以至于没有能力应对现实。理论不充分的极端表现，在法学各应用学科上就体现为有的人对基础理论毫无来由的轻视、敌视、无知，缺乏自己解决本学科范围内法理学问题的自觉意识；在作为一个学科的法理学领域内，则体现在不少法理学者对自身的理论结合实际的能力缺乏信心。而这两种情况都源于缺乏对法理学学科范围自觉的批判——知识范围的确定。所以，法理学面临的最严重的问题似乎还不完全是现实性不足（这当然也是一个重要问题），而是由于理论的不充分所导致的法理学甚至整个法学在中国都在向"对策学"方向的发展，以及对法学所抱的实用主义的非科学的态度。

鉴于此，笔者感到，如果能够对法律的理论与方法进行总体角度上的检视、探讨、说明法理学（不是作为一个学科的法理学，而是作为全部法学的基础内容的法理学）的"科学性"之成立条件、内容及其界限，或许能够为法理学理论与法治建设实际的结合提供一些有益的探索。

二、法律理论的普遍性

法理学作为一门科学的第一个条件就是它的理论性，即法理学必须是说理

---

① 黎国智：《变革和创新我国法理学》；沈国明：《法学研究要关注向市场化过渡的过程》；孙国华、张曙光：《中国法理学发展的宏观思考》等文，载刘升平、冯治良主编：《走向二十一世纪的法理学》，云南大学出版社1996年版；1992以来，葛洪义、尹伊军、谢晖、邱本等关于"法学家文化品位"的争论，参见《法学》1992年第1期，1993年第11期，1994年第1、第4、第5、第7期，1995年第1期等。

的、有理论根据的、符合理论思维的基本规范。所有的具有科学性质的法学学科都是以理论为基础的。法律理论的普遍性在此就是指所有的法学知识领域都离不开理论思维。同时,由于理论思维面对的问题也是普遍的,所以,理论本身具有历史的普遍(连续)性。在这个意义上,对学术研究而言,只有理论思维能力的强弱之分,而没有是否需要理论思维之别;而理论思维能力的强弱,则取决于它对理论的普遍性的洞察、自觉与把握,以及将一般的社会理论转化为法律理论的能力。

法律理论的普遍性的第一层含义是指:理论是各个法学学科的精神基础。法律理论不是神秘的东西,而是法律和法学工作者的日常精神活动的结果,更是法理学的直接的研究成果。本来,作为一个法律和法学工作者,无论专业领域存在多大的区别,我们每个人每天(至少在正常的工作日)都需要思考各种各样或具体或抽象的法律问题。例如,律师会考虑如何根据法律规定,更有效地维护他的当事人的利益;法官则会考虑律师所提出的诉讼请求和理由是否成立;法学教师要设法把有关法律的知识组织成为一套能够让学生掌握的符合逻辑的口语系统;法学研究者更需要思考法律的原理。思考一般是由具体问题开始,逐渐转为抽象。当这种思考达到了一定的规范标准,上升到一定的抽象层次和系统性,则成为理论。所以,我以为理论本来不应该是神秘的,而是相当日常化的活动的结果。作为一门科学的法理学,与其他法律法学领域相比,首要区别就在于思维形式上:法理学的思考形式主要是"关于法律的理论";而其他法学学科和法律实践者则主要是"根据法律的思考",理性的思考者都需要把自己的思考转化为理论自觉。更准确地说,法律理论是每一个成熟的法学学科必不可少的精神支撑。

那么,为什么法律理论后来被划入一个单独的知识领域并在我国法学界常常成为批评的对象?这可能是经过理论的长期积累引起的社会分工的结果。人文社会科学的主要工作就是对"本文的意义"进行诠释,法学作为社会科学之一,显然也离不开对法律和法律思想的诠释。在知识与思想的历史演进的过程中,人们对法律的思考最初肯定不是一个专业化的阶层的特权,因为早期的经典性的法律思想几乎都是百科全书式的思想家的产品。后来,经过不断诠释和思想积累,才发展出分门别类的自然科学和社会科学,发展出政治、经济、社会、法律理论体系,发展出法理学、刑法学、宪法学、民法学等法学各学科的分类。说明这样一个本是常识的东西,是想指出:学科划分固然体现了人类思维能力的进步,但是,强制性的社会分工又将本是同根生的东西转化为看上去似乎不相干的东西。每个学科都在自己的领域内独立发展。这种情况下,过于强调分工的话,其结果必然是加剧了学科的分化和彼此之间的隔膜,进而忽视了本学科赖以存在的思想理论基础。本来,"关于法律的理论"与"根据法律的思考"之间是互补的关系,现在似乎"根据法律的思考"才有"合法性","关于法律的理论"则成为多余的、奢侈的、休闲性的。作为知识发展结果的学科划分,现在在一定意义上已经成为制约学术进步的障碍。所以,作为学术进步标志的学科划分尽管不无其合理成分,但客观上非常容易给人一种误导:法理学或者其他理论法学是以理论研究为中心的,而其他法学学科特别是部门法学,理论性至少不很重要,"应用法学"的称谓即是明证。现在看来,这种观点即使不是错误的,也是似是而非的,因为缺乏理论内涵的东西,是不可能在"科学"层面上存在的。相信部门法学者也同意这个意见。然而,更普遍的情况是,有的学者往往认为,部门法学的理论问题应该由法理学来解决,而法理学如果缺乏解决这些问题的能力,就是不成熟或者不够成熟,就是"幼稚"和"落后"。

把分工转化为学科的片面性是我们这个时代一个重要的文化特征。比较而言,法学界中的前辈多注重知识的综合性(我的一位同事曾告诉我,他在武汉大学读博士时,他的导师、著名法学家韩德培先生就再三告诫他们注意研究法理学,提高自己的理论素养),而年轻学者则越来越受到学科界限的限制。具体地说:法理学作为一门专门的研究理论的学科,自然应该以思想的整理和探索为己任。这本来无可非议,但是,在这个被韦伯称为"形式合理性"的社会,知识不再仅仅属于甚至主要不属于精神进步的范畴,思想与知识分离,知识日益成为追求物质需要的现实的工具。法律思想与法律也在分离,法律更多地成为一种技能,法律思想则成为一种奢侈品。当然,从理论研究者的角度,理论自身的矫情,也影响到法理学的现实性。1995年牛津大学出版社出版了一部名为《诠释与过度诠释》的书,本书的几位作者,意大利的艾柯、美国的罗蒂、卡勒等人,围绕"本文意义"的界限的轰动性讨论,也说明了这个问题。但是,导致忽视理论的更致命的原因则是社会分工与学科分化:从法律实务者的角度看,法理学似乎没有什么实际的功用。李达先生几十年前就说过:"法理学的研究,在中国这样不发达,据我看来,主要是由于法学家们不予重视,好像认为是一个冷门。教者不感兴趣,学生也勉强听讲。因为应对考试、做法官或律师,都不需要法理学。"① 现在看来,这种忽视理论的现象是相当短视和危险的,其危险性就在于:法律可能因此被主观随意地视为一种统治的(对有权力者而言)、谋生的(对法律工作者而言)工具;"关于法律的思考"被"根据法律的思考"所取代。这个时候,法学就已丧失了作为科学的基本特征和最低限度的思想性。

---

① 李达:《法理学大纲》,法律出版社1983年版,第12页。

法律理论的普遍性的第二层含义则是它的历史性，即理论具有普遍的历史连续性。"关于法律的思考"必然是从更为广泛的社会历史角度和更为整体性的思想理论层面把握法律现象。从社会历史角度解释法律现象不仅是历史唯物主义法律观的思想特征，而且也是大多数社会理论的特点。需要讨论的一个前提性问题是：法学和法理学有没有普遍性，即历史上的、外国的法律理论与"我们的"法律理论是什么关系？我的粗浅认识是：现实中的法律确实有国界之分，法学却应该是跨国界的，超越历史界限的。尽管实际上法学总要受到本国特定历史文化法律条件的限制，但是，任何一个"真正的问题"都应该是具有一般的普遍的真理性。举一个人们在逻辑思维中经常提到的、带有诡辩色彩的例子："法学具有民族性，不同民族的法律思想只属于该民族"。这句话的内容即使是真理性的，作为一个真实（假定）的判断，仍然是具有普遍性和现实意义的。因为它可以成为不同肤色的法学家进一步思考的基础，其中不乏对各民族法学思维的现实的针对性。因此，也就不难理解，法学的理论性问题或法理学的问题，通常大多数情况下都是似曾相识的，也就是在我们之前，早已有人在思考。例如，所谓罪刑法定、无罪推定、法律面前人人平等、产品责任、合同责任、法的本质、法的作用、权利本位等等。只要我们是尊重人类法律文化遗产的，只要我们乐意遵循学术研究的基本规范，就始终需要借鉴他人和前人的研究成果。

现在，有的学者对法律学术出版界和法学期刊大量介绍其他国家法律思想、中国古代法律思想以及其他学科的思想理论是非常不满意的，对学术著作中大量引用他人成果也不以为然。或者认为这是"从书本到书本"的教条主义、拿来主义、"食洋、食古不化"的表现；或者认为，他山之玉，最多具有借鉴意义。这种观点，我以为似乎也可以商榷。作为学术研究，法理学的特点之一就在于吸收他人理论成果，接过前人的接力棒，向前面的目标继续奔跑。即使是面对新的法律制度，也非常需要借鉴他人的思想成果加以梳理。而如果不论前人有无相关研究成果，或者只相信自己的直接经验，或者海阔天空地杜撰一番，在学术角度上，是完全不可取的。

法理学成果是具有历史连续性的。他们不是一个个彼此分离的、需要时可以相互转借的东西。每一种思想领域的重大成果，都有它的历史渊源，都是以往思想成果的发展，并且仍然可能继续开创新的历史。所以，思想是成体系的、源远流长的。这种思想的整体性是不容忽视的。也就是说，任何一个真正的法理学的问题，作为一个问题，并不总是直接来源于实践经验，来源于法律实践中的具体现象问题。经典的问题或更经常出现的问题，往往是思想家凭借他敏锐的洞察力揭示出来的。例如，著名的韦伯问题①、斯密问题②。后来者不过是借助前人的概念工具和问题意识把自己时代的问题再现出来。这个时候，理论研究必然从抽象问题开始。所以，法理学研究需要立足于每一个思想体系的整体性及其研究问题的思路，需要服从整个理论体系的整体思路，或者是对这个整体思路有根据地改进。因此，法律思想的多元性虽然是不可避免的，但是这种多元性必须是有根据的。而且，"关于法律的理论"中，"根据"往往是在法律之外。那种或者认为能够撇开理论的历史源流，或者认为仅仅根据现实法律规则就可以随便提出一些观点，甚至可以给整个法学建立起一种具有统一的理论指导功能的法理学理论的乐观倾向，根本上是没根据的。

三、法律方法的"科学"性

这里所说的法律方法，是指对法律进行系统的理论思考的方法。③法律方法的科学性是法理学作为一门科学存在和发展的第二个条件。它着重在三个层面上解决两个问题。三个层面是：①法理学作为一个社会科学门类所决定的法律方法与自然科学方法的区别。这个层面体现了社会科学方法的共性；②法理学作为社会科学的门类之一，与其他社会科学方法的区别。这个层面体现的是法律方法的特性；③法理学的思维视界所决定的"关于法律的思考"与"根据法律的思考"之间的区别。两个问题是：第一，作为法理学研究对象的法律现象的客观性问题；第二，法理学研究方法与价值判断的关系问题。

首先，坚持法律方法的科学性，必须对社会科学方法与自然科学方法作出明确的区分。社会科学与自然科学之间方法上的区别是一个重大的理论问题。社会科学的原始含义是指观察、分析社会的知识体系。而把社会作为一个涉及政治、经济、法律、宗教、道德、家庭、教育、思想、科学、文学、艺术等因素在内的整体加以考察，则是社会学和社会理论的主要特征，或者说是社会学观察人文社会问题的角度和概念格局。④所以，社会科学的方法之所以作为问题，与社会学的兴起和发展有直接的关系。19世纪初，法国哲学家孔德同时创立了实证主义哲学和社会学，他的基本思路就是强调人文社会研究的"科学"取向。所以，他

---

① 韦伯认为形式合理性（包括形式合理性的法律）是西方特有的文化特征，是资本主义产生于欧洲的深层原因。但是，形式合理性的发展带来的却是严重的实质的不合理。
② 亚当·斯密的经济学理论中的人是具有严重利己主义倾向的，而伦理学中的人又是具有利他精神的，从而提出了一个资本主义社会中的人的双重人格问题。
③ 德国、日本等国家和我国香港、台湾地区法学界一般所说的"法学方法"，通常是指法律职业者在职业行为中思考、处理案件的方法。本文所说的法律方法与其略有区别。
④ 黄瑞祺：《批判社会学》，三民书局（台湾）1996年版，第1页。

的社会学又被称为实证社会学或科学社会学。"科学"一词的含义可以从孔德最初给社会学所取的"社会物理学"这一名称看出:他希望社会学能够像物理学一样,发现社会秩序和社会进步的规律。这样一来,他就给后人留下一个问题:社会现象是否像自然现象一样,具有一个客观的、普遍因果联系的规律?如果存在一个类似于自然现象的规律,人与这种规律的关系是什么?从方法论的角度看,学者研究人文社会现象是否可能像自然科学那样,站在纯粹客观的立场上,从社会之外观察社会?后来的具有现代性意识的社会理论家,包括斯宾塞、马克思、涂尔干、韦伯、帕森斯、哈贝马斯等理论巨匠,都是直接或间接地由这个问题开始建筑他们的知识化的、理性化的理论大厦;而所有后来的反现代的包括后现代的思想理论家则是从否认、解构社会的秩序性、规律性开始的,也就是说,采取所谓非理性的立场,如尼采、德里达、福科等。因此,社会现象的秩序性、规律性,以及由此产生的社会研究的客观性、价值中立性,一直是一个有争议的问题。但总体上看,即使是现代派学者,也几乎都认为社会现象的秩序性、规律性不同于自然现象。如19世纪德国思想家狄尔泰等人开创的精神科学,就试图指出自然科学的研究对象是没有意识的,不能从事有意义的行为;而社会科学的研究对象则是有意识的行动者。社会科学研究是"理解"性的活动;自然科学则是"说明"性的。韦伯也认为必须从行动者的立场来掌握行动的意义。行动者的行动都具有明确的目标。根据自己的目标,行动者从自己的知识范围出发拟定计划采取行动。所以,人的行动是理性的、可以把握的。这样一来,韦伯就将自然科学的方法与他的社会科学方法加以区别。[1]可见,社会科学研究需要一种方法论上的自觉,即自觉地与自然科学划分界限。法律方法也是如此,需要对法学研究对象的客观性予以考察、界定,不能简单地套用自然科学的客观性。一方面,法理学作为一门科学,其对象似乎必然包含一定的客观内容;另一方面,它作为一门社会科学,其对象的客观性又不同于自然现象之间的关系。离开了前者,法理学就会成为玄学而非科学;离开了后者,它又会陷入"决定论"的泥潭。

其次,坚持法律方法的科学性,还必须在法学与其他社会科学方法之间划出一条界限。法学研究者在强调法学研究对象的客观性的时候,还需要注意法学研究对象的客观性与其他社会科学学科研究对象的客观性的区别,防止陷入客观性的陷阱。否则,就会导致方法论上的对价值判断的绝对否定。韦伯在界定社会科学方法时曾提出了一个具有广泛影响的社会科学与价值判断的关系问题。他认为,尽管社会科学研究是很难完全排除价值因素的影响的,但是,作为科学,方

---

[1] 韦伯:《社会科学方法论》,韩水法、莫茜译,中央编译出版社1999年版,第1页以下。

法上能否保持中立,直接影响到研究结果的科学性。在他看来,社会科学研究者在选择所要研究的问题时,不可避免地要受到主观价值偏好的影响;而一旦进入研究过程,研究者则必须保持中立。他自己实际上也是本着这个原则开展研究的。例如,他设计了一系列分析社会行动的方法论上的"中性"概念——理想类型,试图使自己的社会科学研究保持客观中立。韦伯所确立的这个方法论上的客观性原则现在仍然具有广泛影响。"将价值判断从经验科学中剔除出去,划清科学认识与价值判断的界限。这个首先由韦伯提出的社会科学的客观性原则,今天在社会科学领域内依然是广为接受的科学标准。"①如果韦伯的这个结论是成立的,那么,法学作为社会科学的门类之一,显然也面临韦伯所提出的相同问题。但是,值得注意的是:韦伯的社会科学方法论原则在社会科学界是有争议的,而它在法学领域的应用其结论也具有一定的片面性。为了将形式合理性贯彻到底,韦伯曾大胆判断:"现代的法官是自动售货机,投进去的是诉状和诉讼费,吐出来的是判决和从法典上抄下来的理由"②;他还提出,由于英国实行判例法制度,缺乏能够体现理性精神的成文法典,所以,其法律制度的合理性程度低于民法法系国家的法律制度。③现在看来,他的这些判断和观点显然过于僵硬,并不完全符合当代法律发展的实际情况。而且在社会科学界,韦伯的观点今天面临的问题与争议也不少,如果把社会科学的科学性建立在它的客观性基础上,很难将具体的个人行动的动机这个纯粹的私人经验范围内的问题纳入中立的理想类型中。④韦伯的思想方式一旦进入高度实践的领域,还必然会带来更多的无法解决的难题。毕竟,法学这个实践性很强的学科不同于许多纯学术的社会科学研究,不可能仅仅是描述性的。法学研究的结论必须具有建设性,必须有助于解决实际的法律问题,必须促使问题沿着一定"应有的"方向解决,而不可能囿于"实有"范围。

韦伯的例子实际上却可以从相反的方面促进我们思考。在法制发达国家,法官一般都对创造性地理解法律抱有浓厚的兴趣,特别是英美法系国家,这种情况还相当普遍。⑤他们一般都把法律规则、原则、公共政策作为一个完整的整体加以考虑,从而使自己的法律决定不仅符合法理,而且符合情理;而在法制并不发

---

① 韦伯:《社会科学方法论》,韩水法、莫茜译,中央编译出版社1999年版,韩水法《汉译本序》,第19页。
② 科瑟:《社会学思想名家》,石人译,中国社会科学出版社1990年版,第253页。
③ 韦伯:《经济与社会》(下),林荣远译,商务出版社1998年版,第120页。
④ 韦伯:《社会科学方法论》,韩水法、莫茜译,中央编译出版社1999年版,韩水法《汉译本序》,第22页以下。
⑤ 林达:《我也有一个梦想》《总统是靠不住的》《历史深处的忧虑》等"近距离看美国"系列丛书,三联书店版;刘星:《法律是什么?》中国政法大学出版社1998年版。

达的我国，法官和其他法律职业者则更愿意机械地看待法律，"死抠"法律条文。例如，在1999年10月中央电视台一次"今日说法"节目中，讲述了这样一个故事。一位老妇人，由于丈夫过早去世而改嫁到邻村。丈夫村里为了使这家人不至于绝后（丈夫这一支系已无直系血亲），决定全村人抚养这两口留下的孩子，不许老人带走。此后，老人虽然近在咫尺，一直没有再见过儿子。节目报道前不久，50多岁的儿子被车子撞死，获得一笔补偿费。老人听说后，以唯一的亲属身份（其子无后代）要求申领。儿子村里人认为，老人改嫁后再没有见过，更没有照顾过孩子，孩子死后，她也没去医院看一次，不应该领取该笔补偿费。在演播室，请来的法官（好像是一位院长）认为，该笔补偿费属于精神补偿，精神补偿只能给付近亲属；母亲作为该死者的唯一的亲属，依法应该独自获得该笔补偿。因此，如果以判决方式结案，就应该判决该笔补偿费归老妇人所有。法官认为，这种情况下，最好老妇人能够自觉拿出一笔钱给村里。后来，此案果然以调解方式了结，母亲将补偿费的一小部分给付村里。显然这个调解结果与法官矛盾的心理状态有关，而法官无法在法律范围内解决这个问题，只好求助于当事人的妥协。在我国，法官陷入法理与情理的冲突时，一般总是对坚持依法处理案件缺乏信心，被规则的含义所限，不敢依据法律的原则办案。类似情况，还有人身伤害类案件中的精神赔偿问题等。中国法官和法律职业者对待法律的态度尽管不一定是"科学"的自觉意识的产物，但绝对与他们僵硬地看待法律有关，与他们在处理案件的过程中缺乏通过有效的法律方法实现价值关怀有关。我国法官与法制发达国家法官之间办案方式的比较，是否能够恰好说明不折不扣地依据规则办事，并不一定符合法制的要求？

再次，坚持法律方法的科学性，也要注意法理学方法与其他法学学科方法的区别。前面曾提到：法律思维可以分为"关于法律的思考"和"根据法律的思考"两种方式。前者强调从多维视野出发，特别是从法律与社会的关系出发，运用各个科学门类的知识体系，综合地、全方位地考察法律现象；后者强调法律思维必须从现行法律及其实际运行状态出发，运用逻辑的、经验的方法，解释法律的存在形式和内容。应该承认，根据法律进行思考是法学作为一门独立的学科体系的基本前提，它标志着法学形成了自己独立的研究领域和独特的思想形式。总体上看，这种思考方式的产生与自然科学的进步是分不开的。例如，19世纪分析实证主义法学的出现，就反映了自然科学方法对法学的科学化走向的影响。因为分析实证主义法学的方法论基础正是实证主义哲学，其特点表现为对法律及其体系的逻辑自足特征的强调，以坚决排斥法学研究中的价值判断。持这种观点的学者一般认为，法学研究的任务主要是借助逻辑的手段对法律的概念、原则、规则进行梳理，而不是判断法律"好"与"不好"，后者不是法学的任务。显然，这个法学学派的学术倾向与孔德最初创立的实证主义哲学是基本一致的。尽管这个学派受到了许多批评和指责，但是由它发展起来的"根据法律的思考"的法学研究和思想方法，在几乎所有的成文法国家都占据了重要地位。

根据法律的思考确有其合理的因素和积极的意义，尤其是对致力于加强法治建设的国家来说，意义就更为重大。而且，这种法律思维形式也是所有法学学科的共同方法。但是，从科学的角度看，"根据法律的思考"也有明显的局限性，即马克思所说的：法律的问题不能从其自身得到解决。因此，"关于法律的思考"与"根据法律的思考"需要相互结合。在法学史上，两者的结合基本上是在法理学领域进行的，其方式通常表现为两种情况：一种是对法律的根本性质问题进行"形而上"的思考，从而使"根据法律的思考"能够建立在一个坚实的理论基础上。从研究对象角度看，法理学的研究对象是法或法律以及根据法律形成的并受法律调节的社会关系。因此，法律问题与道德问题一样，都是现实的社会实践问题。所以，康德才把法律和道德作为实践理性进行考察。从这个意义上说，以法律为对象的法学总体上必然是个实践性很强的学术门类，需要对价值理性表现出足够的关怀。由于法学的应用研究一般围绕现实的法律规定进行，所以，法学的人文关怀也就主要依靠法学的理论研究建立。法学研究对象的这个特点直接决定了法理学研究方法中的一个基本倾向：法理学研究不可能保持"价值中立"，或者说无法做到"价值无涉"。即使应用法学和法律职业者必然更多地基于法律思考问题，而法理学作为法学理论学科之一，与其他法学门类之间，方法上的独特之处正在于它能够在现实与理想之间保持了一种张力，给人类的终极关怀留有余地。因此，人类法学史上，对法律的形而上的思考始终具有重要地位；一种是来自社会理论领域的思考。事实上，对分析实证主义法学最严厉的批评之一正是来自中国法理学界熟悉的埃利希、卢埃林、弗兰克、庞德等著名学者创立的法学研究的社会学方法。在这些对西方司法实践具有丰富经验的人看来，法律并不是纸上的东西，而是社会实践中的实际经验，所以，法律的生命不是逻辑而是经验。他们的观点显然更多地受到19世纪末以来的各种社会学思潮的影响，强调各种社会关系、社会因素对法律的制约。可见，"关于法律的思考"这样一个思路必然要综合社会学、哲学、经济学等各领域的知识分析法律问题，这也就是近代以来实用主义哲学、存在主义哲学、心理学、精神分析、经济分析、现代语言哲学、解释学等学科知识先后进入法理学研究领域的原因。

总之，法理学式的对问题的思考（或本体论追问[①]），不应该、也不可能局限于"根据法律"的范围内，而主要是"关于法律的思考"，而纯粹应用性的法律研究和法律实践，从研究者和实践者的角度看，自然不可避免地要以法律为根据，但实际上也不可能完全局限于法律。所以，理论法学与应用法学之间的界限，不能完全、简单地理解为学科的界限。它们的区别仅在于方法上的不同，它们是法学中的理论研究和应用研究之间的关系。因此，法学是作为一个整体与同样作为整体的社会科学发生联系的。它们之间的界限在于：法学研究的目的必须是研究、说明、解释法律现象，从而有助于具体法律问题和法律纠纷的解决，而社会科学则在于给社会一个整体的认识。由于法律现象是一种社会现象，所以，其他社会科学门类的知识也就通过法理学的中介渗入法学领域。而能否自觉利用其他社会科学知识，也就成为法学能否提高自身把握作为一种社会现象的法律现象的能力的标志。

四、法理学作为"科学"的界限

根据对法律的理论与方法两个方面的"科学"性质的分析，笔者拙见：法理学并不属于自然科学意义上的科学，也不能简单地套用一般社会科学的方法论原则，而且还不能沿袭其他法学学科的方法，它是法学学科中"科学"色彩最不充分的学科。它的存在根据在于法学需要与各个其他社会科学学科的思想或知识进行交流、对话。这也可以称为法理学作为一个法学门类的"合法性"根据。因此，法理学的更新和变革，应该始终围绕法理学的这一学科特点进行，而不是片面地强调其与法学其他学科的一致，或者忽视它与其他社会科学学科的区别。法理学对法学、法律实践、社会科学和社会实践的功能，都需要在这个意义上加以把握。因此，法理学的科学性和独立性是相互联系的。概括地说，一种学说和理论是否属于科学意义上的法理学理论，至少可以依据下列标准加以判断。

首先，是否由一个法律领域的"真问题"作为理论研究的统率性的逻辑前提。理论研究都是由"问题"开始的。所谓只有真问题，才有真答案。法理学不可能只有一种研究思路，但是任何属于法理学性质的学术研究，都应该由一个法律理论上的真问题作为研究的前提。问题的真假取决于四个方面：第一，它是否属于一个法律问题。如果不属于法律问题，显然无须法理学讨论；第二，它是否属于一个法律上的理论问题。不是所有的法律问题都要由法理学去思考、解决，法理学不是一个百科全书式的知识系统，只有具有理论探讨需要的问题，才能够

[①] 舒国滢：《法理学学科的缘起和在当代所面临的问题》，载《法学》1998年第10期，第10—13页。

引起法理学式思考。例如，甲杀了乙，甲是否构成犯罪，应该处以何种刑罚；根据法律规定，国家立法机构都有哪些，各有什么样的权力等。这些固然需要分析、研究、思考与判断，但是，这不是法理学问题，属于法律的具体应用问题和法律的具体规定。这些问题的对象都具有确定的内容。而法理学问题的对象一般则是不确定的。所谓思想本质上是否定的、批判性的，说的就是这个道理；第三，提出的问题是否属于一个法律上需要并值得探讨的理论问题。所谓问题的问题性正在于继续研究的必要性上。法理学领域的真问题也一定是有必要进一步深入探讨的法律理论问题。例如，单纯地介绍哈特的法律思想，就属于法律史研究而非法理学；同理，重复别人已经提出的观点，也不是法理学问题；第四，法理学问题应该是有助于法理学进步和发展的法律理论问题。哪些问题是需要进一步深入探讨的，哪些问题则已经解决，这取决于研究者对问题的把握能力。研究者对问题的把握，离不开法律理论的积累。古往今来，法律理论纷繁复杂、多种多样，但是，任何类型法理学理论都有一个属于自己的问题意识和问题领域。只有沿着前人已经提出的相应的问题思路，才可能避免重复劳动，才可能有助于学术的进步。依据上述原则，笔者以为目前法理学教科书中有关法律制定和实施部分的大量内容，由于其内容是确定的，所以，并不是法理学需要研究的理论问题；同样原因，法律发展部分纯粹描述性的部分也不是法理学的内容。

其次，是否能够清楚地标示出该法理学思想所属的哲学和社会科学理论的脉络。每一个法理学流派都是以一定的哲学、经济学或社会学理论为基础的。我们所习惯的苏联版的"马克思主义关于国家与法的理论"正是依托经过苏联学者解释过的历史唯物主义社会理论建构的。自然法学派、分析法学派、历史法学派、社会学法学、存在主义法学、批判法学、经济分析法学以及奥斯丁法理学、哈特法理学、富勒法理学、德沃金法理学、波斯纳法理学等，毫无例外地都是以一定的哲学和社会科学理论为基础的。因此，当我们试图建立或陈述一种法理学理论时，同样应该明确该法理学理论所属的哲学与社会理论脉系，或者建立自己独立的理论框架。法理学理论不可能离开一定的哲学和社会理论结构而存在，相反，它必须借助这些理论阐明自身的内容。所以，能够真正产生现实影响的法理学理论成果都有自己的独立的理论渊源。忽视这一点，就会破坏理论的科学性和完整性。例如，本来我们可能需要对苏联版的法理学模式进行彻底的反思，然而，由于种种原因，我们忽视了或者没有重视对该理论的思想脉络的把握，只是借用其他法理学理论对其中的个别问题重新加以解释。其结果是：不仅原有的问题没有解决（毕竟原有的问题产生于一个完整的体系），而且还增加了许多新的问题——不同理论体系之间的冲突。具体一些地说，例如，现在大部分法理学教科书都已经将"法律的价值""法律文化"作为重要内容，但是，由于法律的价值和法律文化实际上是观察、解决法律问题的一种相当独立的视角和思路，与原有的法理学教科书思路完全不同。所以，不对以前的体系进行根本的调整，法律价值和法律文化放在现行法理学教科书的任何位置都显得是多余的、矛盾的。由于我们没有能够自觉地以一定的理论结构为思想前提探讨法律问题，所以，我们所提出的各项见解，或者只是对原有理论的修修补补；或者只是无关根本的批判。

再次，是否能够将一般的哲学和社会理论还原、凝结为法律理论。一般来说，关于法律的思考必然要依赖其他社会科学和哲学的理论，甚至重要的法律理论在历史上还往往是哲学家、神学家、经济学家和社会理论家提出的。但是，由于科学的进步，法学已经作为一门独立的学科屹立于科学之林，法理学家理应对法律理论作出更大的贡献：不仅要能够解释法律现实，而且要能够推动改造法律现实、实现法治国家。因此，法理学应该能够从法律问题着眼，自觉借鉴其他科学门类的知识，提高自己认识法律问题、解决法律问题的能力。这就要求法理学家具有明确的法理学问题意识，而不是泛泛地、一般性地讨论有关社会政治、经济、文化问题；也不是像法律的应用研究者那样，沉溺于具体案件和个别法律条文、规则，而是要从具体法律现实中的法律理论问题出发，寻找其背后所包含的重大理论问题，运用相关的哲学和社会理论学说加以观察、分析，然后回到法律问题，总结出一般的法律原理，有效地推动法律实践。这里的误区是：法律理论研究者有时会不小心地离开法律理论。例如，许多法理学教科书对法律作用的认识，更多的是对作用对象的分析，如经济体制、政治体制、精神文明等，而忽略了对法律作用机制本身的分析，使人感觉似乎不是谈论法律问题，所述观点特别牵强，如贴上去一般。

综上所述，由于法学是一门实践性很强的社会科学，既可以从形而上的角度加以讨论，以确立法律的价值基础；又可以从经验科学的角度进行社会现象的综合分析，以把握法律的实际运作形态。所以，法理学作为一门科学，其学科特点就在于通过借鉴各个科学门类的知识，尤其是社会科学的思想理论，建立有关的法律理论研究框架。因而，法理学必然是由抽象的理论观点构成，甚至包含了许多"非法律"的理论。鉴于此，法理学的成熟与否，其衡量标准不是法理学理论对现实是否具有直接的具体的指导作用，而是其把握理论的能力和水平。能够对法律现实有所贡献的法理学，一定是那些能够提出和解决法律领域真问题的法理学。所以，笔者认为，对历史上的重要社会理论进行梳理，透视其中所包含的法律理论，对于了解、掌握和解决法律领域的重大问题，是非常必要的。

（原载《中外法学》2001 年第 3 期）

法理学的定义与意义[①]

尽管在许多情况下人们对"什么是法理学"是有共识的,如法理学是法学的一个理论学科,是我国法学教育的一门基础课程,等等,但长期以来,分歧也是显而易见的。在大多数情况下,人们对法理学的涵义在认识上并不相同,甚至存在严重的对立。如有人认为法理学是一个与法哲学、法社会学等并列的学术门类[②],并试图以此开辟一个法学理论研究的新的领域;也有人认为法理学与法哲学等仅仅是用词不同,两者实质上是同一的[③]。我同意后一种观点[④]。选择这样一个问题进行探讨,原因在于,我以为法理学的定义并不仅仅是一个简单的名称问题。尽管在科学研究中,如列宁所说,定义只具有微小的价值,哈特也提出,不能在定义的脊背上建立理论[⑤],但是,定义毕竟是逻辑思维的一个环节,也是逻辑思维得以有效进行的基本的标准条件。对于法理学来说,定义问题同时还意味着一种学科定位,进而也就意味着一种学术空间的拓展。因此,法理学的定义与意义存在密切联系,法理学的定义赋予了法理学学科以学术意义,对法理学意义的把握又决定了讨论法理学定义的知识进路。正如哈特成功地将语言分析哲学运用于法学相关概念研究引起了法学领域一场革命性的知识转型那样,实际上,关于

[①] 笔者曾以本文相同题目和基本内容在浙江大学、山东大学、清华大学等著名高校的法学院和华东政法学院、中南政法学院(现中南财经政法大学)、西北政法学院为法学专业本科生、研究生举办学术讲座。在报告过程中,上述高校学生积极参与并提出了许多建设性的意见,对本文的最终形成具有重要作用,在此表示感谢!

[②] 吕世伦、文正邦:《法哲学论》,中国人民大学出版社1999年版;也有学者提出,法理学经历了从部门哲学、法哲学、法律哲学、法理学到哲学的法理学的演变过程,将法理学纳入一个知识进步的历史观中。参见曹义孙:《论哲学化的法理学》,《政法论坛》2000年第3期,第3—10页。

[③] 《牛津法律大辞典》有关"法理学""法哲学"的解释是极其相似的。参见戴维·M·沃克:《牛津法律大辞典》,光明日报出版社1988年版,第489、539页。波斯纳也认为:"传统将法理学定义为法律哲学或哲学在法律中的运用,这显然是恰当的。"波斯纳:《法理学问题》,中国政法大学出版社1994年版,第1页。类似见解还可见《不列颠百科全书》等工具书。

[④] 以前我曾多次提到这个观点。参见葛洪义:《探索与对话:法理学导论》,法律出版社1996年版;葛洪义:《论法理学教学教材体系的改革》,《法商研究》1999年第6期。

[⑤] 1953年,哈特就任牛津大学法理学教授时发表了题为《法学中的定义和理论》的著名就职演说,强调语言分析方法运用于法学研究的必要性,提出应着重研究语言在使用中的含义而不能拘泥于其固定内容。参见张文显:《二十世纪西方法哲学思潮研究》,法律出版社1996年版,第91页以下。

法理学的任何定义都必然预示着相应的学术空间的范围及其开拓。

基于上述考虑，本文拟以法理学的定义与意义为题，结合我国法学理论研究中的一些具体情况，分别探讨法理学的定义、对象和意义，并试图分析其中所蕴涵的法理学研究的一般方法论问题。

一、法理学是一个运用哲学方法研究法律基本问题的学术门类，实质上就是法律哲学或法哲学

法理学就是法哲学，法哲学也就是法理学，尽管法理学原出于英美国家经验主义，法哲学则出于欧洲大陆国家，并且曾作为甚至现在也可能作为哲学的一个部门。但是，两者不是也不可能是并列的关系，它们都是运用哲学方法研究法律问题的学术门类，不同之处仅在于它们的哲学观念不同。我们可以从以下三个方面来讨论这个判断。

首先需要明确的就是，法理学是一个以研究法律问题为宗旨的学术门类，实际上，法学最终也都是以研究法律问题为目的的。习惯上，我们往往将法学分为理论法学与应用法学，这种划分固然标志着法学研究中分工的发展，在一定意义上代表着法学研究的进步。但在另一方面，则不可避免地发生一种误导，使人误以为这样或者那样分工是绝对的，是不可避免的，是必然的。这样，学术分工又被人为地转化为学科的片面性和局限性，这种认识似乎并不恰当。我们可以说法律职业需要一种解决法律问题的技能和技术，而法学所承担的任务则是传授这种技能。但是技术本身并不构成学问，或者说，法律技术是由法律问题决定的。不将法律问题置于考察的重点，而以解决问题的方法和规则取而代之，可能有些本末倒置。法律技术都是用于解决法律问题的，法学只有在下述意义上才成立，即能够对于法律问题的解决提供帮助。法律作为一种实践理性决定了法学的实践性，也决定了法学研究的问题性。法学教育，特别是法学研究，并不是把法律规定的文字含义介绍给受众这么简单。如果问题这么简单，法学也就没有存在的必要了。只要有文化，能识字，具有一般的理解文字的能力，就可以从事这项工作了。这种观念是对法学的极其轻率、粗暴和不负责任的界定。实际上，法律职业作为一种社会分工本身就意味着该领域属于一种专门的知识领域，也可以说是具有专业知识结构的群体的特权领域。[①] 法学研究在任何意义上和任何学科范围内都是以解决相应的法律问题为宗旨的，而法律问题之为问题，则在于它的疑难性。哈特曾经提出，法律语词与一般词汇一样所揭示的仅仅是对象的典型情况，

---

① 这种职业化特征构成了法的现代性的一个重要标志，后现代法学也对此进行了激烈批评。

例如，秃子，我们可以很容易地将头上没有一根头发的人归为秃子一类，而问题是在特殊情况也是大多数情况下，许多人头顶上"光彩照人"，周边却稀稀拉拉长着一些头发，这种情况我们如何归类呢？能叫他们秃子吗①？正是诸如此类的边际情况构成了我们所面对的问题的复杂性，而对法律领域这些复杂问题的研究则构成了法学。所以，法学都是需要解决问题的，传统的理论法学与应用法学的分类并不可靠，区别实际上可能仅仅在于我们思考的问题以及解决问题的方式是一般的还是特殊的，是抽象的还是具体的。任何法律领域的"真问题"都是从实践中产生的，都需要从理论角度予以回答，只是在回答的方式上，我们可能根据法律（如许多部门法学者那样），也可能根据某个更具有一般性的原理（如法理学者那样）来加以讨论。由于我们必须对法律问题给予透彻的说明，需要"以理服人"，也就不能武断地说：法律规定如此，你就应该如此。所以，"说理性"是所有法学门类的共同特征，只不过法理学把"理"搁置在一个极其突出的位置而已。

其次，法理学研究的是法律的基本问题或者说更具有一般性的法律问题。法律问题有具体问题和抽象问题，个别的、特殊的问题与一般的问题之分。具体、个别的问题如某个案件、某类纠纷应该如何解决，抽象、一般的问题如法律为什么如此解决问题，这种解决方案是否正当等。法理学正是解决这些一般性问题的。所以，法理学可能并不关心，至少不像部门法学那样关心某个具体案件的处理是否妥当，而是更加关心解决这些问题的"理"是否成立，是否有效，是否能够说服人或者是否选择了能够说服人的方式去说理。在这个意义上，法理学可能并不脱离实际，或者说，并不是仅仅关注经院哲学的问题。现在，许多人一听到"理论"两字就头痛，他们并不知道自己每天实际上都在接触理论，使用、运用理论解决自己面对的问题。例如，每个需要打官司的人都需要在自己决定是否打官司的过程中寻找打官司的理由，只有在他说服自己，认为自己有理由甚至有把握打赢官司的情况下，才会做出打官司的决定。那么他在形成判断的过程中会参考哪些因素呢？法律固然是不可缺少的，但是情理、政策、习惯恐怕也在考虑的范围内，他必须根据具体情况作出一个综合性的判断和推理，他会参考专家的意见，已有的先例，等等。这些实际上都包含着即将作出打官司决定的人的理论

---

① 哈特的这个观点深受维特根斯坦语言哲学影响，后者认为，不能将某个概念指为某个特定对象的反映。因为概念是借用语词来表达的，而语词所反映的仅仅是对象的典型情况或中心含义，语言的含义必须与语言的具体使用环境结合，这样，语言的固定含义就被肢解，成为语言游戏。哈特正是借用这种方法，对追求法律的固定含义的思维倾向提出批评。参见哈特：《法律的概念》，张文显等译，中国大百科全书出版社1996年版，第4页以下。

思维，也受制于他们的理论思维能力。有时候，他们往往需要求助于法律专家，所以，法律思维总是一种理论思维。比较之下，法理学的理论思维可能需要一种更加自觉的角色意识，需要对解决纠纷过程中的一般性法律问题进行系统的思考和分析，如法律的性质，法律与道德的关系，等等。法理学所面对的问题总是具有一种"总体化"特征，是从许许多多具体法律问题中抽象而来的，它试图为个别的具体的法律问题的解决提供一个有效的说理模式和论证程序。我们可以举例说明：一般而言，法律问题都必须通过理智的、说理的、理性的方式解决，必须能够说服人；而说理过程中，有效的论证又是不可缺少的，即说理者必须运用某种特定的逻辑思维形式，根据一般通行的规则，论证某个行为的正当与否；而有效的、有说服力的论证往往需要超越法律的一般规定，例如某甲实施了故意杀人的行为，而某甲实施杀人行为之前已经存在某个"禁止故意杀人"的法律规则（乙），所以，我们可以通过形式逻辑将甲和乙联系起来，推导出丙：某甲应该受到惩罚。显然，在这里存在着一个问题，即从表面上看，我们是根据乙谴责某甲的行为，实际上，（乙）规定本身也存在一个正当化的问题，如它必须是根据宪法规则制定的（乙1）；然而宪法本身的正当性又如何论证呢？有两种可能的办法，一种是从宪法规定的立宪程序推导出宪法的合法性和正当性（乙2），这被称为循环论证；另一种是通过建立法律之外的某个一般性规则（乙3），如自然法、道德、情理、民俗、常规等来论证（乙1）的正当性。如果我们不想陷入循环论证或者武断地终止论证，这个时候就必然地进入了一个抽象思维的领域，必须借助一些更具有一般性的规则和原理来使法律和法律行为正当化[①]。当然，我们从法律的具体问题进入法律的一般问题的渠道还有许多，这里就不一一列举了。可以说，这些都需要一个作为研究法律的一般问题的学术门类的法理学的存在和发展，法理学作为一个相对独立的法学门类的原因也在于此。

最后，回到我们的论题，即法理学是哲学方法在法律领域的运用，法理学就是法哲学。这个结论是由法理学所面临问题的特殊性所决定的，即法理学面对的是法律的一般的普遍的问题，而一般的普遍的法律问题是不可能通过经验直接呈

[①] 深受哈贝马斯影响的德国法学家阿列克塞（Alexy）的法律论证理论就是由此出发，在法律言说规则之上建立了一个普遍性实践言说的规则和论证程序。参见Robert Alexy, A Theory of Legal Argumentation, Oxford: Clarendon Press, 1989. 但是，这里我们面临一个解释学的难题，即如果我们不能建立一个有效的法律论证的普遍的基础性规则，就可能在论证过程中陷入三种情况：无限倒退，循环论证，在某一点上武断地终止论证。参见颜厥安：《法与实践理性》，（台湾）允晨文化实业股份有限公司1998年版，第106页注{25}；而如果我们找到了这个普遍性基础，又必然导致形而上学。

现在我们的感官中的，必须运用逻辑思维和理性推理的方式才能够予以把握。不赞成法理学就是法哲学的同仁一般认为，法理学是研究实在法的，是以感官中可以经验的法律现象为对象的，而法哲学则是更深层次的。这些观点一般都建立在理性与经验相对立的基础上①。实际上，理性与实证主义者所说的经验在方法论上是一致的，即都是以达到客观确定的认识为目的，而且，都是建立在一种知识论思想传统的基础上的，②两者之间存在着许多重要的内在的联系。甚至可以说，正是以形而上学为特征的自然法理论导致了实证主义法律理论的出现③。它们的区别则在于前者试图为法律提供一个绝对的支点，后者则认为这是对法律的非科学的态度，进而主张相对主义。所以，发源于英美经验思维传统的法理学与导源于欧洲大陆唯理主义的自然法理论的根本性差异还是建立在对立的哲学观念上的；还特别应该注意的是，法律实证主义本身就是实证主义哲学的副产品，是通过对传统的本体论法哲学的批判起家的。如果离开了两者之间的对立和比较，实证主义法律理论或者经验分析的法律理论无论如何是不可能得到透彻说明的，也是不可能成立的。它们虽然是站在不同的立场上但却用同一种方式把握一个相同问题，所以，法哲学与法理学不是并存的关系④，而是相互包容的。对法理学范围的界定必须立足于哲学在法律领域中运用的历史过程来把握⑤，法理学的研究对象和研究方法所发生的变化来源于相关哲学观念的变化。所以，也就必然受到哲学领域发

---

① 例如，有人在正确提出法哲学方法本质上是反思的方法的同时，又指出："法理学从各部门法抽取的'一般'不可能具备法哲学的高度。"参见李瑜青：《法哲学研究的理论建构》，《法学》1999年第11期；也有人从相反的方向提出："法学家们（尤其是法理学家们）常常在痛苦地完成属于法律家（立法者、法官）或哲学家们应完成的任务"，进而主张以社会实证为研究方法、具有实证精神的法理学。参见张薇薇：《存在纯粹的法理学吗？——关于法理学方法论的一种社会实证的观点》，《中外法学》2000年第2期。
② 知识论思想传统是指发源于古希腊哲学的一种以探求客观真理为目的的思维路向，西方法治理论基本上是知识论思想传统的产物。关于这个问题，笔者另有专文探讨。
③ 凯尔逊认为，自然法学预设了实证主义法学。他说："正是在这种争取脱离形而上学的科学的努力中，自然科学才使自己从神学中解放出来，法律和政治科学则使自己从自然法学中解放出来。"凯尔逊著：《法与国家的一般理论》，沈宗灵译，中国大百科全书出版社1996年版，第460页。
④ 严存生教授认为：法哲学研究法的本质，以探求法的绝对真理和法的理念为目的，法理学则研究法制建设的相关问题，以指导法制建设。法理学与法哲学不分，是理论法学落后的一个重要原因（参见严存生：《法理学、法哲学关系辨析》，《法律科学》2000年第5期）。这个观点相当精辟地把握住了欧洲大陆国家法哲学的研究对象和特征，但是，却忽略了英美国家法理学也是从回答法是什么（？）的问题开始的，是从批判形而上学法律理论，也就是严教授所说的法哲学开始的。两者是对立的，而不是并存的关系。所以，如果同意严教授的观点，就等于抹去了两者之间的分歧，既限制了法理学的范围和学术空间，也淡化了法哲学的理论难题。
⑤ 如曹义孙从部门法学到哲学的法理学的演变过程的分析就富有建设性和启发性。参见曹义孙：《论哲学化的法理学》，《政法论坛》2000年第3期。

生的各种变革而继续变化,如当前后现代哲学思潮对理性的批判,就不仅指向各种形而上学的法律理论,而且冲击了实证主义法律理论[①];而对传统理性的捍卫,也是对所有传统法治理论的支持。可见,离开了哲学,法理学就失去了自己的"根",成为缺乏生命力的东西,在这种情况下,对法理学的任何定义都可能成为想象的武断的个人"意见",而绝非严格意义上的学术研究和探讨。

二、法理学的问题领域决定了其必然跨越实在法的界限而以建立思想体系(而非知识体系)为基本任务

法理学作为法学的一个学术门类自然应该研究法律,但是,又不能仅仅研究实在法。法理学问题的一般性和普遍性决定了它不可能在实在法的脊背上构筑理论,即不能把实在法作为自己唯一的研究对象。法理学存在的主要依据就是:法律必须建筑在某种"道理"的基础上,"道理"自然是超越法律并凌驾于法律之上的,是法律的根本。这个问题不解决,合法性问题也就不可能最终解决。这也就是哈贝马斯提出普遍性实践言说的原因[②]。

从历史上看,最为古老的法律理论——自然法学说就是从凌驾于实在法之上的自然法入手解决法律的合法性问题,所以,自然法与实在法的二元论构成了自然法学说的基调和方法论特征。正是立足于这种二元论,自然法理论成为一种具有持久影响力的学说。所有的试图解决法律的"根本"的、"本源性"的"元"问题的学说,即与自然法学说或者说形而上的法律理论相关的学说,都是从法律的外部寻求法律的根据,都必然企图突破实在法的局限;我们通常所说的社会学法学或者说社会实证主义法学也同样打破了实在法的界限。从这个知识进路进入法律的学者一般认为:实在法仅仅是"纸上的法",而生活中实际有效的法律与实在法存在很大差异,因此,如果要真正了解法律,就必须深入生活实际,考察"活的法"。实在法最多只是法律的渊源,而不是法律本身;而法律的渊源却不限于实在法。所以,社会学方法在法学中的运用尽管具有种种实证主义的色彩和痕

---

① 刘星认为:把法理学的使命界定为研究法律现象中带有普遍性质的问题,以"提供一个可以客观描述的现实社会中的法律图景"的企图,由于完全建立在"科学主义"基础上,超越了讨论问题的具体语境,从而可能是有问题的,"甚至误导了法理学的基本使命和作用"(参见刘星:《法理学的使命和作用——一个疑问和重述》,《法学》2000年第2期)。这个观点显然不赞成普遍主义的法治模式。不过,本文在此不想讨论这个问题,而是借此指出,无论我们是否认为存在着法的客观本质,也无论我们认为法的本质是什么,法理学,包括法哲学,都必须回答什么是法(?)这个问题,而且是根据对这个问题的回答来确定自己的学术谱系的。

② 哈贝马斯试图通过普遍性实践言说提供一个社会交往的理性形式并最终解决合法性问题。参见哈贝马斯:《交往与社会进化》,洪汉鼎译,重庆出版社1989年版。

迹，反对超验地、先验地看待法律，而是将法律严格地限制在经验范围之内，但是，他们经验中的法律也不是实在法，或者说不限于实在法。可见，历史上的法律理论也主要不是以实在法为研究对象的。

强调以实在法为法学的唯一研究对象是以英美经验哲学为基础的奥斯丁法理学的思维特征，后来成为分析法学的标准的法律思维模式。按照分析法学的观点，法律体系应该是逻辑自洽的。尽管这种法律理论曾经产生了重大影响而且阐明了许多深刻的道理，但是，它仍然只是各种法律理论之一。而且，特别需要说明的是，分析法学尽管要建立一个逻辑自洽的法律体系及其分析范式，但是，它一开始就存在自身无法克服的缺陷：第一，它在任何情况下，都无法真正有效地提供对法律的充分论证。所谓"法律就是法律"的命题和断言已经表明这个学派是相当武断的。当然，分析法学并不认为法律本身不需要正当化论证，只是认为这个正当化过程最终不应该由法学去完成，这恰好表明分析法学的局限性。第二，事实上，分析法学臆想中的逻辑自洽的法律也是不可能的，故而法律之外的标准和规则也就必然进入法律思维，哈特的法律规则的开放结构也是因此而存在的。更何况所有的分析法学的论著也很难避免讨论法律之外的法律，都是在人文社会科学已有的成就的基础上建立理论的，如形式逻辑和语言哲学的运用。我们常常有一个误解，以为分析法学就是分析实在法的，而实际上，对实在法的可靠的分析从来就不是完全建立在实在法之上的，而是通过对各种有关法律的思考的分析形成的，是具有批判性和反思性这个法哲学的基本思维特征的。

反思和批判都是建立在以往思想成就的基础上的。所以，对法理学研究对象的上述界定意味着法理学的研究对象具有思想性，在具体的对象化形态上则体现为相关思想成果，即学说。法理学研究很少像部门法学说那样直接面对具体的法律部门，而是更多地以已经存在并已经产生或可能产生重大影响的理论成果为直接的对象。这不是说法理学不需要研究实际的法律和法律制度，而是说，法理学用于寻找和解决现实法律制度中的问题的方式、思路和根据，往往来自于已有的思想成果。换句话说，就是法理学者是带着理解的前知识、前理解来把握现实法律的，而这个前理解则是通过解读以往的思想成果获得的。无法想象一个脑中一片空白的人能够对法律做出深刻的解读。正是凭借这种对长期的知识积累的领悟，法理学才能够把握住法理学领域的"真问题"，所以，法理学研究最终应该定位在思想体系的构建上，是在前人已有法律思想成果基础上的思想进步。

由于法理学必须研究各种法律思想的成果，而思想成果一般则都具有知识的综合性特征，尤其是有关法律的法理学思考，一般都是依赖人文社会科学甚至自然科学所取得的一系列进步推进的，所以，法理学研究的进一步发展也就必然需要借助人文社会学科的思想成果。纯粹的法理学或者说不依赖其他知识的法理学是不存在的。如前所述，法理学关注的是一般性问题或法律的普遍性问题，普遍的问题必然要求以一种普遍的思维形式加以把握。例如，当我们试图寻求法律的本质的时候，我们是祈求获得一个普遍性的结论，显然，我们无法通过自己的局部经验来获得这个普遍的结论，而必须借助于理性抽象。这就使我们与哲学发生了密切的联系；当我们承认法律属于一种社会现象和社会规范的时候，社会学和社会理论也就无可避免地进入了我们的视界；而当我们将成本分析引入法律理论的时候，经济学知识则是不可缺少的；甚至当我们奉行"法律就是法律"的时候，逻辑学同样支撑着我们的每一个命题的可靠性。这里，我们陈述这些众所周知的知识，就是希望说明，当下促使我们法理学研究进步的并不仅仅是那些历史上或者现实中具有深刻说服力的法律著作，也包括那些能够为我们提供新的知识进路的其他人文社会学科思想成果。因此，法理学与其他人文社会学科知识之间并没有绝对不可逾越的界限，只要有助于我们思考法律基本问题的思想理论，都属于法理学的范围。法理学的知识范围是由它的对象的普遍性所决定的，普遍性的问题必然需要一种普遍的解决方案。这就导致法理学在研究思想成果的时候不能仅仅把眼光放置在纯粹的法律著作范围内，而必须持一种更为开放的态度，创造一种开放的法理学，从而使法理学真正具有与其他人文社会科学对话的能力。

  法理学研究对象的思想性决定了法理学与严格意义上的法律知识不同。在这里，知识是指经过前人的积累或发现，已经被人所掌握的具有确定的相对"客观"的内容的东西，对于学习者来说，知识是无可怀疑的有待学习、掌握的，就如物理学、化学甚至木工、钳工对特定规律、生产工艺的知识。由于部门法研究者通常都可以借助相应的法律部门建构理论体系，对于他们来说，法律是先在的，相对确定的，因而部门法理论体系也就具有相对的知识上的确定性和可靠性，可以作为已知的东西传播。因此，部门法知识在一定意义上具有科学研究所必备的知识的确定性，同理，部门法教学尽管仍然应该强调思想理论的探讨，但是，"注释法学"也并不是不可以接受的，至少，对法律条文的语法说明因能够分享制定法的时代气息而可能与时代保持基本同步；而法理学则完全不同，它没有确定无疑的研究对象和参照，法理学面对的思想成果通常是多种多样的，并且是有待被超越的；法理学所要解决的问题预示了法理学面对的是一个未知的问题领域。因此，在法理学范围内的话题、论题原则上都是可以讨论的，不可以讨论的话题不属于法理学范围。过去我们经常把法理学定义为传播某种法律知识的学科，这是对法理学的重大误解。部门法可以作为一个知识体系予以传播，而法理学问题则不存在非此即彼的选择，只能通过平等的、说理的方式加以讨论。如果硬要把法理学作为知识来传播，就等于阉割了理论的创新能力。在法律思想领域，没有绝对正确的真理，只有永无止境地探索，所谓"只有永恒的问题，没有永恒的答案"就是此意[①]。所以，法理学的革新、改革、发展也就必然体现在结合时代需要对前人思想成果的创新之上，体现在能否有足够的能力把握时代的脉搏，当然，这个把握时代的能力来自于我们对已有的思想成果的领悟，取决于我们是否掌握了发现问题、解决问题的相应的思想工具。

三、法理学的思想性又赋予了法理学以法律思想"启蒙"的意义，即以对法律思想的思想、反思、批判为学科存在基础

如前所述，法理学是研究法律的基本问题的，而它研究这些基本问题的思想工具则是哲学方法，是历史上的各种法律思想方法，因此，法理学也就注定是抽象的，它参与现实的方式必定是间接的。现在，我国法理学仍然面临脱离实际的批评和指责，有些学者以及受这些学者影响的学生们也时常提出法理学者是不是把简单的问题变得复杂了？[②]的确，许多法理学者存在脱离实际的情况，也有一些"过度诠释"的倾向。但我以为，更普遍的情况则是相反的，即我国法理学不是理论性过强，过于抽象，而是抽象性和理论性不够。现在，我国正在进行市场经济建设，相应的也在大力推行法制建设，法学已经成为一种显学。各个大学都在办法律专业或者忙于把法律系变成法学院，在大学招生期间，法律专业无论本科生还是研究生都是相当火爆，进入了批量生产的阶段[③]。如果我们稍加注意，就会发现，这种局面的形成主要是这个专业的市场前景比较广阔，具有高收入和高就业的想象空间，学生们一旦毕业，马上可以用所学的知识性的东西改变自己的生存状况。也就是说，主导专业前景的主要是一种工具理性。在此情况下，作为显学的法学是就其实用性而言的，人们对法理学提出实用性的要求也是合乎情理的。尽管如此，法理学本身却并不具有这种直接的实用的功能，它不能被直接用来打官司，但是，现在即使是律师资格等考试也已经在客观化的要求下将试题转

---

① 笔者曾在拙著《探索与对话：法理学导论》（法律出版社1996年版）的作者简介中提到这个格言，现在已记不清出自哪里。我认为这句格言适用于法理学研究是非常贴切和深刻的。
② 有一次，一位国内重点大学法学院的教授、领导在我院（西北政法学院）作学术报告，提出法理学家们总是苦思冥想，把简单的问题搞复杂，然后学生们小心翼翼地婉转地向我提出了这个问题。据我所知，我周围的许多部门法学教师也有相同认识。
③ 西北政法学院1999年本科生招生计划约1400余人，2000年约为2100余人，2001年拟再次扩大招收规模（拟招收2600人，尚待批准）；法律硕士研究生每年都是大班（50～120人）上课；法学硕士研究生在热门专业如刑法、民法、经济法、诉讼法每年也在15～20人的规模；计划中新建的研究生楼教室基本上都是供50名以上学生使用的。

化为知识性的内容,更不用说是标准化的法律教育①,法理学从而也就完全丧失了思想性的特征。简单地说,在学生和教师看来,法理学并不能转化为直接的生产力。这是由法理学的学科特点决定的,国内外都是如此。波斯纳说过,法理学研究的问题是那些具有一些常识并需要挣钱养家糊口的人连一分钟都懒得思考的。②我国老一代法学家李达也表达了类似观点。③

在这样一个充满期望和想象力的大时代,人们每天为自己的衣食奔波、操劳,自然无暇顾及思考法理学这个需要在一种休闲性的气氛下完成的学问,法理学也就成了热门专业中的冷门学科。因此,人们对法理学的指责往往有欠公允,甚至有时难免是从自身的局限性出发的。在这样一个大背景下,学习法理学究竟还有什么意义呢?还有没有必要研究法理学问题呢?研究法理学问题的目的是什么?对此,我以为,尽管法理学并没有直接的法律实用性,但是,它对于法治建设,对于法律学生,甚至对于法律学教师,都是有意义的。法理学的意义并不因为时代的功利而打折扣。而且,在这样一个培养"单向度的人"的工具理性时代,法理学的批判精神更是必不可少的。

法理学的根本的意义和作用就是"启蒙"。启蒙就是帮助人们摆脱常识与偏见的束缚。一个人在从事法律工作或者进行法律学习之初,并不是带着空白的头脑进入法律知识领域的,他们是有文化的,经过一定的知识考核的,甚至也通过一定的影视作品和其他文艺作品、传媒对法律有一定了解的,或多或少具有一些"法律知识"的;在从事法律学习和法律工作的过程中,他还是作为具有一定的专门的法律知识的人存在的。这些都构成了他认识新的法律问题的先见或者偏见,其中许多知识对他而言都具有常识性的正确性。但是,这些我们用于学习法律和解决纠纷的知识究竟是否可靠呢?法理学的任务就是对此进行检验。也就是说,在许多情况下,我们都会认为自己关于法律的某些见解是毫无疑问可靠的,但是,实际上情况可能并非如此。伽达默尔曾经指出,每个人都是带着偏见去阅读和接受新知识的,偏见本身就是理性的组成部分,是正当的、合法的④。他的观点至少说明每个人都可能从偏见的角度看问题,都存在一定的认识上的局限

---

① 标准化的法律教育是指按照统一的教学教材、教学内容、教学形式、教学进度等设置的规范化法律教育。
② 波斯纳:《法理学问题》,中国政法大学出版社1994年版。
③ 李达:《法理学大纲》,法律出版社1983年版。
④ 伽达默尔:《真理与方法——哲学诠释学的基本特征》(上卷),洪汉鼎译,上海译文出版社1999年版,第355页以下。伽达默尔对偏见与理性的关系的认识,正确揭示出了偏见在认识和理解过程中的作用,但是,他忽视了人们在运用已有的知识从事理解活动的时候,也不可避免地需要对自己的前理解进行反思,从而导致他对局部经验的过分关注和对理性的过分轻视。

性。这种偏见和有碍于我们严肃思考的常识是如何来的呢？我们知道，一个人成长的过程通常被称为社会化，就是个人的思想和行为与社会同一，被周围人所认同，所以，社会化的过程通常也是个性泯灭的过程。社会化也就意味着常识化，意味着自己和他人之间距离的缩短。这种使我们逐渐常识化、社会化的媒介就是语言。语言存在于我们这些具体的有生命的个体开始使用语言之前，它经过千百年的积累，包含着前人的生活经验和生活习惯、习俗。因此，当我们开始从他人的口头语言、形体语言、书面语言中获得生活和工作的知识的时候，实际上，通过语言这个媒介传播给我们的决不仅仅是正确的生活和工作知识，而且也必然包含着各种产生于具体经验的偏见和常识①。这里有一个困扰人类几百年的"休谟问题"，即经验与理性不可通约，经验不能作为推理的根据，理性也推导不出经验。经验都是局部的有待检验的，只有经过理性检验的知识才具有知识上的可靠性。所以，一个不具有理性思维能力或者无力反思自己理性能力的人，是不可能超越自身经验的局限的。法律职业与个人经验存在密切联系，无论个人的法律经验来自于书本还是其他渠道，都对我们的法律思维产生重要影响，在各个方面制约着我们职业行为。美国大法官霍姆斯说过，法律的生命是经验而非逻辑。尽管这个话是针对逻辑实证主义法学而言的，但是，就其强调法律与经验的联系来说，无疑是具有普遍意义的。实际上，问题可能并不在于法律是否属于经验科学，而在于对我们的各种经验是否能够进行自觉的反思和是否具有这种反思能力。理论上说，每个初入法律之门以及从事法律工作之人，都必须通过不断地批判、反思自己的经验来获得法律知识并不断进步。对于初学者来说，需要通过自觉的批判克服普通人的常识性知识而达到法律职业者的法律思维能力；对于一个有进取心的法律职业者来说，必须意识到真正的法律职业者并不是像自动售货机那样，一边接受诉状和诉讼费，一边吐出来判决和从法典上抄下来的理由。每个能够成就自己职业辉煌的诉讼，都必然包含着自己时代的特征，都必定具有相应的疑难性，也就需要法官、公诉人、律师创造性地适用法律。况且，任何案件都具有自己的特殊性，不可能存在两个完全相同的案件，因此，成文法也就不可能为我们提供充分的解决案件的依据，而需要我们运用自己的智慧和理性能力，给出具有时代意义的法律意见或判决，从而无愧于自己的时代。正是在这个意义上，历史上的优秀法官和律师，都是具有创造力，而他们创造力的源泉就在于他们充满了理

---

① 德里达借此指出，实际上不是人在说话，而是话在说人。其言内之意是：传统的言语中心主义是不可靠的，进而试图解构理性。参见王治河：《扑朔迷离的游戏——后现代哲学思潮研究》，社会科学文献出版社1993年版，第148页以下。

性的智慧，具有形成出色法律意见的理论思维能力。需要说明的是，获得这个能力的进路，就是法理学。法理学使我们能够系统地了解一个法律和法律制度的来源和气质，使我们养成批判地看待以往的、既有的法律知识的习惯，也能够帮助我们提高判断问题、形成法律意见的严格的法律思维能力，还能够促使我们进行必要的自我否定，所以，法律工作者实际上离不开法理学知识，尽管我们经常忽视、轻视法理学。

目前，从知识状况上看，我们已经进入了"后现代"，而我们在法制建设中所使用的思想工具大部分还都是来自于17、18世纪（所谓"启蒙时代"），如果我们的法律教师、学生以及法律工作者缺乏一种理性批判的自觉，仍然不加批判地使用理性、经验、法治、法官、形式合理性法律等概念，把它们作为自己思考法律问题的不言而喻的常识，就必然落后于时代，无法达到自己希望通过法律职业所要达到的理想。这也从另一个侧面说明了法理学与时代的密切关系，论证了法理学与法律职业活动的密切关系。

综上所述，法理学是一个运用哲学方法研究法律基本问题的学术门类，这个法理学的定义预示了法理学必然以思想探索为其学科特征，必然需要从以往的各种思想成果中获得精神养料。同时，法理学也必定具有批判性和反思性，需要结合时代的条件挑战以往的知识确信。法理学的意义就体现在通过法理学思维能力的培养，帮助人们达到克服法律偏见、超越自身法律经验和常识的局限的作用。通常，我们认为最可靠的法律知识，实际上可能就是最需要反思的。因此，法律工作离不开自觉的法理学思维，法理学正是用这样的方式尽管不是直接地但仍然是积极地参与法律实践。

（原载《法律科学》2001年第3期）

法理学基本问题的形成与演变
——对法理学知识谱系的一种考察

2003年8月，在瑞典伦德大学召开的国际法哲学与社会哲学协会第21届世界大会上，德国著名法学家阿列克西（1945— ）发表了题为"法律哲学的本质"的大会主题发言，对法律哲学的性质等问题进行了专门的系统的探讨。他提出，法律哲学是关于法的本质的推理。

阿列克西指出，关于法律本质的论证基本围绕以下问题展开：法律存在于何种实体中？这种实体之间有着何种联系，从而形成我们称之为法的总的实体？第一个问题所关注的着眼点是规范和规范系统的概念；第二个问题关注的是法的真实和事实的层面，这就是法律实证主义的概念，在这里应该区分法的有效性的两个中心来源：其一是由权威性机构或人发布所形成的，其二是由社会效益所决定的；第三个问题关系到法的正确性或合法性，在此，主要的问题是法律和道德的关系，这也就是法的批判性的层面。这三个问题规定了法的本质的核心问题。只有能把上述关于法的三个问题的回答统一起来的理论才能彰显法律哲学的本质问题。所以，阿列克西认为，法的必然属性是两个：一是强制性，二是正确性。前者关注的是法的社会效应，后者表达的是法的理想与批判的层面。法律哲学的中心问题便在于研究这两个概念和法律的关系，以及两者在法律中的相互关系。基本上所有的法律哲学问题都取决于对这个中心问题的回答。[①]

由于法理学就是法律哲学，所以，阿列克西的观点实际上也就是对法理学的本质和基本问题的概括。这个概括显示，当今法理学基本问题主要包括三个：法律是什么？法律应该是什么？如何认识法律？前两个问题是法律的本体论问题，在古希腊哲学中就开始被反复讨论；后一个问题，则是法律的认识论问题，主要产生于休谟和康德哲学产生之后。第三个问题产生之后，法理学家对前两个问题的回答发生了根本性变化。

[①] Robert Alexy, The Nature of Legal Philosophy, Journal for Legal and Social Theory, Vol. 7, 2003, Number 1, pp. 63–75.

二　法律的本体

这些问题为什么会成为法理学的基本问题呢？它们是如何形成的？这又成了一个需要研究和梳理的新的问题。法学理论研究中存在的许多问题，例如，法理学教科书的混乱，后现代法学思潮的影响，法治形成的方式，等等，都与法律的本质和概念问题没能得到解决有关。所以，关于法理学问题的知识谱系的讨论，对于进一步深化我国法理学的研究，对于我们正确认识法治建设中存在的问题以及解决方式，具有重要意义。本文拟对这一知识谱系做一个概括的分析和介绍。

大概地说，法理学也经历了一个与哲学类似的从本体论到认识论，再到语言哲学的转变过程，其中主线条就是对上述三个问题的回答。

一、追求作为客观实体的法律

在这个阶段，法理学的主导性问题是法律的本体论的论证问题，即主要讨论"法律是什么"的问题，试图论证存在着一个独立于人并支配着人的客观实体意义上的法律（本体）。

自然法学认为，法律不是个别统治者意志的产物，而是由一系列普遍标准和原则构成的，这些标准和原则根本上是"自然"的，因为人也是自然的一部分，这些来自"自然"的标准当然也就是符合人的本性和善的。所以，法律是超越于世俗国家的偶然性的规则。用今天的观点看，自然法学提出了一个存在着与世俗法律相平行的并对世俗法律起支配与决定作用的自然法体系的观点，从而导致了一种法的二元论。在古希腊悲剧故事《安提戈涅》中，安提戈涅是俄狄浦斯王的女儿，两位王子厄忒俄克勒斯和波吕涅刻斯是她的哥哥。俄狄浦斯王去世后，两个王子相互残杀一同死去。王位落入他们的舅舅克瑞翁手中。克瑞翁即位以后发布了一道命令：厚葬保卫城邦英勇牺牲的厄忒俄克勒斯，而将投靠敌人想攻破城邦的波吕涅刻斯的尸首丢弃在田野中，让飞禽走兽吞食。同时规定，违反这个命令的人，将被用石块砸死。安提戈涅面临着艰难的选择：一方面是国王的法律，这个法律要求她不许安葬自己的一位哥哥；另一方面是她心目中的神圣的律令，这个律令要求"让这个尸体受到应有的尊重"。①

在这个耐人寻味的故事中，神圣的律令和国王的法律之间发生了冲突，对于安提戈涅而言，冲突的原因是由法律的两个基本特征——法的强制性与正当性引起的。国王的命令背后是国王的权力，包括命令人用石块砸死挑战命令者，这种对人的行为的强制是实实在在的；神圣的律令背后则是天国的命令，是宇宙的主

---

① 索福克勒斯：《安提戈涅》，收录于丘尔契：《希腊悲剧故事》，施威荣译，中国青年出版社1958年版。

宰者的命令。这种约束指向人的内心世界（灵魂）。安提戈涅应该服从哪一个命令呢？困扰安提戈涅的问题是西方法律思想传统中法二元论的典型问题。在相当长的时间里，人类并没有足够的思想和理论资源去解决这个问题。人们关注的中心是客观实体意义上的法律，即人们所制定的法律究竟是被什么样的超越于经验世界中的人的客观力量决定的。最初，人们是通过统一的"自然法则"解释这类问题的，或许因为如此，后来者才将持类似观点的学说统称为自然法学说。

在荷马史诗中，人们还是用神话来解释世界万物的，包括法律。诸神并存是荷马史诗的一个特点。而从神话到逻各斯，则是人们试图摆脱命运的支配，寻求支撑自身生存的统一的理性基点的第一次尝试。① 前苏格拉底时期，赫拉克利特（公元前535—前475年）将世界万物纳入逻各斯的统治之下，认为存在一个普遍的自然法则（逻各斯）。人和人法都属于自然的一部分，当然也要服从自然法则。他的思想虽然受到了智者学派的攻击，② 但是，由于以苏格拉底、柏拉图、亚里士多德等人为代表的雅典学派的推崇，逐渐发展为西方国家历史最悠久、最根深蒂固的知识论思想传统。当时，这一思想传统也是解决法律本体论问题的主要理论资源。

雅典学派是对智者学派的"反动"或者说"超越"。雅典学派试图克服智者学派的相对主义和主观主义，将寻求确定无疑的客观知识作为一切认识活动和思想活动的出发点与归宿。而且尤为重要的是，他们建立起了一个知识与道德的联盟，从而使对人的行为规范的解释也被纳入知识的领域，也使法律与理性紧密结合起来。苏格拉底（公元前469—前399年）提出美德就是知识，强调认识自己。自然法则存在于人的内心世界，是永恒存在的。发现这个法则，则是人的重要任务，由此凸现出知识的重要地位。柏拉图（公元前427—前347年）的"洞穴假说"则将世界区分为现实世界与理念世界，前者是复杂、多样、混乱、局部的，后者则是简单、真实、善、普遍的。知识的作用就在于认识和把握理念世界，人只有达到理念世界，才能进入真理的领域，成为理性的人。亚里士多德（公元前

---

① 阿图尔·考夫曼：《法哲学的问题史》，收录于阿图尔·考夫曼、温弗里德·哈斯默尔主编：《当代法哲学和法律理论导论》，郑永流译，法律出版社2002年版，第53页以下。
② 智者学派的重要代表人普罗泰戈拉（公元前490—前415年）提出：人是万物的尺度。他所说的这个"人"是经验的人，而不是超验、先验的人或道德的人。智者学派否认客观真理的存在，认为真理是相对的，是人凭借感觉发现的东西；自然中没有什么公正，每个人都有权利通过任何手段满足自己的欲望。这一观点使法律与自然对立起来，使集体的意见与客观必然性对立起来。正是因为如此，考夫曼才认为，智者学派可以被视为科学实证主义的源头，也可以称为相对主义民主之源头。参见阿图尔·考夫曼：《法哲学的问题史》，收录于阿图尔·考夫曼、温弗里德·哈斯默尔主编：《当代法哲学和法律理论导论》，郑永流译，法律出版社2002年版，第57页。

384—前 322 年)创建的形式逻辑则提供了一个达致柏拉图的理念世界的思想工具,即普遍的善、正义等可以借助于逻辑推理的方式获知。另外,亚里士多德还讨论了自然法与实在法的关系,认为,自然法是普遍有效的,它不是来自人的行为,而是永恒的;而实在法则是偶然的。实在法可能是不完美的,可能存在不公正的邪恶的法律,所以,必须通过"公道"加以纠正。在亚里士多德关于法治即良法的统治的观念中,明确确立了一个法与良法并存的法二元论。可以说,雅典学派奠定了法律的客观性以及通过知识寻求法律的客观性的基础。

古希腊最后一个著名的学派是斯多葛学派(大约从公元前 4 世纪到公元 2 世纪)。它与雅典学派不同,苏格拉底、柏拉图、亚里士多德都生活在特定的城邦之中,他们把法律作为一种与城邦政治联系在一起的实践理性。因此,雅典学派的法律思想虽然奠定了自然法理论的基石,但是,他们的方法始终具有相当浓厚的经验主义色彩,没有真正建立普遍有效的自然法学说。而斯多葛学派的基本思想则是:人可以运用自己的智慧去顺应自然与命运。尽管世界表面上混乱无序,但是,万事万物的背后存在着一种普遍的理性。人们如果能够顺应自然的安排,接受自己的命运,世界就将会成为一个有序的世界。这样,斯多葛学派就建立起了一个有足够的能力规范和控制全世界的世界理性的概念。与这种知识论思想体系相对立,以皮浪(公元前 365—前 270 年)为代表的怀疑论者则对知识与真理的关系表示怀疑。古希腊的知识论思想家一般是从研究伦理问题开始的,最后则都走向建立形而上学体系,试图证明人类理性能够达到真理。怀疑论者认为,这些真理的探索者最终都是教条主义者,要么宣称自己发现了真理,停止了探索;要么宣布人类不可能发现真理,探索没有意义。在他们看来,真理是存在的,而探索是无止境的,只是人类的智力达不到真理。①

罗马政治家西塞罗(公元前 106—前 43 年)所阐释的自然法理论就是以斯多葛学派的统一的理性概念为核心的,同时又吸收了怀疑论者的一些思想。西塞罗明确提出,真正的法律是一种自然的力量,是与自然相吻合的适用于所有人的法律。这个法律既不能被修改、取消(即使以人民或元老院的名义也不行),也不能被限制发挥作用。它是一种永恒不变的由统治万物的神创造、裁判和倡导的适用于所有民族和各个时代的法律。这种法律是任何人都可以通过理性获知的,它是判断正义与否的标准。在实际生活中,这种想法是愚蠢的,即,把基于国家的法律或者习惯的行为一律看成是正当的,不公正的法律就不是法律。西塞罗使

---

① 韦恩·莫里森:《法理学:从古希腊到后现代》,李桂林等译,武汉大学出版社2003年版,第55-56页。

希腊人的自然法思想转化为罗马人的法律实践。

中世纪的自然法学一般是从超自然的神圣世界中寻求法律的客观依据，所以也被称为神学自然法。神学自然法学说依然在寻求世俗法律的普遍性依据。不同的是，他们建立了一个实体性的神法概念以表达自然法。奥古斯丁（354—430年）第一个将源自古希腊的知识论思想体系基督教化。他吸收了古希腊的二元论思想，同时又接受了怀疑论者对人类知识的怀疑态度，提出了自己的神学自然法观点，即如果以往作为人类知识对象的实体实际上不可能为人类智力所及，那么，人类也必须基于信仰而接受这个实体。人类真正值得具有的知识是关于上帝和自我的知识，其他学科，如逻辑学、形而上学、伦理学等，其价值仅仅在于帮助人们获得关于上帝的知识。启示与信仰才是人类关于上帝的知识的来源。奥古斯丁接受了斯多葛学派理性控制自然秩序的观点，认为现实的法律秩序必须有一个判断其正当性的标准，这个标准不在于法律自身，而在法律之外。但是，与斯多葛学派把理性原则与自然法则相等同作为判断实在法的标准不同，奥古斯丁提出，理性与信仰必须结合，永恒法才是调整自然秩序的神圣理性，是上帝的意志，自然法是人对永恒法的领悟。这样，他就把斯多葛学派创造的世界理性发展为上帝的理性，作为自然法的基础和实在法的最终评价标准，实际上构成了一个实在法与自然法，自然法与永恒法（上帝法）的新的二元论法律观，使柏拉图的理念世界神学化。

中世纪基督教神学的集大成者托马斯·阿奎那（1225—1274年）认为，哲学与神学的出发点不同：从哲学的角度，上帝的存在是通过人的感觉、理性来证明的，是从事实到上帝；而从神学角度，上帝的存在是一个信仰问题，是从上帝到事实。他认为，上帝的存在是不需要证明的，真正的知识不是关于上帝的知识，而是概念的知识。信仰是意志问题，不是理性和知识的对象，因此，如果有人试图证明宗教的神秘性和上帝的存在，那么，他就是破坏信仰。他从亚里士多德的方法与概念出发，把亚里士多德的自然主义与基督教的超自然主义结合起来，建立了一个神学自然法体系。这个体系的核心是：人的自然欲望和感觉主导着人对美好事物的追求，从而决定了知识的可能性。但是，由于人是感觉、欲望、意志和理性的结合体，所以，人不是像动物那样完全被自然本能和生物结构所支配，而是能够做出一定的道德选择，自由选择自己的人生。所以，对人而言，美德才能导致正当的行为，美德表现在人的意志和理性对欲望的控制上，它来源于对自然法和道德律的认识。可见，托马斯·阿奎那像亚里士多德一样，把法律理解为实践理性。不同的是，他所说的法律包括了永恒法、自然法、人法和神法。永恒法是宇宙的统治者上帝安排的管理万物的规则，对所有生物都是有效的，体现了上帝的理性；自然法是永恒法中与人的事物相关的部分，人不能认识上帝，但是人却是有理性的，能够认识正当的行为，自然法就是作为理性生物的人对永恒法的参与；人法就是国家的制定法，源自自然法，使人法能够成为法并具有法的资格的，是法的道德内涵，即人法对自然法和道德律的遵循；神法则是指导人实现超自然的目的的法。既然人需要追求永恒的幸福，所以，人不仅要遵守自然法和人法，而且还要遵守上帝制定的存在于启示和圣经中的法。这个法不是人的理性的产物，它直接来自于上帝的启示，指导人实现超自然的目的。[1] 托马斯·阿奎那一方面同意并支持理性指导人对幸福的追求的观点，另一方面，又将理性置于启示之下，建构了一个人类通过上帝的启示实现美满幸福的路径。

关于神学自然法，必须提到中世纪的唯实论与唯名论之争。这场争论似乎并没有直接涉及法学问题，但是，它对之后法学理论的发展产生了重要影响。唯名论取代唯实论最终导致了经院哲学的终结，并开启了以后被称为实证主义的思想方式的大门。在托马斯·阿奎那的学说中已经将哲学与神学严格区别开来，从而限定了在可证实性意义上的真理和知识的范围。约翰·邓·司各脱（1266—1308年）则比他走得更远。约翰·邓·司各脱更进一步地限制了理性的范围。他认为，神圣的性质、目的、先知等，都不是能够在理论上进行有效论证的。神学高于一切科学，但是，哲学也有它自己的原则，是一门独立的科学，并不从属于神学。他还认为，共相（一般概念）作为上帝心目中的形式，先于事物而存在；作为人心目中的概念，后于事物而存在。共相或概念具有实在的对象。但是，从这之后，他则开始与托马斯·阿奎那分手。他提出，不从具体、个别的对象开始，就不能思维；而思维则必须运用共相的词。个别的东西之所以成为个别，不在于其中的物质性，而在于个体性以及个体之间的差异性。由于个别的对象是共相的最后实现，它也就是真实和最实在的现实，是科学研究唯一的对象。奥卡姆（1280—1347年）等思想家正是基于此重建了唯名论。这样，约翰·邓·司各脱就从分析共相或一般概念开始，达到了个体，为从个体上升到一般概念提供了一个认识机制。可以说，司各脱是一个有着坚定的神学信仰的思想家，但是，他却为哲学和科学思维从神学中解放出来开辟了道路。奥卡姆被称为"主张由实证法律一统天下的实证主义之清道夫和伙伴"的唯名论的重要代表人物。[2] 他认为，只存在个别、特殊的东西，一切知识都是从个别的东西开始的。因此，人的知识

---

[1] 韦恩·莫里森：《法理学：从古希腊到后现代》，李桂林等译，武汉大学出版社2003年版，第68—73页。
[2] 阿图尔·考夫曼：《法哲学的问题史》，收录于阿图尔·考夫曼、温弗里德·哈斯默尔主编：《当代法哲学和法律理论导论》，郑永流译，法律出版社2002年版，第75页。

必须依赖知觉和直观。凭借知觉，人们可以感知事物的存在，并且从个别对象中抽象出共同的性质，形成一般概念或共相。所以，共相只是存在于头脑中的用文字或其他习惯的方式来表达的观念或思想，不是一个实体，也不存在于事物之中，只存在于心中。唯实论将一般概念与实体联系起来，使观念实体化，导致了种种谬误。这个观点就是著名的"奥卡姆剃刀"，即不要不必要地增加实体或基质。① 从而，在自然科学中不存在普遍的自然法则或自然律法，法律中也没有普遍的自然法，自然法只是一个观念中的法律，是人理论思维的产物，也就不可能与实在法相抗衡。

在奥卡姆剃刀下，从古希腊开始的寻求实体性的客观存在的自然法的努力遇到了强劲的反抗和责难。法理学也由此进入了一个新的阶段。

二、追求作为主体理性对象的法律

在这个阶段，法理学的主导性问题是认识论问题，即人们理性与知识范围内的法律究竟是什么？具体表现在要求严格区分"法律是什么"与"法律应该是什么"这两个问题，法律实证主义得到了迅速发展，法律的正当性的标准，与理性概念的发展相一致，也发生了明显的变化。"理性"彰显出了自己独特的价值，人作为理性主体的地位被确认下来。这个时代也被称为"理性时代"。在这个阶段，法律实证主义对以往的自然法理论开展了一场大规模的讨伐，总体化的法律思路受到了遏制，法学研究进入了一个"实证"的阶段。法理学研究则表现出两个明显的分支：一个是欧洲传统的法律哲学（广义的法理学）的新发展，包括历史法学、康德主义法理学、黑格尔主义法理学等；一个是英美国家的狭义的法理学，即法律实证主义，以及受法律实证主义影响的欧洲大陆法理学（法律哲学）。前者的关注点基本上仍然是传统的自然法学的基本问题，即如何建构法律的正当性、强制性的标准和根据；后者认为法学研究必须建立在区别"法律是什么"与"法律应该是什么"这两个问题的基础上，法学研究对象只能是人的感觉和经验能够控制的实在法，实在法才是理性和知识能够认识的，与之相关的知识才属于科学的法律知识。他们认为，自然法学混淆了科学与形而上学、神学之间的界限。这个时期，欧洲大陆国家的法律哲学与英美国家为主体的法理学两者的思想源头其实是一致的。他们既分别借鉴和吸收霍布斯等人的古典自然法理论的思想资源，同时，又都是古典自然法理论的终结者。对于中世纪的神学自然法和古代自然法来说，世界表面上是混乱不堪的，但是，却有着一种内在的实体性的秩

---

① 梯利：《西方哲学史》，葛力译，商务印书馆1995年版，第239页。

序，这种秩序或者是自然秩序，或者是神圣秩序。问题在于，如果世界不是自然和谐的（就像人类所普遍经历的那样），那么，如何保证正义能够战胜邪恶、光明能够战胜黑暗呢？人们又应该如何识别善良与邪恶、正义与非正义呢？霍布斯对这个问题的回答启发了后来者。为了说明霍布斯的观点，我们有必要首先了解一下马基雅维里、培根、笛卡儿。

马基雅维里（1469—1527年）指出，人类的活动是受自己生存的自然法则和生物本能驱使的，必须从自然法则的角度看待和预测人的活动，而不是像基督教那样从宗教的神学观角度观察。人性是恶劣的，人类是忘恩负义、背叛朋友、逃避危难、追逐利益的。君主必须牢记这一点。社会关系本质上就是为权力而进行的斗争。斗争有两种方式，一种是人的方式，即法律；一种是野兽的方式，即武力。君主必须学会交替使用这两种方式。

培根（1561—1626年）是英国经验主义的先驱。他认为，知识有两个来源，一个是神圣的启示，一个是人的感觉。感觉的知识才是改善世界的可靠基础。人们的可靠的知识来自于人所能够观察到的事实，因此，必须排除各种假设（他没有意识到"假设"在科学研究中的重要性），从观察到的事实中归纳出一般性知识。三段论推理基础上的演绎思维包含了太多的虚假信息，必须彻底清除。真正的知识只能来源于经验。这样，培根就"破坏了经院主义在科学方法论上的支配地位"。①

笛卡儿（1596—1650年）与培根不同，是理性（唯理）主义的先驱。他是一个彻底的怀疑主义者。培根还相信自己的感觉经验，而笛卡儿则认为感觉也是不可靠的，可靠的知识必须建立在确定无疑的实体的基础上，而这个实体只能是人自己。按他的话说，只有我对自身存在的意识是无可怀疑的，"我思故我在"，我周围的一切都是可以怀疑的。知识的确定性就是建立在每个人自身理性的真理性上的。笛卡儿怀疑一切，唯独信任人自身的理性，由此建立了理性主义的思想方法。②

上述三人从不同角度为霍布斯的自然法学说提供了理论资源。霍布斯（1588—1679年）被称为"近代运动的最勇敢和最始终一致的代表之一"，③还被

---

① 韦恩·莫里森：《法理学：从古希腊到后现代》，李桂林等译，武汉大学出版社2003年版，第85页。
② 理性主义与经验主义的区分，是哲学界关于欧洲近代哲学发展的一个基本认识思路。但是，这并不是说经验主义就是反理性或者非理性的，事实上，它们之间的区别仅仅在于从感觉出发还是从理性出发建立可靠的知识，都是理性思维的产物。
③ 梯利：《西方哲学史》，葛力译，商务印书馆1995年版，第295页。

视为"一个真正的'唯名论者'"。① 他与马基雅维里一样冷峻地看待世界,不抱任何宗教幻想;他与培根一样,把感觉和经验作为知识的来源;但是,他又接受了笛卡儿的基本思想,重视演绎推理和论证。他的自然法学说就是建立在上述思想的基础上的。霍布斯认为,人在本性上是反社会的自私自利的生物,在自然状态中,社会资源则是有限的。所以,拥有无限制的自由而本性上又都是自利的个人,围绕有限的利益产生了无休止的所有人对所有人的战争,人与人之间的关系就如狼与狼的关系。在这样一个现实的处境中,不存在所谓正义与否的问题,每个人都随时面临死亡的恐惧,一切交往活动都是无序的。为了避免这种威胁,人们自然希望追求和平的生活。霍布斯正是从这个自己描述的自然状态出发,推导出三个重要的自然法原则(一共19条):①理性启发人们追求和平,维护自己的自然权利;必要时可以利用战争等手段;②为了寻求和维护和平,每个人应该自愿放弃一部分自然权利,所谓己所不欲,勿施于人;③缔结契约的原始愿望,指导人们通过契约保证和平。由此,霍布斯就将政府和国家权力建立在每个人的自然权利和社会契约的基础上,而它的前提是理性人的假设。同时,由于国家权力的目的是和平,一个强有力的政府就是必需的;社会契约赋予了主权者统治社会的绝对权力,法律则是一种主权者的命令。霍布斯从经验出发构建了一个海洋巨兽利维坦——国家,并认为国家是唯一能够取代自然状态的形式,但是,他的国家已经不再具有天然的合法性,其合法性来自于每个人的自然权利,尤其是自然法。由于霍布斯成功地把人的理性论证为自然法的根据,把法律从客体的存在变为主体的创造,也就颠覆了客观实体意义上的自然法的存在。

另外,我们还需要提一下洛克(1632—1704年)。洛克的政治学思想比霍布斯要乐观许多。他认为,自然状态并不像霍布斯所描述的战争状态,而是和平、友爱和互助状态。只是自然状态中缺乏理性的众所周知的法律,缺乏公正权威的法官,缺乏支持正确判决的权力,所以,人们才放弃他们的一部分自然权利通过契约产生政府。鉴于此,政府权力一开始就是有限的,来自于公民的授权并且不能超出公共福利需要的范围。这样的社会不同于君主专制,人们服从多数人的意见和决定。为了避免绝对的权力,就必须实行分权。洛克的观点与另一位启蒙思想家卢梭(1712—1778年)形成了鲜明的对比。卢梭将通过社会契约形成的公意理解为由自然状态过渡到社会状态后国家法律的合法性基础。主权者来自于人民的选举,法律必须体现公意,主权不能分割,这些观点构成了洛克与他的重大

---

① 阿图尔·考夫曼:《法哲学的问题史》,收录于阿图尔·考夫曼、温弗里德·哈斯默尔主编:《当代法哲学和法律理论导论》,郑永流译,法律出版社2002年版,第77-78页。

区别。①洛克的贡献还在于:"他的《人类理智论》在近代哲学史上第一次力图创立一个博大的认识论,开创了那个产生贝克莱和休谟而在康德那里达到登峰造极地步的运动。"②具体地说,洛克明确提出了人类理智能够做什么并适合做什么的问题。在他看来知识的界限由经验限定,真实的知识必须符合实在的事物。洛克第一次提出了理性认识的范围及衡量标准问题,发起了一场对人类思想方式具有深刻影响的认识论革命。这场革命也导致了法理学问题形式的重大变革。

这场认识论革命由贝克莱(1685—1753年)和休谟(1711—1776年)推向了新的高潮。贝克莱运用洛克的学说提出,如果人类知识的基础是感觉和反省,那么,我们怎么知道有一个物体的世界和外在的物质世界呢?物质世界是被我们所知觉的世界,存在就是被知觉。没有心灵,物体就是不存在的。休谟继承了洛克关于知识起源于经验的经验论观点和贝克莱关于存在就是被知觉的观点,认为,如果人所认识的只是自己的印象,就没有权利断定物质实体或精神实体的实在性。人的印象不足以使他假定任何实体;在人的经验里也没有发现任何东西足以说明存在着必然联系或因果概念的正当合理。原因和结果之间的联系是人们的观念有规则的前后相继。③人们不能从今天发生的事情推导出明天将要发生的事情。我们对将要发生的事情的判断,不是一个理性的推论,而是一种习惯性的联想。"事实"与"价值","是什么"与"应该是什么"之间,没有必然联系。

霍布斯、洛克等启蒙思想家对自然法的新的阐释,是建立在人类理性及其能力基础上的,这就使法理学问题由实体性的自然法(本体论)转向了人们能够认识什么是法律以及如何认识法律的认识论问题。由于对人的理性以及与此相应的人的知识能力有着与以往完全不同的看法,所以,法学理论也就面临着新的更大的变化。这个变化沿着两个方向发展。

第一个方向是欧洲大陆的整体主义(理性主义)法律哲学的思路。

传统的法理学一直希望建立一个普遍的、能够永恒适用的、可以由其演绎推导出一切正确与正当的法律的实体性的原则和准则,即建立一个能够使"多"归

---

① 在未来的社会实践中,卢梭的法律观点影响相当有限。因为,他根本无法解决法律不符合公意应该怎么办的问题,也解决不了什么是公意的问题,更避免不了多数人对少数人的暴政。他鼓动人们反抗邪恶的法律,视之为非法,在实践中缺乏可操作性。但是,卢梭有关讴歌原始人类道德和人的本能与欲望的作品和观点更具有广泛而深刻的影响。在他看来,知识并不像古希腊先哲所说的那样能提升道德,相反,科学和艺术的发展破坏了道德。人类越是文明,道德所受到的挑战越大。卢梭揭示的这个问题,也是困惑后人的现代性问题的核心之一。康德、叔本华、尼采以及许多后现代思想家的学说都受到卢梭的影响。
② 梯利:《西方哲学史》,葛力译,商务印书馆1995年版,第365页。
③ 梯利:《西方哲学史》,葛力译,商务印书馆1995年版,第372页以下。

为"一"的理论。自然法学的出发点和归宿都是如此。这种思路始终是在经院哲学的框架范围内。但是，认识论革命（哲学上称为认识论转向）大大限制了理性的范围，将人的知识限制在经验领域，彻底推翻了神学世界观，那么，整体性的理论，关于法律的"元"理论，将会向何处去？法律正确、正当与否的问题还是否存在呢？又如何判断呢？欧洲大陆的整体主义法律哲学实际上面临着双重任务：一方面要批判传统的自然法理论；另一方面，则又要重建法律的正当性理论，即重新建立"应有的"法律的标准。

康德（1724—1804年）是承担上述任务的欧洲大陆法律哲学的奠基人。他在回答休谟提出的各种问题的过程中，对人的理性进行了批判性考察，确立了知识的范围和普遍性道德的理性依据，重建了法律的正当性根据。在休谟的学说中，知识被严格限定在经验范围内，人的行为不是依赖理性而是根据习惯。作为这个观点的合乎逻辑的结果，所谓法律的正当性问题，就不是一个凭借理性可以解决的问题，换句话说，人们希望通过自己的理性，建立一个普遍适用的法律的理想标准，实际上是主观意愿的客观化，是不科学的。康德则认为，人们不应该总是对理性持有过分的怀疑主义态度，而是应该批判理性，即认真检讨理性及其范围，使理性在社会建设中发挥应有的作用。在他看来，人不应该受到本能的支配，而是要自主决定自己的目的和行动，人是主体，而作为主体的人必须是自由的。为了说明自己的观点，康德的思路是使"人"摆脱历史和经验的束缚，从而使人具有真正的自主性。他认为，人的认识能力有三个先天形式或环节：感性、知性、理性。感性与直观相联，是感觉器官的直观能力；知性与思维相联，是思考直观到的现象的能力。感性不能思维，知性不能直观。知性的思维活动是通过概念进行的，所以，知识包含了直观和概念两个内容。感性与知性的联合，产生了认识。全部知性的综合就是理性。感性和知性的对象是事物的现象，理性的对象则是事物的本体（灵魂、世界、上帝的统一）。这三个环节是先天的，但是，由于感性与知性的合作可以导致认识和知识，必然受到经验的影响，它们也可以是后天的。唯有理性是纯粹先天的。所以，感性和知性能力是一种被动接受的能力，理性才是一种主动创造的能力。理性可以分为理论理性与实践理性。理论理性是科学理性，涉及的是真理认识问题；实践理性是纯粹理性在实践中的运用，解决的则是正当行为的道德基础问题。这样，康德就彻底驳倒了传统的自然法理论，因为后者认为可以从自然中推导出适用于所有人所有时代而且具有确定内容的自然法，而康德证明，这是不可能的。

康德最重要的贡献还在于他建构了一种人的先天认识能力，特别是理性，这就为人摆脱历史与经验的束缚而独立创造了条件。本体（自在之物）是知识不可能达到的领域,它不能被人所"认识";但在社会实践中,它却是道德实践的场所,人们在内心中依据理性这种先天认识形式整理经验材料,决定自己的行动。在理性的实践中,理性成为决定意志的东西,是主动创造的能力。对于一个纯粹的人来说,意志是自由的,人完全可以超越自己的经验和历史,依据实践理性指导自己的意志,从而决定采取正确的行动并为自己的选择负责。这就是他的具有广泛历史影响的关于人是目的与道德自律的观点。运用到法学中,康德认为寻找这种"心中的道德律"——绝对命令,就是道德哲学和法律哲学的任务;而在法律实践中,它则是一切正当行为及其衡量标准——法律的最终衡量标准。

康德的学说对传统自然法学给予了重大打击,以主观道德性取代了客观实体性的自然法,重建了日常生活中正当行动的道德基础。但是,他的学说中也存在一个显而易见的问题,即他所说的人是纯粹道德的人,是脱离了自己历史性和特殊语境的人,而这样的人实际上是不存在的。因此,后来者需要着手恢复这种人的历史性和法的历史性。德国的历史法学派就是沿着经验论的思路对传统的自然法理论进行了激烈的批评。萨维尼(1779—1861年)指出,法律就像一个民族的语言一样,是千百年形成的民族精神的产物。立法者只能发现和表述法律,而不能创造法律。所以,法律不是理性的产物。自然法是一种推测和臆想,是"一种哲学的胡乱傲慢",其理论是"是非感的本能性无知"。① 这种观点在强调法的历史性的同时,轻视乃至否定了理性在法律中的重要地位。

黑格尔(1770—1831年)把法律作为社会整体的一个部分,他的社会整体是包含着历史性的社会整体,即在一定的历史过程中展开并辩证发展的整体。以往思想家们往往是超历史的,例如柏拉图、康德等,而黑格尔则勾画了一个由特定规律主导的完整的历史画卷,而且这个规律不是萨维尼等人描述的神秘的民族精神,而是人类的理性,即历史是按照理性的法则逻辑地展开的一个完整过程。康德提出,理性不能直接观照现实,认识不能达到本质。黑格尔则认为,本质和现象是同一事物的两个方面,现象就是本质。在他的《法哲学原理》的导言中,他直言:"合理的就是现实的,现实的就是合理的。"换句话说,没有理性不可把握的现实,现实也是理性地存在的。他的法律思想就是这个观点的展现。他认为,法的基础是精神性的东西——意志,由于意志是自由的,所以,法的理念就是自由,自由就是法的规定性。但是,他所说的自由并不是指结果意义上的,而是指自由的过程。在自由实现的过程中,矛盾着的力量相互斗争,达致和谐,又

---

① 阿图尔·考夫曼:《法哲学的问题史》,阿图尔·考夫曼、温弗里德·哈斯默尔主编:《当代法哲学和法律理论导论》,郑永流译,法律出版社2002年版,第88—89页。

产生新的矛盾和新的统一，最后，法律达到了它的最完满的状态。黑格尔不同意以社会契约作为分析现代社会的社会成员权利义务的基础，如果这样，社会成员的个人利益、愿望就会成为社会结合的目的，政府、法律就必须以社会成员的同意为前提。他的观点是：自由是主体的本质，自由的实现需要一个过程。这个过程的第一个阶段就是"法"。在该阶段，个人作为一个私有财产的所有者，才是自由的。可见，自由在这里是与特殊利益联系在一起的。因此，现代社会解放了的个体并没有建构普遍性的能力。第二个阶段是"道德"。在该阶段，个体与法的秩序发生矛盾，个体意识到自由的界限问题，因此，他转而求助于内心自由，占有的主体此时变成道德的主体。第三个阶段是"伦理"。在该阶段，自由意志最终才能得到实现。自由意志在伦理阶段的最终实现也经历了三个环节或阶段，就是家庭、市民社会和国家。在家庭的对外关系中，私利依然是主导性的原则，而市民社会则发展出一系列的规范、惯例、习惯等社会规范和劳动集体等社会组织，协调各个市民社会成员的特殊利益。但是，市民社会并没有实现真正的联合，没有根本改变自利和分散状况。由此，组织分工、加强社会团结的任务，就从由私人利益束缚的作为经济或利益共同体的市民社会转向凌驾于市民社会之上的作为伦理共同体的公共权力机构——国家。国家作为公共利益的代表统治着市民社会，成为最高的伦理理念。这样，黑格尔就用国家这个绝对的理性取代了萨维尼的民族，作为最高价值和最完美的现实。需要注意的是：第一，黑格尔的国家所要达到的目的，既不是纯粹的私人利益，也不是纯粹的公共利益，而是基于个人的特殊性形成的社会成员实质上的统一性。只有团结在追求共同利益的伦理共同体中，个人特殊性才能最终实现；第二，历史是一种追求最高伦理理念的过程，它的实现就是宪政国家。国家不能把正义、权利这些问题交由市场这个"看不见的手"来解决。由于人的自由依赖社会，而社会本身就在创造一种理性国家。这个国家具有法律支配下的最高统治权，法律必须具有符合一定标准的伦理性。理性的现代社会就是宪政国家；第三，人类历史向国家的迈进，是一个通过个人无意识的活动和种种偶然性展现的理性过程，而法律则开创并忠实地记录下了这个过程。现实生活中的个人并不是在有意识地创造进步的历史，但是，在他们的相互冲突之中，现代社会的理性产生了，并在法律与政治中被制度化。可以说，在黑格尔的叙事中，"历史就是斗争，是人的主体间合理性、人的意志行为为了创造一个社会整体（精神的整体）而进行的斗争"。"黑格尔要我们把作为自由主义的理论根据的恐惧抛得远远的；我们要融入世界历史的精神运动之中。我们应该梦想我们自己的理性是如何伟大，生活在伟大之中从而使我们伟大起来。"① 黑格尔试图将国家与社会统一在某一个历史过程的终点,所以,他实际上并没有解决甚至进一步加剧了现实社会与国家的分裂。马克思(1818—1883年)发现,黑格尔所说的人,在市民社会中是利己的,而在国家的公共生活中又摇身一变成为利他主义者。马克思认为,人不可能具有这种两重性;同时,他与恩格斯(1820—1895年)借助黑格尔的辩证法研究指出,历史的确存在一个发展过程,但不是法的历史,也不是精神发展的历史,市民社会与国家是统一的,市民社会决定了政治国家及其法律。要了解国家和法律,就必须深入研究市民社会及其发展变化的规律。由此,他们从现实的人的物质生活条件出发,提出了一个重要的并影响了整个20世纪社会主义革命与法律实践的观点:历史上和现实中的法律,不过是在经济与政治上占统治地位的阶级的意志的体现,这个意志的内容最终是由统治阶级的物质生活条件决定的。法律未来的发展变化同样是由一定的物质生活条件即社会发展客观规律决定的。在这个历史过程中,对立面的斗争与统一起着决定作用。或许是受当时阶级斗争的尖锐状况的影响,马克思和恩格斯犀利地批判了资本主义法律的现代性,但是,对法律以及理性的积极意义,他们则着墨不多。

第二个方向是实证主义(规范与经验主义)的法理学和法律哲学的思路。

在法律实践中,认识论转向不仅导致一个重新建立法律的正当性标准的问题,还必须面对自然法理论引起的一个经验世界中无法回避的问题:法官在处理具体案件的过程中,遇到了在他看来如果适用法律将导致明显不公正的结果的情况时,他应该怎么办?如果每个法官都有权力宣布某个法律是邪恶的、不公正的,必然会形成法律内容的不确定,引起对法律权威的怀疑。在这个背景下,认识论转向还沿着经验主义和规范主义的维度,在法学领域成就了当今世界居主导地位的法律实证主义。事实上,在黑格尔之后,19世纪至20世纪中期的欧洲大陆法律哲学和18世纪以后的英美法理学基本上是被法律实证主义的各个分支控制着。它主要可以分为分析的或规范的法理学与经验的法理学。分析的或规范的法理学,有时被简称为分析实证主义法学或分析法学。实际上,沿着这个思路思考问题的学者之间还存在着很大差别。

首先是欧洲大陆的实证主义的法律哲学。由于康德对人的认识能力只能达到现象世界做了相当有说服力的论证,并且指出唯有形式才可能是先天预设的,因此,这一派的法律哲学基本上是从形式和程序的角度考察法律现象的。法学家费

---

① 韦恩·莫里森:《法理学:从古希腊到后现代》,李桂林等译,武汉大学出版社2003年版,第186、187页。

尔巴哈（1775—1833年）①承袭康德的观点，不承认客观的自然法的存在，但是认为存在来自理性的人的主观的法。这个法不属于人的知识的范围，是人的道德自主的产物。客观的法的唯一标准就是实证性。用考夫曼的话说，费尔巴哈建立了一种"有合法性的实证主义"，既要求法律必须以正义、道德为指导，又认为一般意义上法律的有效性不依赖于其内容是否符合这些价值。这样，他一方面继承并论证了法国学者布丹关于区别法律内容和法律命令的关系的观点，把法律的有效性建立在形式上是否符合立法程序上；另一方面，在他的刑法学说中创立了罪刑法定原则这个彻底的自由主义式的观点，要求法官必须严格依法办事。②新康德主义者施塔姆勒（1856—1938年）同样认为，正确的法就是一个纯粹的思维形式，只存在具有可变内容的"自然法"。③

其次是英国的分析法学。这个学派最著名的代表人物是奥斯丁（1790—1859年）。奥斯丁被称为"英国法理学之父"，他的法律思想明显受到霍布斯和边沁的影响。前者提供了一个明晰的工具性法律概念，把法律作为政府推进改革的一个重要手段；后者则提供了奥斯丁法律思想的哲学基础——功利主义。奥斯丁的基本观点是：一般法理学的研究对象就是实在法，而且只能是实在法。实在法是主权者发布的命令，不服从就要受到制裁。这种观点一般被称为主权、命令、服从与制裁三位一体的法律概念说。不过，奥斯丁没有一般地否定法律的价值内容，他认为，法律的价值问题不是一般法理学所要研究的。法理学的目的是建构一个清晰的具有可操作性的工具性的法律概念，这样的法律就可以成为主权者依据功利主义原则推进改革的工具。而主权者，则必须接受功利主义的指导。

再次是纯粹法学，代表人物是美籍奥地利人凯尔逊（1881—1973年）。凯尔逊创造了一种极端的法律实证主义——纯粹法学。凯尔逊认为，自然与社会之间存在严格的界限，自然科学不应该统治社会领域。他运用新康德主义的实用主义方法论，试图建立一个纯粹形式的由精确的概念和严密的逻辑构成的法律科学体系。在他看来，认识论上的相对主义才把握了世界的特征，所以，科学意义上的法理学就必须能够排除各种样式的目的论，而不是建立在形形色色的主观臆想

---

① 他主要是作为刑法学家而著名的，但是，对中国读者来说，他的儿子比他更为著名，就是德国古典哲学的代表人物：路德维希·费尔巴哈。
② 一种观点认为，由于分析或规范的法律实证主义主张恶法亦法，所以，必然是国家主义和集权主义的。这种观点不确切。实际上，大多法律实证主义者或实证倾向非常明显的学者都同时是自由主义者，例如霍布斯、奥斯丁、哈特甚至德沃金。
③ 有关欧洲大陆的实证主义法律哲学，参见阿图尔·考夫曼：《法哲学的问题史》，收录于阿图尔·考夫曼、温弗里德·哈斯默尔主编：《当代法哲学和法律理论导论》，郑永流译，法律出版社2002年版，第109页以下。

和幻觉的基础上。为此，他提出这种法理学只能以形式主义的程序为标准进行建构。法学的研究对象就是实在法，纯粹法学就是实在法的理论。他一方面彻底排除法律的价值判断和价值内容，另一方面，对法律的社会学、政治学、经济学、历史学研究等均持批评态度。他的纯粹法学只关心法律的精确定义，研究法律是什么，而不管法律应该是什么。在他看来，纯粹的法学应该是一门法律科学，而不是法律的政治学或者其他。作为科学的法学，就是概念主义的。

从而，规范的或者分析的法律实证主义，都是把法律的识别机制建立在形式的或者程序的基础上，凡是符合特定形式，遵守特定程序的法律，就是法律。而那些影响法律内容的实质性标准问题，无论来自于形而上学，还是来自于经验事实，都不是考察法律是否为法律的主要的决定性的标准。经验的法理学将法律作为事实进行研究，或者说研究事实上的法律。持这种主张的学者认为，回答法律是什么的问题，必须观察经验事实中法律实际上是什么，而不是它应该是什么。这个"应该"，不仅是自然法学意义上的，也是规范或者分析的实证主义法学意义上的，两者都不能真正说明法律是什么。法律是什么的问题应该从实际的法律生活状态中进行考察。该派的观点主要有两个分支：一个是从心理学角度，把法律作为一个心理事实；一个是从社会学角度，把法律作为一种社会事实。

一般认为，奥地利的埃利希（1862—1922年）首先提出了一个彻底的社会学法学理论。埃利希认为，支配社会生活的真正的法律是"活法"（Living Law），活法不同于由国家执行的法律，是由社会执行的。由于日常生活中寻求司法审判只是一种例外，大部分情况下，各种问题都是通过契约和交易解决的，而且人们履行法律义务并不是根据自己的理性，而是根据自己的习惯，尽量与周围人的情感和看法保持一致的结果，完全是无意识的，最重要的规范都是通过联想起作用的，人们并不是经过理性角度的深思熟虑才遵守它。所以，研究法律，必须通过婚姻、继承、买卖、合伙、公司章程等实际制度，考察活的法律。其实，埃利希的观点中所说的法律与心理因素相关。俄国学者彼德拉日茨基（1867—1931年）更进一步阐述了法律中的心理因素，认为法律现象是由一个独特的心理过程构成的，个人的法律意识和内在经验在解释法律中具有重要作用。

在该阶段，最有影响的将法律作为一种社会事实进行研究的法律实证主义思潮主要是韦伯（1864—1920年）的法律社会学和美国的社会学法学。

韦伯认为，现代性的实质是理性化，政治、经济、思想活动均被理性化，理性化无所不在。资本主义之所以首先在欧洲出现，就是因为左右欧洲文明进程的主要精神力量是理性化。社会必须通过人的行为进行考察，行为是由行为者的目的和意图支配的，所以，人的行为是可以理解的。但是，人的行为的目的不是建立在"自然"的基础上,而是人选择的结果。因此,人们若要理解社会的整体性,就必须考察各种统治形式中统治的正当性基础,即导致人们服从统治的原因。历史上存在过三种统治形式,即个人魅力型统治(卡里斯玛型统治)、传统型统治、法理型统治。在个人魅力型统治中,社会成员对统治者和权威的服从是建立在领袖个人超凡的魅力基础上的;在传统型统治中,服从的基础是习惯性的正统观念;在法理型统治中,服从的动因则是理性,即社会本身的理性化及人们对理性化社会的依赖。合理性的社会是人们依照规则办事的社会,法律这种形式合理性的规则提高了人的工具理性行动的效率和可能性,所以,现代社会也是形式合理性的法治社会。由此可见,韦伯其实是将法律作为一种严格的形式化、程序化的规则体系和制度结构看待,所不同的是,他指出了现代法律的基础是人的意愿及人的自由选择行为,即法律之所以为法律,不仅在于它是统治者制定的规则,而且还在于它可以满足行为者追求特定目的的行为意愿。

美国的社会学法学的创始人罗斯科·庞德(1870—1964年)认为,法律的目的是以最小的代价最大限度地满足体现为各种利益关系的社会需求。他把法律所要保护的利益分为个人利益、公共利益、社会利益。其中,并不存在一个需要优先保护的利益的排序。他认为,法学家的工作只是平衡和协调各种利益。历史上,有法司法与无法司法始终并存,法律的历史就是在推崇广泛的自由裁量权和坚持严格的规则之间摇摆。由于法律的目的是协调各种利益关系,所以,它就不可能完全被僵硬的法律所约束。美国社会学法学家一致主张,一个称职的法官,在处理案件时不仅要服从法律,最主要的是要考虑各种影响法律的政治因素、社会因素和经济因素。例如,被称为美国历史上最伟大的法官之一的卡多佐(1870—1938年)指出,司法必须适应社会现实。他通过对司法过程和司法程序的分析提出,司法中包含着发现和创造的因素,法官必须在两个或两个以上的可以选择的、逻辑上也可以接受的判决结果中进行选择。这时,法官个人的本能、信仰、信念等就会产生作用。最为激进的美国社会学法学流派是美国现实主义法学,代表人物是卢埃林(1893—1962年)和弗兰克(1889—1957年)。前者认为,法律就是法官在审判案件时的所作所为;后者提出,法律要么是过去的判决,要么是将要做出的判决。两人均认为,法律是极其不确定的,法院的判决也是难以预测的。

美国的社会学法学与欧洲大陆的法律社会学存在一个明显的区别,前者是以实用主义哲学及其各个分支为基础的,否定或者几乎彻底否定了法律及其适用中的理性因素,而且根本不讨论如何建立法律制度的道德基础问题;而后者则更侧重于说明和论证法律制度的社会学基础,试图从社会学角度赋予法律制度一个更为合理的解释。

三、追求作为主体之间理性交往活动产物的法律

这个阶段，法理学的主导性问题实际上是法律的语言学问题，即通过相互交往的人们之间的沟通媒介——语言，研究"法律是什么"以及"法律应该是什么"的问题。在这个阶段，研究的基点是如何超越法律实证主义与自然法学，还涉及如何回应后现代思潮对法律与理性关系的挑战问题。导致法律思想领域语言学转向的原因，既有实践的，又有理论的。从实践的角度看，规范或分析的法律实证主义的前提是：凭借人的理性，可以创制内容上确定无疑的法律，司法制度像韦伯所说的自动售货机，法官可以凭借自己的理性不折不扣地执行法律，主权者或国家能够理性地制定法律。而按照经验的法律实证主义的观点，规范或分析的法律实证主义在实践中根本不存在。尤其是二战中法西斯国家的所作所为，使人们不得不重新考虑法律实证主义的立场。二战后自然法学的复兴以及拉德布鲁赫等以往的法律实证主义思想家转向自然法理论，可以说就是对这个实践问题的理论回应。从理论的角度看，法学领域认识论转向所要解决的问题是法律与理性的关系问题，建立起了法律的理性主体，确立了大写的人。但是，这种以主客体的分离为研究基点的思路，实际上是以理性的主体取代了神和自然作为世界的主宰和法律话语的基调。一方面，这个思路一开始就受到非理性主义的批判，而且这个批判在后现代思潮兴起之后达到了顶点，必须在理论上回答；另一方面，法学理论在认识论转向之后出现了"正当性的迷失"，而正当性的缺位，必然导致否定法律统一性和整体性，以致出现拉德布鲁赫所说的"法律哲学的安乐死"。鉴于此，法理学开始重新讨论法律的正当性问题。

这场讨论之所以从语言问题开始的原因是：传统的认识论是客观主义的认识论，建立在主客体分离的基础上，而新的认识论则认为，在认识过程中，人们不可能是纯粹客观的，而是夹杂着自己的主观因素。不存在静止不动地等待人们去认识的法律，法律是一个不断被再认识和再创造的过程。那么，法律是否就是经验实证主义法理学所主张的那样完全没有客观内容和标准的东西呢？答案是否定的。因为，人们的认识是以自己以往的经验和知识为前提的，人本身还是处于生活状态中的文化的产物，不是超验、先验的理性主体，而是经验的理性主体。人是根据与他人交往的经验来确定和选择自己的行为的。由于语言是理解的基本工具，人们进行交往的语言本身又是先于人的客观存在，所以，语言中包含着一定的客观因素，可以赋予法律一定的确定性和普遍性，也蕴涵着法律的正当性。因此，分析法律是什么或者法律应该是什么，既不能把法律作为纯粹的经验现象，

也不能把法律作为纯粹的规范现象，法律不是一种偶然现象，而必须从语言角度综合研究，必须从主体之间相互交往的客观性出发，把握法律的客观性和确定性，以构建真正的具有普遍性的法学理论。

在英国，哈特（1907—1992年）是运用语言分析哲学研究法律问题的一个成功的典范。受后期维特根斯坦影响，哈特坚持牛津大学分析哲学的传统，通过分析语词在具体语境中的用法，获得有关法律的知识。人们通常将哈特作为新分析法学的一个代表性人物。在哈特把法律理解为规则体系的意义上，这种理解是正确的。但是，需要特别注意的是，哈特并不像以往的规范或者分析的法律实证主义那样，把法律归结为一个主权者或者国家的产物，而是从社会生活中人们对法律这个词的实际语言使用习惯的角度，讨论法律是什么的问题，把法律的含义理解为社会（而非国家）所赋予的，法律规则不是外部强加的，而是社会制度内部人们自己的力量的产物。他认为，奥斯丁的法律概念，既不能解释国际法，也不能解释国内法的许多制度，例如，授权性规则在私人领域的运用。他试图超越法律实证主义与自然法学之争。在他看来，严格的形式主义和规则怀疑主义都是不可取的，法律语言具有一定的开放性，所以，法律规则实际上是一个法官可以行使自由裁量权的开放结构。

在美国，就试图超越法律实证主义和自然法学理论而言，德沃金（1931—）的整体主义和阐释性法理学最有代表性。当代美国法理学，自然法学与法律实证主义的分歧在继续，自由主义与社群主义的争论又起，经济分析法学、女权主义法学和批判法学等先后从右与左两个方面对主流法学理论发起了攻击。一方面，德沃金继续和发展了富勒（1902—1978年）关于法律就是使人类服从规则治理的事业的学说；另一方面，德沃金又试图在对致力于法律的正当性和客观性原则的各种怀疑和批评的背景下，重新唤起人们对法律确定性的信念。这些批评意见如：经济分析法学认为，追求效率的法理学可以用效率代替幸福、公平、正义这些传统概念；批判法学则认为，法律都具有政治性，从来都不是像其宣称的那样以正义为目的，社会生活本质上就是政治的；女权主义法学认为各种正统法律理论中，都包含着性别歧视，女性是传统制度的受害者。而德沃金法律思想的基点是：社会科学并不像实证主义所说的那样是描述性的，而是阐释性的。它不是描述一个所谓的事实，而是通过对研究对象的阐释，共同参与对象的发展过程。德沃金致力于为法律寻求一种客观性，为法律事业提供一种新的意义。他似乎认为：法律制度是一个完整的整体，制度内部存在着一个有效的相互制约的结构。不能单纯地从规则的角度看待法律，否则，就会导致规则怀疑主义。法律不仅包括规则，而且还有原则，它们构成了一个整体。原则、规则、政策互相制约，先例与法律规则相互制约,其中的主线是原则,它使法律构成了一个由理性支配和控制的整体,其内容是客观确定的。人类的实践具有目的性结构,法律是一项人类的未竟的事业,是法律制度的内在参与者的共同的持久事业。在德沃金的理论中,贯穿着一种建设性的阐释学,其核心依然是人类道德原则的一致性。不同的是,这种道德原则不再是某种给定的东西了,而是体现在先例和法律共同体内在的参与者的法庭论辩实践的伦理追求之中。

在德国,法理学的语言学转向是最彻底和最直接的。德国学者最早提出了阐释学(也称诠释学、解释学)问题。施莱尔马赫(1786—1843年)、狄尔泰(1833—1911年)、海德格尔(1889—1976年)、伽达默尔(1900—2002年)创立并发展起来的阐释学理论,在使法律认识论由客观主义转向主观主义再到主体间性的过程中发挥了决定性的作用。当代德国著名社会理论家哈贝马斯(1929—)提出,人的社会生活可以简化为两个要素,工作(劳动)和语言。人类通过工作获取物质资源,通过语言沟通社会交往。交往行动关心的是他人的行动动机和意图,人们的实践(寻求正当行为)是通过语言进行的。当人们说"我应该如何"时,实际上,他所关心的是他人的评价。因此,应有的标准与人们通过沟通形成的共识密切相关。法律是一种实践,它的正当性的标准同样存在于依据程序性的语言交流规则而产生的共识之中。或许是受他的影响,德国当代著名法律哲学家考夫曼(1923—2001年)将法律哲学的目的定义为促进商谈和沟通,以达到对正确的法的认识。阿列克西的法律论证理论同样建立在语言学研究的基础上。他建立了一个法律论证的论证程序,其中,主要是法律论证所必须遵守的语言交流规则。当然,德国学者之间在语言学分析方法上又有所不同。

当代法理学的主要趋向有两个:其一是后现代的,对理性控制法律的现状进行批评;其二是建设性的,将现代性作为一个未完成的事业。两者都借助了阐释学和语言分析,试图通过语言研究建立一个法律的正当性标准或者至少是一个正当的法律论证程序,以将正确性、正当性重新纳入法律的概念和法律实践之中。或许,考夫曼的说法可以为这种法理学的语言学转向提供一个注释:"后现代也意指一种警示:我们不要受技术唯理性驱使得太远,我们这个社会的法律化是技术唯理性的一部分,以致忘记了人类和人类的基本关怀。"[①]

(原载《法制与社会发展》2004年第2期)

[①] 阿图尔·考夫曼:《法哲学,法律理论和法律教义学》,收录于阿图尔·考夫曼、温弗里德·哈斯默尔主编:《当代法哲学和法律理论导论》,郑永流译,法律出版社2002年版,第23页。

略论中国法律制度的正当化问题

邓正来先生《中国法学向何处去》（以下简称"邓文"）一文的发表[①]引起了广泛反响。邓文的基本观点是：1978至2004年的中国法学，几乎都是在"现代化范式"（即传统与现代两分并致力于传统向现代的转换）的框架内发展，而由于传统与现代的划分基本上是西方的法学范式，因此，为中国法制发展提供的是一个西方的而非中国的"法律理想图景"，进而导致了中国法学的总体性危机。在我的印象中，1978年以来，法学学术刊物4期连载17万字长文，还是第一次，可见这篇论文在编辑心目中的分量；加上邓正来先生本身就是一位特立独行的重量级学者，这篇文章所提出的问题，也就尤其需要法学界认真对待。承蒙编辑厚爱，邀请参加讨论，笔者就不揣冒昧，换个角度，围绕邓文中提出的"中国法律理想图景"所直接涉及的中国法律制度的正当化问题，发表一点自己的看法，以就教于正来先生和学界同行。

一、法律制度是怎样被正当化的？

法律的正当化，也就是所谓合法化，在我看来，是指法律制度的价值基础的建构问题，也就是邓文中所说的"中国法学赖以为凭的支援性理据是什么"的论证问题。

任何制度和行动的价值基础都是通过语言建构的，是说者的观点和理由取得了听者认同的结果。所谓正当与否，就是指他人、更多的人是否同意。在这个意义上，正当化既是一个逻辑问题，也是一个文化问题。作为一个逻辑问题，它是指某种观点、行动、制度、规范的理由是否能够被充分论证；作为一个文化问题，它则是指某种观点、行动、制度、规范及其理由是否能够被具有历史性的文化意义上的人群所接受。这是两个不同的问题，过去，思想界、学术界一直用不同的方式、方法解决。

从逻辑的角度，正当化就是论证，就是提出一定的理由支持自己的主张。因此，论证中的"主张"或"意见"，若不是独断的，就一定要被一个更为宏大的

[①] 邓正来：中国法学向何处去，《政法论坛》2005年，第1-4期。

理由所支持；理由同样要被更重要的理由所支持。理由的理由的理由，一直倒退，直到找到一个能够支持所有的主张而自己本身不需要被支持被证明的理由，找到一个点，能够撬动整个世界的支点。这就是亚里士多德的形而上学所期待解决的问题。由于这个问题在古希腊时期就被纳入知识的范围，因而探询客观世界的内在规律就成为解决这个问题的关键。规律总是事物表象背后的东西，不可能凭借经验获得，由此，知识就与逻辑结了盟。概括地说，最初的主张总是具体的经验的，正确的主张需要依赖一个超越经验的理由来支持，故，这个理由必须是潜藏在事物表象的背后的具有普遍性的东西。亚里士多德发明形式逻辑，就是为了解决这个正当化的问题，也就是柏拉图的"理念世界"的发现问题（也必然有人试图从这个角度理解邓文中的"理想图景"）。西方法学界影响深广的自然法理论也是建立在这个知识论的理论范式中的，是以对经验的超越为前提的。后来，自然法学的式微，同样是以这个思想方式本身遇到的问题，即形而上学面临的问题为背景的。人们注意到：自然法往往处于虚构之中，无法被科学或实验或经验所证实，是一种理性的自大，甚至可能导致理性的专制。这样，逻辑就遭遇到了困难。

从文化的角度，就是寻求共识，也就是获得更多的人对自己主张的支持。逻辑蕴涵着一种对真理和真相的探询，目的也是为了说服人。而文化解释，则期待更多的理解。文化意味着一种地方性知识对正当性的主宰，若不能超越这种地方性，就无法建立普遍性，不具有普遍性的东西如何能够正当化其他规范、制度呢？因此，哈贝马斯、罗尔斯、德沃金等著名学者，都试图结合文化解释学的成果，重建社会理论、政治哲学、法律哲学中的元理论，以恢复、抢救现代性。[1]

我以为，中国法学面临着同样的问题：或者放弃追求法律的价值（理想图景），或者另外找寻解决这个问题的出路，而这个出路的找寻又非一时之功可以完成的。邓文当然对此充分了解了，所以，正来先生一方面呼吁建立"中国法律理想图景"，另一方面又不肯明确直接地说出自己心目中的对中国法律理想图景的见解，可见，在这个问题上，他也是相当谨慎的。当他用"当我把你从狼口里拯救出来以后，请别逼着我把你又送到虎口里去"[2]作为全文结尾的时候，又何尝

---

[1] 哈贝马斯：《后形而上学》，曹卫东、付德根译，译林出版社2001年版。在本书中，作者结合语言学、解释学理论试图重新表述形而上学，以重建整体性理论；罗尔斯：《正义论》，何怀宏等译，中国社会科学出版社1988年版。作者在本书中讨论正义这个最重要的价值如何证成的问题；德沃金：《法律帝国》，李常青译，中国大百科全书出版社1996年版。作者更是论述了法律的整体性问题。这些都是对法律图景的后形而上学直接或间接的描述。
[2] 邓正来：中国法学向何处去，《政法论坛》2005年，第4期。

不是他对自己文章的发自内心的担忧?

二、中国法律制度能中国式地正当化吗?

或许是受建立有中国特色的社会主义制度的影响,或许是中国目前面临的现实问题越来越尖锐,中国的法律学者对中国问题或本土问题表现出极大的关注,特别是运用社会学的观点和方法观察、分析、研究中国本土法律问题,给人以很大启发。应该说,邓文所批评的苏力教授在这个方面是相当有代表性的。但是,在这个过程中,也有不少学者对用西方的理论及方法解决中国问题的做法表示了不同意见。邓文似乎就持类似意见。

我们生活中的法律问题一定是具体的、经验的。在中国改革开放的过程中,一方面,随着法治建设的不断深入,个体逐渐注意到自身权利的保障问题,个体利益得到放大,出现了许多新的法律问题;另一方面,随着市场经济的发展,个体在追逐自身利益的过程中,也出现了许多违法获取利益的行为或以合法的名义进行掠夺的行为,造成一些社会不公、社会秩序紊乱的现象,迫切需要解决。由于社会制度、发展进程、文化背景不同,这些问题必然带有中国自己的特殊性,中国的法律学者当然有责任予以回答。

解决我们生活中具体法律问题的办法则应该是普遍的,或者说,应该借鉴、吸收世界法律文化的各种成果解决我们自己的问题。特别是中国法律制度价值基础的建构,本身就是一个普遍性问题。

价值问题是个形而上的问题,诸如好坏、正义、自由等,都属于价值研究的范围。最早的时候,人们试图把价值与生活的自然属性、规律结合起来,因而出现了所谓自然法。当休谟将事实与价值区分开来的时候,人的认识、知识能力能否达到普遍的价值就成为一个重大的理论问题。如果结论是否定的,就意味着我们必须改写历史和重新规划发展蓝图,包括法律的理想图景。因此,休谟问题成为思想、理论、知识界的最重大的问题之一。它也是康德、黑格尔、马克思与恩格斯等伟大思想家毕生致力完成的主要任务之一。归结到一点,就是世界有没有一个普遍的发展规律,人能否及如何把握这个规律。规律的问题解决了,包括法律正当性在内的正当化问题也就迎刃而解。

指出这一点并不是说法律的正当化必须依赖规律性的认识。事实上,自从休谟问题提出以后,特别是经过康德的理性批判,人们就不再期待人的认识能够达到人的精神性的社会生活(自在之物和本体)。提出这个问题,是想说明,任何的正当化都离不开普遍性的建构。康德是通过唯心主义的先验论使主体纯洁起来,超越具体生活经验,实现普遍性理论的建构;黑格尔则注意到人的历史性，把人作为受客观精神支配的历史活动结果的方式建构具有普遍性的人及其思维。所以，他们都是将具体生活的价值和意义置入一个更为宏大话题的前提下，再讨论正当性问题的①。而否定正当化，包括否定法律正当化的理论，其根本原因也是不相信普遍性②。所以，现代与传统的划分是否揭示了世界历史图景，我没有研究，不敢断言，但是，若是正当化中国的法律制度，必须将其纳入一个具有普遍性的理论之中，我对此确信不疑；或者说，只有具有普遍性的东西，才能成为"中国法学赖以为凭的支援性理据"。在这个意义上，我们不能说西方的法学理论就是正确的，能够照搬照抄；但是我们更不能说，西方的理论就一定不能解决中国的问题。我以为我们需要以一种开放的心态面对现在的各种问题。

三、中国法律制度如何才能充分正当化？

宏大叙事一般都带有一定的空想色彩或被称为过于理想化的乌托邦。在法律正当化的过程中如何把它从虚无缥缈的地方拽回人间，这是我们面临的一个难题。

中国人从来都不缺乏对美好生活的向往和对完美法律制度的憧憬。十一届三中全会以来关于真理标准的讨论，关于以经济建设为中心的决定，其实都是与某种"理想图景"相关联的。在法学领域，1978年以来，我国法学界关于法的本质、法律价值、法律与人权、社会主义法治、无罪推定、罪刑法定等重大法律问题和对审判"四人帮"、遇罗锦离婚案、孙志刚事件等世纪重大法律事件的讨论，其实也都是在一定的"理想图景"的观照下进行的。我们缺少的是中国人自己建立的系统化的社会理论，缺少自己独创的与现实社会生活密切结合并能够解释现实的政治、法律、社会哲学。

在建立中国学者自己的政治、法律、社会哲学的问题上，我以为，根本的问题还在于我们是否有能力和勇气吸收人类已经取得的思想成果的问题。邓正来先生在这方面一直是一个楷模。他多年来从事的理论研究和优秀外文文献的翻译工作以及为推进学术规范化和本土化而作出的贡献，对中国法治建设和法学研究起到了积极的推动作用。笔者以为，任何学术思想都有自己的知识谱系，任何人的学术研究，都离不开前人的劳作。尊重前人，并努力站在前人的肩膀上开展研究，是中国法律学者切实深度参与中国法治建设的前提条件。

法律制度的正当化需要提高学者的学术修为。目前流行的知识体系已经严重

---

① 葛洪义：《法与实践理性》，中国政法大学出版社2002年版。
② 苏力：《法治及其本土资源》，中国政法大学出版社1996年版。

地制约了我们构建中国法律的理想图景。我以为，这个知识体系最大的问题还不是现代与传统的问题（这个问题固然需要认真对待），最大的问题是，我们还没有从主体认识客体这个思维模式中解放出来。我们认为，法律问题，与自然科学面临的自然现象之间的联系一样，可以依赖科学知识进而揭示普遍的客观规律加以解决。实际上，当我们要判断一部法律、一个法律制度是否正当的时候，经验意义上的观察是不能解决问题的。因为任何观察或者经验感受都是局部的观察或经验。要想知道梨子的滋味，尝一尝可能是最简单、最直接的办法，但是，你所尝到的梨子的滋味一定会限制你对梨子滋味的正确认识。不能深入到人的生活的复杂联系之中，不充分尊重理性的作用且认识到理性的局限，是不可能建立正当性理论的。法律是一种实践理性，是与人的行为的正当性密切相关的社会规范，因此，它又不是一个纯粹的认识问题，人不可能站在法律之外以客观公正的立场和方法对待法律。法律是一种千百年来无数人实践的结果，是与无数人现实生活关系密切的社会规范，没有理解，就不可能有正确的认识及实践。

笔者赞成邓文中有关建立"中国法律理想图景"的呼吁。实际上，我对文中提到的许多观点都深有同感，为他能够将这么多、这么复杂的，在我看来差别甚大的观点统揽在一个现代化范式之中而折服。为了进一步活跃讨论，我只能将自己虽然长期思考但依然不够成熟的观点说出来，以求教于邓正来先生和大家！

（原载《政法论坛》2006年第5期）

法律的实践属性与旨趣

一、问题的由来

对于大多数现在的法学或法律工作者来说，法律只是一个知识、技术、科学或专业问题，而不是一个同时关乎人格与生命的实践问题，他们也缺乏将其作为一个实践问题来对待的自觉意识。显然，后者要困难和复杂许多。

人是在选择中成就自己的。在诸多难题面前，例如，爱、悲伤、畏惧、烦恼、尊严、友谊等，人们作出了至少自认为正确的选择，从而成为一个个具有鲜明个性特征的人。选择就是实践最基本、最初级的含义。实践是人们按照自己的自由意志所采取的有选择的行动。一个善良、正直、勇敢的有德性的人，通过自己的行为成就自己的善良、正直与勇敢。选择是实践理性的审思活动。在实践理性的参与下，行动是自愿和自我负责的，所以，人最终是自我成就的，取决于自己想成为什么样的人。

人们在法律实践中，包括立法、执法、司法、守法、法律监督等各个环节，都面临严峻的、持续的、各种具有挑战性的选择，在是非、善恶、正义与非正义、公正与偏私之间，必须"旗帜鲜明、立场坚定"地作出正确的选择。立法中的争议与困境、疑难案件审理中的徘徊，最具挑战性的，不是技术、专业问题，而是立场问题，是选择问题，即如何作出一个正确的、正当的、适当的选择。克尔凯郭尔曾经提醒我们，"选择你自己"比苏格拉底所说的"认识你自己"要更加重要和紧迫。在他看来，对立面之间的冲突常常是无法解决和调和的，只有正题、反题，没有黑格尔式的合题，无法和解。黑格尔的逻辑学只是思维领域的一场运动，完全没有触及现实。[①] 所以，选择，对人而言，尤其迫切和艰难。

法律的规范性，即法律对人的行为具有约束和指导作用，意味着法律本身就是在各种行为模式之间进行选择的结果，法律存在的意义之一，就是为人们作出正确选择提供一个可反复适用的一般标准，也可用于衡量行为选择的正确性。问题在于，既然法律本身就是选择的结果，既然法律之下人们还要继续面对选择的

---

① 罗德：《克尔凯郭尔日记选》，晏可佳、姚蓓琴译，上海社会科学出版社2002年版，第118页。

难题，那么，实践问题就没有被终结，还会以法律争议的方式继续存在并持续地困扰社会生活中的人们。但是，由于法律的存在，人们很自然地就会感到选择不再是一个十分困难的事情，实践问题，就会转化为一个法律在实际生活中的全面、有效地运用和实现的问题，法律就会变身为限缩人的"选择"的可能性的工具，从而与以自由"选择"为前提的实践相对立。

法治在中国面临着一个亟待突破的颇具挑战性的问题，即如何促使文本上的法律真正走入中国人的生命活动，使人们认真遵从乃至信仰法治，形成切实能够作为现代中国核心价值的法治。这就必须回到人自身，回到实践，从作为实践主体的人身上寻找答案。显然，只有当人们致力于追求合理的、正当的目的的时候，法律才可能汇入这一目的性的洪流之中。法律本身是没有生命的，只有当它与人及其目的性活动紧密联系在一起时，才被赋予生命力。"生命之树常绿，而理论总是灰色的"，人的生活才是源头活水。

法学研究必须面对"选择"的问题，如果我们希望法律在社会生活中能够发挥重大作用，那么，法律活动就必须是可"选择"的，能够经得起人的"选择"的考验。这就引发出一些需要法学界认真对待的问题，即法律是如何作用于有关人的选择的实践过程的？法律何以会被认为有助于人们作出正当的行为选择？如果说，法律是一个相对独立于主体自由意志、意识、欲望的"客观"知识体系，那么，在法律活动中，如何保证人依然能够作为主体而存在？

基于上述疑问，本文拟就法律的实践属性以及法律与知识相结合而引发的人的主体性等问题进行一些初步的讨论，尝试阐释实践概念之于法律的重要意义。

二、法律与实践

法律与实践都是用于处理人们之间相互关系的概念，但又是两个相互独立的概念。现代法律是国家权力机关规范人们在社会生活中如何处理与他人之间关系的行为准则的总和；实践则是用于描述、刻画、分析人在与他人相处时如何做出正确行为的概念。尽管任何国家都希望法律能够给予人们正确的行为指引，但是，事实上，法律可能是正确的，也可能是不正确的；法律人可能依法办事，也可能不依法办事；可能依法办出正确的事，也可能依法办出错事、坏事，古今中外，概莫能外。所以，法律与法律人依然面临严峻且古老的实践问题，即应该如何作出正确的行为选择。从这个意义上说，法律与实践又产生了重叠关系，法律天然具有实践的属性，并时刻面对实践的拷问。

马克思在《关于费尔巴哈的提纲》中指出："全部社会生活在本质上是实践的。凡是把理论引向神秘主义的神秘东西，都能在人的实践中以及对这个实践的理解中得到合理的解决。"①马克思在此提到了一个在西方哲学中非常重要的问题：社会生活的本质性的问题（自然是各种理论问题），都可以通过对实践以及这个实践的理解加以解决。这也指出了实践这个概念在理解社会关系问题时的总揽性地位。

从这个意义上说，法律作为社会规范体系，无疑，当然地应该归属于实践范围，进而受制于实践概念的各种概念规定性。"法律乃善良公正之术"等法学界耳熟能详的解读，也充分印证了这一点。但，在我国法学领域中，实践概念并没有得到应有的重视，而是被广泛地滥用与误用。

或许因为马克思主义经典作家的强调和重视，从表面上看，我国法学界一直是把实践、实践需要作为衡量法学研究和法学教育的根本标准。不仅如此，在法律与实践的关系上，学界似乎也一直相当自信，思想高度统一，不仅频繁使用这一语词，而且很少见到不同意见。例如，在法学研究中，理论与实践相结合、从法律实践出发、立足于法律实践需要等表述，以及在法学教育中，培养实践型法律人才、加强教学实践环节等要求，都具有无可争议、无可置疑的正确性。但与此同时，显而易见的是，几乎很少有学者去认真研究法律与实践的关系，相关主题的研究论文几乎没有。其实，谬误都是隐藏在惯习之中的，越是习以为常的东西，通常也是最需要警惕的"偏见"。"实践"，其实就是这样一个被我们长期不以为然地"误用"进而"滥用"的概念。

在马克思这段话中，"社会生活"，当然指的是人的相互交往基础上的生活；"本质上是实践的"，则指的是人与人之间的关系最根本的是实践。理论上神秘的东西，都是在解释实践的过程中被神秘化的，所以，也必须在对实践以及实践的理解中才能得到解决。所以，实践是处理人与人之间相互关系中的问题，而且是一个在理论上长期被神秘化的领域，需要通过对实践的再理解来解决。所以，这不是一个在中文领域可以望文生义、想当然地随意解读的概念，而是一个马克思所处的西方学术传统中的具有特定含义的概念，用于指引特定的问题。当然，实践一词，如同许多词汇一样，存在日常生活中的实践概念与学术领域的实践概念之分，在研究的过程中，我们当然需要更加严谨地对待这一概念。

在古希腊，"实践"最初是指最广义的一般的有生命的东西的行为方式，并不专指人的行为。在亚里士多德早期的著作中，上帝、众神、宇宙、植物、动物等的行为，也都属于实践。他后来才把这个概念变成一个哲学的概念。在《尼各马可伦理学》中，亚里士多德把人的行为分为理论（theoria）、生产（poiesis）和

---

① 《马克思恩格斯选集》第1卷，人民出版社1995年版，第56页。

实践（praxis）三种。生产的目的是制作所需要的物品，生产活动本身不是目的，物品的生产受制于自然法则；实践是与人的意志相关的政治、道德活动，以自身为目的，与人的幸福直接相关，以行为自身的善恶为原则；理论是纯粹的求知，以追求普遍性的原理和真理为目的。与"生产"不同的是，"实践"趋向的目的不在自身之外，而就在其自身，其自身就是目的；而"生产"的目的却在它产生的结果，而自身不构成目的。与"理论"不同的是，实践活动总是在人际展开，不像理论的沉思是人独对真理。从亚里士多德对人三种基本行为方式的划分来看，"实践"最根本的规定有二：一是自身就是目的；二是它不是人维持物质生命的生物活动和生产活动，不是人与自然间的活动，而是人与人之间的广义的伦理行动和政治行动。① 张汝伦教授还认为，在自身即是目的这一点上，亚里士多德那里，理论与实践是相同的，所以，亚里士多德哲学中，理论是最高的实践。徐长福教授则认为这两种活动在亚里士多德学说中其实是断裂的。② 这个模糊不确定之处，或许恰好可以作为康德致力于区分理论理性与实践理性的注脚。亚里士多德确立了实践的一个基本判断标准，即将实践纳入以自由意志为前提的、追求自身目的的理性活动框架范围。在由亚里士多德所开启的西方实践哲学传统中，"实践"的基本特征首先指的是趋向"善"的目的的行为，是自身就构成目的的行为；其次，是指处理人与人之间关系的人际行为。

康德同样是以自由意志作为区别实践活动与人的其他活动的标准。不同的是，借助实践概念，他进一步提升了人的主体性地位。在他看来，在生产劳动和技术制作活动中，生产劳动者需要使自己的行为符合生产冲动的要求，人的意志处于不自由的状态。同时，又要服从自然的因果性法则，所以，生产劳动本质上就成为一种理论理性的活动，必须以对自然因果性的认知为前提，而主导自然因果性认知的理论理性，本身就是不纯粹的理性活动，以经验作为自己有效性的范围，依赖于外部的感性杂多，不是以自身为目的的自由的理性活动，因而并不是实践活动。所以，实践既不同于生产，也不同于思辨和理论活动。只有在理性的实践运用中，理性才是自由的。这种以自身为目的的道德活动以及建立在此基础上的政治与法律上的活动，才是实践活动。③ 黑格尔后来同样以意志自由为中心

---

① 张汝伦：《作为第一哲学的实践哲学及其实践概念》，载《复旦学报（社会科学版）》2005年第5期，第158页。
② 张汝伦：《作为第一哲学的实践哲学及其实践概念》，载《复旦学报（社会科学版）》2005年第5期，第158页；徐长福：《论亚里士多德的实践概念——兼及与马克思实践思想的关联》，载《吉林大学社会科学学报》2004年第1期，第58-59页。
③ 黄其洪、蒋志红：《论实践概念的三个层次》，载《现代哲学》2009年第2期，第3页。

概念，提出了自己的精神现象学和逻辑学体系。他明确把实践规定为自我意识的对象化活动，认为，人可以通过劳动创造自然界所没有的东西，实现自身解放。马克思有关劳动异化的理论同样提出，人是他自己劳动的结果，人是通过劳动来实现自己的。当劳动变成谋生的手段时，人的自由就成为不自由。当然，马克思所说的实践，比康德、黑格尔的范围更宽，不仅存在于人与人之间的关系，而且涉及人与自然的关系。但是，他是把环境的改变和人的活动或自我改变的一致，看作是并合理地理解为革命的实践。同样是以作为主体的人为核心的。所以，我国哲学界有人提出，马克思主义哲学革命的实现以实践为核心。① 可见，实践概念是与主体的意志、意识、意志自由、自我意识等紧密联系在一起的，对这些概念的分析与解读，共同形成了近代西方哲学重大课题。

当然，有关实践概念的研究还有许多。本文无意也无力去讨论复杂的哲学问题，仅仅是想通过对上述有关实践概念的大致梳理试图说明，从亚里士多德起，实践一词就是专用于指称人的追求正确、正当行为的活动，用于区别人的获取客观知识的纯粹认知活动以及生产技能，不是机械、被动地"做事"，完成某项工作。实践的基本含义后世虽经不断变化，但其基本旨趣始终未变。贯穿其中的主线就是人的伦理性生活需要，即人们在生活中需要努力成为一个高尚的、正派的、诚实的、正直的、有担当、有气节、有责任感、有同情心的、有德性的、摆脱了低级趣味的人。实践这个概念，就是针对这种需要而产生的，是尝试通过建构人的正确行为的标准，来帮助人们确立公共生活中处理以人际关系为中心的各种关系的准则。所以，这一概念从来都包含着一定的伦理性、价值性的内涵，正是在这个意义上，康德才说，法律是最低限度的道德。

法律具有实践的属性，意味着法律是以人为目的的、帮助人们实现自身价值关切的行为准则，而不是与主体价值判断无关的选择活动。在我国当代法学界，实践一词基本上被局限在知识性活动领域，被作为人类知识体系的法律及其运用所取代。这种有关法律的思想方式，根本上是去主体、去道德化、非道德化的。这恰恰与实践概念的含义相反。

三、法律与知识

法律具有实践的属性，是用于判断善恶、是非的标准之一。耶林认为，每个人捍卫自己的权利，就是维护自己的是非感。② 这样就产生了一个问题，法律

---

① 彭劲松：《实践超越是马克思主义哲学的特质》，载《光明日报》2017年3月27日第15版。
② 鲁道夫·冯·耶林：《为权利而斗争》，胡宝海译，中国法制出版社2004年版，第26页。

为什么可以用于判断是非善恶？答案或许是法律以一种合理性的规范形式划分了是非之间的界限。但这依然没有解决问题，即为什么立法者可以把自己有关是非的判断以一种合理性的形式变成所有人都要遵循的法律？除了极个别的情况，从来没有人会说，判断善恶的能力来自于自己实际拥有的权力。事实上，所有的法律，其正确性多多少少都会被建立在具有某种"客观"性的标准即"知识"上，以排除立法者的主观任性。这又引发了法律讨论中另一个问题，即作为判断人的正当行为（包括判断法律与法律人行为正确与否）的客观标准的知识是如何取得支配地位并发挥作用的？

"知"并不从来都是客观的。中国古人对"知"的把握，就着眼于主观感悟，被认为主要是个人修炼的事情。宋明理学的代表性人物朱熹认为，私欲与天理是相互冲突的。人被自己的私欲所蒙蔽，是无法领悟到天地之理的，只有抑制、去除自己的私欲，方能找到万事万物的共同之理，即所谓"存天理、灭人欲"①。所以，要完善自己的道德人格，就要割断人的欲望与天理之间的关系，"即物穷理""格物致知"。儒家的"礼"，就是人们主观构想出来的世俗化的人际关系的准则。而明代心学创始人王阳明则认为，"心即理，心外无理"②，也就是说，天理在人心之中，不需要向外求索，类似于"人之初，性本善"中的心所具有的判断善恶的能力、孝心、良心、恻隐之心等，要"致良知"，也即人的所作所为都在践行自己内心的良知。这里的"知"，是感知，所以，更具有鲜明的主观色彩。

这种主观的判断，显然缺乏说服力，通常需要凭借强大的压制力量才能迫使他人接受。在西方国家，也存在类似的思想方式。古希腊的智者们，也曾因为所表达的意见缺乏知识含量而被苏格拉底称为"诡辩派"。

在法律发展的历史上，发挥基础和推动作用的则是追求客观性知识的思想方式，客观性知识一直被作为解决法律及其运用中的实践问题的重要基础，法治的发展与作为一种思想方式的知识论的存在是不可分割的。毕竟，这样的似乎客观的标准，才能排除判断上的主观偏见，更具有说服力，也可以给人一种更为公正地被对待的感觉。

法律、实践、知识这些概念，以实践为中心，紧密地联系在一起。在前文中，笔者提到亚里士多德将实践纳入了一个以自由意志为前提的、追求自身目的的理性活动框架范围。这里的"自由意志"，是实践的前提；"追求自身目的"，

---

① 朱子曰："圣人千言万语只是教人存天理，灭人欲"。（《朱子语类》卷十一）。
② 王阳明：《王阳明全集》（卷一），吴光、钱明、董平、姚延福编校，上海古籍出版社1992年版，第15页。

也就是以人自身为目的;"理性活动",则是实践活动的围栏。这里所说的理性,主要指的是基于认知的慎思与理智。所以,法律作为一种实践活动,在相当长的时期里,其实践性是与人的认知能力和水平联系在一起的。

知识是实践最有力的支撑之一。从实践的角度看,一个有德性的人是通过德性的行为建构起来的,追求善行,才能实现完美的人生。如何才能行善,才能选择有德性的正确的行为呢?理性、意志、欲望等在思想史上都曾经作为论证资源交替出现。从苏格拉底开始,最有影响力的思想就是知识论,即将知识论的"真"与道德论的"善"统一起来,以知识作为判断善恶的依据。因为他们希望解决一个根本问题,也就是将感性世界中多元化的具有无限丰富性的人,用理性这一概念统一起来,化繁为简、化"多"为"一"。在他们看来,纷繁复杂的世界,是由某种外在于人的客观的本质性的东西制约和控制的,人可以凭借自己的理性,认识和揭示这一事物的本质。

在苏格拉底看来,主宰和控制自然万物的,不是物质性的本原,而是它的内在目的,亦即"善"。由于认识自然的本性为人的能力所不及,所以哲学的真正对象不是自然而是人自己,即认识人自身中的善。人不应该把自己对善恶的关注放在自己感官所能感知的瞬息万变的自然物上,而是应该转向自己的永恒的心灵或内心。善恶不取决于行为,而是取决于对自己行为的认识。所以,美德就是关于善的一般概念的知识,即所谓"美德即知识"。具体的行为,例如,欺骗,善意的欺骗依然是善;恶意的欺骗,必定是恶。离开关于善的一般概念,是无法判断善恶的。所以,必须有善的知识,才能真正从事善行。这就意味着,"善"是可以也应该被表达出来的,由一定的文字形式加以规定。他讽刺挖苦智者学派,说后者是诡辩派,提出"自知自己无知""认识你自己"等观点,目的都是为了推动人们重视掌握有关一般概念的知识,将知识置于人的思想的中心位置。正是在这个意义上,苏格拉底一般被认为是实践哲学的重要源头。[1]

柏拉图认为世界的本源是高于任何物质的,只能存在于人的观念之中(即理念)。所以,世界可以分成两个:一个是由个别事物组成的、可以被人感知的现象世界,即"可感世界";一个是由理念组成的、可以被认知的理念世界,即"可知世界"。理念世界是原本,现象世界是理念世界的摹本。真实的存在就是绝对的永恒不变的概念。柏拉图把这种一般概念称之为"理念"。现实世界是不完美的,只有通过哲学,才可以冲破经验世界的表象,把握到真正无瑕的真理和至

---

[1] 欧阳康:《实践哲学思想溯源——从苏格拉底到亚里士多德》,载《华中科技大学学报(社会科学版)》2006年第1期,第18-19页。

善。可见，柏拉图也是在精神领域试图建构一个形而上学的一般概念的世界，并把这个世界想象为完美至善的世界。

作为实践有力支撑的知识，其最初的形态也是建筑在对人的内心的认知上，虽然是唯心的，也是通过诉诸于人的心灵，但是，亚里士多德所创立的逻辑学，使人的判断与思维活动获得了强有力的知识支撑，使人们得到了从已知世界推导未知世界的能力，从而可以建构具有普遍性的、能够超越具象的感知世界的概念体系。

这就可以很好地解释自然法学说为什么长盛不衰的知识根源。自然法的正当性和合法性，就是从对具有普遍性的一般概念的解释与论证之中被建构起来的。普遍性与个别性、特殊性相对立，因此，普遍性的建构就必须超越个体的特殊性，才能反过来涵摄、评判、规制个体的特殊性，为个体行为提供指导与指令。这一目的和思考方向，决定了普遍性建构所需要的方法与研究对象。从方法上看，重视抽象、一般、总体、逻辑推理，强调先验的、超验的东西；忽视、轻视具体、特殊、具象、经验描述，贬低经验的东西。苏格拉底对感知事物、柏拉图对现实世界的看法都是如此。从研究对象看，寻找具有普遍意义的物理性质的东西是不可能的，所以，就建构起相应的逻辑意义上与特定概念相对应的虚构的精神实体（马克思所说的产生于人类一般精神的发展）。例如，在自然法学说中，人作为自然的一部分，被纳入当时人类膜拜的不可解释的神秘的无所不包的自然世界的普遍规律之中。这也就是自然法最初所对应的虚构的自然法则；之后自然法变成上帝所启示的各种规则（上帝法、永恒法、神法等），人们开始直接借助神秘的力量（上帝、先知、真主）把握不可知的世界，进而把握自己的命运。显然，这也同样基于推测。在知识论的思想传统中，认知、揭示这个不以个人的意志为转移的客观精神世界，是思想家的重大使命，完成这个使命的基本方法，就是推导、推理、推测。知识论的"知"，在一个相当长的历史时期里，都是借助于逻辑学的，通过逻辑推理，揭示自己所无法理解、无法控制、给自己带来威胁与恐惧的外在于人的客观世界，将其纳入一个概念世界的领域内。所以，这个世界，包括自然法，都是不以人的意志为转移的，人所能做的，就是认识它、利用它、服从它。现实的法律当然也就要服从自然法，正如人必须服从、顺应强大的自然界一样。认识是一切的前提，一般概念的构建则是基本方法。

知识形态近代以来发生了重大改变，从一般概念的建构转向个别事物的观察与分析。这场改变，在法律领域也引起了一场革命性的变革。但是，依靠知识获得力量支撑的思想方式并没有变化。法律与知识依然紧密联系在一起，所不同的是，知识的含义已经发生了根本变化。如果说，历史上用于说服人们依据法律判断善恶的标准来自于一般的概念知识体系，那么，现在则被更为可靠的与主权国家紧密联系在一起的可经验的国家法知识所取代。

或许由于科学技术的进步，从主观的精神领域出发建构起来的一般概念，已经无法满足人们的知识需求。人们不再满足于通过逻辑所获得的知识，而是开始观察经验中的现实，并要求从感觉器官所能感知的事物入手，确定知识的范围。中世纪后期，唯名论与唯实论的争论实际上就是这一思想方式相互冲突的结果。人们开始寻求从人的感觉器官可以感知的事物入手，立足于经验世界，重建自己的知识结构和知识系统。在这种思想方式下，人成为自己的主体，知识的范围是由人的实际认识能力来确定的，也即必须对人的认识能力进行批判性检验，从而确定哪些知识是可靠的，哪些则是杜撰的。这样一来，有关自然法的许多一般概念理论，都成为无法有效论证的东西，在经验上无法证实的东西，从而被排除在知识的范围之外。在法学上，法律也就被严格限定在官方活动范围之内，国家法成为延续至今的基本的法律形式。与此不无联系的是，这个时期也是各个主权国家兴起的时期，政治上也存在着垄断法律的强烈需求。总之，知识与道德之间的联系，在近代，随着哲学与科学的进步以及作为共和国、民主国的政治上的主权国家的出现，被彻底打破。知识的重心转向经验世界，也从主体的主观判断，转向客体的经验观察。概念知识所揭示的完美至善的精神世界，崩塌了。法律与知识重新规定了相互之间的关系，法律成为纯粹的现实世界的规范体系，依托新的知识形态，被建构起来。

人的认知能力不是无限的，价值与事实之间不可通约。因此，认识这个世界，首先必须检验人的认识能力。人的实际能力决定着自己可知的范围。这样，人的主体性就被确立和凸显出来。相应的，知识的范围被严格界定在人的实际认知能力之内，进而被大大限缩在人的经验领域。也就是说，价值上、道德上的一系列有关善恶的判断，都由于是经验上不可知的，所以，被排除在知识的范围之外。实践与知识产生了紧张关系。紧跟着这一变化，法律在向知识化迈进的同时，也开展了一场"去道德化"的运动。所谓"恶法亦法"，就是一个比较典型的说辞。法律与实践之间的关系，也开始发生变化。

在这个变化中，知识论在知识与道德之间建构的传统关系被斩断，但这只是说明，人们对虚构的一般道德说教与观念产生了怀疑和反叛，这并不影响，事实上还有助于巩固知识在生活中的地位，提升人的主体性。现实中，而非观念中的人，开始走上历史舞台。近代以来，知识以科学的形态出现后，人才真正开始主宰生活世界和人自己的生活。作为规则体系的法律，被赋予了无上的不可挑战的世俗权威，一方面，普通人，而非贤人或圣人，获得了参与法律活动的现实的主体资格，法律的正当性的来源，与普通人的判断建立起了紧密联系。例如，民选机构才能拥有立法权，就是这一变化的体现；另外一方面，法律的知识化、科学化也引发了法律知识精英的出现，法律的话语权可能由此从教会、国王、哲学王转向法律专业人士。在新的知识形态下，在知识与道德分离的背景下，法律体系如何才能回应自身的正当化问题？怎样证明自己具有构建良善秩序的能力？在现代法律体系中，实践问题面临新的严峻挑战。

四、法律与普遍性

实践是具体的，体现在每个人的行为之中；实践又是根植于普遍性的建构之中，没有普遍性的观念，就无法展开行为正当与否的判断。法律与实践的联结考察，要求每个法律人都要在面临选择的时刻，慎思而做、三思而后行，要对自己的选择负责，更要对自己的内心负责。所谓"审理者裁判，裁判者负责"。向"谁"负责？向上级负责？向法律负责？其实，最终是选择者对自己所负的责任，是作为"人"的责任。一个人因为徇私枉法而被刑事处罚，固然是一种责任形态，但根本上，他会因为自己的胡作非为刷新自己的人格纪录。所以，实践是以人自己为目的的活动。

法律有助于人们作出正确、正当的行为选择，这固然是因为法律中包含了一定的普遍性知识，但法律领域的正确选择，同时还依靠人的品质、意志力、智慧、处事能力等，这也同样需要依赖一定的普遍性观念。法律本身也是普遍性观念的产物。所以，法律与普遍性之间存在内在的联系。长期以来，我们一直把法律内在的普遍性需求与对普遍性知识的需求相等同。

普遍性知识曾经被作为人类精神所创造的观念体系，用于统一实践者的内在责任与外在责任。如自然法与实在法相互关联的体系构造。这种用于引导人们作出正确行为选择的外在依据，也会成为人们，包括法律人，用于推卸、逃避自己责任的借口。原因就在于，普遍性的东西，往往都是人们在观念中构造出来的，无论其多么强大，都是人的观念的产物，一旦外化，不能被人的内心所接受，就始终是外在于具象的实践者的客观的东西。在人们面对重大选择的时刻，既不是充分、可靠的依据，又庇护不了选择者。最终，还是必须要靠人自己作出正确的选择。法律工作由于必须面对法律与良心的选择，而显得尤为艰难。如律师对当事人的保密义务与其社会责任感之间的紧张关系。①

---

① 理查·席川、卡罗·朗佛：《走钢索的律师》，陈岳辰译，台北博雅书屋有限公司2009年版，第23页。

普遍性规则高居于仅具有特殊性、个别性的现实法律之上，这种思想传统曾经对现实的法律具有强有力的批判性与反思能力。法律之上还有真正的法，要求人类所制定的法律必须保持对自然、上帝、客观规律的敬畏。如此一来，理性成为任性的对立面，自然法就成为约束专制权力的一种重要的武器。由于这种普遍性知识不是来自于人的经验，无法通过人的感觉器官感知获得，而是来自于一般概念的构造能力，所以，不可避免地带有神秘的色彩和虚构的成分。事实上，君主、教会、学者、法官甚至封建贵族，都可以作为理性或自然法的神秘的表达者、阐释者，在现实中，被组织化为对抗专制权力的强大的制度力量。中世纪欧洲教会法、习惯法、市民法、王室法等法律的多样化存在，以及教会与王权的对抗、英国普通法院与国王的争斗，都是这一思想方式的结果。可见，法律作为实践领域的概念，曾经从各种普遍性知识的构造过程中获得了对抗权力任性的丰富的思想资源和持续不断的动力支持。

与此同时，这种依赖于人的理性能力、确信普遍性优越于特殊性的思想方式，也赋予了拥有法律知识者创建、解释法律的种种特权，同时也曾为时隐时现的法律的专横与肆虐提供了温床。基督教会历史上对异端的审判以及残酷的刑罚，都是按照教会法，在忠诚于上帝的名义下进行的，而且他们确信这一做法在当时是完全正当的。

当认识的来源从人的心灵转向人们所能观察到的具体事物之后，知识变成了人的经验范围内可实证、可证实、可复制、可验证、可再现的科学问题，形而上学从知识的领域内被排除出去。对法律的一切神秘化的解读，虚构的道义权威，都被世俗化的经验对象所取代。法律不再是一个先验或者超验的普遍性知识领域的问题，而是一个现实中的各个国家主权范围内的问题。法律从普遍性知识转向各个国家的特殊知识，从一个国家法律的多样化到国家法一法独大，居于绝对主导地位，这个过程是同时发生的。法律的知识化向专业化、技能化的迈进，也就自然发生了。

在法律与普遍性知识相分离的过程中，人们依然可以依赖普遍性思维，控制法律的话语权。或者是，重新构建普遍性知识。通过形式逻辑，强化普遍性建构。规范性论证需要借助一般性命题，一般命题为真，就可以作为一个具体决定（无论立法意见或是司法判决）的可靠依据。形式逻辑中的三段论推理，就是在大小前提为真的情况下，推导结论的正确性。法官依据法律处理的案件都是对的，就是建立在这个逻辑的基础上。所不同的是，法律不是事实，法律是什么与事实是什么的判断方式不同。事实是真假之辨，法律是文意解读。这是不同的。法律如何规定的，其是否正当，与法律文本的含义是什么，是完全不同的问题。正当性论证所需要的一般命题，开始以科学的名义出现，求助于人的认知能力。这个认知能力，不再是苏格拉底所说的心灵的构建一般概念的理性能力，变成了通过科学的思想方式所揭示的宇宙万物的客观规律，由精神因素转变为物质因素。而事实上，所有的认识，从科学的角度看，都是有限的经验知识，不可能是普遍性知识。离开科学的认识，只能是猜想和推测。如果猜想和推测能够作为普遍性知识，权力精英与知识精英的合谋、合作就成为必然：知识精英依靠权力精英独享法律的话语权，从中获取自己的知识权威地位；权力精英则依靠知识精英合法化自己的意愿意志，借助虚假的知识话语确立自身的行为合法性，进而从中正当化自己的世俗统治地位。

或者是，将法律本身作为一个纯粹的知识体系，也即将法律文本作为一个独立的知识形态。立法一旦完成，法律文本就会脱离立法者而独立存在，文本的含义对于读者而言，就成为需要学习、说明的外在对象，具有某种意义上的客观属性。围绕这些文本所形成的知识，就会被作为一个独立的知识体系对待，拥有法律文本知识的人，成为了一个独立的法律阶层。这个阶层同样具有垄断法律话语权的强烈意愿，并期待能够从中持久地获得稳定的利益。这里并不是指责法律阶层，事实上，法律阶层的存在，他们对法律话语强烈的支配意愿，导致他们在各种可能的情况与场合下都会手持法律的武器，与违反法律的行为进行坚决、勇敢的抗争。正因如此，托克维尔在《美国的民主》中，将美国的法律人阶层描述为类似英国的贵族，是一支维护人民自由的重要力量。这里要说的是，由于法律人垄断法律话语权的需要，他们具有天然地排斥他人解释法律的意愿，他们更希望以专业的态度对待法律。而这在我国，在有关法律的各种学说与理论的持续影响和塑造下，普通公众甚至人大代表在制度上都难以实质性地参与立法；在司法审判过程中，人民陪审员几乎无法发挥任何积极的建设性的作用。

站在实践的立场上，法学中虚构的普遍性知识以及知识精英对法律的垄断，所导致的后果是一样的，即对法律话语权的垄断与操控。

综上所述，从实践角度看，法律活动需要普遍性的观念作为其基础与支撑，但这个普遍性从根本上看不能完全依靠普遍性知识，而是要从人出发。实践是人的实践，实践活动总是具体的、社会的和历史的。重建法律中的实践主体，必须回归到对人的尊重上，而无论其是否具有知识。只有当法律走下知识的高贵的殿堂，回归常识与人心，才能得到公众的认同并在国家治理中真正发挥作用。离开了常识与人心的法律，是不可能成为法治的基础规则的。所以，问题的根本症结在于，法律是解决普通人社会生活中的现实问题的，不应该被作为一个高深的纯粹的知识体系和科学问题。尽管其中会涉及一些科学问题。休谟早已说明，认识指向的是客观世界，欲望才指向价值世界，两者之间不可通约。康德把人的认识活动分为感性、知性、理性三个环节，而在理性环节，面对的是认识不可把握的彼岸世界，需要依赖先天综合判断能力。这就否定凭借人的理性可以揭示的客观的普遍规律。无论是立法者，还是执法者、司法者、守法者，试图以科学的名义再次规划法治蓝图的意识，几乎都是延续了对普遍规律可知可控的高度自信。对于抱持这一观念的多数人来说，类似有美国法学家弗兰克所说的"儿童恋父情结"；而对于部分雄心勃勃的人来说，夸大理性、科学在法律实践中的作用，是实现自己宏伟的政治抱负和知识抱负的一条便捷之路。但是，对人而言，法律知识化、科学化的同时，人自身也就存在被边缘化的危险。从实践的主体，成为了实践中的"他者"。法律发展不再是千百万人为自己命运而勇敢抗争的记录，而是成了一个客观精神自然演化的过程，成为了一个外在于人的被体系化的"客体"演变过程，法治从世俗的秩序变成为英雄成就自己抱负的事业。

五、法律中主体的迷失

我们习惯于认为，中国历史上无限拔高道德的地位，讲究以德治国、道德大于法律，以至于人治传统长期延续。其实，这个说法并不准确。中国历史上的人治，不是来源于对道德的重视，而是源于将道德与私欲相对立，将整体凌驾于个体之上，所谓"存天理、灭人欲"，从而以所谓的整体性的普遍道德说教压制个体的道德判断与选择。鲁迅先生说，封建礼教是吃人的，就是这个意思。杰斐逊说：道德是专制之母，就是说在这种整体意义上的道德观中，个体是无法摆脱被压迫者的地位的。

法治的产生与发展，是知识论思想传统虚构的普遍性知识神话破灭的结果，同时，也是高度依赖和信任客观知识的结果。法律与知识的结盟，提高了知识在法律运行中的地位，也提高了法律人的专业能力要求，某种意义上，这也是基于对个别人作为人的人性本身的不信任。对个体的尊重，必然要求赋予个体对抗其他个体恣意妄为的平等权利和能力。然而，对后起的法治发展中国家而言，则又可能导致一种新的神话——法律的神话、法律作为客观知识的神话。对人性的不信任，在一定条件下，也会切断人的人格、生命、自我修养与法律之间的内在联系，努力把法律活动变成一个与人的品格、价值观无关的机械运动，致力于法律的"机械化""智能化""非人化"。这就从一个极端走向了另一个极端。

法律与知识的新型联盟，使人与法律的关系产生了双重可能性。一方面，祛除了各种凌驾于人之上的圣人、圣物等神秘权威，提升了现实的人在法律体系中的主体地位，使现实的人拥有了制定和实施法律的重要乃至绝对的权力，所谓

"三权分立",就是这些绝对权力在国家层面的分配体制。这也是科学启蒙的结果;另一方面,又弱化了人对法律制度的反思与批评能力。于公众而言,法律具有至高无上的权威地位,法律之上再无权威;于法律人而言,依法办事而非主持正义,成为工作的基本准则。法律是什么?为什么?诸如此类的问题,不再是一个重要的问题。换句话说,法律中原本处于中心地位的人,现在有可能在知识的挤压下,逐渐边缘化或迷失,被无人格的东西所替代。

这种情况的出现,有其合理的积极的一面。法律知识化的进程清晰明了地界定了法律的范围,促进了法律工作的职业化,有效地推动了各国法治的快速发展,提高了全社会的行为预期,限制了立法任性与司法擅断。在我国推进法治的过程中,法律被作为一个知识系统,也是符合我国法治发展的历史逻辑的,有重大的历史进步意义。随着法律的不断增多,需要人们掌握的法律知识也越来越多了,包括专门的法律概念、术语、制度在内,人们也需要学会接受一些过去不熟悉的做法,诸如严格的法律程序性规定。这些都很容易导致法律作为一种新的知识被看待和传播。在一定意义上,强调法律的知识性、客观性,可以大大减少我国长期的人治状态下对法律实施活动的人为干预,强化法律的权威和尊严,促进法治转型。

另一方面,我们对法律的知识性、客观性可能引发的新的诸多严峻问题明显缺乏警惕性和必要的防范。法律工作成了一种技能,"铁面无私"或许可以很形象地说明人们对法律工作者的道德期待。从事法律工作的人、涉及与法律事务相关的人(包括自然人、法人)等,都被要求必须摆脱个人意见,中立地站在法律的立场上,严格依据法律的规定办事,不偏不倚,客观公正。法官自然不用说了,当事人也必须依据法律维护自己的利益。在这样的背景下,我们面临着一个奇怪的现象:每个人都口口声声要依法办事,但"依法"的同时,"办事"的能力和效果却并不乐观,甚至相反。从整体上看,法律越来越多的同时,维护社会稳定的任务却越来越重;人们的道德水平、自觉意识并没有随着法律的增多而增强,在某些方面,还有所下降。更多的人以为,只要不违法犯罪,什么都可以干,包括诚信在内的社会道德水平严重下降。在法庭上向法官公然说谎,官员在媒体上面对公众一本正经地胡说八道,都得不到法律追究。谎言、懦弱、暴戾、放纵,不一而足。法律本来应该用于扬善惩恶,但现实中,善时而会成为"吃亏"的代名词,恶则成为"获益"的通行证。在这个体制下,因"路见不平、拔刀相助"而触犯治安管理法,因"见义勇为"引来无妄之灾,因依法奋力维权而被寻衅滋事的情形,时有发生;与之形成鲜明对比的是,有背景的、拳头硬的、脸皮厚的、要无赖的、不要命的、满嘴谎言的,在某些地方,往往在法律的名义下，在法律工作者的惯性思维或无意识的护佑下，反而混得风生水起，呈现出劣币驱除良币的恶性发展态势。

模仿西方法治发达国家的似乎十分精巧的司法制度设计，在现实中已经引发一系列的不公正的荒谬判决。这里还不是说那些显而易见已经被纠正的冤假错案，仅仅指的是"荒谬"的判决。例如，2006年广州的许霆案和2016年天津老太太赵春华非法持有枪支案。前者是因广州中级人民法院以盗窃金融机构罪名判处许霆无期徒刑，舆论以为量刑过重而引发了舆情；后者则是因被告人摆放气枪射气球的小摊而被判3年有期徒刑导致的舆论哗然，均属于引起大型公共舆论事件的典型案件。如果我们的法官稍微慎重一点，多接点地气，灵活变通一点，判决效果是否会更好？更有助于树立法律的权威？由于自动柜员机的错误，许霆基于贪念，窃取了银行约27万元人民币，法官依据刑法和最高人民法院的有关司法解释，判处他无期徒刑。这个刑期，比许多收受巨额贿赂的贪腐官员的刑期要高N倍，引发舆情，或属必然；赵春华老太太摆摊设点，街头常见的气枪打气球，从常识出发，断不至于剥夺人身自由。我不是责怪法官，我相信他们是依法办案的，但是，如此判决，违背天理人情，很难说不是中国法律和司法制度的耻辱。这两个例子是比较极端的，但也非绝无仅有。类似情况生活中其实比比皆是。例如，吃了点心，被检出酒精，而成为酒驾的；与同事拼车上班，被作为非法营运的；为外来务工人员子弟提供教育服务，被作为非法办学的；"新冠肺炎疫情"燃爆全国之前，向外界透露可能爆发疫情的医生被警方及有关部门"训诫"谈话，以及"平坟""抢棺""扒灶""拆房"；等等，都可以看到执法者的身影。执法者们心里只有有关规定（还不包括执法中的违法行为），对历史、文化、天理、人情与常识毫无敬畏之意。

法律以及执法、司法，不需要考虑人心吗？可以忤逆常识吗？可以践踏尊严吗？法律人可以不受良心、良知的约束吗？只要履行了法律手续，就可以任意妄为吗？如果是这样，我们为什么还需要法律呢？人们为什么还需要法治呢？法治在中国还有未来吗？法治信仰建立在良法善治的基础上。亚里士多德提出法治的两个条件或标准，一是普遍守法，一是所遵守的法律必须是"好"的法律。而判断"好坏""善恶"则是一种人的基本需要与能力。所以，他在讨论城邦政治问题的时候，提出了公共生活中的行为准则，提出了实践问题，即在公共生活中，人们应该从事的正当行为的标准。如果我们失去了判断"好坏""善恶"的能力，公共生活就会陷入混乱。解决这一问题的办法，自然就是要把人摆在公共生活的中心位置。所以，当我们讨论、推进法治的时候，同样必须以人为中心，把人面临的实践问题及其解决方案作为一个核心问题，才能形成以"良""善"为基础的法治，才可能以法治汇聚人心，构建一个新秩序。

我国法治建设之初，人的问题曾经也是一个中心问题。在党的十一届三中全会决定中，中央提出要"加强社会主义民主，健全社会主义法制"。当时的基本提法是：社会主义民主是社会主义法制的前提和基础，社会主义法制是社会主义民主的体现和保障。民主法制，相提并论，相得益彰，相互支撑。"实践是检验真理的唯一标准"大讨论的后期，我国学术思想界又展开了一场对人及其主体性问题的关注与热烈讨论。在法学界，这场全国性的大讨论也成功地推动了"权利本位"观念的普及，为法治确立了一个牢固的以人为本的思想基点。中国启动法治建设的主要动力来自于实践的需要，来自于人民群众对民主自由生活的渴望。经过40年的努力，我国法治取得了许多重要的成绩。保障公民权利、限制官员权力、维护司法独立、发展律师制度等先后成为法治建设的重头戏，刑事领域，罪刑法定、罪责自负、无罪推定等原则得以确立；产权制度方面，联产承包责任制、企业经营自主权、法人治理、两权分离、现代企业制度等，逐步过渡到现代企业制度；行政改革方面，依法行政、简政放权、权力清单、户籍改革、流动人口管理、法治政府建设、行政诉讼体制、国家赔偿制度等也已建立。可以说，法治建设的一系列突出成就，都与对人的权利的重视与保护是分不开的，也随着维护人的权利的各项制度的不断加强而渐趋完备。

遗憾的是，在我国各项制度逐步建立之时，法学研究快速转向了一个个技术领域，法学工作者逐渐成为了专业人士。法律在我国作为一个确定的知识系统，成为学习和实施的对象，实践的含义发生了根本变化。而作为实践主体的人就开始逐步从所谓的法律"实践"的场域中消失。在立法领域，立法体制、立法技术、立法程序取代了立法原则与指导思想，成为关注的重心。法学界从为什么而立法、立什么法转向如何立法。围绕立法目的产生的诸多问题都成为由政治家与各级领导决策的范围，法学专家演变成为类似技术官员，专职立法本身的合法性。所立之法是否解决了问题、是否促进了公众的福祉、是否切实有助于形成良好的营商环境退居其次。这就导致一个奇特的现象，法律、法规越来越多，立法数量成为衡量立法机关工作业绩的主要标准之一，但是，所制定的法律、法规的实际效果却很少被纳入考评范围，更缺乏相应的学术关注。在法律实施领域，严格执法、公正执法与依法执法相等同。执法、司法人员和相关的法学研究者不关心法律本身的目的，而是把重点放在法律规范、法律制度、法律程序的有关规定、文件、解释的含义的分析方面。法律自己成为了自己的目的，而本应该作为法律核心目标的人的价值关切乃至人本身都不见了。在司法领域，"死抠条文"成为一种铁的原则。每个条文的背后，本来都隐含有自己的故事及其中的人的期待，都有人们藉由法律希望达致的目标，这一点变得不重要了，只要符合法律和有关规定就好。看看法律工作者案头的书籍，大约就可以知道，我们的法学研究的重点是什么。法律是用来解决问题的，应该是人的目的的实现。而现实中，法律自己成为目的本身，法律实施被简单地认为法律自身的实现。法学研究本来面对实践需要，实践又涉及人的行为选择，所以，有的人甚至刻意将选择的正确性这一实践的根本问题悬置起来，将行为本身作为研究对象，成立了一个所谓的"行为法学研究会"，将其纳入行为科学的范畴之内。

法律的知识化、技术化、科学化，是法治产生和发展的重要标志，但是，只有在法律的目的清晰明确的时候，才能对人类发挥重要的积极作用。一个法律、法学工作者，专业技能与个人良知都是不可或缺的。丧失良知的专业人员，已经并正在继续给人类带来伤害、灾难甚至毁灭，如我们身边的假冒食药品；如用化学方式提炼冰毒；如制造足以毁灭人类的生化与核子武器，不都是知识拥有者的"杰作"？同样的道理，法律作为一个规则系统和制度体系，其知识性的内容也需要拥有良知的法律人来守护，服务于人类生存与发展的永恒目标。所以，离开人，法律作为一个单纯的知识系统，同样可能对人产生危险，甚至严重危险。

六、作为法律实践主体的人

法律活动中对作为主体的人的忽略，源于普遍性高于特殊性的可疑判断。作为法律实践主体的人，是生活中具有无限多样性、生命力顽强的人。普遍性与特殊性不应该是对立的关系，更不能将普遍性置于特殊性之上，相反，普遍性来自于特殊性，统一性以差异化为前提，必然性通过偶然性为自己开辟道路。如同经验知识来源于人的感觉器官一样。所以，法学研究应该积极地关注、描绘并揭示这种生活的丰富性与多样性，法律要维护充满个性的不同的人在法律实践中的主体地位，而不是致力于将丰富的生活框定在单一的僵死的逻辑体系的知识构造中。法律是以人为目的的，强调人是法律实践的主体，也就是强调法律需要在这种多样化的人的社会实践中，通过对多样性的尊重，对人性及其各种表达形式的关切，获得自己的存在及其意义。

在法治建设中，人们有一个普遍的共识，即制度要比人可靠，制度好，坏人也干不了坏事。这当然是对的。问题在于，如果大多数人对坏事都变得比较宽容，缺乏与坏人、坏事进行抗争的勇气、能力、智慧，那么，规则、制度容忍坏事的底线不会下降吗？即使有好的制度，还能发挥好的作用吗？可见，即使在法律的规范状态下，人追求正当行为的强烈意愿依然是不可或缺的甚至是决定性的。相对于个体判断的法律与制度，虽然具有一定的普遍性、一般性，仍然需要接受个体组成的公众行为选择的检验。

人是法律实践的主体。法律的实践性，就是指出法律与人性应该相通，要给予所有人平等关切，法律决定与公众的是非观应该一致；更要求法律人由心而生的"致良知"，把自己的生命实践与所拥有的法律知识紧密结合起来，致力于提升个人的内省、悟性以及驾驭法律知识处理问题的智慧和能力，法律人不仅要有良知，守得住底线，而且也要有熟练地驾驭法律知识实现自己有关良知的内心判断的行为智慧和能力。任何情况下，两者都应该是统一的，其中，良知都是第一位的，是首要问题，法律知识只是第二位的，是用于实现良知的。缺乏良知，任何知识、公器都会成为压制与伤害人的武器；同时，缺乏"致良知"的智慧和能力，良知就是纸上谈兵。

无论在现代西方，还是在现代中国，思想界对实践概念的重视，都与对个体生命活动差异性的关注密不可分。胡塞尔曾提出："认识论从来不能并且永远不能建立在任何一种自然科学的基础上。"① 维特根斯坦后期哲学集中于批评"对普遍性的渴望"。在他看来，从个别事物、事例中追寻普遍的、共同的本质的研究方法，导致为了弄清一个一般语词的意义，而寻找该语词在所有运用中的共同东西，把唯一能帮助他们理解这个一般语词用法的具体情况和个别事例当作不相干的东西。对一个词在不同情景下的使用上所展现出的差异视而不见。打球、下棋都是游戏，有一致的，有不同的，可以看出相似之处，形成家族类似。寻找共同本质的哲学研究，会使语言脱离生活、脱离具体情境而死亡，成为一种僵死的形式化的东西。与这种语言观对应的哲学只能是规范性的，而与家族相似的语言观对应的，则是描述性的。② 李凯尔特说，"当我们从普遍性的观点来观察现实时，现实就是自然；当我们从个别性和特殊性的观点来观察现实时，现实就是历史"。③ 卡西尔认为，人本质上不是生活在物理世界中，而是生活在由语言、神话、宗教、科学、历史、艺术等符号形式组成的"符号世界"中，所以，人是符号动物，生活在自己的意义世界中。④

对个体生命形式、存在方式的反思，也是人们关注人的自身存在的结果。康德的有关认识中，本体领域，本身就不属于知识的范围，不能用认知的工具来认识和把握，而必须回到精神领域，依赖信仰来解决。人们经常引用康德"头顶的星空"与"心中的道德律"来提醒自己保持对神圣之物的敬畏，但它们都是不可

---

① 埃德蒙德·胡塞尔：《现象学的观念》，倪梁康译，上海译文出版社1986年版，第35页。
② 维特根斯坦：《哲学研究》，李步楼译，商务印书馆2000年版，第47—48页。
③ 亨里希·李凯尔特：《李凯尔特的历史哲学》，涂纪亮译，北京大学出版社2007年版，第58页。
④ 恩斯特·卡西尔：《人论》，甘阳译，上海译文出版社1985年版，第33页。

被认知的。康德促使人们从自己的主观世界、从主体自身来解决自身的普遍性问题。这样，实践问题就回到了作为主体的人自身，依靠先验的"自由意志"来界定、推论与实践密切关联的道德准则，分析人是如何为自己立法的。康德思想中对人的意志因素的阐发，引起了后来者对人的生命活动的强烈关注，人们通过努力挖掘主体自身的因素，诸如欲望、意志等，来解决行为，也就是实践者行为选择的正当性问题。例如，叔本华继承了康德有关现象与物自体两分的思想方式，在《作为意志和表象的世界》一书中，他以人为中心，把世界分为表象的世界与意志的世界两个不同的世界。人所能认识到的一切事物，并不是客观、外在于人而存在的，而是人的意识中的东西，是人的表象，因此，意志才是世界的本质、万物的基础。理性、认识都是基于人的意志而产生的。生存意志，即活下去，是万物运动的基础。意志表示的是欲望，欲望又是无止境的，所以，从整体上看，人生就是一场悲剧。在他看来，我们不能在世界的外部看世界，而是应该走进去。只有走到自己的心灵中，才能洞察世界。之后的尼采，则把叔本华的生存意志改造为权力意志，认为人并不会满足于生存，还希望主宰世界，具有征服的强烈意愿。这个意愿支持着人们的行为选择。

形而上学和神学走下殿堂之后，科学技术对生活世界的殖民化再度危及人的生存意义和价值。在回应这种危机的过程中，尼采等走向了非理性主义，也就又走向了一个极端。实际上，无论人的活动中存在多少非理性的因素，在面对重要、重大的选择时刻，人们总是理性的，是基于自己审慎的思考而后决定的，在强意义上，这被称为"实践理性"，而在弱意义上，则被称为"实践智慧"。其实，这都是个人基于自己的判断而作出的选择。

实践理性所说的理性，是面向人的生命活动本身的，是在不断追问、实现自身存在意义的过程中形成的，也是永无止境的。在亚里士多德看来，现实的、实践的"考虑"的引入，表明人的现实存在主要是"实践的"而不是"知识的"活动。人的完善的存在形式，即人之为人的"形式"同所有现实事物一样，并不存在于人自身之外，而是内在于人自身之中。因此，人的存在主要不是去认知那个外在的"完善形式"，而是要通过自己的生命活动，把自己内在的"生命形式"予以实现和完成。人的存在样态也就不由人的"知识"程度决定，而只能由人具体的生命实现活动所构成。[1]康德自己也曾清晰地指出："只有凭借关切（interest），理性才能成为实践的，成为规定意志的原因。"[2]这种理性是人之为人的本质所在，

---

[1] 刘飞：《亚里士多德论实践理智与道德德性》，《当代中国价值观研究》2018年第6期，第13页。
[2] 康德：《道德形而上学原理》，苗力田译，上海人民出版社2002年版，第85–88页。

因为人是由自己选择出来的。人的"意志"与"欲望"不同,实践是自由意志的活动,是人基于自己理性主导下的"欲求能力"而作出的判断和选择。具有实践意义的选择,"知行合一"意义上的选择,不是基于人的"感性"的"欲望",而是理性的慎思。

人是生活在意义世界中的。法律是实践的,意味着法律是人们用来达到一定目的的工具。如果这个目的不能建立在追求普遍性知识的理性能力基础上,如果不存在超越个体的普遍的客观正义,那么,它就应该存在于每个人的心灵之中,来自于人们的主观的审慎的理性选择。这样一来,人是法律实践的主体,也就具有了两个层面的含义。

首先,法律是以人为目的的。法律实践,不是法律的实践,更不是法律的实现。法律的价值是依附在人的价值需要上的,离开了人,法律无所谓价值。所以,法律的实践,依然是人的实践,是人的实践活动的组成部分。一方面,法律实践是人的以善为目的的整个实践活动的组成部分,是关乎人的自身品格与德性的活动,需要在实践概念的总体框架下来加以理解;另一方面,法律实践又是对实践活动的丰富,引入法律因素,可以辅助、丰富、升华实践活动的内容和水平。法律是帮助人们作出正确、适当的行为选择的辅助工具和条件。由于法律的存在,人们作出正确、适当、正当选择的机会能够被大幅度有效提高。这也才是法治值得追求的根本原因。所以,法律本身的实现,在整个实践活动中,是一个从属性、辅助性的目标。不能将法律实践理解为法律的运用与实现,否则,就会将人这个实践主体从实践中抽离,将作为人的实践活动的法律实践,从主体的意志活动转变为客体的物理运动。

其次,作为法律实践主体的人,是无差别的所有人。是否能够作为主体,与其所拥有的权力、财富与知识无关。唯一的共同点,就在于大家都是人。在围绕法律而展开的活动中,由于人们的地位、岗位、法律知识状态等的不同,各自所发挥的作用也必定会有所不同。但是,他们都会面临共同的自身的实践问题,都需要在必要时作出各自的符合人性的正确行为选择。大法官的选择并不一定比缺乏法律知识的普通人更为正当、正确。事实可能恰好相反,大法官的选择之所以正确,是因为他与缺乏法律知识的普通人作出了同样的选择。法律是一项世俗的事业,是人们可以用于规范自身行为、升华自身品性的行为准则之一。与道德、习俗、宗教规范等,构成维系人的生活共同体的社会规范系统。所有的社会规范,无论是法律的或者非法律的,其效力都取决于社会成员对其的认可度与接受度,也即不是规范的制定者发布命令,强制人们服从立法者的目标这么简单的事情,而是帮助人们在生产和生活中更好、更便利地选择自己作为人的行为方向、目标及通往这一目标的道路。所以，法律不是军令，选择权在行为人自己手里。所有与法律活动相关的人，都拥有这一行为的选择权，都需要在作出选择时回答自己，这个选择是否符合人性的基本准则。

在帮助人们作出正确的行为选择方面，社会规范都具有重要的指导作用，但作用的能力、方式、途径等各不相同。从来源来看，社会规范大体是两类：一类是社会自生自发的，诸如习俗习惯、道德规范、宗教规范等；一类是法律法规等，经常是一部分人构想出来而施加于社会的。尽管所有的社会规范都是对个体选择的指引、辅助，但同时也是对其选择的限制。不过，这两类规范在与社会联系的密切程度上还是有所区别的，习俗习惯等本身就是在漫长的历史过程中基于人们的自觉自愿而形成的，植根于社会。比较而言，法律法规则更容易脱离社会而独立存在。所以，法律工作面临更为严峻的实践课题，必须深入社会之中，充分依赖社会成员，扩大法律活动的公众参与，把人作为法律实践的真正主体，才能使法律融入社会，作为社会规范而发挥作用。

总之，作为法律实践的真正主体的人，首先是普通人，是生活在常识、常情、常理中的有生命的现实的人，其次，他们中的一些人会成为法律人，法律人更要具有洞察人的生活常识、常情、常理的能力，并且还有能力实际地运用法律解决社会生活中的人性难题，是法律知识的驾驭者而不是被法律知识捆绑与束缚的人，更不是运用法律知识挑战生活常识的人。法律只有在融入人的生命活动之中时，才可能成为实践的重要力量。所以，把人作为法律实践的真正主体，法治就需要两个必备的前提条件：第一，法律活动要充分发扬民主，民主是法治不可动摇的前提和基础。离开了这一点，就会切断法律与人的联系，法律就可能不再是实践的支撑，而变异为与实践相对立的力量；第二，法律人要"知行合一"，这里的"知行合一"指的是，法律人不仅要有良知，任何时候，任何情况下，都不能丧失作为人的底线，而且要具备运用法律实现自己良知的能力与智慧，可以在复杂困难的情况下，找到解决问题的正确方法，作出正确的、公众心目中正当的选择。

结束语

法治的产生、存在与发展，是人类历史上最具有创造性的成就之一，大幅度地提升了人类判断自身行为正当与否的能力，促进了社会合作与团结。但是，法治能否实现，不仅取决于国家所制定的法律是否被尊重，更取决于法律与实践的关联度，以及制定和实施法律的人在制度上是否具有不容置疑、不容挑战的实践主体地位。

在我国的法律实践中，法律人和法学工作者通常比较关注的都是法律，甚至在做不到依法办事的时候，例如，不得不屈从于权力时，也都会把矛盾和困难归结于法律或者法律制度的不完善，很少从自身寻找原因。无可讳言，法律及法律制度的不完善，相对于人类发展的历史长河而言，几乎是必然的。也如叔本华所言，人的欲望是无止境的，无法根本满足的，但是，更为根本的原因则可能是，人们在记住了法律的时候，往往忘记了自己同时也是一个人，是一个需要在自己的工作中实现自己作为人的存在价值的人。把法律看成是一个高悬于自己头顶之上冰冷的规则体系，把自己的知识当成约束自己善良人性的界限，把自己"非人化"地定格于现状之下，变成一个没有生命力的历史的石子，忘记了历史是具体的、现实的，是由有生命力的人创造和书写的。

法律与实践是不可分离的，都是为了追求共同的人的目的。只有把自己作为一个实践者，法律人才能融入社会生活，找到自己以及自己的正确位置，实现自己的价值；法律也才能在社会生活中发挥自己的作用，显示自己的生命的活力；法治也才会成为值得追求的人类的事业。

（原载《浙江社会科学》2020 年第 5 期）

三

法律方法与法律思维

法律方法的性质与作用
——兼论法律的结构及其客观性

在我国大陆地区法界，法律方法是一个晚出且又引人注目的课题。①作为法律方法研究者，我们认为，存在一种专属于法律人的发现、提炼、分析、归纳、解决各种社会性问题与矛盾的方法。法律方法的存在，宏观上推动了法律职业者阶层成为一个独立的知识群体，这个群体以其特有的知识能力和知识结构，成为法治的中坚力量并推动社会的发展，建构社会的秩序；微观上，提高了法律人正确解决法律问题的能力。

我国大陆地区新兴的"法律方法"以及"法律方法论"在用词上不同于德国、日本及我国台湾地区法学界习惯使用的"法学方法论"，这并不是因为两者在研究领域上有什么不同，而是因为大陆地区的法学方法特指纯粹的法学学术研究方法，例如，唯物辩证法、比较方法、历史方法等，与对法律人的思维方式、推理方式、解释法律的方法进行的研究存在明显区别，因此，为了避免不必要的混乱，我国大陆地区学者有意识地将法律方法与法学方法区别开，进而展开对法

---

① 在我国大陆地区，法律方法研究受到法学界和法律实务界的普遍关注，大约是在20世纪90年代中期。在法学界，这一研究明显受到由台湾学者陈爱娥教授翻译的德国学者拉伦兹的《法学方法论》（台北五南图书出版股份有限公司1996年版）的影响；在法律实务界，大陆民法学者梁慧星教授在各级人民法院就"民法方法论"的系统讲授（后经梁慧星教授修改出版。参见梁慧星：《裁判的方法》，法律出版社2003年版），对法律方法论有极大的推动作用。截至2004年，已有两种有关法律方法的连续出版物（分别是由山东大学陈金钊、谢晖主编，山东人民出版社出版的《法律方法》，以及由笔者主编、中国政法大学出版社出版的《法律方法与法律思维》）。笔者于2001年、2002年分别组织召开了两届有关本课题的专门研讨会，来自海峡两岸以及香港地区的数十位学者和法律实务界的爱好者出席了会议（参见林端：《两岸法理学之石，可以相互攻错——参加第二届"法律方法与法律思维"研讨会有感》，载《法令月刊》[中国台湾]2002年第11期）；在笔者主编的法理学教科书中，"法律方法"逐渐独立成"章、编"（例如，《法理学教程》，中国法制出版社2000年版；《法理学》，中国人民大学出版社2003年版；《法理学教程》，中国政法大学出版社2004年版；等等）。这个研究运动兴起的背景，大体可以归结为大陆地区如火如荼的司法改革浪潮以及相关的研究，包括对法律解释、法律推理与法律论证等领域的研究。后来，受伽达默尔、吉尔兹、哈贝马斯、德沃金等当代学者的影响，法律方法论研究开始面对现代思想方式并逐渐延伸到对更为普遍的法理学问题的讨论。

律人寻求法律问题的正确结论的方法这一新领域的研究。

显然,法律人是"根据法律"发现并处理问题的,法律人的职业行为与"法律"存在密切的关系,所以,有关法律方法的观点,与我们对"法律是什么"这个问题的判断有关。关于"法律是什么"的问题,当代的学者分别从形式和实质两个方面作出了完全不同甚至对立的判断,[①]从而引发人们对法律方法的不同看法。因此,讨论法律方法问题,必然涉及我们对"法律是什么"这一问题的基本认识。鉴于此,本文虽然讨论的是法律方法的性质和作用问题,但是,为了说明笔者的立场与观点,同时也会涉及法律本身的性质问题。

一、法律方法的性质

法律方法的性质涉及两个方面的问题。第一,是否存在一个为法律人所独有或特有的法律方法?如果有,法律方法存在的依据是什么?第二,法律问题有没有一个唯一正确的答案?这一个问题隐含的问题是:法律是否是客观的?法律人的活动,是被动的"适法""用法",还是主动的"造法"?(即法律人是完全依据法律来处理问题的,还是并不局限于法律,甚至创造法律?)

在上述两个方面的问题上,长期以来,学者之间存在着截然相反的观点。就前一个问题而言,对立的意见主要表现在:支持者认为,近代以来法律逐渐独立于各种社会规范,成为一个独立的知识体系,所以,存在着独立的法律方法;反对者则认为,不存在一个统一的法律的概念,因为法律的内容是不确定的,所以法律方法也不可能独立存在。极端者甚至认为,法律方法是一种虚构的东西,是自由主义者用于粉饰法律、伪装法律的。他们认为,法律人不可能完全依据法律处理案件,由此怀疑和否定法律方法的独立性。就后一个问题看,有人认为法律方法就是被动地适用法律,也就是说,法律人的工作就是适用法律,寻求解决法律问题的唯一正确结论,类似于机器。[②]而相反的观点则认为,法律问题的解决方案不是唯一的。法律不是立法机关书写在法律文本中的东西,而是生活中实际存在的东西。在主张这种观点的学者看来,相信法官能够依法办案,是将法律和

[①] 关于什么是法律的问题,从形式的角度上说,其判断标准是程序性和形式性的,即观察它是否依据专门的程序出自特定的国家机构;从实质的角度上说,其判断标准则与一些实体性的准则相联系,例如,善、理性、正义、规律、上帝、物质生活条件等。参见葛洪义:《法理学基本问题的形成与演变——对法理学知识谱系的一种考察》,载《法制与社会发展》2004年第2期,第62页以下。

[②] 马克斯·韦伯的观点或许最有代表性。他把现代司法制度视作自动售货机,一头投入诉状和诉讼费,另一头就会出来判决和从法典上抄下来的理由。转引自科瑟著,石人译:《社会学思想名家》,中国社会科学出版社1990年版,第253页。

法律人神化的结果，类似于儿童对父亲的依恋。

这场争论在我国大陆地区不是一个纯粹的学理性问题的争论。事实上，由于我国大陆地区法治建设起步比较晚，法学界的主流意识是希望强化规则的治理，严格依法办事，必须制止法官滥用自己的权力任意解释法律。在这个思想指导下，最高人民法院，最高人民检察院，乃至全国人大常委会，一直高度重视法律解释工作，依据法定的法律解释权，维护法律的统一含义。持不同意见者则认为，这种对法治的迷恋，是一种法治浪漫主义在作祟，他们怀疑在中国推行法治的可能性，也怀疑法治以及法律在概念上的统一性，以为这些概念在不同国家和地区具有不同的含义，至多只是一种维特根斯坦所说的概念上的"家族相似"①。其背后似乎是对某种特定的话语霸权的反抗。因此，在有关法律方法问题的分歧背后，不仅有对法治的看法问题，而且还暗含着对政治权力垄断法律话语的争议。

不过，在学理层面，上述分歧又都可以归结为对法律的客观性问题的不同看法。②如果法律存在客观性，或者说，存在一个外在于法律人的客观的法律，那么，法律问题的答案就可能是唯一的，法律人就能够不折不扣地、忠实地执行这个法律；如果不存在一个客观意义上的法律，那么，法律人实际上就只能是按照自己的想法在工作，无论他们是否是以法律的名义，实际上都不可能在执行法律，而是以自己的方式活动并创造法律，法律问题也就不可能存在唯一的答案。这里涉及法律方法问题领域中最关键的，也是争议最大的问题之一——法的确定性。法律的客观性与确定性虽然不是一个问题，但是又有一定的联系。客观的东西通常是确定的，构成了一种确实的存在。对法律方法的各种质疑从理论角度看都是由对法律的确定性和客观性的质疑中衍生出来的，毕竟，确定的法律才可能提供确定的法律问题解决方案。所以，法律方法的性质问题又可以表述为：有没有一套客观确定的法律？法律方法是认识法律的还是实践法律的方法？在这个问题上，笔者想说明的是：法律具有客观的确定内容，但是，这个法律的客观性与确定性不是立法者赋予的，而是法律人通过法律方法逐步发现和创立的。所以，法律方法是一种实践法律的方法。

从发生学的角度看，法律方法作为一个知识类型的出现，与对法律的客观

---

① 法律文化研究中心：《法律的本质：一个虚构的神话》，载《法学》1998年第1期。
② 这里我们所讨论的法律的客观性是在一般意义上而言的。事实上，法律的客观性本身就是一个复杂的问题。意大利博洛尼亚大学的柏梯让（Enrico Pattaro）教授曾经讨论了三种客观性的含义，指出客观性既是一个有关主体活动的概念，又是居于主体之前并区别于主体的东西（参见 Enrico Pattaro, A Realist Approach to the Objectivity of Norms and Law, Associations-Journal for Legal and Social Theory, Vol.7, NO.1, 2003, P132, Berlin: Duncker and Humblot）。本文所说的客观性，主要是指独立于个别的认识主体的行为准则的属性。

性、确定性的认识是分不开的。在放弃了对实体性的法律的客观本质的追求后,[①]捍卫法律的确定性的责任在一定意义上就开始由语言来承担了,并反映在法律的法典化与文本化的过程中。法律是通过系统的文本形式来完成韦伯所说的向形式合理性的转变的。法律方法作为一个专有名词的出现,与西方近代以来的法典化运动是分不开的。

"法律方法"这个词是德国法学家萨维尼首先提出的,他在研究罗马法的过程中,开始讨论法律方法问题。他对各种法律解释方法的研究也是建立在对成文法的理解和说明的基础上的。在我国大陆,法律方法的研究同样是从民法学界开始的。"法律方法"第一次在我国大陆司法界产生较大影响,就是因梁慧星教授在最高人民法院就"民法方法论"所作的系统讲演。另外,我国台湾地区学者有关法律方法的著作,也多多少少和民法典有关。这不是偶然的。法典化最经典的作品就是民法典,从罗马法,到法国民法典,再到德国民法典,每一个法典都比前一个法典更精细,更加专业化,理性化程度也更高。法典化运动同时推动了法律的文本化,也就是说,所有的法律都必须以一定的官方的文字以文本的形式记载。[②]资本主义不仅促进了经济领域的市场化,而且在政治领域创造了一个庞大的与社会相分离的国家机器,国家变成了公共权力机构。这个政治上的被霍布斯称为"利维坦"的"庞然大物"是通过制定法律来加强自身权力并控制社会的。更应该注意的是,国家与社会分离的背后是"理性"的权威(理性霸权)的确立,是人对自身规范、控制社会的能力的自信心的提高。在这种观念背景下,出现了法典化的法律。民法典这种高度系统化、整体化的法典在推动社会发展的同时,也推动了忠实于法典文本的职业法律家阶层的出现。法律方法最初是被作为适用法律、执行法律的方法,这个认识的前提就是把法律本身当成一个独立的知识体系,而民法典恰好提供了这样一个知识体系。

法律的文本化、法典化支持了法律的客观性与确定性,但是,也同时预设了法律的客观性与确定性以及未来法律方法研究的困境。当我们用于衡量法律的标准变成国家标准,即观察它是否出自某一个特定的国家机关,是否属于国家认定的具有法律效力的规范性法律文件时,我们就是用形式意义上的标准取代了实质

[①] 葛洪义:《法理学基本问题的形成与演变——对法理学知识谱系的一种考察》,载《法制与社会发展》2004年第2期,第62页以下。
[②] 这与我们以前所描述的法律其实是不一样的。以前的法律能是非常分散的,在一个国家中可能存在许多法律。比如,伯尔曼的《法律与革命——两方法律传统的形成》(中国大百科全书出版社1993年版)中所描述的法律经常是不同的法律,比如教会法,世俗的法律占的位置较小,大部分是行业习惯法。又如,有关商业的法律与有关其他生产生活领域的法律都是分开的,没有一个统一的大法典,这种情况伴随着资产阶级革命的结束而结束。

意义上的标准。这一方面为人们用精确、明晰的语言文字表述法律,推进法律的公开性,消除法律的任意性,提供了一个重要的制度;另一方面,语言固有的局限性和社会生活本身的复杂性可能又被过于简化,从而引起了持续了一个世纪的对法律实证主义的批判和批评。法律现实主义、美国的社会学法学、欧洲的法律社会学、美国的批判法学、经济分析法学等,都纷纷指出实际生活中的法律并非如此简单。① 在这样的语境下,法律的确定性几乎成了一个笑柄。与此相关,围绕成文法的适用而形成的法律方法学说,虽然依然可以在欧美大学的法学讲坛上讲授,但是其影响力已经日渐式微。可见,形式主义的文本标准虽然为法律提供了前所未有的确定的尤其是统一的含义,但是,它并没有从根本上解决法律的客观性与确定性问题,也就无法为法律方法提供足够的支持。

对法律的客观确定性与法律方法的批评,尽管包含着诸多积极因素,但是,也同样面临一个尖锐问题:如果法律是不确定的,法律不存在客观标准,那么,法律还有存在的价值吗?有秩序的社会生活还可能吗?我们又应该如何解释法律给社会生活带来的安宁和秩序呢?我们承认,立法者提供给公众的法律文本本身并没有就法律的确定性给法律人和公众提供足够的信息,所以,后者也确实无法依据这个文本不折不扣地执行法律。可见,对法律的客观性与确定性的追求,不能完全依赖立法者,也不能依赖掌握法律文本控制权的最高权力机构,而要转向求助于法律人的集体性民主实践,从法律方法中寻求解决方案。换言之,我们不能根据这个文本的不确定性就进而否定法律的确定性和客观性。我们应该关注的是,这个文本已经提供了什么。对此也有两种不同的态度:一种是基于法律文本的不确定性,将法律人的行为彻底语境化,甚至任意化;另一种同样意识到法律文本的局限性,但是高度评价这个文本提供给我们生活的世界的确定性(虽然没有达到一种理想境界),并积极寻求更多的建设性方案。这两种态度导致了对法律方法的完全不同的两种看法:前一种态度是消极的,否认法律方法的存在;后一种态度是积极的,寻求一种更合理的对法律方法的解释。

法律文本身确实是不够确定的,但它至少可以为现存的法律现象提供一个大致的描述。我们已经借助文本找到了一个解决问题的基础,我们取得的一个进展,也就是发现了法律方法的重要性。有人因为法律文本受到了怀疑,也怀疑法律方法的存在,而笔者恰恰相反。笔者认为,法律方法正是因为法律文本受到了怀疑才显得更加重要,因法律文本只有和使用这个文本的法律方法相结合才能共同推进法律的确定性,揭示客观的法律。原因在于,是法律的内容决定着法律方

---

① 有关前述学派的介绍,参见张文显:《二十世纪西方法哲学思潮研究》,法律出版社1986年版。

法的独立性及其性质，而不是法律的形式即文本。法律的内容就是人们正当行为的标准。所以，如果从法律的内容角度看，法律的性质就不是一个认识的问题而是一个实践的问题；不是一个纯粹理性的问题，而是一个实践理性的问题。法律是在人们追寻自身行为的正当标准的长期过程中建构起来的。[①] 法律方法则是一种伴随着法律的国家化、官方化、正式化而出现的由法律人主导的依据实践理性发现和创建法律的方法。

实践理性包含实践和理性两个层面的问题。法律既是实践的又是理性的，缘于法律人本身作为一个理性的实践群体的存在。实践总是和一定的具体的经验、具体的语境结合在一起，反对以往出现的把人作为一个抽象的人看待的观点，比如康德那样，把人作为一个先验的人，或像宗教那样把人作为超验的人。把人作为抽象的人进而判断人的行为的正当性，必然把法律作为一个纯粹的认识对象，把法律人作为单纯的认识主体。但是，法律世界中的人都是经验的，法律人不是站在法律之外的局外人，而是生活于法律之中的经验者和实践者，经验中的人都是有缺陷的，只有超验的和先验的人才是完美的，所以，我们需要一种民主的法律实践机制，让所有法律的实践者都能够在一定的制度框架内参与法律的建构过程，为法律人理性地处理法律问题提供一个制度平台。法律方法正是在这个意义上成为一个重要问题的，它是一个民主的国家制度和话语体系的有机组成部分，也是其推动力量。

法律方法是由法律的内容决定的，也就是在实践理性支配下建构起来的。理性判断必须根据一定的标准和原则进行，法律人的选择和判断必然依赖法律。文本意义上的法律对法律人的工作当然具有重要的指导意义，是法律人进行选择的重要标准，但这个标准又不是唯一的，而仅仅是文字文本上的，所以，法律方法的存在就可以使相对僵化的文本意义上的法律向不断运动变化的充满生机的社会保持开放，使其保持一种创新的活力。

二、法律方法与法律的结构

如果我们把文本中记载的法律称为"主观"的法律，把生活中实际存在的法律称为"客观"的法律的话，就可以看到，当我们追求法律的客观性的时候，实际上就面临着法律文本和法律之间的关系问题，或者我们可以称为法律和法律渊源之间的关系问题。这个关系，也就是法律的结构。法律是由不同层面和要素构成的，从结构角度看，它们相互之间所产生的关系对法律实践发生着整体性影

[①] 葛洪义：《法与实践理性》，中国政法大学出版社2002年版，第86页以下。

响。法律的客观性存在于法律的结构之中，需要依赖法律方法加以揭示。

法律文本或法律渊源的不确定性并不能作为否定法律的客观确定性的理据。我们不能把法律文本作为观察法律的单一对象和记载法律的唯一形式。法律是被生成的，而不是被创制的。制度化的法律在实践中还需要一个再制度化的过程。① 法律实证主义者习惯上把法律文本中记载的东西当作法律的唯一表现。他们认为，法律是否为法律，在形式上一定要有一个确定的标准，以此维护法律的确定性。对于这个标准，法律实证主义者内部有不同的观点。奥斯丁认为，需要观察法律是否出自于主权者②；凯尔逊则主张，依据法律是否出自于更高级的规范③；哈特教授的标准是依据承认规则进行判断。他把规则分为主要规则和次要规则，在次要规则中有一个承认规则，就是判断别的规则是否具有法律效力的规则。当然，他不得不承认，承认规则所确立的规则在典型含义上是明确的，在边缘含义上则是不明确的。所以，法官在特殊的情况下，在法律规则的边缘含义比较模糊的情况下，具有自由裁量权，并把这称为法律结构的开放性，也有人翻译为法律的空缺结构。④ 哈特教授始终坚持一种主体性的立场，强调法律是否是法律，必须依据官方权力加以确定，即使为此牺牲法律的确定性也在所不惜。哈特教授的理论等于为法官的自由裁量权提供了一个窗口，留有了一定的余地。这个"余地"受到了另一个法学家——美国的德沃金教授的批评。后者认为哈特教授只把法律规则看成法律，而不把别的比如法律中还应包含的原则和政策看成法律。原则和政策在规则含义不明确的情况下，可以起到限制规则适用范围的作用。所以，法律规则的含义不清楚，并不必然导致法官滥用自由裁量权。⑤ 哈特教授与德沃金教授的分歧，表面上看，似乎是围绕法官的自由裁量权问题，实际上则依然是法律的客观性与确定性问题。不过，他们对法律的客观确定性的讨论已经突破了文本的界限。

哈特教授认为，法律规则的典型含义是明确的，法官的权力也是明确的，从这个意义上说，法律是确定的，但是，承认规则在赋予法官权力的同时，也赋予了其自由裁量权，进而意味着法律问题有时并非只有一个答案。

德沃金教授则认为，法律问题的答案具有唯一性，只有具有唯一性，才是值得人们追求的东西。他同意哈特教授关于法律规则的典型含义是确定的这一观

---

① 葛洪义：《论法的生成》，载《法律科学》2003年第5期，第65页以下。
② 约翰·奥斯丁：《法理学的范围》，许章润译，中国法制出版社2002年版，第13页以下。
③ 凯尔逊：《法与国家的一般理论》，沈宗灵译，中国大百科全书出版社1996年版，第141页以下。
④ 哈特：《法律的概念》，张文显等译，中国大百科全书出版社1996年版，第1页以下。
⑤ 德沃金：《认真对待权利》，信春度、吴玉章译，中国大百科全书出版社1998年版，第40页以下。

点，但他不认为法律规则的边缘含义就一定是不确定的。在他看来，法律规则的边缘含义即使是不确定的，也有法律原则和政策可以弥补。由于法律原则的存在，法律整体上就是客观的，从而可以建构一个"法律帝国"。①

从哈特教授与德沃金教授的争论中大体可以确立一个思考这个问题的新的思路。法律规则本身的客观性不是由法律文本来保证的，而是由法律来保证的。而在法律中，则不是完全由法律规则保证的，而是还可以由规则之外的东西来保证。那么，这些法律规则之外的因素如何能进入一个制度之中对法律规则本身的模糊性起到一定的限定作用呢？即什么样的东西在指导着非典型的边缘化问题的解决呢？显然，这必须依靠法律人的作用。正是由于法律人的存在，在面对复杂的法律文本规则规定之外的边缘化法律问题时，人类还能够寻求法律问题的正确解决方案。

为什么需要人来解决有关法律的边缘化问题呢？这是因为法律规则存在一些模糊之处，需要进一步明确其含义。这也是哈特教授所谓法律规则的开放性所表达的。在一个假定的法治的场景中，任何问题都必须存在最终通过司法方式解决的可能性，在此情况下，法律规则的开放性决定了法律规则之外的一些因素，例如，原则、政策、习俗、道德等，也有可能进入被国家制度化的正式法律体系之中。这些因素从表面上看彼此是独立的，但是，由于法律人的存在，由于法律必须由人实施这一事实的存在，由于问题必须由司法机构解决这一假定，而相互联系在一起，使之成为一个相互作用的整体。所以，法律方法正是在这样一个复杂的动态的社会现象中，具有了存在的意义和价值。它要求我们必须以结构化的整体的观点看待法律，无论是把法律分为正式的法律和非正式的法律，"纸上"的法律和"生活"中的法律，还是像德沃金那样把法律进一步区分为法律规则和法律原则，法律都是一个由特定要素构成的统一整体。从而，法律人被赋予了一种重要的职责——根据法律处理案件，而不仅仅是根据法律的文本。所以，法律人必须善于发现法律，而不是照搬现成的法律文本。

为什么人又能够解决有关法律的边缘化问题呢？同样，必须假定在一个法治的场景下，所有的问题都必须依据一定的客观标准而不是法官个人的价值观念加以解决。在法律文本不足以提供法律内容的客观确定的信息的前提下，法律人依靠什么样的客观标准和确定的知识解决法律问题呢？为什么他们又能够客观地解决问题呢？这是因为法律人用于解决法律问题、进行法律推理和论证的知识以及形成于特定知识基础上的标准本身具有一定的客观性。首先，人都具有历史性。

---

① 德沃金：《法律帝国》，李常青译，中国大百科全书出版社1996年版，第201页以下。

这是指人用于解决具体问题的知识具有历史性。在人学习的过程中，他首先所学习到的知识都来自其身边所亲近的人。我们无法和自己的历史隔绝，因为我们所学到的一切社会生活知识都具有历史延续性，是我们祖辈遗留给我们的东西。历史性就意味着整体性，意味着一种社会团结。具有相同历史背景的人有一种整体的内在的联系，比如，信奉共同的宗教、共同的道德、共同的习俗、共同的法律等。其次，人有社会性。这是因为人生活在一定的社会中，现实的社会关系一定会对具体的现实的人有所制约。现实的社会关系不一定完全是凭借历史建立起来的，比如，人与人之间具体的利益关系。每个人实际上生活在一定社会关系中，在当下的语境中，必然产生一些世俗的需要。人的社会性意味着，人要和别人交往，同时又有自己的独立的需要，既有历史感同时又有现实的需要。最后，人还有整体反思性。这与人的社会性和历史性是分不开的。历史性本身就意味着一定的整体性。历史性讲的是历史联系，社会性讲的是社会联系，是基于特定的社会关系形成的。现代社会中，人与人之间的关系主要依赖分工而形成，分工造成了人和人之间相互的需要和依赖，但这种相互依赖的前提就是每个人的生产既是为自己也是为他人。所以，人的整体性意味着人具有一种自我反思的能力，人能够反思自己的历史联系和社会关系，从而具有超越自己的历史性和反思自己的社会性的一种整体性。因此，人不仅是被历史所决定的，不仅是被动地作为历史的奴仆或是历史的结果，人还希望创造新的历史。人的生活中既有具体的利益和需要，又充满着理想、期待和追求。人有理想、有期待，就必然以一种整体的眼光来指导具体的行为选择，如康德所说的在"头顶的星空"和"心中的道德律"指引下行动。人是历史性、社会性和整体反思性的统一。法律人从事自己的法律职业时，会考虑到自己的历史因素、历史传统的影响，也会考虑到现实的社会关系和社会需要，同时，还会考虑到自己的人生信条。一个法律人必定是这几方面的集合。① 法律人在法律不清晰时，并不必然就是随心所欲地自由裁量，他们被自

---

① 当然，我们还不应该忘记，法律人之所以为法律人，就在于他们是法律职业与法律制度的"内部人"。法律规则的含义明确时，法律人必须依据法律处理问题，这是一个法律人最起码的职业道德。但是，当法律没有明确规定时，法律人自身潜在的历史性、社会性和整体反思性则制约着他们对行为的判断。这就为法律人在实践理性指导下解决法律问题提供了一个良好的机制。法律人具有一种法律职业的归属性，这决定了他们是以正式的法律制度的内部人的角度来看问题的，是"内部人的视角"，也有人称为"内在视角"。法律人经过了系统的学习和训练，形成了自己的工作方式，这个工作方式势必会约束他们的行为，使他们在处理问题时，处处要考虑到制度的约束，考虑到规则的限制。同一个问题，制度内和制度外的人看问题的方式可能是不同的。所有受过正规法律教育的人在碰到法律问题的时候，他们往往想到的是依据法律怎么办，而"依据法律处理事情"这个提法本身就可以限制他们用别的方法处理问题。

己的三重属性所制约。所以，他们的所作所为是由他们自己的知识所决定的，而这个知识体系是相对客观的。

诚然，我们不应该忽视具体的社会现实对法律人的影响。正是因为具体的社会性因素的影响，才会出现司法腐败现象。由此，我们必须面对的一个问题就是：如何建构一个"好"的制度？一个好的制度应该约束法律人的行为选择，使其必须归复整体性。国家的制度设计就要刻意避免法律人履行职务活动的任意性。如果制度设计得好，人们就可以依据一个具有相对客观性的法律解决问题，人本身是具有依赖这种客观性标准的条件的。当法律文本存在一定的模糊性时，人的客观知识足以限制甚至克服这种模糊性。问题仅仅在于：第一，我们是否要求法律人这么做，是否为他们进行正确的选择提供了必要的制度条件和机制？第二，法律人是否拥有如此行为的专业知识和技能，即是否发展出了一个成熟的法律方法？所以，法律人的法律方法绝不仅是解读法律文本的方法，更不是被动适用法律文本的方法，而是对文本进行的一种创造性的解读。创造的依据蕴涵在更深刻的社会背景下，蕴涵在存在于这种更深刻的社会背景下的客观的法律基础上。这就是我们强调文本意义的法律要和现实生活中的法律区分开的原因所在。

由此可见，法律方法与法律的结构联系密切。只要我们不再将自己关于法律的认识局限于立法机构乃至官方法律文件文本中，一个良好的制度将可以保证法律人在法律推理、法律解释的过程中，揭示法律的客观属性，维护法律的确定性。结构性的法律的存在是法律方法存在的必要的前提，熟练的法律方法则可以使法律原本分散的内容和要素实现整合。

三、法律方法的叙事功能

如果说，一个良好的制度是保证法律人认真履行职责、切实依法办事、维护法律统一的必要条件，那么，法律人的法律方法如何能够阐释一种客观意义上的法律并保证法律的统一性？什么样的制度才是"良好"的呢？答案是：一个确立了话语的权威并能够保证充分说理的制度。

法律最重要的属性就是说理。由于以往的法学教科书过于强调法律与国家之间的联系，并且把强制作为法律的最重要和最基本的属性，所以，人们往往认为来自国家或者主权者的强制法律实施的属性就是法律的根本属性。这是法律的国家化的一个副产品，它掩盖了法律的另一个更重要的属性，即正当性。法律的正当性是依靠话语的力量建构起来的，所以，说理性也就成为法律的重要属性。从根本上看，法律的强制是为了保证说理活动正常进行而采取的有特定限制的强制，在这个意义上，法律方法就是一种说理的知识和技能。正是因为法律的说理性，法律才成为以话语权威为基石的民主社会的重要保证，民主与法治才可能密切联系在一起；也正是通过说理活动，法律发现、法律推理、法律解释、法律论证等具体的法律方法，才具有了发现与整合法律的功能。

法律方法是以法律的客观存在为前提的，它所要阐释的"理"应该是客观的，为人们所共享的，对说者和听者都是"理"，否则，道理就很难具有说服力。但是，这个客观存在的"道理"又不同于自然规律，不是外在于人的有待人认识的一套行为准则，而是在人们长期的共同生活的过程中积累起来的有关行为正当性的知识。例如，诚实信用是人的一种重要的行为准则，也是所有法律的基本准则，还是评价人的行为正当与否的重要标准。它存在于我们这些个体生命诞生之前，从这个意义上说，它是客观的，不以我们的意志为转移。但是，在我们的生命存续期间，我们又不是外在于这个准则的，而是终身需要实践它。立法者尝试将它规定在法典中，司法官员试图在一系列复杂案件的审理中贯彻它，普通公众在社会生活中遵循它。我们用它来指导自己的行为，也用它来评价他人的行为，尤其重要的是，我们还通过自己的生活实践，进一步丰富和发展诚实信用准则的内涵。每一个有关诚实信用的案例，都是对诚实信用的新的解读。所以，我们一方面可以说，每个人都在实践着一整套正当行为的准则，也可以说，我们同时还在发展着我们的行动准则。这些行为准则，对行动者个人来说，应该是客观的，同时又是可选择和改善的。

任何对行为准则的理解和发展都是通过一定的社会交往行动进行的。行为准则和行为规范不是个人性的知识，而是集体性的共识。一种行为正当与否，取决于特定社会群体的看法和评价。一个理性的计划与他人维持良好关系的人，在采取行动之前，通常都必须依据对特定制度和社会环境下周围人群对其行为可能的态度的预测决定自己的行为。所以，具有历史性和社会性的个人，在阐释自己对行为的正当性标准的看法与观点并决定自己的行为时，总是在力图说服他人接受自己对行为的正当性的见解，使个人的行为准则成为普遍的正当行为的标准。所以，对于什么行为才是正当行为的问题，答案只能是：特定群体普遍认为正当的行为。同时，由于正当行为的标准是通过反复的诠释和解读逐步确立的，所以，社会交往的机制就深刻地制约着人的行为的正当性标准的内涵。

法律人也是如此。孟德斯鸠说："法官是法律的嘴"。法官确实拥有解释和宣告法律的特权，但是，法官同时必须陈述其道理；法律的确是通过法官的嘴讲出来的，通过其手书写出来的，但是，法官的话语活动不是单方面的，而是双向互动的，必须获得受众一定程度的认可。如同日常交往活动中说者与听者互相规定一样，独立的说理的法律人同样也是与受众互相规定的。他们必须区分不同对象，因为对象的不同决定了他们说理的内容和方式的不同，他们不能撇开对象，自言自语。在这个意义上，法官与其交流对象之间就构成了互相制约、互相规定、互为主体的关系。法律人的交流对象，即他们要说服的对象大体可以分为三类。第一，法律职业群体。法律人的道理必须首先争取业内人士的认可。在我国，律师和检察官的道理要能说服法官；法官的道理要能说服检察官和律师；法官的道理还要能说服合议庭其他成员、庭长、审判委员会成员甚至院长。上述关系中，说服是必须的。同时，法律人的道理还需要得到法律专家和法学学者的普遍认可和支持。第二，社会群体。法律人不是工作、生活在一个纯粹的法律制度中的，他们还被其他的社会关系所制约。这些社会关系与特定的政治制度、经济制度、社会制度、思想文化体制存在密切关系。例如，在我国，法律人还必须考虑说服政治与行政体制内直接或间接的领导人，必须考虑说服社会公众、争取舆论支持。当然，亲友的评价也并非无关紧要的。第三，"未来的人群"（即所谓经得起历史检验）。法律人的职业成就来自于他们所作的判断对历史和社会的贡献、对未来发展的预测，所以，他们必然需要谨慎地、认真地对待自己的所作所为，为自己的行为承担历史责任。在上述三类说理关系中，法律职业群体内部的说服工作是首要的。法律人首先面对的说服对象是业内人士，而且，他们还必须通过同行的判断，检测自己的判断的正确性。在特定的时空范围内，法律人是通过接受共同的法律知识后履行相应职务的，所以，他们的道理是与特定的法律及法律制度联系在一起的，他们属于同一个职业共同体，而且，在法律工作中，法律人掌握着法律制度内的话语权，制度外的人的意见一般不会起决定性的作用，必须通过体制内的人发挥作用。所以，法律人必须相互说服，在说服的过程中互相博弈并达成共识。由于法律的话语权力是和法律人的专业背景及专业知识的构成相互联系的，他们相互之间也比较容易形成共识。而共识的基础则是客观存在的行为准则和行为底线。

法律方法是法律人说理活动的特定形式。法律人是通过法律方法发现法律问题、提炼法律问题和解决法律问题的。所谓"发现"就是寻找法律问题。问题不一定都需要通过法律解决，法律人需要根据法律判断一个问题是不是应该纳入法律制度的范围内解决。"提炼"则是对发现的问题进行分析、归纳、分类，必须把问题划归到一定的类别之中才能便于解决。法律调整的都是同类的问题，必要的分类是将问题纳入法律制度的轨道中加以解决的又一个前提。法学家的雄心其实就是把世界上所有问题都纳入法治的轨道，用法律的方式解决问题，即用话语的力量解决问题，最后就是依据法律"解决"问题。法律方法就是以上各个环节的总和。这个过程中的各个环节都与说理存在密切关系，是法律人说理的特殊形式。正是通过上述环节，法律人才能向同行、社会公众、当事人以及其他说服对象证明自己的判断是正确的。所以，法律方法也可以说是一个理性的说理机制，是在一定的制度框架内用专业方式及法言法语讲述的。

基于上述原因，法律方法的合理使用与理性的法律意见沟通制度是分不开的。法律意见的充分交流依赖着一定的法律制度。制度的设计首先必须保证所有制度内的法律人都能够充分表达意见。一个人可以对结果持保留意见，但是，其必须拥有陈述意见和反驳他人意见的充分权利，这才能使正确的哪怕少数人的意见有可能成为多数人的共识。其次，必须保证多数人的意见能够支配决定的形成及其内容。民主是法律的精髓。作为与话语权威并存的法律权威，只能存在于一个民主的制度中。法律在民主制度中才有生命力，才能够发挥最大效用。所以，制度设计必须保证尊重多数人的决定。再者，必须保证体制内的决定及其决定过程向社会公开。规则最初和最终都是社会的，所以，不应该也不可能由某个专业集团完全垄断，而是要在更广泛的领域内进行交流与沟通，促使体制内外的对话与协商，既保证社会对法律机制的监督，又促进法律从社会吸取力量和养分。

可见，对法律人集团内部人的说服，并不意味着其他说服对象就不重要。事实上，由于法律人最终需要解决的是社会问题，包括政治、经济、日常生活等领域的问题，所以，他们必须说服有关当事人及与案件、事件相关的潜在的利害关系人（例如，在我国，一个案件的处理结果可能影响地方政府和党组织领导人的利益）。当然，在这时，法律人就必须借助日常语言展开说服工作，律师制度在一定意义上承担了这一职能；同时，由于所有需要解决的问题都存在争议当事人，处理结果就具体的当事人的主观愿望而言不可能是所谓"双赢"的，所以，法律人对争议的处理还必须借助某种宏大叙事（说理活动总是以一定的宏大叙事为背景），反过来，他们当然同时又在推动和丰富某种宏大叙事。在法治社会，依法办事本身就是一种宏大叙事，不过，法律还依赖更宏大的叙事。宏大叙事蛰伏在法律文本语言和日常语言之中，法律人的说理活动也就是对宏大叙事的展开和发展。

在一定意义上，法律实际上总是在叙事。如果我们不是把法律作为一种孤立的立法机关的文件，而是作为千百年来无数法律人的实践活动，我们就可以发现，无论是在我国还是在外国，各种类型的法律文本，包括立法文件和司法判决以及其他法律文书，各个法律人撰写的各种形式的文字文本，包括回忆录，都在陈述各种各样的有关公正、正义的故事。法律人就像是在共同撰写一个气势恢宏的法律的故事。

表面上看来是孤立的一个个的案例，其实有着一个统一的主题和旨趣——

告诉人们什么是正确的以及什么是不正确的,讲述的是一个个是与非的故事。这就是人类通过法律来表述的东西,法律史就是由这个主题构成的。我们从历史中发现了贯穿于其中的主题,所要做的就是继续延续这个主题,把故事延续下去。当然我们可以加上自己的认识,不断地改造,不断地发展,进一步地完善这个主题。法律人所运用的法律方法实际上就是在强化这样一个故事,是由职业的法律家来做一种历史的叙事,来讲述新时期的法律故事。若从这样一个角度观察法律,就是把法律的过去、现在和未来联系在了一起,所以,法律构成了一个整体。在这个整体中,每个法律人都扮演了一定的角色,这个角色的功能就是进一步巩固这种整体性。法律人的法律方法是和法律的整体性联系在一起的,夹杂着法律人对未来的法治、对人的生活的一种特定的信念、理想和憧憬,推动法治成为一种强势话语。这也就是法律方法的根本作用,即维护法律与法治的统一性,推动法治的进步和发展。

我们的讨论现在面临的最后一个问题是:由于我们把法律人界定为具体的特定经验领域的人,那么,经验的人都是有局限性的,他们如何能够把握"客观"的"普遍"的法律呢?这个问题还是需要回到法律与实践的关系上作答。法律是实践的,实践本身就具有一定的叙事功能。因此,在我们看来,法律的客观性不是真理意义上的客观性,而是共识意义上的客观性。客观与否的标准是从人的交往活动中产生出来的。交往能够进行的前提是交往者必须遵守相同的交往准则,否则,社会将无法存续。从经验的角度看,人要愉快地生活,就要遵循人际关系规则。同时,规则又是在一定的社会交往过程中形成的。一定范围内的特定人群世代延续,支持和支撑着他们的是一定的生活理想。经过了一定的社会交往之后的人们之间形成了一种对特定行为标准的共识。在历史上,越封闭的地方,固有的行为准则可以说就越权威、越确定。这种情形大到国家,小到村落、人群都会存在。这种封闭一旦被打开,走向一个开放的世界,人们交流的范围就明显扩大,交流机会就越多,达成共识的对象的范围就会越大,就能够形成更为广泛的法律的共同的客观基础。所以,规则是可以变更和修改的。在古代社会,人们通过无意识的自发行为促进共识,而在当代社会,则需要通过制定一定的法律、制度和程序,通过协商来修改、发展和完善规则。这种制度和规则就是在这样一种过程中形成的。从这个角度看,法律不是由哪一个人所创造的,而是在人与人的交往过程中形成的。每个人,特别是每个法律人,在一定意义上,既是法律的传承者,又是法律的缔造者。所以,尽管法律文本中的规则不能够完全提供法律的客观性和确定性,但是,文本中所表现出来的规则,是为社会生活中更深层次的规则、更深刻的客观规则所左右和制约着的。法律人的历史责任就是通过法律方法在关于法律的宏大叙事中书写上自己的贡献。

　　综上所述，法律方法就是法律人所独有的依据法律发现、提炼、解决法律问题以推动法律发展的方式方法。当然，我们对问题的讨论明显带有一种理想的色彩，论证过程中设定了诸多假定的甚至过于理想化的条件，比如，我们是在假定的法治环境下讨论问题，对法律整体性的认识借助了一种历史主义和解释学知识，对法律人给予了现实的法律人难以承担或者懒得考虑的责任。但是，笔者认为，人类渴求有序的美好生活，尽管实际上我们或许并不清楚它的具体内容，但是，这种渴望是永恒的，有理想才会有希望，它使我们的生活变得有意义了。法律方法使我们有可能在一个正式的国家制度的平台上追求这种理想，使我们更接近我们的目标。所以，也许理想条件的设定会使我们可以更进一步地向我们的目标靠拢。

（原载［中国台湾］《月旦民商法》2004年第6期）

法律方法与几个相关概念的比较

在我国，法律方法、法学方法论、法律方法论以及一些相近概念，受到法学界的普遍关注，历史并不是很长，也就是本世纪初以来的事情。[①] 在如此短暂的时间里，相关的专题出版物、学术会议甚至同名课程的设置，都表明这个问题在我国具有独特的研究价值。然而，值得注意的是，目前，我国学者有关这一领域的研究成果，实际上是许多关注点、研究进路各不相同的甚至相互对立的思考及观点的汇集。如何使其在研究目的、思路上获得更广泛的共识和更清晰的路线，以期开辟我国的法律方法、法学方法论等各自独特的研究领域，是极为迫切的。作为比较早的推动法律方法的研究者之一，笔者想结合自己推动这一领域研究的初衷，通过对几个相关概念的比较，来说明我国法律方法问题的研究特点。这并不是否定其他相关研究的价值与意义，而是想通过概念的比较，说明"法律方法"研究所需要的相对独立的思想空间。

我国开展的法律方法研究，其关注的问题既有普遍性又有特殊性。所谓普遍性，是指世界各国学界与法律界所谓法律方法，都必然围绕法律人实施法律的工作技艺与思想方法；所谓特殊性，则是指我国开展法律方法研究需要解决的是与我国法律实施相关的问题。我国法律实施的特殊性，也就决定了我国有关法律方法的研究以及对法律方法所展开的各种思考，需要更加有针对性地切实解决我国自身所面临的问题。

一、法律方法与法学研究方法

法学研究方法是我国法学学者和学生耳熟能详的概念，我国各种版本的法理

[①] 在我国，对法律方法中有关问题的研究，例如法律解释、法律推理，已经有很长的历史了。但是，用"法律方法"一词统揽此类研究，则是21世纪初以来才广泛被采纳的。我国法学界较早关于法律方法的系统研究，首推梁慧星在最高人民法院所作的有关"民法方法论"的演讲；更为直接的研究则开始于2001年由笔者在西安发起召开的首届全国"法律方法与法律思维"专题学术研讨会；较早的相关专门研究成果有2002年陈金钊、谢晖主编的《法律方法》（第1卷）和笔者主编的《法律方法与法律思维》（第1辑）。参见梁慧星：《民法解释学》，中国政法大学出版社1995年版；陈金钊、谢晖主编：《法律方法》，山东人民出版社2002年版；葛洪义：《法律方法与法律思维》，中国政法大学出版社2002年版。

学教科书中通常都有"法学研究方法"一节，主要介绍有关法学研究、法科学习中必须坚持的唯物辩证法、实证分析法、价值判断法以及比较法、历史学、社会学、经济学等的方法。我们所说的法律方法，首先不同于这些方法。这不是说法律方法不需要依赖法学研究方法，而是说，两者关心的问题不同。

法学研究方法，一般属于笔者所说的"关于法律的思考"①，关注的是法律的根本性问题，诸如法律（包括各个部门法律）的性质、内容、作用、特征等，对人们获取有关法律的认识有很大的帮助。关于法律的思考，主要从法律的外部因素或者法律与外部因素的关系中，深入思考法律的重大且根本性的问题；而法律方法一般则属于"根据法律的思考"，要求根据现行有效的法律，来思考和解决我们所面临的各种法律问题，把法律作为解决各种问题的依据，侧重于法律系统的组织性和内部实施机制研究，而不是重在对法律的批判性考察和学理性分析。这一区别也反映在，在我国，作为法学研究方法主要运用者的法学院教师，往往通过方法论的创新，持续深入地开展对法律的批判性考察，例如，系统方法、"新三论"、社会学方法、经济分析方法、解释学方法等在我国法学界的传播，几乎都是从法学更新的意义上被解读的；而作为法律方法运用者主体的法律职业者，通常表现得对现行法律更为忠诚。很难想象一个经常批评法律的法官或者律师会是一个称职的法律人。可见，法学研究方法与法律方法在思维路向上是有所不同的，至少在我国如此。所以，两者之间尽管有一定的内在关联，前者必然影响、指导后者，而后者则是对前者的检验和推动。但无论关系多么密切，它们在侧重点上还是不同的。

法律方法与法学研究方法在目的追求和价值关切点上进而展现出不同。法学研究方法往往以揭示法律的正确性与正当性为主要的研究目的，而正当性问题有时无法从法律自身获得充分证明，鉴于此，法学研究往往必须求助于法律的外部因素。例如，法律禁止杀人的依据从实在法角度看，是从上位法宪法中有关人的尊严与权利的相关规定中获得支持的，但是，就正当性论证而言，这是不够的，因为宪法有关维护人的尊严与权利的规定，还必须在更深刻的规范（如伦理道德、宗教规范）中获得支持。因此，法学研究方法注定需要借助其他学科的知识作为衡量、评判、推动法律合理与否的标准，例如，历史唯物主义中的辩证法，政治哲学与伦理学中的正义论，社会学中的实证主义，经济学中的经济分析甚至心理学、生理学知识等；法律方法则以法律的正确与正当为思维的前提，法律实践中的法律人必须假定法律是正确与正当的（而不能对法律持一种激进的批判态

---

① 有关"关于法律的思考"与"根据法律的思考"的划分，参见葛洪义：《法律与理性：法的现代性问题解读》，法律出版社2001年版，第33-34页。

度或虚无主义的观点），至少必须敬畏法律，进而推进纸面上的法律本身转化为生活现实中的法律现实，而这是一切法治成为可能的前提。德国法学家拉伦茨就此发表的相关言论就更为激烈："每种法学方法论事实上都取决于其对法的理解。"[①]他同时强调："假使法学不想转变成一种或者以自然法，或者以历史哲学，或者以社会哲学为根据的社会理论，而想维持其法学的角色，它就必须假定现行法秩序大体看来是合理的。……它所关心的不仅是明确性及法的安定性，同时也致意于：在具体的细节上，以逐步进行的工作来实现'更多的正义'。谁如果认为可以忽略这部分的工作，事实上他就不该与法学打交道。"虽然，法学研究方法并非必然忽视法律本身的正当性与正确性，尤其是在国外，许多重要的法学研究方法也是为了更好地正确理解法律而被发展起来的，但是，在我国，法学研究方法更多的是站在意识形态的角度关注法律的问题。

这个区别的意义在于以下几个方面。

首先，法治固然需要我们不断深化对法律所反映的客观规律的认识，也必须对法律的批判宽容，但更离不开对法律的坚守。批评需要勇气，坚守同样需要勇气。在我国改革开放之初，法律思想领域既面对法学体系的建设性任务，又面临针对各种复杂的分歧、混乱认识的拨乱反正的历史任务。在当时的背景下，我国的法学研究更多的是批判性地创建我国自己的法学理论体系，自然而然地集中于关于法律的性质及其在我国社会主义建设中的作用等宏观问题的思考方面；而随着法治的不断进步和社会的发展，维护已经生效的法律的权威逐渐成为法治发展的中心问题，这同样是一个我们非常不熟悉的领域，因此，在这个背景下，法律方法才成为一个被普遍关注的研究领域。可见，法学研究方法与法律方法在我国是在不同历史时期出现的关注点有所不同的研究领域，针对着不同的问题。尽管国内外许多学者所说的法学研究方法同样包含着如何正确适用法律的方法，但是，从我国主流倾向以及大家的习惯用法上说，法学研究方法依然是一个判断法律正当与否的方法。

其次，法律问题归根结底是一个运用法律解决现实矛盾的问题，法律方法也就成为如何运用法律化解矛盾的方法，具有一定的专业性、技术性。把法律方法从目前我国法学界更为熟悉的法学研究方法中区别出来，对于推动法律职业者阶层的发展与成熟具有重要意义。法律实践不同于围绕法律的学术思考，所以大部分法律职业者不同于法学家，也更不同于政治家或者其他什么行业的人。他们中大部分人缺乏系统的法学理论训练，也不一定关心最新的理论动态，但是他们每

[①] 卡尔·拉伦茨：《法学方法论》，陈爱娥译，商务印书馆2003年版。

天必须处理案件。法律方法就是法律职业者处理法律问题的一种基本技能。法律职业者需要具有一定的学养,能够运用法学理论分析和解决现实问题,但是,他们更需要解决现实问题的技能。而且,无论他们是否喜欢某部法律,他们的职业道德都要求他们必须遵守法律,他们必须在法律确定的框架范围内施展自己的才华。唯有如此,法律人才能对社会作出独特的贡献。因此,法律职业者,包括未来的法律职业者,都必须首先学会运用法律处理问题意义上的法律方法。他们需要在理论的纷争中滋养自己的头脑,然而,法律才是他们首要关心的。

二、中国的法律方法与美国的法律方法

我国的法律方法研究,就其对法律实践问题的关心而言,与美国的法律方法是比较接近的。

在美国,法律方法并不是一个受到普遍关注的专门的学术研究对象,也没有被作为一个学科看待。从学术研究的角度上说,学者们更多的是讨论法律实践中的法律推理问题。因此,法律方法主要是一门法学院的课程。相应地,我们可以从法学院的课程设置中了解美国的"法律方法"用语的大致情况。这个情况对于我们推进法律方法研究具有一定的参考价值。

美国各个大学法学院都普遍开设了法律方法、法律写作、法律研究等课程。这些课程有时也被统称为法律方法。当然,不同的学校对于这门课程的安排都有所不同。有的学校把法律方法、法律写作与法律研究合为一门课程,有的将它们分为不同的课程,有的则将法律方法与法律写作合为一门课程。该课程设置的目的是帮助初学法律的学生系统掌握法律职业者选择、分析、运用法律特别是案例的各种方法。

笔者手头上有一本名为《法律方法与法律写作》的教科书,它的主要内容是由法律导论、法律方法的基本概念、法律写作的基本概念、办公的备忘录和便签等构成。其法律方法的基本概念部分,重点说明的是:①如何理解规则,包括规则的要素及其联系等;②辨别与选择分析法律问题的进路;③普通法分析;④制定法分析;⑤得出结论等。而其法律写作的基本概念部分,则涉及写作文本的结构,对法律的描述,如何说明自己的分析、提要、草拟论点,等等。[①] 这个体例,充分反映出美国法律方法教学的特点,即帮助学生了解如何完成自己的法律业务工作。笔者在美国访问期间旁听了一所大学法学院的法律方法教学课,课上也主

[①] John C. Dernbach, Richard V. Singleton Ⅱ, Cathleen S. Wharton, Joan M. Ruhtenberg, Catherine J. Wasson, A Practical Guide to Legal Writing & Legal Method, New York: Aspen Publishers, 2007, Part B, Part C.

要是通过一个想象的情节设定引导学生形成判断。

大体来看，在美国，法律方法、法律写作、法律研究分工如下：法律方法主要是培养学生学习根据案例处理具体案件的推理过程，包括法律的确定、推导适用和证据的确认等，着眼点完全在于个别案件的处理。这与美国法律体系的特点是联系在一起的。美国作为一个判例法国家，一个学生的法律知识与其对具体案件的了解和把握的情况是分不开的，因此，法律方法课程更多的是帮助学生了解不同类型案件中推导结论的具体过程的特点，所以，法律方法与法律推理极为接近。法律写作课程则主要帮助学生通过书面的形式归纳法律问题、概括法律问题的要点、寻找真正的理由、学习推理的形式等。有时，老师会让学生将所阅读的几百页资料概括缩写为几页，用这种方法训练未来的律师。而法律研究课程则主要是帮助学生学习如何查询各种法律资料。由于美国是个判例法国家，同时还存在联邦与州两个不同的法律体系，因此，如何从浩瀚的资料中认识、识别和发现可资利用的处理问题的法律资源，就是法学院学生的一项重要学习任务。美国的法律研究课程就是让学生学会解决这个问题的，类似于我国的法律文献检索课程。在美国的部分学校里，这门课程甚至是由图书管理人员来承担的。不过，在美国法学院图书馆工作的人，一般不仅要具有图书馆学的相关学位，通常还必须同时具有 JD（法律博士）学位。由此可见，在美国这个比较成熟的法治国家，法律方法、法律写作与法律研究更多地侧重于具体案件的处理技能、文件准备和法律文献在相应案件处理过程中的使用。

再来介绍一下英国的情况。英国有的大学法学院也有法律方法这门课程。由于英国属于欧盟国家，欧盟国家又是以成文法为主，所以，有关教科书相应地体现了这个特点（2020年1月英国脱欧，政府表示将废止所有保留的欧盟法律——作者注）。根据伊安·麦克莱德教授2007年版的《法律方法》，其主要内容包括理念与制度、案例法与先例、立法与立法解释三个部分。在最为抽象的理念与制度部分，包括法律与法律推理导论（含作为创造过程的法律方法、法律推理的形式、法律推理的方法、法律实践与法律学术、法律与正义等）、英国法的种类（含普通法、民法、公法与私法、实体法与程序法、事实与法律的界限等）、英国法院系统、法律方法的宪政结构、欧盟法与英国法、人权与基本权利的保护以及法律渊源的发现、引证与运用等。在其他两个部分，则分别讨论了更具体的话题，从判例法与先例的关系到制定法与解释的关系。由此可见，英国的法律方法也主要是以法律的运用为中心的。[①] 在这一点上，与美国类似。英美两国法律方

[①] 参见Ian Mcleod, Legal Method, Houndmills: Palgrave Macmillan, 2007（该书1993年版为初版，2007年版为第6版）。

法之间的差别也说明，由于法律方法与法律实践之间的密切关系，不同国家的法律方法，尽管旨趣接近，但内容还是存在很大差异。

同样，我国的法律方法研究，与美国的法律方法尽管基本思路有许多相似之处，但两者之间也有很大的区别。

首先，法律方法是作为一个学术概念被关注的。在我国，法律方法在大部分学校并没有作为一门课程进入本科生或研究生的教学计划。作为一个研究领域，它的形成，与我国法律工作的职业化、专业化的过程是同步的，是我国法治发展到一定阶段而提出的需要研究的问题。从这个意义上看，我国的法律方法面临着进课堂的问题。尽管部分法学院也已经为本科生、研究生开设了类似课程，①但目前还没有一个成熟的被各个法学院普遍接受的课程体系。原因在于，法律方法这个概念是作为一个进一步推动和深化对中国法治的认识的概念而被提出进行讨论的，是学理意义上的。对于这个概念的含义与内容，学者之间依然存在很大差别。因此，在我国目前的情况下，人们更为关心的是：究竟是否存在一种被称为"法律方法"的方法？如果存在，意味着什么？因此，在讨论的过程中，法律方法必须通过法治概念证明自身的存在意义，还需要通过对法治的理解和分析，论证法律方法作为一个一般概念的含义、特征及存在意义与价值。这个背景决定了法律方法研究所关注的领域在中美之间必然存在很大差别。

其次，法律制度的不同、法治发展水平的不同，也造成中美两国之间在法律方法问题上关注的问题不同。对具体案件处理过程中一般规律的分析，当然是法律方法不可回避的研究内容。不同的是，我国作为一个单一制的成文法国家，需要研究的是立法权高度统一下的法律及其实施中的方法问题，而这些方法问题还正在被学者们进行一般性的总结，其中尤其侧重于阐释一般原则和规律，研究重点尚未进入具体问题的分析领域。而一般性问题，众所周知，从来就是难以统一的。这种对一般性问题表现出极大兴趣的学术现象的背后，则是对法治原则的认识的不一致。这个问题对于美国这样的发达国家，早已不是一个问题，而在我国，则不能不涉及它，甚至要把它作为法律方法研究的重点和基础问题，进而导致我国的法律方法研究一些比较初步的但同时具有深刻内容的问题，例如，什么是规则与制度以及为什么要按照规则与制度办事。

综合上述情况，可以看出，中美两国法律方法研究以及课程设置之间固然

---

① 据不完全统计，华南理工大学法学院从2004年开始为本科一年级学生开设"法律方法"课程；吉林大学法学院2009年开始为本科生开设"法律方法与法律思维"课程；对外经贸大学法学院也有类似课程。在研究生阶段，这类课程的开设情况则比较普遍。

有许多可以相互吸收和借鉴之处，但差别也是显而易见的。根本问题在于，美国的法律方法已经是一个成熟的法律实务技能传授问题，而在中国，法律方法的存在依据还在讨论之中。这个区别导致法律方法及其研究在两个国家呈现不同的侧重点。

三、法律方法与法学方法论、法律方法论

我国的法律方法与法学方法论、法律方法论实际上是非常不同的。目前，法律方法、法学方法论、法律方法论的研究人员经常共同举办学术活动，相互交流，对法律方法等领域的研究发挥了积极的推动作用。但是，严格地说，它们之间存在很大的差别，明确两者之间的不同，对深化法律方法与法学方法论的研究，应该说，都具有重要意义。

我国的法学方法论研究明显受到欧洲大陆国家，特别是德国的法学方法论的影响，具有浓厚的思辨色彩。但是它们之间依然存在很大的差别。"方法论"这个词本身就具有高度抽象的哲学意蕴，通常是指针对某个学科领域（如经济学、政治学、法学等）的方法问题的一般性研究，所以，如同方法的方法，有点类似于语言和语言学之间的关系。德国的法学方法论一般在两种意义上使用。第一，把它作为一个与法哲学、法律理论、法教义学等并列的学科，进行相当哲理化的处理。这个意义上的法学方法论更关心的是法律适用中的正确结论的唯一性问题，探讨主观价值判断与结论正确性之间的关系以及关系形成过程。第二，把它作为一个与法律解释等同的概念，进而探讨法律适用中的各种法律解释的方法，如萨维尼。由于法律解释的方法问题与对作为法律解释主体的人、作为法律解释客体的法律的哲学理解密切相关，因此，后一种对法学方法论的理解目前实际上也已经高度哲理化，研究者的思想资源多来自施德尔马赫、伽达默尔等的解释学文献。可见，德国的法学方法论虽然也是以案件的正确解决为目标，但是，通常都会归结到哲学问题上。

20世纪90年代，德国学者拉伦茨和我国台湾地区学者杨仁寿的《法学方法论》进入我国图书市场，[①]在推动我国大陆地区法学学者关注法律方法问题的同时，也使部分学者开始使用"法学方法论"一词指称法律方法。[②]有的名为"法

[①] 在2003年拉伦茨著、陈爱娥翻译的《法学方法论》在大陆地区出版之前，该书由（台北）五南图书出版公司出版发行的1997年版已经流入内地；杨仁寿的《法学方法论》在1999年由中国政法大学出版社出版发行之前，也已经进入大陆。
[②] 例如，由中国政法大学法学院、华南理工大学法学院、浙江大学法学院、山东大学法学院等单位在2006年发起的年度性的法律方法学术论坛，名称就确定为全国"法学方法论论坛"。

律方法"的工作和活动,实际上,命名为"法学方法论"或许更为合适。① 其实,在不是很严格的意义上,法律方法与法学方法论之间也经常互换使用。我国有些学者正是由此出发,根据现代解释学的理论和学说,从哲学的视角进入法学方法论或者法律方法的领域。实际上,我们不使用"法学方法论"这一词汇,很大程度上就是为了避免产生这个误解。"法学方法论"一词,在我国大陆地区很早就被用来专指法学研究方法的总体,"法学方法论就是由多种法学研究方法所组成的方法体系以及对这一方法体系的理论说明"②。所以,继续这样使用,容易产生混乱,不利于推动法律方法作为一个独立的学术领域发展。实际上,近年的法学方法论研究的主体,也是院校中的学者和青年学生。这个群体虽然在学术方面具有很深的造诣,但是,对法律实务的了解和熟悉程度明显不足,有关法学方法论的研究活动,参加者中具有丰富法律实践经验的学者和实务部门的专家相对比较少,也未能吸引更多法律实务界同行参与。这也说明,在我国,法律方法研究与法学方法论研究实际上是有所不同的,也应该有所不同。

法律方法研究的目的,是希望借此推动我国的法律实践,使法律工作者能够在体制的框架范围内,依据法律,寻求解决各种法律问题的路径。从这个意义上说,我国的法律方法研究一直都在进行。所有有关以现实法律争议的解决为目标的法律制定与规则适用问题的研究,都是有关法律方法问题的研究。大到政府依法行政的制度建设,小到各种具体的诉讼,其实各种有关争议解决的诉讼制度建设,围绕诉讼法展开的讨论,围绕合同签订而进行的谈判,最高人民法院有关的司法解释等,都是法律方法的运用。现在的问题仅仅是,当法律方法这一概念形成以后,对该领域的研究所具有的意义。

法律方法并非仅仅是在概念上统合了相关研究,更重要的是试图将体制化的解决问题的方式推进到社会各个领域,所以,其包含着一个重要前提,即对法律与制度的尊重。如同"恶法亦法"的表述之于现代法治一样,法律方法意味着在体制内化解矛盾的努力,同样是法治的重要条件。法治取决于一个法律机制的建立与完善,也取决于一个真正能够尊重法律的法律人共同体的形成,而这些都需要依赖法律方法。没有共同的制度条件和思想方法,就没有法律人群体。法律人并不是对法律所存在的不足与缺陷无动于衷的群体,他们深知,分工决定了他们

---

① 参见山东人民出版社2002年开始出版,由陈金钊、谢晖两位教授主编的连续出版物《法律方法》(至2024年已出至第47卷)。该书在法律方法、法学方法论研究者中具有重要影响。不过,从刊发的文章看,主要还是博士研究生从哲理角度研究法律推理、法律论证、法律解释的文章。笔者认为,这些文章归入法学方法论似乎更恰当。
② 张文显:《法哲学范畴研究》,中国政法大学出版社2001年版。

的角色，他们需要做自己的分内之事，把不属于自己的问题留给其他群体，例如政治家，除非在自己的职责范围内可以运用技术手段解决问题，例如法律解释。在这个方面，法学方法论与法律方法的差异很大，前者比较强调法律人特别是法律人中法官的创造性作用。2009年法学方法论论坛选择"能动司法"作为主题，尽管原因很多，但与法学方法论研究固有的倾向性是分不开的。

法律方法是"法律人为解决特定法律问题、纠纷和矛盾而采取的法律上正确的途径、路径、步骤、措施、手段等"①。其重点是强化法律人对体制与制度的依赖，强调法律作为一个实证的知识领域的专业性，重在提高法律学习者、职业者运用法律、运用体制的力量解决实际问题的能力。所以，尊重法律是前提。如果不是因为这个需要，我们直接使用法学方法论即可，没有必要把相同的内容用不同的名称来表述，造成一定程度的混乱。对现行法律、制度、体制的尊重，是法治形成的前提和基础。当然，这并不是说法律方法就是机械地运用法律的方法，法律方法在于强调法律人不会主动、公开地声称自己不服从法律或者声称自己基于法律的不公正而主动创造法律。实际情况可能恰恰相反，有关法官造法或者"司法能动主义"的帽子，通常是学者给法官戴上的。法官自己不会这么说，他们只是低调地根据自己对法律的理解解释法律，在制度的框架内提出自己的判断。他们是守法的，是法律的守护者。正是基于这个认识，法律方法研究才成为必要之举。可见，尽管法学方法论为法律解释、法律论证、法律修辞等提供了诸多宝贵的学术资源，但是，法律方法研究要避免使自己成为哲学的一个分支，也要尽力避免涉及更多复杂的哲学问题。如前所言，法治是一个世俗的事业，是由一些平凡的至多是受过系统的法律专业训练的人来操作的。我们希望法律人都能够同时成为伟大的法律思想家，但我们不能把法治的希望寄托在法律人都能够成为法律思想家上。从我国的实际出发，我们希望努力使法律方法成为一个在法律实践中具有比较强的可操作性的语词而不至于把法官、律师们吓着。而关于法律人工作方法中更深层次的问题，可以在法学研究方法或者法学方法论的研究领域继续进行。这同样是必要的，因为学者永远都需要保持对现实的批判能力，其中的一个方面，就是对法律的批判。

相同的原因是，法律方法不是法律方法论。这个区分主要是针对我国的研究现状而言的。实际上，在国外，法律方法论的使用似乎并不是很严格。例如，在《牛津法律大辞典》中，对法律方法论做了这样的解释："可用以发现特定法律制度或法的体系内，与具体问题或争议的解决有关的原则和规则的方法知识的总

---

① 葛洪义：《法律方法讲义》，中国人民大学出版社2009年版。

和"①。这个解释与我们所说的法律方法其实很接近。不过，在我国，方法论始终是一个体系化的东西。所以，法律方法论也侧重于一个完整的、体系化的法律方法。而我们期待通过法律方法的概念，使围绕法律人的实际工作而形成的由一些零散、缺乏内在关联而实际有益的知识构成的集合体成为法律方法，其中贯穿始终的就是有关法律人工作方式方法的经验、原理和理论。

任何知识的背后都有自己的哲学，法律方法也不例外，但是，我们主张的"法律方法"，不是由某一种哲学思想主导的知识与思想领域，而是由多种哲学支撑的，或者说，是由一些有共同或相似倾向的哲学思想或者其他学科思想在背后默默支撑着的开放而非封闭的学术与工作领域。在这个领域中，所有有关法律人工作方法的思考，都是与这种方法所要解决的实际问题联系在一起的，诸如合同是否有效、遗嘱成立与否、律师伪证罪成立与否等。解决这些问题的方法背后，显示着人类思想的光辉。实际上，法律方法研究在我国的兴起，与实践哲学在全球的复兴也存在密切的关系。也正是因为近年来法学界将理性、实践理性等概念工具运用于法学研究之中，②人们才能更进一步地真切感受到法律实践中法律方法的现实意义与价值。法律方法研究是在自己的理论基础上展开的，有自己的思想资源。但是，一般来说，法律人只是在适用法律，而不是在传播思想或者哲学。我们目前所关注的，就是这个意义上的法律方法。

综上，概括起来说，目前情况下，与其说我国的法律方法是一个思想体系、学科体系，不如说它是一个将法律作为实践理性而在实践的法哲学思想基础上形成的工作、职业的指引和引导。法律方法研究期待为逐渐体制化的我国社会提供一个普通人可能达到的职业与专业思维的维度，以进一步强化作为法治核心要素的民主体制的力量。在这个方面，它与其他知识形态一样，可以为我国的法治建设发挥推动作用。③

（原载《法制与社会发展》2010年第3期）

---

① 戴维·M.沃克：《牛津法律大辞典》，李双元等译，法律出版社2003年版。
② 葛洪义：《法理与理性——法的现代性问题解读》，法律出版社2001年版；葛洪义：《法与实践理性》，中国政法大学出版社2002年版。
③ 笔者虽然较早地开始关注法律方法问题，也刻意小心地阐述法律方法与法学方法论的关系，在所主持举办的五届全国法律方法与法律思维专题学术研讨会上，也努力推动法学界与法律实务界在这个领域中的交流，但是，对有关法律方法的认识，还一直处于比较模糊的状态。在撰写《法律方法讲义》的过程中，笔者方才认真梳理自己的想法，最终提出本文的观点。有兴趣的读者可参见葛洪义：《法律方法讲义》，中国人民大学出版社2009年版。

法律原则在法律推理中的地位和作用
——一个比较的研究

我国法学界一般是在两种意义上讨论法律原则的问题。第一，决策层曾经希望法律尽可能"原则"（即法律的模糊性，下同）一点，所谓"立法宜粗不宜细"就是这种观点的典型表现。在这种观点支配下，我们必然会被卷入法律过于原则、笼统所引起的各种问题之中：法律规定"原则"一点好，还是具体一些好？法律规定过于"原则"，在适用过程中会遇到哪些问题？应该怎么办？等等。第二，我国几乎所有法律在立法时都会对该法的相关基本原则作出规定，讨论这些原则的含义及其在所属法律中的地位与作用，这也是法学家们的重要任务。

上述两种意义上的关于法律原则的讨论不能说没有价值，但是，却可能没有抓住问题的关键。因第一种意义上的关于法律原则问题的讨论可能并不是一个能够在学理层面上展开的问题，实际上，它更属于一个策略性选择，用通俗的话说，就是"没有办法的办法"。我相信，如果我们有能力将法律制定得更具体，我们绝不会让它过于"原则"。第二种意义上的关于法律原则的讨论，则过于泛道德化，这种立法模式本身就是泛道德化的典型表现。因为，法律如果能够规定得很具体，相关原则就具有了规则的性质而不再属于原则；法律如果不能对问题作出具体规定，原则的规定同样是"没有办法的办法"。所以，我国法律中有关原则的规定，多半只具有道德上的象征意义，而没有法律意义的功能上的作用，其目的只是希望通过有关基本原则的规定，告知公众：我们的法律是有原则的！这时候的立法者更像神学家，而不是法律家。

法律原则问题的核心是：在一个法治的背景下，如何确定法律原则？法律原则在法律推理中又应该或实际上在扮演什么角色？发挥着什么作用？任何问题都是在特殊语境下提出的，法律原则在我国则是一个法治化的语境背景下的问题，离开了这个语境，问题就可能会流于空泛。

一、法律原则运用于法律推理引起的难题

在我国，一般认为法律推理就是演绎推理。所谓"依法治国，建设社会主

义法治国家"的表述已经说明，我们对法治的理解与对法律推理活动中三段论规则的严格执行是一致的。① 显然，这种法律思维是建立在对法律规则确定性的确信之上的，即作为法律推理大前提的法律规则本身的含义，如果不是已经非常明确，那么，至少也可以在经过一定的人的努力之后做到明确无误。所以，在许多人看来，法治国家中，一次严格的法律推理活动必须坚决遵循演绎推理的基本规则，做到"依法办事"。尽管在法律实践活动中，三段论推理经常受到质疑，例如，受哈特影响，人们注意到规定法律规则的语言本身包含着一定的开放性；受美国实用主义法律思潮影响，人们开始关注经验式的实践推理，包括类比推理、归纳推理等。特别是在理性经历了一连串打击之后，人们开始对演绎推理的逻辑有效性表示怀疑。但是，由于法律生活中的大多数案件并非属于疑难案件，主流的法律观点仍然倾向于认为，三段论推理在通常情况下还是普遍有效的。这一点恰恰构成了当代法治的逻辑和思想前提，是我们继承启蒙时期法治传统的思想基础。

演绎推理的有效性是以作为推理前提的规则的确定性为条件的。问题在于，如果三段论推理的大前提无法涵盖我们生活中的疑难案件和那些比较边缘性的纠纷，那么人们应该采用什么样的方法，才既能够保证法律的确定性、维护法治的基本准则，又能够灵活地面对复杂情况？这也是三段论推理在实践中面临的最为常见的困难之一，即法律规则的含义不够明确，甚至不存在相应的法律规定，或者适用已有的规则将导致明显荒谬的判决结论。这样一来，演绎推理大前提的模糊也就必然造成演绎推理的困难。面对这种情况，如果我们不打算放弃普遍的理性原则以及启蒙时期以来形成的基本法治理念，那么，我们必须设法寻找一个能够克服规则的不确定性的替代物。这个替代物一方面必须能够填补规则留下的空白，为三段论推理提供前提性条件；另一方面，它又不能够代替法律，或者事实上代替法律，像自然法学者所倡导的自然法那样，导致事实上的法律怀疑主义结果。美国法学家德沃金先生的整体性法律解释视角似乎就是从上述两个方面出发，是对演绎推理大前提的弥补和修正。法律原则的效力问题也是由此而产生的。

作为一个近二十年才开始重视法治建设问题的国家，我国在20世纪80年代初着手法治建设工作时就本着"立法宜粗不宜细"的原则推进立法工作，加之法

---

① 1999年底，笔者为来自法律实务部门的攻读法律硕士专业学位的研究生出了一道论述题，题目是："试举一例，说明自己在工作中是如何进行法律推理的"。121位具有5年以上丰富法律实务工作经验的法律职业者全部都是围绕三段理论推理介绍自己的推理方法的。

治建设的经验的确不足，法律规则的缺陷和漏洞显而易见，在所难免。司法过程中，法院、法官拥有相当大的自由裁量权。过去，我们通常是使用比较模糊的术语，凭借无须详细阐述判决理由的话语优势，以"依法判决如下"的字样，将判决与法律联系起来。近年来，随着司法工作的不断正规化，判决书必须"讲理"，必须陈述所依据的法律规则，已经成相当普遍的共识。在这个背景下，或许是受德沃金先生的影响，我国的司法判决也公开直接地引用法律原则处理纠纷。2001年10月11日，四川省泸州市纳溪区法院公开依据《中华人民共和国民法通则》（以下简称《民法通则》）第7条有关民事活动不得违反社会公德的规定，对张学英诉蒋伦芳遗赠纠纷案进行判决，宣告遗嘱无效。这是我国司法史上一个重要判决，是一起人民法院在法律与道德相冲突的情况下公开依据道德原则处理案件的典型事件。

黄永彬和蒋伦芳夫妇是四川省泸州天化集团公司404分厂的职工，1963年结婚。1994年黄永彬与比他小22岁的张学英相识，并产生感情。1996年底两人公开以夫妻名义租房同居。2001年2月，黄永彬发现自己已经患有肝癌，属于肝癌晚期。在黄永彬患病、即将离开人世之前，张学英不顾别人的嘲笑，面对蒋伦芳的讽刺和挖苦，俨然以黄永彬"妻子"的身份陪伴在其身旁，守护在病床前。2001年4月17日，黄永彬通过一位朋友找到律师，表示死后将把自己的财产遗赠给张学英。在律师的配合下，黄永彬于2001年4月20日在泸州市纳溪区公证处对下述遗嘱进行了公证："我决定，将依法所得的住房补贴金、公积金、抚恤金和卖泸州市江阳区一套住房售价的一半（即4万元），以及手机一部遗留给我的朋友张学英一人所有。我去世后骨灰盒由张学英负责安葬。"4天之后的2001年4月22日，黄永彬去世。2001年4月25日，黄永彬的朋友公开宣读了这份遗嘱。之后，由于作为黄永彬合法妻子的蒋伦芳拒绝执行这份遗嘱，几天后，张学英将蒋伦芳告上法庭，要求法院依法判决蒋伦芳执行遗嘱。

本案争议的焦点是遗嘱是否有效。原告方认为，这份公证遗嘱符合继承法第三章第16条"公民可以立遗嘱将个人财产赠与国家、集体或法定继承人以外的人"的规定，合法有效，法院应该支持原告的诉讼请求。被告方则认为，黄永彬所立遗嘱虽然是合法的，也是黄永彬真实的意思表示，但是，黄永彬在立遗嘱时违反了《民法通则》第7条"民事活动应当尊重社会公德"的规定，而且他还违反了婚姻法的规定，破坏了一夫一妻制原则，所以黄永彬立遗嘱的行为应该属于无效民事行为。审判委员会在讨论该案时也有两种不同意见：一种意见认为，既然遗嘱合法有效，就应该依据继承法的有关规定，支持原告的诉讼请求；另一种意见则认为，原告的行为的确违反了《民法通则》第7条的规定，应该认定为无效民事行为。最终法院认定黄永彬的遗赠行为违反了法律的原则和精神，损害了社会公德，破坏了公共秩序，属于无效民事行为。据此，驳回了原告的诉讼请求。一个耐人寻味的插曲是，当2001年10月11日上午法院宣读判决后，在场旁听的1500多位群众对判决报以热烈的掌声。从第二天开始，许多媒体都以"第三者"或"二奶"败诉为题，报道了这一颇具新闻价值的判决。① 特别值得一提的是，纳溪区法院副院长刘波在接受记者采访时指出：执法、司法机关不能机械地执行法律，而应该领会立法的意图，在领会立法的前提下执行法律；在这个案件中，法院没有按照继承法处理，而是适用了《民法通则》的基本原则；如果按继承法处理本案，就会助长"第三者""包二奶"等不良社会风气。② 显然，泸州市纳溪区法院的这个判决不仅提出了法律原则是否具有法律效力，是否能够被直接运用于处理案件，而且还提出了法律原则与规则之间的关系问题：当规则不符合公众甚至法官的价值取向时，法院是否可以直接适用原则甚至公众情绪处理案件？规则和原则在效力等级上是什么关系？适用法律原则处理案件最终意味着什么？这些问题从根本上看则涉及法治的逻辑和思想前提问题。

这个判决的荒谬之处是显而易见的。如果我们的法官以某个行为不符合社会公德为由，就可以否定法律规则的效力，那么，整个法律制度都将崩溃，例如证据制度、辩论制度、时效制度、物权债权制度、继承制度、犯罪构成等。法律制度的基础是确定性与客观性，而道德，无论是公德或私德，许多内容都是不确定的。正因如此，才需要通过明确的规则建立确定的社会关系。因此，如果以维护法律权威为职责的法院公然宣布依据道德处理案件，那么谁又能够维护法律的权威呢？退一步讲，即使法院有权采用比法律更合理的规则处理案件，那么谁又有权力确定社会公德的内容和标准？难道旁听群众的掌声和公共舆论就意味着当代中国的社会道德水平？法律并没有赋予人民法院审查道德的权力，法院、法官只是法律的嘴，而不是布道者。

如果我们承认这个判决确有值得推敲之处，那么，对于我们来说，如何理解法律原则在法律推理中的地位和作用，或许不是一个简单的法律技术问题，而是一个与我们法治信念相关的重大理论和实践问题。

二、如何确定法律原则——比较与鉴别

究竟什么是法律原则？应该如何确定法律原则？提出法律原则究竟是为了解决什么问题？显然，在一个法治的环境下，我们不可能为了宣告原则而规定原

---

① 任小峰：《"第三者"继承遗产案一石击浪》，《南方周末》2001年11月15日。
② 任小峰：《"第三者"继承遗产案一石击浪》，《南方周末》2001年11月15日。

则。法律是为了解决问题而制定的，而不是供人观赏的。要解决问题，就必须尽可能地有针对性，尽可能具体化。如果一些问题一时无法具体化，那么，规定得笼统一些当然不是不可以，问题在于，这种情况只是一种权宜之计。许多人把各个法律中的基本原则理解该法律的基本精神的宣告，这不是一种误解，就是一种残留下来的人治观念。因为，但凡是人类可以用文字形式规定下来的规矩，都是可以具体化的；而不能具体化的，就是人类尚未认识到的。而把连自己都没有认识到的东西规定下来要求别人认识到，这不仅不合乎法治的原则，而且也不合理。毕竟，法治是建立在每个人只能够对自己意志范围内的事件负责的基础上的。把没有认识到的东西作为预防性规定，无疑为滥用权力（包括司法权力）留下很大的空间和余地。从这个意义上说，我们通常称为"法律原则""法律的基本原则"的规定，多数情况下，要么是规则，要么是宣言，而不是真正的原则。

在判断什么是原则、如何确定原则的内容方面，德沃金先生提供了一些有益的启示。埃尔默案是一个与张学英诉蒋伦芳遗赠纠纷案比较类似的案件，德沃金先生曾经通过对包括埃尔默案在内的一些案件的讨论，来说明法律不仅包括规则，而且包括原则。我们可以通过对这两个案件判决理由的比较，进一步把握法律原则的相关问题。

埃尔默案的大体情况如下。1882年，埃尔默在纽约用毒药杀害了自己的祖父。原因是他的祖父新近再婚，他担心祖父会修改给他留下一大笔遗产的现有遗嘱，使他一无所获。案发后，埃尔默被定罪。问题焦点是，埃尔默还是否能够根据祖父的遗嘱获得相应遗产。这个案件的法律问题是：遗嘱问题是由遗嘱法规定的，而遗嘱法通常大多规定遗嘱有效的形式条件，而并没有对遗嘱指定的遗产继承人谋害立遗嘱人之后还是否享有遗嘱所赋予的遗产继承权作出规定。祖父的女儿们认为，既然埃尔默杀害了立遗嘱人，法律就不应该赋予埃尔默任何继承遗产之权。埃尔默的律师则提出，既然祖父的遗嘱没有违反遗嘱法，那么，埃尔默就是在一份有效的遗嘱中获得遗产继承权的，那他就应该继承遗产。律师认为，如果法官支持祖父的女儿们，那么法院就是在更改遗嘱，用自己的道德信仰来代替法律。在这个问题上，纽约最高法院的法官态度是一致的，都认为，判决必须符合法律，如果遗嘱法"确实"赋予了埃尔默继承权，他们必须命令遗产管理人将遗产交付给埃尔默。

问题在于，法官们在如何正确理解遗嘱法的问题上意见存在分歧。以格雷法官为代表的少数法官认为：法律必须根据它的字面含义加以解释。他认为，立遗嘱人在立遗嘱时应该知道，自己去世后，在不可能再提供新的情况时，他们的遗嘱将会被怎样处置。如果祖父事先知道埃尔默会杀害他，他或许会把遗产给女儿,或许认为,即使埃尔默杀害了他,埃尔默还是一个比女儿们更合适的遗产继承人。立遗嘱人究竟如何想,已经无从了解。所以,按照遗嘱的字面含义理解遗嘱,对法官来说,就是一个明智的选择。立遗嘱人用文字形式对自己意愿的安排,无论多么可笑,都必须受到尊重。而且,如果埃尔默因为是个杀人犯就丧失了继承权,那么就是对埃尔默的罪行又加上了新的处罚。这是违反法治原则的。而以厄尔为代表的多数法官的意见是:对遗嘱法的理解必须结合立法者的意图,法律文字上的规定与法律背后的立法意图是一致的。

厄尔法官认为,假设纽约遗嘱法的制定者意图让杀人犯继承遗产,这是荒唐的。德沃金先生认为,就埃尔默案而言,纽约州的立法者当时很可能根本没有预料到杀人犯可能继承遗产的问题,他们既不想让杀人犯继承遗产,也想不到不让杀人犯继承遗产。他们在这两个方面都没有积极的意图。厄尔法官奉行的是"中间性原则",即在理解法律的含义时,不能依赖孤立的法律文本,而必须坚持法律的普遍原则。这个普遍原则一方面是建立在立法者广泛尊重传统正义原则的基础上的,另一方面是与整个法律体系相一致的。根据这个观点,多数法官的意见是:在任何地方,法律都尊重"任何人不得从自己的错误行为中获得利益"的原则。所以,遗嘱法应该被理解为否认以杀人来获得遗产者的继承权。①

这是一个为我国法律人所熟悉的典型的依据法律原则处理案件的案例。与张学英诉蒋伦芳遗赠纠纷案相比,我们可以发现两者之间在对法律原则的理解上,既有类似之处,又有很大区别。

从类似方面看,两个案件都强调,在法律规定不明确的情况下,可以并且应该依据法律原则处理纠纷;法官不应该囿于法律规则的规定,而应该把法律原则也作为法律看待,从整个法律体系和法律传统角度认识法律的含义。但是,这些都是一些表面上的类似之处。从深层次看,两者之间却存在根本的不同。

首先,张学英诉蒋伦芳遗赠纠纷案所引用的民法通则第 7 条,是用文字形式书写出来的冠之以"原则"文字符号的原则,而埃尔默案的原则则是在英美国家法律传统和法律体系上没有相反例证的原则,是对立法者在立法当时未能预料到的情况的补充。这两种"原则"在形式上存在根本差别。

其次,在法律原则的内容上,张学英诉蒋伦芳遗赠纠纷案所适用的原则无所不包,因"公德"的范围是极其广泛的;而埃尔默案所适用的原则是含义清晰且明确的,即任何人不得从自己的错误中获得利益。由这一点可以看出,德沃金先生所说的原则,其与规则的区别,可能并不在于内容抽象或者具体,而在于法律

---

① 德沃金:《法律帝国》,李常青译,中国大百科全书出版社1996年版,第14页以下。

是否有明确的规定，是否更具有普遍性。

再次，在法律原则的阐释和发现方式上，两者也有很大的不同。张学英诉蒋伦芳遗赠纠纷案中，法官发现法律原则的方式比较简单，就是直接依据民法通则第7条。而埃尔默案中，厄尔法官对法律原则的阐释是奉行一种所谓的"中间性原则"，是在立法者既没有明确肯定又没有明确否定的情况下，依据长期形成的普遍原则处理案件。如果按照这种方式衡量张学英诉蒋伦芳遗赠纠纷案，那么结论又会是如何呢？我国继承法第16条第3款规定："公民可以立遗嘱将个人财产赠给国家、集体或者法定继承人以外的人。"那么，张学英是否属于这个"法定继承人以外的人"呢？答案是显而易见的。如果我们进一步追问立法者是否可能预见到类似情况，可以知道的是，因为法律并没有作出明确说明，所以任何对立法者意图的说明，都仅仅属于猜测。立法者可能预见到类似情况，也可能预见不到。我们倾向于立法者能够预见到这种情况。因为这个"以外的人"，可能是邻居，可能是朋友，可能是帮助过自己的人，也可能是曾经伤害过自己的人，法律并没有作出限制性规定。尤其是，立法者应该可以预见到受赠与者可能犯过错误，受过处分，甚至坐过牢；也应该可以预见到受赠与者与立遗嘱人的法定继承人之间可能存在各种矛盾、过节，甚至前者可能伤害过后者。这类情况在我国司法实践中并非鲜见。张学英的身份可能是一个令许多人不快和尴尬的问题。我国民法通则第7条规定："民事活动应当尊重社会公德，不得损害社会公共利益，破坏国家经济计划，扰乱社会经济秩序。"① 法院最后也是依据这条规定认定遗嘱无效的。但是，这种认定存在一个明显的问题：既然一个违法甚至受过刑事处罚的人都可以成为受遗赠人，那么，为什么一个为立遗嘱人生了孩子，帮助、照料他安度余生的女子就不能成为立遗嘱人个人财产的受遗赠人？② 当然，如果我们更进一步说，假定立法者根本没有预见到这种情况，那么，他们就既不可能赞成也不可能反对此类遗赠行为。这时我们可能需要一个类似中间性原则的东西，这个中间性原则同样必须具有普遍性。按照这个标准，泸州市纳溪区法院的判决依然是一个非常荒谬的判决。因为我们没有办法证明禁止第三者获得遗赠财产是普遍的司法准则，也不能推论任何情况下第三者都无权获得遗赠财产。

最后，在适用法律原则处理案件的目的上，两者也存在根本的不同。法官

---

① 在应该如何理解《民法通则》第7条的问题上，笔者也有不同看法。第7条是完整的，所谓"应当尊重社会公德"，是以不得损害社会公共利益、破坏国家经济计划、扰乱社会经济秩序为内容的，不应作出扩大解释。
② 因未见该案判决书全文，故我们不知黄永彬处分的是否是个人财产。但本案判决的焦点似乎并不在于遗嘱处分的财产是否为黄永彬个人所有，而在于这个财产能否被"第三者"所获得。

在张学英诉蒋伦芳遗赠纠纷案的判决意见中说得非常明确，就是要维护社会公德、社会风气。事实上，在这起案件中，法官的整个推理活动也就是建立在维护道德的基础上。而在埃尔默案中，厄尔法官所代表的多数意见则是在强调遵守法律的基础上形成的。如德沃金先生所言，"没有一位法官说过在哪个案件中为了正义而必须修改法律"①。法官必须明确地坚持自己的职责,维护和忠于法律。尽管有的时候甚至许多情况下，法律与自己的道德观念不一致，但是作为法官，遵守法律是起码的职业道德所在。如果一个法官可以公开声称自己是卫道士，那么我们还能指望他维护法律吗？德沃金先生在讨论关于法律的整体性阐释问题时，基本立场就是维护启蒙以来的法治理念，他要从法律实用主义者那里拯救法律的确定性、客观性。或许，对张学英诉蒋伦芳案的判决与我国重道德、轻法律的历史传统是一致的。试想，法院可以接受受遗赠者是罪犯的事实，却不能接受她是与立遗嘱人有特殊关系的女人的事实，这不恰好说明在法官的心目中道德问题远比法律问题更严重吗？一位已故者处分的仅仅是他自己的财产（并不是夫妻共同财产），而我们的法官则为了彰显自己的道德立场而公然剥夺了他的财产处分权，可见，道德的力量在我国影响何等之大！

　　当然，笔者无意赞成更谈不上宣扬对家庭的背叛，而是试图说明，法律原则就是法律原则，不能用道德原则取而代之。在存在法律的情况下，必须依据法律办事，只有这样，才能建设法治国家。②法律原则在法律推理中的地位问题，其复杂性正在于此。在这个问题上，任何不够谨慎的决定都可能损害法律的权威。法律与道德的关系问题直接涉及法律的权威性，以往的自然法学者正是出于对国家法律的不信任，才推崇自然法，从而在实际上使道德凌驾于法律之上。例如1954年2月17日，联邦德国最高法院将订婚者的性行为定为淫乱，其根据就是"道德律法的规范"。其逻辑是：道德律法是一种普遍的实体性规范和价值，它是永恒的超实证的东西，是自然法，从这个法中，可以推导出事实行为合法与否。③今天看来，这个判决显然也是荒谬的。因此，认真地对待法律，必然要求我们认真地对待道德与法律的关系，认真地对待法律原则在法律实施中的地位和作用。

---

①德沃金：《法律帝国》，李常青译，中国大百科全书出版社1996年版，第14页以下。
②中国几千年的封建统治已经说明，仅仅依靠道德管理国家是靠不住的。道德是个非常复杂的问题，即便是第三者，也不能简单化地看待。应该承认，在我国，离婚对许多人而言是个非常麻烦的话题，在这种情况下，把所有第三者都作为谴责对象，婚姻法所要维护的婚姻自由势必成为空话。更何况，第三者有时本身就是受害者。
③参见阿图尔·考夫曼：《法哲学的问题史》，收录于阿图尔·考夫曼、温弗里德·哈斯默尔主编：《当代法哲学和法律理论导论》，郑永流译，法律出版社2002年版，第120页以下。

在这个问题上，简单化的做法必然带来灾难性的严重后果。

三、法律原则的地位和作用——与规则的比较

法律原则的地位和作用是在法治化的语境中的问题，离开了法治，这个问题根本就不是问题。法治的基本原则就是依法办事。如果法律不仅包括规则，还包括原则，那么，如何才能够做到依法办事呢？这里必然存在规则和原则的关系问题：什么情况下必须适用规则？什么情况下才必须适用原则？原则何以能够获得法律效力？

这个问题在我国也是个重大的法律理论与实践问题。讨论这个问题，首先必须解决我们究竟应该在何种意义上把握原则。笔者个人倾向于认为，多数法律原则并不是全部法律或者某个作为整体的法律的基本精神的体现，而是规范某类具体社会关系和解决某类具体社会矛盾的基本准则。按照这个标准，我国法学界通常所讨论的原则问题，基本上还是在规则层面发生的问题。例如，就立法过于"原则"而言，当时情况下，决策者显然希望通过比较原则的规定为法律实施留下一个较大的活动空间。这种做法自始就具有明显的过渡性。它的好处是，在没有法律且立法经验不足的情况下，可以加快法律制定的步伐，减少阻力，尽快达到"有法可依"的目的；它的缺陷则在于，强化了法律的工具色彩，为严格规则主义的法治取向埋下了重重隐患。直到今天，我国法律规定过于"原则"仍然是一个制约司法工作的重大问题。这类规定，基本上还是法律规则的"粗细"问题，而不属于规则和原则之间的关系问题。再如，就我国法律中有关基本原则的规定来看，这类原则相当一部分都是宣言性的东西，没有确定相应的权利与义务，并不具有法律上的约束力。有一部分虽然明确了权利与义务，具有法律效力，但也是属于法律规则范围，只是更为原则、更为灵活、更富有弹性的规则。而规则之间发生冲突的时候，低位阶法律中的规则应该服从高位阶法律中的规则；同一法律部门中，则应该依据内容更为明确的规则办事。

其次，在法律推理的过程中，在有法律规则的情况下，必须适用法律规则，一般不能适用法律原则，除非能够证明规则的适用的结果是明显荒谬的，违反了法治的基本精神。原因在于，原则问题根本上还是个道德问题，随意使用原则，实际上必然导致用道德代替法律。这是与法治的根本宗旨相对立的。

法律原则本质上是对法律未能明确规定的情况提出一个大概的意见，其特点就在于不明确、模糊，与法律规则构成了鲜明的对比。在某种意义上说，法律原则还是各个法律规则的基础性规范，是法律规则正当与否的根据。但是，它不是法律的明确规定，所以，必然具有模糊性。由于法律的正当性根据存在于道德判

断之中,①越过法律规则,直接诉诸于法律原则,也就是直接求助于道德观念。但是正如我们已经知道的,法律与道德不同,法律的正当性固然需要依靠道德进行判断,法律推理也离不开道德,但是,将法律与道德等同,或者在法律推理过程中将道德置于法律之上,是非常危险的,其结果不仅损害法律,而且损害道德。因此,不能无条件地将道德作为法律推理的前提。为了进一步说明问题,我们有必要对这个问题作更深入的分析。

从理论上说,道德之所以可以作为道德,是基于个人内在的自由意志。所以,个人性和内在性是道德的基本特征。如果将法律与道德混同,或者将道德置于法律之上,一方面必然导致对法律的不信任,破坏现实法律的权威性,最终破坏法治,像自然法理论那样;另一方面,也将导致道德的形式化和实体化,破坏道德的权威性。道德的权威基于人们的内心信念,如果要将道德置于法律之上,以实体化的道德直接作为法律推理的可操作的大前提,势必要至少将道德用文字的形式书写出来,使其像法律一样具有明确的具体的规范性,从而将道德的内在强制转化为外在强制,等于取消了道德。所以,这种做法是建立在既不信任法律又不信任道德的基础上的。

当然,这样一来,道德也就根本无法作为道德担当法律推理的大前提的职责。笔者认为,能否坚持法治原则,不仅是个法律问题,而且也是个道德问题。这个问题的逻辑困难在于,自然法从来就不可能是自明的,人的认识也是多样化的和相对的,因此,在建立一个有效的道德识别机制之前,我们很难根据自然法的自明性推导事实行为。可见,在这个问题上,我们如何避免个别的主观性借用客观性的名义的蛊惑、煽动和谎言,如何识别它们,这是个没有解决的难题。把一个没有解决的问题作为实际生活中的法律推理的大前提,当然是不可靠的。

凯尔逊对自然法的有力批判在这个问题上具有重要参考价值。凯尔逊认为,自然法与实在法是完全对立的,根本不可能存在一种自然法与实在法并存的情况。"自然法学说,不论是作为伦理学或神学的一部分,或者是作为一门自主的学科,其特征是往往依靠'自然秩序'的假设而运行的。"② 由此,自然法理论就具有不同于实在法的地方。第一,自然法不是来自于一个特定的人类权威,而是来自上帝、自然或理性并且是善的、正确的、正义的规则。所以,自然法的有效性不是来源于人为的活动,而是来源于正义。实在法则是人为制定的。第二,既

---

① 参见康德:《实践理性批判》,韩水法译,商务印书馆1999年版,第14页以下;阿图尔·考夫曼:《法哲学的问题史》,第120页以下;哈贝马斯:《后形而上学》,曹卫东、付德根译,译林出版社2001年版,第33页以下。
② 凯尔逊:《法与国家的一般理论》,沈宗灵译,中国大百科全书出版社1996年版,第427页。

然自然法是直接来自上帝、自然或理性，也就不需要依靠武力来加以实现。而实在法来自人类权威的专断意志，强制是实在法的不可缺少的部分。第三，进一步说，自然法是一种非强制的、无政府状态的秩序。任何一种自然法学说，只要坚持纯粹的自然法观念，就一定是理想的无政府主义。而实在法的发展则必然导致产生一个在分工基础上实施强制行为的专门机构和执法者。所以，国家是实在法的完善形式。

如果上述说法成立，自然法和实在法是完全不同的，因为两者的效力根据不同。依照自然法的观点，实在法的效力来自自然法中的绝对的善，只有符合正义的实在法才是"好"的，"应当"的；而依照实证主义的观点，实在法评价行为是否"应当"是根据行为的合法与否。所以，自然法论者的"应当"概念具有绝对的意义，是普遍的；而实在法的"应当"是相对的、假设性的。实证主义法律理论中的实在法的效力的相对性，来源于法律的基本规范的假设。"实证主义的主要特征，和自然法学说相对比的话，可能正在于艰苦地摈弃一种绝对的、实质的根据，在于这种自我否认和自我承担限制，即限于基础规范中的一个仅仅假设的、形式的根基。实证主义和（认识论上的）相对论同属一起，正如自然法学说和（形而上学的）绝对论同属一起。凡企图将实在法推出其相对的、假设的根基以外，即从一个证明实在法效力的假设有效力的基本规范移向一个绝对有效力的基本规范（由于明显的政治理由而经常出现的一种企图），就意味着放弃实在法和自然法之间的区分。它就意味着自然法理论对实在法的科学处理的侵犯，如果允许与自然科学来类比的话，那就是形而上学对科学领域的侵入。"[1]

正如凯尔逊所认为的，如果自然法与实在法的区分存在，自然法最终就必然要转化为实在法。如果不转化为实在法，就必须或者假定人们都能自觉依照自然法行事，而这是一个明显的乌托邦式的推论；或者假定人们可能不依据自然法办事，这将阻止自然法的实现。所以，自然法必然要转化为实在法。但是，这时自然法还是否能够保持对实在法的独立性？自然法理论还是否允许存在一个不同于实在法并且独立于实在法之外的规范体系的存在？基于这一点，他认为自然法与实在法的二元论是不可接受的。首先，从逻辑上说，这最终必然导致这两种体系根据上的统属关系的混乱，也就是导致认实在法为自然法或认自然法为实在法。实在法与自然法之间有一个必然的矛盾，实在法是一种强制的秩序，而自然法不仅不是强制的，而且还是反对任何强制的。如果自然秩序是有效的，如果人们能够从一个"自然"的秩序中发现"善"和正义，并且其与人们的愿望一致，

---

[1] 凯尔逊：《法与国家的一般理论》，沈宗灵译，中国大百科全书出版社1996年版，第432页。

那么，实在法还有什么用？为什么还会存在实在法？自然法为什么还要通过实在法去实现？其次，自然法与实在法之间也不存在委托关系。所谓委托关系是指，实在法是根据自然法的委托产生的。凯尔逊认为，这不符合自然法理论的逻辑。实在法由自然法委托只能指这样一种情况，即自然法体系中包含了一个规范，这个规范授予某个最高权威制造实在法的权力。而这样一来，实在法的效力也就不再源于正义，而是源于权威了。这不符合自然法的观念。同时，这样一来的另一个结果是，导致自然法中只有这个委托规范才有效力，其他规范在实在法生效之后都不再有效，这同样不符合自然法的观念。因此，凯尔逊断言，坚持实在法与自然法二元论，必然导致一种保守的结论。他提出，自然法理论的革命性是假想的，它的功能主要是为实在法辩护。因为，如果像一般的自然法学说那样，将实在法和自然法认定为同时具有效力的秩序，就必然预设了一个包括两者的规范体系的统一性。理论上，实在法不过是自然法的产物，从自然法中取得全部效力。实际上，实在法取得效力后必然处于相对于自然法的优势地位，而自然法则必须适应这种实在法，以便继续在理论上保持规范体系的统一性。这个基本立场导致自然法观念在不同的作者手中经历了不同的修改和版本，实际上也在消灭自然法。自然法学说并不是革命的，而是保守的。作者们总是研究自己时代的实在法，其目的在于根据自然秩序证明这些实在法律制度的正当性，例如私有财产、奴隶制、婚姻等。结果几乎完全是实在法法律秩序通过更高的自然秩序的合法化。"一般自然法学说的性质及其主流，是严格地保守的。这种理论所断言的自然法实质上是一种意识形态，它被用来支持、辩护实在法，或者也就是国家的权威，使它们成为一个绝对物。"[1]他认为，自然法理论的困境就在于实在法秩序与自然法秩序的二元论。因此，不能够击破这种二元论，法律科学就不可能解放。"正是在这种争取脱离形而上学的科学的努力中，自然科学才使自己从神学中解放出来，法律和政治科学则使自己从自然法学说中解放出来。"[2]

再次，在法律推理过程中，当法律规则不明确或者相互冲突的时候，法律原则不失为一种法律推理大前提的替代物。问题在于：我们如何能够合理地确定相应的法律原则？我们能够以什么样的原则作为法律推理的大前提？我们怎样能够保证法律原则的适用不会导致违反法治的结果？

我们对规则的强调并不意味着规则本身是完美无缺的，更不认为法律与法律规则之间可以画等号。法律推理必须与法律规则体系相联系，但是法律又不能与一个自给自足的出自官方决定的规范体系等同。如果说，自然法学是以自然秩序

---

[1][2] 凯尔逊：《法与国家的一般理论》，沈宗灵译，中国大百科全书出版社1996年版，第454页以下。

的假设为前提的，那么，凯尔逊等法律实证主义者就是以实在法秩序的假定为前提的。法律实证主义是建立在作为实在法秩序基础的规则体系的完美无缺的前提之上的，然而，这个规则体系在法律经验主义的视角下却暴露出了自己的缺陷。原因在于，被奥斯丁、凯尔逊等人视为构成法律事实的东西基本上都是各种各样的出自官方的决定，而且，他们还认为，对这种意义上的法律的研究，只能借助于逻辑分析的方法。这个观点忽视了对人的实践行为具有指导意义的各种社会因素和道德因素。只要人们指出官方决定并不代表整个法律事实，法律实证主义的逻辑基础立即就会被瓦解。

20世纪产生的法律经验主义恰恰证明了这一点。[①]他们提出，存在于法律条文、判例中的法律规则只是构成法律的"次级事实"（罗伊德语），"在这些次级事实的背后，还有许多初级事实或是所谓的原始事实，由司法人员、法官和其他与这些复杂法令相关的人士（包括一般的平民）的实际行为所构成"。正是这些复杂的原始事实，才使覆盖着它们的规则架构和原则架构具有意义及目的。"探讨这两种层次事实间微妙而复杂的交互作用可说是了解社会中法律的重要关键。"[②]因此，法律经验主义者将自己的关注点从法律的规则和概念分析转向影响、制约法律规则的各种社会因素。在他们看来，这才是法律的真正的事实因素。

在法律经验主义的理论观照下，依据规则处理案件的法律信念暴露出了自身的最大困难。法律规则的含义是不确定的，法官实际上具有一定的司法自由裁量权。法律实证主义的逻辑前提是法律规则的确定性，这也是法官能够忠实于法律的必要前提。而法律实践已经证明，法律规则和法律事实都是不确定的，特别是在疑难案件中。所以，法官实际上并不总是按照书写出来的法律规则在处理案件。正是由于实践中存在的法律的不确定性，法官才能够并且必须在法律活动中通过自己的行为和主观努力实现法律的目的。而法官处理案件的活动基本上都是与个人经验相关的，所以，把法律推理活动的确定性建立在法律规则的确定性的基础上是不够的。

法律经验主义一方面指出了法律实证主义理论的先天不足，另一方面，也动摇了依法办事的逻辑前提。作为上述两种思潮的逻辑结果，进一步的问题必然是：我们用什么来保证法律的确定性，进而维护法律的统一性和公正性？法律原

---

① 法律经验主义是笔者在本文中用来指称包括法律社会学、社会学法学、现实主义法学以及实用主义法学在内的所有以经验分析为基础研究法律问题的学术观点。与我们以往熟悉的经验实证主义法学含义接近。这里，使用这个概念的目的主要是便于与法律实证主义或规范分析实证主义法学比较。
② 罗伊德：《法律的理念》，张茂柏译，台湾联经出版事业公司1997年版，第99页以下。

则正是在这个背景下作为不确定的法律规则的替代物被提出的。但是，富于道德内容的法律原则在法律推理过程中如何才能够作为法律推理的大前提？既然道德和规则都是不确定、不可靠的，那么，我们如何能够在法律规则含义不明确的前提下凭借道德为法律推理提供确定性？

在这个问题领域中，我们注意到一个问题，即德沃金先生的观点可能仅适用于美国。毕竟，美国具有一定的民主法治建设的传统和经验，因此，人们可以信赖法官，相信法官们是能够依法办事的。但是，从张学英诉蒋伦芳案中我们已经看出，中国进行法治建设还面临着相当大的困难。用德沃金先生的观点判断法律原则，很可能会助长、激发出我国根深蒂固的泛道德主义情愫。从这样的角度看，德沃金先生关于法律原则的讨论和观点就可能有一定的局限性。德沃金先生在反对美国甚至西方的实用主义和经验主义法学理论方面提供了许多重要的见解，但是，他的观点在中国的运用可能与他立论的初衷刚好相反。

同时，正如德沃金先生所注意到的，法律经验主义并不一般地反对逻辑推理，而是反对法律实证主义所建构的根据法律进行逻辑推理的形式主义的法律方法。波斯纳在他的《法理学问题》中，对自己的实用主义法理学立场做了一个概括。笔者认为这个概括在基本点上吸收了相当一部分法律经验主义者的原则立场。他提出，伴随着法律制度的理性化，出现了两种法律成见。一种是自主性，即法律推理是一种职业思维或者英国大法官柯克所说的人为理性；一种是客观性，即法官在任何情况下都能够形成唯一正确的判决意见。围绕着这一点，出现了法条论和怀疑论之间的分歧。① 笔者并不完全赞成波斯纳先生的观点。笔者认为，法律与经验确实难以分开，但是过于看重经验的话，法律就只是实践的，而非理性的，最多是实践着的工具理性。实践理性与实践经验是有所不同的。实际上，法律是被实践理性组织和发展起来的经验，在人的自由意志照亮这些经验之前，经验只是纯粹的个人体验，经验只有在有助于人的社会存在的时候才会成为法律实践的经验，从这个意义上说，法律是实践与理性的统一，是实践理性的产物。

但是，我们不能否认法律与经验存在密切关系。由于经验总是局部的，因此，从我国法治建设的特定语境看，我们只有坚持和维护普遍的理性原则，才能通过理性之光照亮和指引我们的法律实践。

根据上述情况，现在法学界的重要任务之一，就是努力建构出一种真正具有普遍性的理性的法律原则，从而切实维护法律推理过程的逻辑一致性，保证三段论推理的有效性。这个法律原则离不开人的经验，但是又不能为经验所限制，只

---

① 波斯纳：《法理学问题》，苏力译，中国政法大学出版社2002年版，第568页。

有这样，法律原则才可能普遍有效。而实践理性恰恰为解决这个问题提供了一个思路。依据通常的观点，在实体性的道德原则和法律原则上，人类始终未能提供一个有效的说明。但是，如果我们能够立足于实践着的人的主体之间的关系，并把这种关系理解建立在人的反思能力的基础上，那么，我们或许可以通过建立一个理性的对话程序制度，保证法律原则的相对客观性。换句话说，在法律规则不明确的前提下，我们可以用经过充分公开的理性讨论之后确立起来的法律原则作为法律推理的大前提，以维护我们的法治。关于这个问题，我们以后将继续讨论。

综上所述，本文的基本观点是：①法律原则的基本特征是它的普遍有效性，并非任何用文字书写出来的"原则"都能够被称为法律原则。如果把文字规定出来的原则作为法律推理的大前提，势必导致用道德代替法律的严重后果；②考察法律原则在法律推理中的地位和作用，必须与法治这个大背景结合起来，把它作为推进法治、维护法治的基本措施；③法律规则是法律推理的基本前提，只有在规则的适用必然明显地导致严重违反法治的后果时，才能够考虑使用法律原则进行推理。而若要适用法律原则，则必须经过一定的特别的理性对话程序，对法律原则的内容进行认真识别。因为，这是避免用道德代替法律所必需的。所以，在这个识别机制未能建立之前，应该尽量避免直接适用法律原则。

（原载《法学研究》2002 年第 6 期）

试论法律论证的源流与旨趣

法律论证对中国法学界来说还是一个比较新的问题领域。笔者在一篇文章中曾经对法律论证的概念、意义与方法等基本问题进行了初步的讨论。法律论证以及法律论证理论受到西方法学界的关注不是偶然的，它的产生与法治发展的需要是一致的，也是理性主义法律思维方式的必然产物。通过法律论证向法律论证理论发展的过程，探讨其中存在的一些普遍性问题，对进一步推动我国法治建设、发展民主政治具有重要意义。因此，本文拟就法律论证理论产生的历史过程以及试图解决的问题作进一步的探讨。

一、法律论证的提出

论证是指通过提出一定的理由来支持某种主张、陈述、判断的正确性。法律论证是指通过提出一定的根据和理由来证明某种立法意见、法律表述、法律陈述、法律学说和法律决定的正确性与正当性。在法律和法律决定的形成过程中，例如立法过程中人大代表或人大常委会委员就自己的立法议案和立法意见公开进行的辩论，法庭上有关当事人特别是律师陈述辩护或代理意见，法官在合议庭和判决书中阐述案件处理意见等，存在着比较广泛的法律论证的需要，上述人员有责任通过合乎理性或逻辑或事实的形式，证明自己的主张的正确性。所以，法律论证涉及的主要是如何通过合乎逻辑、事实或理性的方式来证明立法意见、司法决定（包括司法判决、裁定、决定及其形成过程）、法律陈述（法庭上有关法律人的法律陈述）等有关法律主张的正确性和正当性。

从法律论证的上述含义看，法律论证几乎是一个与法律同时产生的问题。法律区别于简单的暴力。法律中的暴力因素最终是为了建立某种话语的权威性，所以，从根本上看，法律制度是一种说理机制，而说理则离不开论证。

法律论证理论与广义上所说的法律论证不同。法律论证作为一个理性的实践活动，有两条基本线索：一条是主线，即按照法律规则效力的逻辑层次论证法律以及法律决定的合法性；另一条则是复线，即为法律论证本身的合法性提供以论证规则为内容的理性讨论程序。法律论证理论的主旨其实就是为理性的法律论证提供一系列的论证规则，即复线的法律论证。这些规则的作用在于保证法律论证中每个人都能够理性地讨论相关法律问题，使法律决定可以避免武断的意见并建立在充分论证的基础上，所以，它的目的在于建立一个理性的程序性的法律商讨机制。可见，法律论证理论与现代民主政治的发展有着密切联系。

从时间上看，法律论证理论是20世纪70年代之后出现的一个新的法学理论思潮。1971年于比利时首都布鲁塞尔召开的第5届国际法哲学—社会哲学协会（IVR）世界大会上，法律论证被作为大会的主要议题之一[①]。1973年2月14日，德国宪法法院第一审判庭发布的一项决议中规定："所有法官的司法裁判必须'建立在理性论证的基础上'"（德文版序）之后，法律论证就成为法学理论研究的一个新的重要专门领域，同时也成为法学与人文社会学科进行交流与对话的新的理论平台。可以说，法律论证理论是20世纪以来西方思想理论研究领域的语言学转向在法学领域产生深刻影响的又一成果和标志，也是法学理论研究充分吸收和借鉴20世纪中后期语言哲学（如普遍语用学）、解释学（如主体间性的主体建构）研究成果所取得的重大进展之一[②]。

在我国，对法律论证进行专门的讨论，还是近年来的事情。法律论证在我国作为一个理论问题，首先是与我国法治建设的发展状况密切相关的。我国法治建设一般被认为是"立法主导型"的，其最主要的推动力来自有关社会转型的政治决策及其背后的政治力量，比较关注在政治层面的制度推进。而经过20余年的与改革开放相伴随的法治建设的艰难历程，人们普遍认识到，法律的实施机制，特别是司法制度，才是我国法治进一步发展的真正的"拦路虎"。因此，司法改革转而成为人们关注的焦点问题，其中最主要的内容之一，就是推进法律工作的职业化、精英化以及提高和解决"判决书的说理性"问题。在这个背景下，法律解释、法律推理、法律方法、法律论证等问题先后被法学理论界纳入主要研究对象的范围。其次，它与我国法学理论界更为实证化的法律价值研究取向相关。如果说20世纪80年代我国法学理论界主要关注"拨乱反正"等法律价值层面的问题以及启蒙话语的重述，那么，之后又先后出现的则是与泛科学主义相联的系统法学和社会学的法学理论对法学研究中的价值判断的反动。现在，与世界性的法律实证主义思潮在法学理论中的主导地位一致，法律实证主义在我国逐渐走强，

---

① 参见罗伯特·阿列克西：《法律论证理论》，舒国滢译，中国法制出版社2002年版，代译序。之后，法律论证都是历次IVR会议的重要议题。
② 有关内容请参阅颜厥安：《法与实践理性》，（台湾）允晨文化实业股份有限公司1998年版；Robert Alexy, A Theory of Legal Argumentation, Trans. by Ruth Adler and Neil Mac Cormick, Oxford: Clarendon Press, 1989; Nell Mac Cormick, Legal Reasoning and Legal Theory, Oxford: Clarendon Press, 1978.

而且，人们试图借鉴社会理论、解释学、语言哲学等领域的研究成果，以更为实证化的方式，为各种法律价值问题的解决提供依据。法律论证就是在这个背景下开始进入我国大陆地区法学理论界研究视野的，一开始就受到西方法律论证理论的影响。所以，我国法学界目前所讨论的法律论证问题，基本上是在法律论证理论的框架范围内进行的。

二、法律论证的源流

论证是为了说服他人，说服他人则需要依靠一定的思想资源。波斯纳曾经以古希腊文学作品《安提戈涅》中的故事暗示法律实证主义与自然法的分歧是相当古老的。① 这作为一种隐喻或许是正确的，但是，正如莫里森所说，对待克瑞翁与安提戈涅之间围绕安提戈涅究竟应该服从作为国王的克瑞翁的命令还是服从上帝的要求的分歧，实际上，当时的"共同体没有智识资源来解决这种内部的冲突"。黑格尔看到了这一点，"对安提戈涅和克瑞翁来说，不遵守一种法律，而遵守另一种法律，因此被认为有罪，这是悲剧性的"②。在这个故事中，安提戈涅对自己的妹妹说的话，以及克瑞翁在处决安提戈涅之前的思想斗争，其实都是一种对自己的主张进行的论证，问题在于，他们所处的时代还没有发展出一种足以支持某一方的主张的思想资源，进一步说，也就是当时还不存在一种被称为自然法的优先于实在法的理论，也无法确定"天堂神圣的法律"与"底比斯城邦法律"之间哪一个规则应该更为优先。所以，他们不是自豪地而是在广泛的争议中迎接死亡或者发布处决令，其间，备受痛苦的煎熬。③

古希腊思想家苏格拉底、柏拉图、亚里士多德等人建立的通过对话和讨论的方式探询知识的对话体是论证理论最古老的思想渊源。这种一问一答的讨论方式与诡辩派（也即流行当时的传授辩术的"智者"）表面上有些相似，实际上大不相同。后者认为，知识来源于个人经验，反映的是不断变化的事物以及事物的多样性，因此，知识是相对的。他们注重的是辩论与说话的技巧。他们通过传授辩术，帮助人们提高说话的能力和水平，教育人们如何在法庭和公民大会上巧妙地运用论据说服他人，使人们相信一种境况好于另一种。可见，智者们是以语言使用的技术建立语言的权威的。苏格拉底、柏拉图、亚里士多德等则与此相对，他们认为，真正的话语力量在于对真理的认识和宣示，而不是花言巧语。更重要的是，花言巧语无助于秩序的形成。真正的秩序建立在客观世界的普遍联系的基础

---

① 波斯纳：《法理学问题》，苏力译，中国政法大学出版社2002年版。
② 韦恩·莫里森：《法理学——从古希腊到后现代》，李桂林等译，武汉大学出版社2003年版。
③ 索福克勒斯：《安提戈涅》；丘尔契：《希腊悲剧故事》，施威荣译，中国青年出版社1958年版。

上，必须通过知识才能把握和控制。因而，他们通过致力于对真理与真相的探索，提出了一个被后世称为知识论的思想体系。①苏格拉底通过询问交谈对方为什么主张这种观点而不是那种观点的方式，证明对方的无知，进而提出关于真理的知识问题，并且建立了知识与道德的联盟；柏拉图则通过"洞穴假说"揭示了一个掩藏在表象背后的真实世界，为知识提供了广阔的生存与发展空间，也为后来者制造种种关于真相的幻觉奠定了基础；亚里士多德则明确地将形式逻辑作为解决形而上问题的方式，使对感官无力感知的对象世界能够通过逻辑推理进入人的知识和思想领域。这种知识论的思想体系为判断规则的优先性提供了理论与方法，即真理、真相的规则优越于一切世俗的法律。

知识论思想传统与建立和巩固一个稳定的城邦秩序是联系在一起的。其中比较典型的反映就是柏拉图的政治法律学说。在柏拉图看来，知识完全可以帮助人们到达表象世界背后的理念世界，所以，知识不是跟摆脱无序、混乱的现象无关的东西，相反，真正的秩序是通过知识建立的。只有那些拥有知识的人，才懂得真正的善与现实的道德、政治习惯的区别。这样，柏拉图的学说就同时成为自然法理论和法律实证主义的思想资源。他关于现实世界与理念世界的划分，以及将理念世界与善紧密联系的知识体系，成为自然法与实在法二元论的重要思想基础。在他看来，自然法就是人们通过知识发现的法律，从而为自然法理论的发展奠定了基础；他关于哲学家成为国王或者国王成为哲学家的政治建言，反映出的则是典型的国家主义观念。他的理想国有两个基本特点：正义即国家的所有人都过上幸福的生活；而正义则是通过知识把握的。所以，国家具有至高无上的地位，统治者行使权力的基础不是政治合法性（例如，以多数人同意为前提的民主选举，依法产生，等等），而是对世界本体或者说理念世界的正确认识以及相应的实践能力。所以，统治者必须有知识，最好是由哲学家担任，不行的话，就要帮助国王成为哲学家。这样，柏拉图就为法律实证主义提供了一个重要的思想资源：普通公众由于多不具备相应的知识能力，所以必须服从有知识的人；由于在现实的政治生活中只有国家能够再现自然秩序，因此，国家的统治者应该是充满智慧和知识的哲学家，而国家是至高无上的，公众则必须完全服从国家；再由于法律是通过知识揭示的，所以普通公众还应该无条件地遵守立法者为他们制定的规则和规定。②③柏拉图的知识精英论的政治主张，使知识话语与权力话语走向

---

① 俞吾金：《问题域外的问题》，上海人民出版社1988年版。
② 弗朗索瓦·夏特莱：《理性史——与埃米尔·诺埃尔的谈话》，冀可平、钱翰译，北京：北京大学出版社2000年版。
③ 韦恩·莫里森：《法理学——从古希腊到后现代》，李桂林等译，武汉大学出版社2003年版。

统一，从而为法律实证主义提供了理论依据；坚持苏格拉底开创的知识与道德的联盟，使其又为自然法理论进一步奠定了知识基础。知识论思想传统对法律论证产生了深刻的影响。这种追求客观对象和客观知识的思想结构，为使用语言进行交往的人们之间建立了一个衡量和评价行为正确与否的知识话语系统。新的话语权威产生了，优先规则也随之诞生。困扰克瑞翁和安提戈涅的问题，在古希腊政治法律哲学中尽管没有最终解决，但是却获得了解决的方式：实证主义的或形而上的，法律实证主义的或自然法理论的。在理论层面，它们之间的冲突和对立可能并存，但在实践层面，现实的政治国家必然依赖于其中之一种政治法律意识形态，要么是法律实证主义，要么是自然法理论。在中世纪以前的人类早期社会，可以说，法律论证的主要思想资源就是自然法理论，而近现代以来，法律实证主义则成为法律论证的主要思想资源。两者具有同源性，在思想方式上几乎相同，它们的叙事方式都依赖于一定的逻辑推理形式和规则。

这样一来，我们就面临一个必须讨论的问题：为什么法律论证理论作为一个严肃的学术话题在20世纪中后期才进入法学研究的视野？在这之前，人们为什么没有认真提出这个问题，至少没有对其展开广泛、严肃的讨论？笔者个人体会到其中有两个原因。第一，一个严肃的学术话题，必须以相应的理论问题的提出为前提，而理论问题的形成需要一个认识与争辩的过程。知识论思想传统在欧洲思想史上长期处于无可争议的主导地位，虽然也有一些不同的声音，例如唯名论与唯实论之争，但是主流研究依然是本体论的。在这个背景下，不存在关于知识论以及相应的本体论研究领域的重大分歧，问题没有充分展开，论证以致法律论证本身的复杂性尚未被认识到。第二，法律论证作为一个理论话题是建立在对法律的实证化的、精确化的研究基础上，是以一定的研究手段的出现为条件的。长期以来，对人类社会现象的研究都是凭借着神学和形而上学方法的，过于依赖形式逻辑。而法律论证作为形式逻辑有效运用的前提，例如规则和命题的确定性，在相当长的时间里一直缺乏必要的有效讨论。所以，尽管论证问题一直存在于法律学说之中，但是却没有发展出系统的法律论证理论。

法律论证理论最终作为一个重要的理论问题被提出，真正的转折与思想史上的两次重大转变及发展有关。

首先，是与著名的"休谟问题"相关联。18世纪的英国哲学家休谟指出，人们以往关于从事实中推导出价值的思想方式是错误的，事实与价值之间没有必然联系，即"是"与"应该是"之间没有必然联系。这个观点彻底颠覆了亚里士多德以来形成的知识论思想体系，即知识与道德的联盟、实有与应有的统一。德国古典哲学最重要的代表人物康德称自己是被休谟从独断论的睡梦中惊醒的，美国当代思想家麦金太尔视之为"英国化颠覆",英国分析哲学家罗素则认为休谟的怀疑主义结论至今还没有够得上对手的应战。[①]接受了休谟的观点的康德将道德问题理解为实践理性的领域,从知识的范围中排除出去,从而使传统的知识论思想体系借以存在的本体领域脱离了经验知识,科学从此之后不再面对道德,道德也不再是科学的对象。这种观点直接导致了实证主义的兴起,间接导致法律实证主义的产生。之后,"法律就是法律"的观点开始居于法学研究的主流话语。奥斯丁的法律命令学说不再从神以及一切形而上的领域中寻求法律的根源;凯尔逊的纯粹法学所建立的规范主义法律理论同样是以事实与价值的分离为基础的。而法律论证理论就是从把法律作为一种严格的规范体系的思想体系(以下简称规范法学)中产生出来的。论证就是为了建立一个合法性叙事,而规范法学认为,规范的合法性来自另一个更高层次的合法的规范。规范之间存在严格的等级关系,通过逻辑形式,规范的合法性就可以得到证明。哈特关于主要规则与次要规则关系的学说克服了凯尔逊学说中完全依赖逻辑形式解决规则合法性的直线式思维的缺陷,进一步发展了这个思想体系。沿着这个思路,法律论证理论开始重点研究法律论证的规则,即规范性陈述合法性的论证规则问题。实际上,休谟问题的间接成果就是使人们以一种更为可靠的方式,观察和解决生活中所面对的实际问题。法律实证主义对法律论证理论的推动就是法学领域思维方式科学化、精确化、实证化的结果。

其次,是实践哲学的复兴。实践哲学是关于人的正当行为的思考。早在古希腊时期,亚里士多德就将实践与理论、技艺相区别,之后,思想史上有关实践问题的讨论一直就在进行[②]。法律问题与道德问题一般都被视为实践问题,康德的名著《实践理性批判》就是讨论实践问题的,在他看来,道德问题是一个实践问题,是不可能用经验知识规定的,因为道德律令是先验的而非经验的。实证主义兴起后,人文社会研究进入了一个实证的时代,实践哲学逐渐式微。在追求科学意义上的法学的过程中,法律与道德相分离,法律实证主义开始占据主导地位,自然法理论失去了自己往日的荣耀,道德从法律之上悄然滑落,丧失了对法律的评判能力。这种现象的出现既有合理之处,又面临新的问题,即离开了道德以及对正当行为的追求,法律本身的合法性是无法充分论证的。而20世纪70年代以来,一方面,实证主义面临着一系列的问题,要求人们重新关注道德以及正当行为问题;另一方面,由于解释学、语言学的发展,道德问题乃至人文社会科学问

---

① 葛洪义:《法与实践理性》,中国政法大学出版社2002年版。
② 有关实践哲学的发展,可参见张汝伦:《历史与实践》,上海人民出版社1995年版。

题有了新的研究手段。这两个原因导致了实践哲学的复兴。复兴的实践哲学不再以追寻行为意义与客观真理的符合为目的，而是通过语言交流和沟通机制的客观性为行为意义的建构提供理论支撑，恢复行为的道德意义。在这个背景下，为了重新建立法律与道德之间的联系，实践理性重新进入法学研究者的视野，法律的道德性问题以一种新的形式被呈现出来。例如，罗尔斯关于正义问题的研究、哈贝马斯对交往关系的讨论，都构成了与法律实证主义相抗衡的思想资源。在这个过程中，既坚持法律实证主义的基本观点，又对道德实践问题保持一定的开放性，从而适应多元化、民主化的社会发展需要，就成为法学理论研究的新问题和新领域。哈特、德沃金等人都是如此。法律论证理论就是在这个背景下深入发展和最终产生的。

鉴于上述情况，法律实证主义和实践哲学就成为法律论证理论的主要思想资源。法律实证主义提供了一个基本分析结构，实践哲学则使当代法律实证主义发生了一个向哲学解释学、语言哲学（普遍语用学）、社会理论开放性转变的过程和机制，使实践哲学与逻辑学结合，也使法律的本体问题在语言使用的层面上重新归入法律实践的话语机制。

今天，法律论证理论已经在当代西方法学界成为重要的研究课题，产生了重大的影响。当代德国法哲学家乌尔弗里德·诺伊曼在他1986年出版的《法律论证学》中指出："在最近20年内，法律论证理论在法学领域已经取得了统治地位。……目前，法律论证的各种问题继续居于国际法学理论讨论的前台。"荷兰学者埃维里那·T. 菲特里斯也指出："法律论证业已成为一个重要的研究对象。在过去数十年间，法律论证的研究不仅在论证理论、法的理论、法理学和法哲学中，而且也在大学和法学院有关法律推理的课程中扮演着重要的角色。"[1]

三、法律论证的旨趣

论证是为了证明主张的正确性，而正确的主张是建立在无可动摇的论证前提——某个普适性的优先规则或者元规则的基础上的。所以，法律论证的目标首先就是确立优先规则（或者称为法律论证的元规则），其旨趣是提出一个富有价值内涵的优先规则，然后根据优先规则证明某种主张的正确性。这包括两个方面的问题：一方面，法律体系内部的规则之间存在着一个优先性问题，法官必须选择自己所应该适用的最合适的法律规则，并论证这个规则为什么应该被优先考虑；另一方面，制定法律时，或者当已经生效的法律规则本身规定不明确，或者

---

[1] 罗伯特·阿列克西：《法律论证理论》，舒国滢译，中国法制出版社2002年版。

法律规则的适用将导致明显的荒谬结论时，行使公共权力的立法者和司法者，如何证明自己对行为模式或者具体纠纷的选择、判断确实基于一个可靠的必须优先考虑的普适性规则？换句话说，我们如何能够根据一个有效的高于法律规则的规则来证明自己的选择是正确的？

　　从自然法的角度看，尘世的法律应该服从"事物的本性"，这与柏拉图的"洞穴假说"是一致的；相应地，任何人最终当然应该服从"事物的本性"，这也可以从柏拉图的"洞穴假说"中合乎逻辑地推导出来。柏拉图的两分法以及由此产生的一系列对立概念，如表象世界/理念世界（真实世界），无序/有序，反/正，黑/白，实在法/自然法，等等，代表着一种特定的方法论，即事物是由对立的两极构成的，其中一极是决定性的，另一极则是被决定的；一极是表面的，另一极是本质的。一个完美的人和完美的政治法律制度，都需要建立在知识的基础上，因为只有知识可以帮助我们抵达事物的本质。因此，在实在法与自然法的对立中，自然法始终是真正的法律，实在法不过是现实世界中法律的表现。实在法可能正确地反映自然法，也可能不反映；可能完美地反映，也可能反映得并不完美。实在法只是一种被决定的法律制度，只有通过人的理性活动，才能够正确反映"法律的理性本质"。在这个意义上，法律论证需要证明的只是实在法与自然法之间的关系。它的积极意义在于：指出法律（实在法）并不是天然合理的、正当的，人的行为正当与否，最终是由事物的本性所决定的，也应该由事物的本性加以衡量。它的问题在于：实践证明，自然法本身并不是由确实的知识构成的，也无法经受经验事实和逻辑的检验，如果人的行为最终应该服从缺乏现实性的自然法，那么，就是用不确定的东西支撑确定的东西，用模糊的自然法支撑相对明确的实在法，不仅会使法律建立在一个不可靠的基础上，与知识论思想体系寻求知识确定性和客观知识的最初构想相冲突，而且在实践上还必然导致法律虚无主义，同样与知识论所希望建构的理想秩序相对立。对于法律论证来说，自然法理论长时间没有办法提供一个精确的论证前提。

　　自然法理论对自然法规则的推论往往来自一种神秘的超验的启示。论证的规则有强弱之分，自然法的元规则往往是模糊的，例如作为实在法的主要衡量与评判标准的"正义"，直到现在也没有一个确切的统一的认识。而当自然法理论家将善和正义这个所有法律的最高原则具体化的时候，实际上，体现这个最高原则的具体规则在变成论证的"强规则"的同时，也必然转为一系列经验无法证实的教条式的命令或者规定。因此，自然法与宗教的结合不是偶然的。例如，作为将亚里士多德"基督教化"了的中世纪最著名的神学政治理论家阿奎那认为，人应该按照自然生活。他对自然状态的描述使其得出了"正义就是使每个人各得其所的持续不变的意志"的结论。一个人应该得到的东西不是实在法赋予的，而是根据人性的自然趋向。所以，在他看来，保全生命，繁殖后代，形成人法之下的社会秩序，追求真理，都是人的自然本性的要求。正是基于此，他认为道德就是根据人性的需要建构的。实在法如果侵犯了一个人根据自然应该得到的东西，这个法律就是不公正的。① 这个观点很快就又转化为（或者印证了）一系列具体的类似宗教戒律的明确规则，例如不许杀人（戒杀）。但是，正如德国学者京特·埃尔沙伊德所指出的，这个在许多人看来往往是不证自明的自然法的十戒规则和基本权利推论规则之一，在自然法的传统中固然具有重要的作用，然而，在法律实践中，这个命题的有效性则可能面临怀疑，例如，我们在陈述这个命题时必须排除一系列的情况：不许杀人，除非对方是战争对手，除非对方违法攻击他人生命和财产，除非对方犯了严重罪行，等等，也就是排除"法律规定的特别情况"。② 这在逻辑上实际构成了循环论证。不许杀人，所以，除非法律特别规定，杀人者都必须接受法律惩处；因为法律规定，杀人行为必须承担法律后果，所以，除非法律特别规定，否则不许杀人。问题又回到实在法体系内部。

　　从法律实证主义的角度看，法律不是神秘的启示，也不是任何神秘主义思维方式的产物，而是现实制度的一个组成部分。自然法是一种虚构的事实，在实际法律生活中，没有为人们遵守它提供任何确定的东西。法律就是法律，它来自有权力制定它的现实的人。诚然，现实的法律可能并不"好"，不能够反映人的真正的需要和情感，但是，这并不影响它作为法律而存在，法律的好坏与法律的存在是两个问题。不能因为法律是不好的，我们就不承认它是法律，这也不符合我们的用词习惯。显然，法律实证主义者至少在表面上不是像自然法学家那样雄心勃勃，他们试图将法律从各种价值判断和政治判断中解脱出来，使其成为一个独立的体系，使法学成为一个确实的知识体系。这种构想在很大程度上已经取得了成功：一个关于法律的官方体系和国家学说，已经取得了相当普遍的共识，包括我国在内。这种观点当然同样可以从柏拉图那里寻找到其思想资源：法律是出自国家的，国家是至高无上的；国家统治者有责任提供好的法律，如果没有，也不是法律的问题，而是国家统治者的问题，可以通过改造政治权力加以解决，但这并不影响法律本身的存在。需要说明的是：比较而言，法律实证主义是一种更为务实的政治法律学说的产物。当有人指责马基雅维里是"用魔鬼的手写作"③ 时，

---

① 韦恩·莫里森：《法理学——从古希腊到后现代》，李桂林等译，武汉大学出版社2003年版。
② 京特·埃尔沙伊德：《自然法问题——一个系统的指南》，收录于阿图尔·考夫曼、温弗里德·合斯默尔：《当代法哲学和法律理论导论》，郑永流译，法律出版社2002年版。
③ 韦恩·莫里森：《法理学——从古希腊到后现代》，李桂林等译，武汉大学出版社2003年版。

这位最早的强权的鼓吹者之一（也是法律实证主义的重要奠基人之一），实际上是在提醒我们，既然人是依据自然法则生活的，我们就应该努力寻求这种自然法则的本来面目，而不是描绘一个有关自然秩序的美好图景，使人沉溺于关于未来的美丽前景的虚妄幻觉中。莫里森说，马基雅维里带来的真正挑战是：既然现实世界是由本性上自私、虚伪、忘恩负义的人组成的不和谐的世界，那么就必须正视现实政治活动中的各种暴力和伪善，必须学会识别在现实中的善良与邪恶，学会如何在现实中以善良战胜邪恶。[①]法律实证主义对柏拉图政治法律学说的发展，主要在于对构成法律具体内容的命令和规则的逻辑建构和逻辑分析。这一点并非无关紧要，实际上，恰恰是这一点导致了一个未来的法律论证理论需要认真解决的问题：秩序与规则是紧密联系的，法律（实在法）规则之间的逻辑关系是单个规则的合法性的依据，即法律规则的合法性问题，必须在现实的国家的法律规则体系内部进行并完成论证，而不能求助于道德、上帝的命令、自然的规律等神秘的律令。所以，对于法律论证理论来说，法律实证主义解决了自然法理论在论证前提问题上的困境，提供了一个相对比较确定的法律论证的元规则。

然而，我们有理由认为，法律实证主义事实上并没有真正克服自然法给它遗留的难题，他们只是回避了它。当奥斯丁和凯尔逊将价值判断交给立法者的时候，实际上，他们也只是把法律论证中最为核心的法律的正当性问题悬置起来了，而不是解决了。当然，他们提供了一个现实法律论证的基本模式和规则，这在维护法律的确定性以及建构法治秩序方面具有不可低估的作用，但是，问题依然存在：我们以什么样的标准衡量和判断法律本身的正当性？当法律现实（经验）主义者提出法律的不确定性问题以及司法裁判中的法官自由裁量权问题时，法律规则体系的逻辑严密性和规则的确定性本身遭到了破坏，法律实证主义者能够做什么呢？他们要么只能保持沉默，像纳粹时期许多德国法学家那样；要么就像哈特一样通过规则的开放结构和承认规则认可和限制法官的自由裁量权。这样，我们的问题又回到了起点：能够衡量和评判法律以及法官行为合法性、正当性的优先规则是否存在？它是什么？如何发现并证明它？可见，法律论证所要解决的论证难题——优先规则的确立和元规则的发现与法律的正当性的标准问题是联系在一起的，它们共同构成了法律论证的始终如一的主要目标和所要解决的基本问题和难题。而这个问题最终被法律论证理论所涵盖。

法律论证理论解决上述问题的基本方法是通过提出一系列论证规则的方式，试图建立一个民主的、开放的、商讨性的论证程序。这就是法律论证理论的主要

---

① 韦恩·莫里森：《法理学——从古希腊到后现代》，李桂林等译，武汉大学出版社2003年版。

价值所在，即将对法律实质正义的追求转化为一个程序问题，建立在程序正义的基础上。依据这种理论，一个正当的、正确的法律决定必须通过民主的理性的协商、交流与对话制度才能形成，把法律意义上的真理与通过沟通理性形成的共识联系起来。所以，法律论证理论最终超越了传统的狭义的法律论证，与现代民主政治、多元化社会、理性观念的发展牢固地联系在一起。

（原载《法律科学》2004年第5期）

试论法律论证的概念、意义与方法

法律论证问题受到法学界和法律界的普遍关注始于20世纪70年代。1971年于比利时首都布鲁塞尔召开的第5届国际法哲学——社会哲学协会（IVR）世界大会上，法律论证始被作为大会的主要议题之一。[①]

法律论证直接提出了法律以及司法决定的说理性与正当性问题。比较起在我国已经经过多年讨论的法律推理、法律解释诸问题，应该说，法律论证这个概念是最容易让人们联想起司法活动的正当性问题的语词了[②]，因此，它是一个与我国法律实践联系非常密切的研究课题；同时，由于这个课题是在西方语言学转向背景下提出的，因此，又包含着一定的复杂性。鉴于此，为了进一步推动这个课题在我国的研究，本文拟对法律论证理论的概念、意义与方法问题进行一些初步的介绍和探讨，以期更多的读者关注这个问题。

一、法律论证的概念及其理论平台

论证是指通过一定的理由来支持某种主张、陈述、判断的正确性。可见，论证也是我们的一种存在方式。我们生活在一个依靠广泛的交往活动而形成的社会中，交往是通过语言进行的，所以也是建立在语言的基础上的，因此，在交往的过程中，我们需要通过语言表现自己的存在，通过论证以证明自己的存在。越是正式的情况和场合，越需要正式的论证。法律论证存在的原因也就在于此。法律论证是指通过提出一定的根据和理由来证明某种立法意见、法律表述、法律陈

---

① 参见罗伯特·阿列克西：《法律论证理论》，舒国滢译，中国法制出版社2002年版，代译序。之后，法律论证都是历次IVR会议的重要议题。2003年8月12—18日在瑞典伦德大学举行的第21届IVR世界大会的第一个主要议题就是"法律论证中的逻辑问题"，安排多个工作小组讨论法律论证问题；法律论证理论研究的代表性人物阿列克西教授还受到特别邀请，在大会上围绕法律推理做了关于"法哲学本质"的专题报告。

② 法律论证与英美国家所说的法律推理存在密切关系。这两个概念有许多相似之处，但在我国的语境下，两者的区别也是明显的。人们习惯上更倾向于认为：法律推理属于司法结论在法律思维中的推导与形成过程，是纯粹逻辑的，而法律论证则侧重于论证法律思维结论的正确性和正当性，它并不限于逻辑。前者是内省的，后者则是开放的。而且法律论证也不限于司法领域。因此，强调这种区别是有意义的。参见乌尔弗里德·诺伊曼：《法律逻辑学》，收录于阿图尔·考夫曼、温弗里德·哈斯默尔：《当代法哲学和法律理论导论》，郑永流译，法律出版社2002年版，第316页。

述、法律学说和法律决定的正确性与正当性。在法律和法律决定的形成过程中，例如立法过程中人大代表或人大常委会委员就自己的立法议案和立法意见公开进行辩论，法庭上有关当事人特别是律师陈述辩护或代理意见，法官在合议庭和判决书中阐述案件处理意见，等等，存在着比较广泛的法律论证的需要，上述人员有责任通过合乎理性的或逻辑或事实的形式，证明自己的主张的正确性。所以，法律论证涉及的主要是如何通过合乎逻辑、事实或理性的方式来证明立法意见、司法决定（包括司法判决、裁定、决定及其形成过程）、法律陈述（法庭上有关法律人的法律陈述）等有关法律主张的正确性和正当性。

从法律方法的角度看，法律以及法律决定不是给制定法律或者作出法律决定的人自己看的，而是要向社会公众公开，必须具有一定的影响社会公众（包括各种政治力量、社会团体、社会组织、经济组织和公民个人）的话语力量或者说服力，不仅要让读者看得懂，而且要让他们愿意遵守它或者执行它。一个正确和正当的法律决定、法律陈述必须建立在合乎逻辑的理性的证明过程之上，必须有足够的理由，才可能是合理的，也才能够达到上述的感染并说服人的目的。生活中并不是所有的决定都需要彻底论证其正确性，例如，人们直接诉诸于情感、欲望、情绪、习惯等行动，许多情况下，都没有或不需要经过审慎的思考。比如，嬉笑怒骂、纯粹私人的问题，个人可以根据自己的理性进行独立的判断；又如，对他人的感情，吃饭用哪只手，个人兴趣，等等，也是如此。上述情况下，尽管也存在着论证活动，但是，不需要严格地依据正式的论证规则进行论证。而在涉及可能影响他人的权利、利益甚至命运的场合，每一个主张、观点、决定及其文字表述理论上都必须具有一定的说服力，都必须考虑他人的意愿，这就需要在"公共场合"通过理性的方式以一定的理由加以支持。在社会生活中，有许多重大的需要人们理性地加以认真讨论的问题，例如科学研究、学术讨论、政府决策、司法判决、法庭上代理人发表的法律意见等。这些问题或者涉及真理和真相，或者涉及公共决定，足以影响他人的生活、工作和命运，必须通过严格的论证来证明其正确性，其结论也必须在公共领域经受检验。在这个意义上，我们可以说，民主并不是简单的多数人决定的制度，而是一个让人们有权利平等地发表意见和听取不同意见而后尊重多数人决定的制度。不需要理由来支持的判断通常被称为"独断""擅断""武断"的"意见"。我们之所以不喜欢专制体制，不仅因为它作出的决定往往是不正确的，还因为它是建立在"擅断"的基础上的，是一个不信任公众判断力和我们个人的理性的制度。在一个民主与法治的社会里，公共政策和法律决定是不允许独断的，制定者都必须以合理的方式提供相应的合理根据和理由。这也是我们区分民主与专制、法治与人治的主要标准之一。因此，研究法律创制、法律适用中的法律论证问题，实际上也就是研究如何在法治建设中、在立法与司法过程中真正体现民主与法治原则的问题。反过来说，法律论证又是民主体制下国家机关及其公职人员对公民、公众和社会承担的一种法律上的责任。

　　法律论证最初是与法律实证主义联系在一起的，也是法律实证主义的一个逻辑结果和逻辑发展，所以，它是在法律实证主义的理论平台上发展起来的。法律实证主义由一系列的命题构成，[①]其中的核心观点是：现代法律是人为了人自己的目的而制定出来的由命令或者规则构成的体系。这就在两个方面对法律论证提出了要求。第一，法律是基于人的追求特定目的的理性活动的产物，因此必须经过理性的论证；而且由于法律的制定者是国家或者是其他主权者，所以，法律活动是非常正式和庄重的，有关人员更有义务对法律及法律决定进行严肃的理性论证。第二，法律是一种体系化的命令或者规则，从其内部看，命令或者规则之间存在一定的逻辑关联；从法律所涵盖的对象看，是法律预先设置的事实状态和行为模式。因此，命令或规则之间的逻辑关联以及实际行为的事实与法律预设的事实之间的一致性，是特定法律或者法律决定是否合法、正确、正当的关键所在。法律实证主义把法律的合法性问题消化在法律体系内部，为后来的法律论证理论的发展提供了一个理论平台。因为法律实证主义，人们必须证明自己有关法律问题的决定与现行法律的关联性、一致性；进而又引发法律规定本身的合法性论证以及法律含义不明确时司法裁决的合法性论证问题的大讨论。所以，法律论证发轫于法律实证主义，法律论证中的本体论论证、经验式论证以及传统的逻辑论证都是在这个平台上得以展开的。

　　法律实证主义在我国的发展极其迅速。这不仅是因为当代中国法律制度属于建构式的，自上而下推动的，而且更为重要的原因是，中国人原本习惯上就认为法律来自官方决定和统治者的命令。

　　尽管这种看法与法律实证主义仅仅具有形式上的某种程度的一致性，[②]然而，

[①] 参见韦恩·莫里森：《法理学——从古希腊到后现代》，李桂林、李清伟、侯健、郑云端译，武汉大学出版社2003年版，第4页以下；博登海默：《法理学：法律哲学与法律方法》，邓正来译，中国政法大学出版社1999年版，第114页以下；葛洪义：《法与实践理性》，中国政法大学出版社2002年版，第78页以下。

[②] 实质上的不同在于：第一，法律实证主义是在现代法律制度转型中产生的法律思潮，其社会背景是欧洲社会从传统向现代的转变，以现代主权制度为基础的国家形态已经初具规模。法律制度上，国家法已经取代了罗马法成为现实法律制度的核心。相应地，各国现实的法律制度已经经过了转型期启蒙传统的洗礼。第二，法律实证主义是由一种理性观念和科学知识形态支撑的。法律实证主义的法律体系是一个知识意义上的逻辑体系和概念体系，有一种内在的逻辑关联；第三，法律实证主义并不涉及立法者本身的合法性问题，既不肯定也不否定立法者的权力，不对其进行道德和价值评判。

这决定了其很容易接受法律实证主义。因此，由政治力量推动的我国的立法主导型法治建设一开始就进入了法律实证主义所设计的模式。这就进一步建构了法律论证在中国极其特殊的现实指向，即对说理形式和过程的强化与完善。离开了说理性，离开了对法律以及法律决定的理性论证，我国现代法律制度的合法性以及意识形态基础就会崩溃。事实上，我国法治建设一开始就极其重视合法性叙事的阐释，例如以经济基础或者物质生活条件作为法律制度的客观的最初与最终的根据，问题仅仅在于这种论证方式在实证化的法律实践中缺乏可操作性和现实性，我们无法以一种实证的方式通过建构法律与法律之外的客观实体之间的可靠的转换关系来证明法律以及法律决定的正确性。如果我们沿着这个路向继续前行，就必然涉及对一种可靠的凭借理性可以检验的法律论证机制的深入讨论。

二、法律论证的意义

法律论证是必需的，同时又是一个复杂的问题。形式逻辑原本是为了追求终极意义上的真理而由亚里士多德最先创建的，是理性思维的产物，但是，由于法律领域并不存在这种终极意义上的真理，所以，法律实证主义应运而生，它是形式逻辑与终极真理分离以后的产物，因此，形式逻辑自身的难题依然没有解决。例如，三段论推理包含着一定的"霸权主义"色彩，历史上经常与集权主义政治勾连在一起，法律实证主义在二战时期的困境就说明了这一点。在此情况下，如何使形式逻辑能够更好地、更恰当地运用于法律决定的形成过程，就是法律界、法学界必须关注的问题。法律论证理论就是在这个背景下提出并发展起来的，其主要意义就在于其能够在一定程度上解决形式逻辑运用于法律决定形成过程中的特殊问题，将形式逻辑的普遍原理与法律实践的特殊性相结合。

首先，形式逻辑存在一定的局限性。论证需要依靠形式逻辑，特别是三段论推理，但是，形式逻辑又不能完全解决论证中存在的一些重大问题。原因在于：在运用理由来证明命题和陈述的正确性的过程中，一个命题或陈述的正确性往往需要依靠另一个命题或陈述来证明，而每一个命题和陈述又都面临着共同的需要被证明的问题。因此，论证就存在一个著名的解释学难题——明希豪森—三重困境。该难题指出，论证可能陷入三种困境。第一，无限倒退，即 A 命题需要 B 命题支持和证明，B 命题又需要 C 命题支持，C 命题需要 D 命题支持，无限后退。由于理论上任何运动的东西都需要被另一个东西推动，这种论证方式的确定性需要建立在一个能够证明其他命题而本身又是不证自明的公理或者优先规则之上，而在人文社会领域，这种不证自明的命题又不存在，优先规则则难以确定，所以，必然陷入一种无限倒退的境地。第二，循环论证，即用 B 证明 A，用 C 证明 B，用 A 证明 C，命题之间相互证明。第三，武断地终止论证，即在论证的过程中，将某个特殊的理由和依据（例如某个规则、教条、道德或宗教信条等）作为不证自明的东西，断然地终止论证。① 如果不能走出这个困境，论证的说服力就会大打折扣。

其次，法律论证以打破形式逻辑中的集权主义结构为目的，试图建立以民主商讨和开放性为基础的逻辑推论理论。法律论证有自己的特点，即它是根据法律来论证某个法律判断或陈述的正确性，比较而言，法律论证有一个相对确定的支点，它必须寻求一个相对确定的结论。因此，论证中存在的普遍难题对法律人来说就尤其重要。法律规则和法律原则在其适用于具体情况的过程中都有一个需要进一步论证的问题，在法律含义不清晰时（这种情况并不少见），法律论证的难题同样也影响着法律决定的过程。"明希豪森困境"是论证中的普遍难题。这个难题尽管存在于形式逻辑的运用过程中，但又不是形式逻辑本身就可以解决的。因此，研究法律论证问题，也就必须设法寻找解决这个难题的办法，以使法律论证能够建立在一个更为扎实的基础上，使我们的法律陈述、司法决定能够更具有说服力，使法治理念更加深入人心。现代法律论证理论超越了实证主义方法和逻辑分析的局限，深入探讨自身向民主化的、开放的现代思想方式扩展、延伸的过程中的问题，试图通过建立对话与协商制度的方式完成法律论证。

再次，法律论证研究的中心内容是建立和推行民主商讨性的理性论证程序，具有明确的价值指向。法律论证作为一个理性的实践活动，有两条基本线索：一条是主线，即按照法律规则效力的逻辑层次论证法律以及法律决定的合法性；另一条是复线，即为法律论证本身的合法性提供以论证规则为内容的理性讨论程序。由于实体性法律决定的合法性涉及诸多的论证难题，人们之间难以达成共识，所以，法律论证理论的主旨其实是为理性的法律论证提供一系列的论证规则，即复线的法律论证。这些规则的作用在于保证：在法律论证的过程中，每个人都能够理性地讨论相关法律问题，使论证活动可以理性地、严肃地进行，使司法决定可以避免武断的意见并建立在充分论证的基础上，所以，它的目的是建立一个理性的程序性的法律商讨机制。而由于法律论证理论的出发点和归宿点都是理性，而任何一个法律制度实际上都不能够保证法律实践的参与者本身都是理性的，所以，在法律实践中，这种设计多少属于"理想类型"。

这种对"理想类型"的讨论，其实也是具有重要的现实意义的。第一，在合

---

① 参见罗伯特·阿列克西：《法律论证理论》，舒国滢译，中国法制出版社2002年版，第221页以下及代译序、第366页以下。

法与正当的前提下，法律决定必须尽可能简单和明确，不能过于繁琐和拖延，因此，必须止于当止之处，即在讨论和论证进行到一定的相对合理的程度时必须终止。所以，法律论证既要为参与论证者进行包括实践论证在内的论证提供保证，以使论证能够具有合法性与正当性，又需要在参与论证者"无话可说"时果断地终止论证，形成决定；既要防止剥夺参与言说者的正当言说权利，又要制止参与言说者滥用权利。所以，论证规则不是为实际上不存在的终极意义上的"正确"的法律决定设计的，而是为理性讨论设计的。第二，法律是一个专业的知识领域，有理由且必须假定、设定参与法律决定者具有一定的理性的法律言说能力。就一般公众而言复杂的论证规则，在此前提下，则应该具有现实的可操作性，也有利于提高法律决定形成过程的效率，使公正和效率能够有所统一，使法律决定的可接受性与正确性相结合。

既然法律以及法律决定中不包含终极意义上的真理，那么，也就不存在这种真理的反应机制和言说能力，人们所能够做的，就是使法律以及法律决定建立在客观"共识"的基础上，这或许也就是我们所追求的法律正义。因此，理性的法律论证也就具有了存在和发展的"客观"依据。

三、法律论证的方法

这里所要讨论的法律论证的方法，简单地说，就是指如何选择和依据一定的合理的论证规则推导出法律论证的优先规则，进而保证法律决定的正确性的方法和手段。这主要涉及三个问题：法律以及法律决定的正确的标准和如何得出正确的结论。

（一）"正确"的标准

法律论证是通过提出一定的理由来证明某个法律规则、法律陈述或法律决定的正确性。因此，法律论证与法律规则、法律陈述或法律决定正确与否的标准问题联系密切。如前所述，按照知识论思想传统，陈述的正确与否取决于对客观真理的把握，即依赖于人的认识能力，因此，法律的衡量标准往往是与宗教、道德相联系的价值准则。

知识论思想传统确信人的理性足以揭示真理，确信道德与真理是一致的，建立了一个知识与道德的联盟。但是，有两个原因要求我们重新审视和检讨这个知识进路。

首先，在经验现实中，法律实践的参与者并不像思想家们所期待的那样总是在关注真理，他们最关心的是如何依据法律有效地处理案件。由于法律制度存在于日常生活之中，法官、律师、议会中的政治家并不一定是甚至主要不是思想家，法律人与普通百姓的不同之处仅仅在于他们经过专业的法律训练。法治的一个最主要的优点就在于它是一个世俗的事业，参与者不需要人人都是思想深邃的哲学家。真理对他们来说是很遥远的事情。他们不能因为暂时没有把握真理，就不制定法律、不发表法律意见或不做司法决定；他们也不可能等待法律经过实践检验证明其正确性之后才适用相关的法律，何况真理是绝对与相对的统一。

因此，法律实践中，验证法律规则、法律陈述和司法决定正确性的基本方式，就是取得一定范围的"共识"。例如，律师关心的重点其实往往不是真理、真相，而是什么样的意见能够说服法官，从而更好地服务于自己的委托人；再如，在我国，作为立法机关的人民代表大会和作为司法机关的人民法院，不同程度地以民主的方式作为其决定的形成制度，而西方国家的立法机关与司法机关也是如此。可见，社会生活中以制度的方式判断正确与错误，往往依赖于多数人的意见，而不是"真理"掌握在谁手里。[①]

其次，我们生活在一个价值与道德多元化的时代，在全球化的背景下，以往那种以某种单一道德观念绝对主导精神生活的局面一去不复返了。

在知识论思想传统被颠覆之后，严肃的思想家中也没有人再敢像柏拉图、亚里士多德、阿奎那那样妄言凭借理性可以揭示"事物的本性"意义上的真理，也没有一种道德能够成为普适性的道德。立足于"事物的本性"的自然法丧失了自己的存在根据。如果想重新恢复法律与道德的联系，重建法律的正当性基础，有效完成法律论证，就必须面对这种多元化的经验世界。多元化要求尊重经验世界的多样性，要求平等参与，要求严肃认真地讨论与对话，因此，一定的"共识"成为一切讨论的前提和目的。当代享有盛名的一些政治法律思想家，都是在这个基础上建立自己的理论王国的，如哈贝马斯社会理论中的核心概念"公共领域"与"沟通（交往）理性"，罗尔斯政治法律哲学中的重要概念"重叠共识"与"公共理性"。所以，共识取代了客观真理成为论证的基础。

（二）达致"正确"的方式

正确的标准一旦从"事物的本性"转向人类的"共识"，如何得出正确结论的问题也就相应转化为如何建立一个法律论证中的共识形成机制。共识意味着多数人意见的主导性。然而，正如我们所知道的，票数与真理不是一回事。简单形成的多数并不能够保证最大多数人能够形成真正的共识。当时亚里士多德创建形

[①] 当代德国著名思想家哈贝马斯提出交往行动理论和交往理性概念，认为生活世界中的真理就是一种共识，以"真理共识论"取代"真理符合论"。参见哈贝马斯：《交往行动理论》（第1、第2卷），洪佩郁、蔺青译，重庆出版社1994年版。

式逻辑的目的原本就是建立一个认识真理的"客观"的思维形式和推理规则。而现在我们已经知道,形式逻辑并不能够保证推理的正确性,因此,必须建立一个同样具有"客观性"的共识形成的理性机制,因为只有在理性论辩的基础上,让所有人平等、充分地发表意见,才可能形成真正意义上的多数人的共识,所以,必须提供一个能够保证理性论辩充分展开的制度。由于这个制度的目的是保证所有参与者都能够理性地参与决策形成的过程,并在理性的氛围中讨论问题,因此,这个制度的主干就必须是客观的和程序性的,即对所有参加论辩者都是客观公正的理性论辩的程序。相应地,法律论证理论迄今为止主要也就是一个围绕法律领域内共识与合意的达成而建立的程序性的法律对话与商讨的理性机制的理论。

德国学者约亨·施奈德和乌尔里希·施罗特在讨论司法判决中的论证问题时指出,当代论证理论体现为三种认识旨趣:规章的论证理论、理解的论证理论、经验的论证理论。

规章的论证理论主要讨论和确定正确的司法判决的论证规则,即法官在法律论证中为论证判决的正确性而应该遵守的理性论证的程序性规则。德国法学家阿列克西是这种理论的主要代表。在《法律论证理论》中,他提出了一个系统的论证规则体系。阿列克西将论证规则分为两类:一是普遍性实践言说的论证规则和形式,主要讨论实践证证的规则和形式问题,即关于一般性行为的道德正当性的论证规则和形式问题;二是法律论证的规则和形式。普遍性实践言说包括5组规则和1组论证形式。法律论证包括内部证立和外部证立。内部证立主要确立保证判决能够从其在判决理由中被认真讨论的法律前提中"合乎逻辑地被推导出来"的相关规则;外部证立则主要确立保证法律论证"前提"的正确性的各种规则。①

理解的论证理论主要试图解决法律论证的"含义"和"任务"。这种论证理论将法律论证分为两个层面。一是证明判决的正确性,尤其是保证判决所依据的规范性理由的正确性。这被认为是法律论证者的最大义务。二是法律论证必须保证提供足够的理由使人们能够接受某个判决。这是法律论证者起码的责任。在前一种情况下,法律论证必须与实践哲学结合,尤其是吸收商谈与沟通理论,以确立一个正确判决的标准;在后一种情况下,必须建立一个人们在何种情况下应该接受判决理由的标准。

法律论证不仅应该保证判决被接受,而且应该保证判决的正确性。正确的判

---

① 参见罗伯特·阿列克西:《法律论证理论》,舒国滢译,中国法制出版社2002年版,第221页以下及代译序、第366页以下。

决既不是与法律所预设的东西一致，因为人们无法从法律中"发现"规则的"正确"含义与内容；也不是简单的同意，因为判决的正确性不能通过"同意"证明，胡说八道的东西有时候也能够获得同意。只有立足于理性商谈而形成的同意，才能够成正确的标准，即经过理性的商谈和对话，形成了唯一的一个合意，这个合意就是正确的标准。法律论证中，理性的论证就是指在一个有效的法律秩序中的理性论证。所以，理解的论证理论主要解决应该如何理解"法律秩序中的理性"的问题。

经验的论证理论主要讨论司法实践中改判的理由，通过总结各种改判理由分析其中的法律论证经验。①

上述的三种论证旨趣并非相互对立的观点，而是各有侧重，其目的都是解决司法判决中的法律论证的可靠性问题，使其能够被纳入一个理性言说的程序和机制。从广义上说，一切法律论证都需要建立在理性论证的基础上，而理性论证则主要是一个论证规则的问题，即在法律以及法律决定的形成过程中，人们参与言说和讨论必须遵守的规则，这些规则能够保证讨论本身沿着理性的方式进行。

（三）达致"正确"所需遵循的论证规则

一般认为，可以通过建立一个程序性的法律论证规则体系保证法律论证本身的合理性。②原因在于，从论证的一般过程看，假定存在某行为A和某法律规则B，一般情况下，规则B决定行为A合法与否；然而，A本身的合法性又是由法律规则C来支持的，直到宪法规则。这个论证过程就是凯尔逊设计的，也就是所谓的线性论证。问题在于，宪法规则本身也有一个合法性问题，尤其是在其含义不明确之时，人们必须求助于宪法规则之外和之上的规则。这样，程序性的法律论证规则体系就必须解决两个问题。第一，实践理性和实践推理问题。在法律之上寻求法律的衡量标准必然涉及法律与道德的关系问题，而以道德支持法律以及以道德作为法律论证的依据则是一个实践哲学的问题，其中如何可以避免自然法理论的失误是一个中心课题。第二，如果第一个问题是切实存在的，那么，应该如何解决法律论证中的无限倒退问题？法律论证不是学术讨论，它必须在规定的时间范围内，以非常确定的方式证明一个意见的可接受性和正确性，因此，必须

---

① 参见约亨·施奈德、乌尔里希·施罗特：《法律的规范适用的方式：确定，论证和判决》，收录于阿图尔·考夫曼、温弗里德·哈斯默尔：《当代法哲学和法律理论导论》，郑永流译，法律出版社2002年版，第504页以下。
② 当代德国法学家阿列克西的法律论证理论就是一个关于法律论证的程序理论。有关资料可参见罗伯特·阿列克西：《法律论证理论》，舒国滢译，中国法制出版社2002年版。

避免无限制地拖延论证过程，必须给参与法律决定过程的人们一个简单并具有可操作性的规则体系。

对于第一个问题，我们应该充分注意，法律推理与实践推理是分不开的。仅就司法过程而言，包括宪法规则在内的法律规则作为法律推理的大前提面临一个普遍的问题：规则含义的不确定性。这一点，不仅获得了霍姆斯、卡多佐、卢埃林等法官出身的实用主义法学家的证实，还得到了哈特、德沃金等分析法学、自然法学的代表性人物不同程度的承认。问题仅仅在于，在重新建立法律与道德之间的联系的过程中，必须设法避免再次产生从道德角度论证法律规则的合法性过程中曾经广泛产生的随意性和模糊性。哈特关于次要规则的论证，德沃金关于原则与规则之间关系的讨论，都试图通过在法律体系内部建立一个道德约束机制的方式为法律规则的模糊性提供一个确定的界限。而这种思路所要解决的最主要的问题，就是使道德问题能够以一种合理的实证化的方式进行讨论，即使其能够被纳入法治的轨道。

而由于实体道德内容的多元化，实践推理的确定性问题最终就需要通过确立一系列论辩过程中的推理规则加以保证。

第二个问题是第一个问题的合乎逻辑的结果，即如果法律推理确实离不开实践推理，那么，一些法律实证主义者（如凯尔逊）所设定的以法律规范或者法律规则终止论证以避免论证过程中的无限倒退问题的努力就面临着终结；同时，法律论证一旦延伸到实践道德层面，而又不可能无限倒退，就必须建立一个能够终止论证的共识机制，这也就意味着以线性方式或者本体论追问的方式论证法律的正当性、合法性思路的终结。这样一个共识机制，根本上还是一个如何确定论证规则的问题。既然法律论证可能存在无限倒退的情况，而实践中又不能使其无限倒退，所以，对论证规则本身取得一定共识就成为一切法律论证的前提。

就如任何游戏（各种竞技性比赛、博彩等），都必须在参与者对游戏规则取得共识的前提下才能进行一样，只有预先为法律论证过程设定一系列可能为参与者共同认可为公正的规则（主要是语言交流规则），才可能保证论证过程最大限度地符合理性原则。

由此可见，为法律论证过程预设一定的规则是使法律论证合理和充分进行的必要的措施。

这些规则首先可以分为一般规则和特殊规则。

法律论证的一般规则是指各种类型的法律论证都必须遵循的规则，例如每个人在提出自己的法律判断和主张时必须以已经生效的法律规则为依据，必须证明自己的论点是建立在引用一个普遍性规范的基础上并且能够从该普遍性规范中合理地推导出该法律判断和主张；每个参与论证者都享有平等的发言权，都可以按照规定的平等条件参加论证并发表意见，提出自己的主张；任何人只能主张自己相信的东西，不得自我矛盾；任何人都可以质疑任何主张，被质疑的观点的主张方有义务直接回答相关质疑；举证责任必须合理负担；等等。在法律论证的一般规则中，需要特别明确的是，如果某个特定的法律规则的含义是明确的，而主张方却对该法律规则适用结果公正与否存有疑问，或者如果法律规则的含义不明确，或被认为不存在相关法律规则，需要依据法律原则参加论证或者依据重新诠释过的法律规则参加论证时，主张方必须负有"谨慎注意"的法律上的特别的论证义务，这种谨慎既为实践推理提供一个法律条件，又不能破坏法治的原则，如必须确切地证明如果引用相关法律规则必然引起法律本身的自相矛盾，或者证明没有相应的法律规则存在，或者证明所要引用的法律原则存在的真实性、中立性及其是否不偏不倚，论证法律原则与法治要求的一致性。

法律论证的特殊规则是指各种类型的法律论证活动各自应该遵循的规则，如立法过程中的论证规则，执法过程中的论证规则，法学研究中的论证规则，法庭论辩中的论证规则，司法决定形成过程及表述中的论证规则，等等。下面试举两类加以说明。

一是法庭论辩过程中的论证规则。法庭论辩是在法官主持下各方当事人相互之间就各自的主张进行论辩的过程，既是形成司法决定的必需前提，又是各方就相关案件形成共识和合意的过程，因此，法庭论辩的论证规则必须保证对话方（各方当事人）能够合法、平等、公开、理智地参与对话。故相关论证规则就有：在法庭上，法官不得发表有利于某一方的诱导性言论，原被告双方享有平等地发表意见和质疑对方意见的权利；原告方必须围绕案件直接陈述自己的主张，依据法律规则提出证据；被告方必须回应且须直接回应原告方的主张；任何人均不得使用夸张或煽情的方式陈述自己的意见和主张；权利主张必须依据法律规则提出，任何人不得在法庭上借用大众舆论、领导意见、公共政策、道德、宗教教义支持自己的主张、发表威胁性和恐吓性言论而给对方及法庭施加压力；必须区别法律规则的文字含义和自己对法律规则的解释，对于任何对法律规则的解释性言论，当对方需要时，必须就其中所涉及的概念和问题进行澄清、说明和论证，直到对方不再有疑问；等等。

二是司法决定形成过程及表述中的论证规则。司法决定包括司法判决、裁定、决定等由法院下达的法律文书中包含的法律主张。由于司法决定代表国家的意见和主张，故法律论证的规则应该更为严谨。例如，参与各种类型的司法决定的形成者，须实际参与案件审理的全部过程并完整听取了各方当事人的主张以及论证；任何参与决定者对案件审理过程的各个环节享有平等的发言权；任何参与决定者须有权且有条件独立陈述自己的意见；任何参与决定者都负有证明自己的主张符合法律规则规定的义务；等等。就司法决定文字表达的论证规则而言，任何司法文书均须充分说理和论证；司法判决、裁定、决定意见必须清晰地从普遍性的法律规则中合乎逻辑地而非武断地推导出来；在关键概念上使用非法律术语时必须进行合法性说明；没有相关法律规则时，形成司法决定的参与者负有更加审慎的义务，必须证明自己以及自己的意见不带任何偏见（非歧视、非个人偏好、非个人兴趣和道德倾向），必须证明自己的意见来自"客观"共识；所有参与决定者必须对各种在法庭上提出的有争议的法律问题和事实问题明确表达自己的意见并论证；法律文书须平等地表述少数司法决定参与者的意见；等等。

由于法律论证的论证规则所涉及的方面和内容比较多，全面讨论不是笔者给自己设定的任务，本文仅仅是参考有关法律论证规则的讨论，提出一个继续讨论和研究的线索与思路。笔者相信，如果我们能够为严肃和理智地讨论法律问题与进行法律论证提供相应的言说规则，就可以使讨论本身在理性的范围内进行，同时为形成正确的法律以及法律决定确立一个理性的程序性条件。在理性面临全面挑战的历史背景下，深入研究法律论证问题，对进一步维护法律的权威，使本身即理性的产物的法律制度继续发挥作用，对法律制度如何适应一个民主、开放的社会的发展需要，无疑具有重要的意义。

（原载《浙江社会科学》2004年第2期）

四

法治、司法、法律职业

论法律的发展

步入新时期以来，我国理论法学研究始终都在寻求推动法律进步及法制现代化。这与人们对社会变革的种种期待是联系在一起的。然而，对构成法律进步与法制现代化之基础的法律发展问题，国内外法学界尚存在认识上的分歧，而且，这一分歧近年来呈扩大趋势。在我国，对法的一般理念、法律移植：法律文化、法的民族性与世界性等问题的种种不同认识，可以说，都直接或间接地与法律发展问题相关。鉴于此，本文拟以法律的发展为主题，对涉及的一些理论问题做些探讨，就教于前辈与同仁。

一、分歧所在

发展是事物不断前进的运动变化过程。①法律的发展意味着法律遵循一定规律，趋于不断进步的运动状态和过程。法律是否是发展的呢？对此，人们存在两种截然不同的认识。

第一种认识强调：法律经历了一个由若干历史阶段构成的发展过程，每一阶段的法律都是对前一阶段法律的超越与递进。如英国法学家梅因在《古代法》中提出了著名的法律由"身份"到"契约"的发展，与此相适应，他认为法律形式也经历了一个由"判决"到"习惯法"再到"成文法典"的发展过程，这一发展模式着眼于法所依赖和体现的人际关系的进步。②美国社会学法学的著名代表人物庞德则认为，法律的发展经历了五个阶段。在他看来，根据法与道德关系的变化，在原始法阶段，法与道德、宗教是混而为一的；在严格法阶段，法律从其他社会规范中独立出来，道德却遭到冷落；在衡平法和自然法阶段，道德大量渗入法律，法律失去了自我；在法律的成熟阶段和在法律的社会化阶段，法律与道德形成了一种新型的有机体。在这一模式中，我们既看到了道德在发展中的价值力

---

① 《辞海》对"发展"一词的解释是："哲学名词。指事物由小到大，由简到繁，由低级到高级，由旧质到新质的运动变化过程，事物的发展是量变和质变的辩证统一，是事物内部矛盾斗争的结果。"
② "梅因把一切社会关系由'身份'所支配的古代社会与一切社会关系由'契约'决定的进步（错综复杂）社会作了对比。"这里的"身份"指"人的一切关系归纳起来都是家族关系的社会现象"，"契约"指"由个人自由订立协定"而产生的个人义务。参见上海社会科学院法学研究所编译的《法学流派与法学家》，知识出版社1981年版，第334页。

量，又看到了法律在发展中追求自我的努力。美国当代批判法学的著名代表昂格尔将法律分为三种类型。他强调，这三种类型不论在逻辑上还是在历史上，都意味着进步。第一种类型是习惯法，它由惯例组成，缺乏明确的表达；第二种是官僚法，它由统治者所制定并专属于统治者，虽有公开性和实在性，但缺乏自治性和普遍性；第三种类型是法律制度，它是更严格意义上的法律。在这里，法律的形式得到充分的发展和实现。这一发展模式向我们展示的是一条法律不断获得自治性和普遍性的发展道路。法律发展论者或许在法的发展模式上存在不同认识，但都确信法律是发展的，而且这种发展具有价值突破意义并呈现一定的规律性。他们认为，历史遵循自身逻辑不断发展，第三世界所有国家都不可避免地向当代西方所代表的较高级阶段发展。持极端观点的学者，甚至提出"现代化"就是"西方化"的观点。应该指出的是，西方法律发展论者的最古老的思想基础就是对人类共同理念的确信，强调法律的普遍性和共同性。因此，第一代比较法学家主张制定统一的世界法，并且认为法律移植是第三世界国家法律发展的基本方式。

第二种也即相反的认识则认为：法律并不具有普遍性，法律是由一定社会的民族传统和文化传统决定的，而且，法律不存在进步。持这种观点的最有代表性的学者就是德国著名法学家萨维尼。他认为，法不是理性的产物，而是从特定民族的经验中产生的，是民族精神的体现，一国的法律就像一国的语言，只能被发现，而不能被创造，并以此反对立法，认为立法不能成为法律变更的手段。近代以来，这种观点由于法律移植中所存在的诸多问题而得到经验材料的支持。"许多研究表明，把外国的法典、诉讼程序或教育模式强加于第三世界国家，都是失败的尝试"。[1] 发展问题的否定论者认为，不存在一条每个国家都适用的法制发展必由之路，西方法律文明是西方特定的历史条件的产物，并不预示第三世界的未来。

法律发展论者与否定论者分歧的焦点在于发展论者认为法律有一个不断进步的过程，而且这种进步是有规律可循的，受这一规律及总趋势的制约，各国法律必将趋同。而否定论者则认为，法律不存在进步问题，只有是否适应特定时空的社会需要的问题，社会需要是由民族特性所决定的，是受一定文化条件制约的，因此，应当承认各国法律多样性的事实，并且法学研究应深入探讨社会需要，研究特定社会的文化背景，寻找适宜于该文化土壤的法律生长方式。

二、法律发展的依据及否定论的缺陷

法律是发展的。从理论上来说，法律是社会调控手段，也是社会的组成部分，必然随社会的发展而发展，随社会经济条件的变化而变化。从实践上来看，

---

[1] 杜鲁贝克：《论当代美国的法律与发展研究运动》，中译文载于《比较法研究》1990年第2期。

英美法系与大陆法系已呈现趋同的势态。东方国家的现代法制几乎都是从对西方法典的移植中发展起来的。美国宪法也经历了二十一条修正案的发展过程。从内容上来看,谁也不能否认"法国民法典"比"汉谟拉比法典"确保了更多的权利和自由。从形式上来看,英国法源历史性地经历了从普通法到普通法与衡平法并存再到成文法和法官的自由裁量权结合的发展过程。不管我们承认与否,法律发展是客观存在的。法律应反映社会生活永恒而共同的需要,当一项法律因社会需要而成为必要时,它并不是以孤立的状态被承认,而是以多样化的形式表现出共同性而受到尊重的。

法律发展同时又是复杂的。第一,法律的发展与社会的发展往往存在一个时间差,这个"差"在不同的国家有所不同,这使各国法律发展的进度产生差别。相同的社会变化,在有的国家可能迅速引起法律的进步,而在另一国家或许是个缓慢的过程。第二,并非所有国家都沿着相同的道路发展,各个国家在追求相同的法律目的过程中,由于各自历史文化条件的差别,会有不同的发展道路。如英国法在司法实践中,法国法在立法实践中,分别都建立了现代法制。在法律移植中也存在这样的情况,仿效同一个外国法律的两个国家,可能会制定出两个不论在形式还是内容上都不相同的法律。第三,在同一时期内,不同的国家可能会处于不同的法律发展阶段。在古罗马时代,英国法可能还处于原始时期,而古罗马的法律制度却已非常发达。在现代,美国与我国的法律发展阶段也肯定是不同的。第四,同一个国家在不同时期,法律发展的方向可能不同甚至相反。如在19世纪的欧洲,法律沿着个人自由的增进方向发展,但到20世纪,法律却朝着国家控制权的日益增大和个人自由被限制的方向发展。造成这种复杂性的原因是多方面。历史法学所揭示的法律文化传统的多样性当然是一个重要原因,但并非唯一原因。

法律发展的复杂性容易引起人们在发展问题上的混乱认识,否定论者片面地夸大文化传统对法律的影响,进而否定法律发展的观点是值得商榷的。

事实表明,处于同一阶段的法律有着大致相同的特征,这一点我们从梅因、庞德、昂格尔的研究中都可以看到。而每一个阶段与前一个阶段相比在综合性指标上都有了进步。

否定论在理论上的主要缺陷表现在以下几方面。首先,否定论者将法律发展过程的复杂性,看作是法律发展的无规律性,这在理论上是片面和狭隘的。我们认为,法律发展的复杂性是由多方面因素综合作用的结果。"尽管各个集体有各自的历史发展情况,构成物质环境的各种条件有不可消除的地方特性,以致各种法律制度有着明显的差异,但是它们之间存在一个共同的基础,我们能在宏观上看到法律有国际性统一的前景。"① 民族性只是导致多样性的一个因素,但它绝不能否定共同性。其次,否认法律进步的另一个重要依据是第三世界各国法律移植的失败。笔者认为,法律移植有失败的例证,但也有成功的先例,移植中的失败,并不能得出法律不能移植的结论。法国著名比较法学家勒内·罗迪埃说:"研究外国法律的制定和适用是必要的,其目的并不在于引进一项外国法律,而在于引进一个特定的法律现实,一个邻国受到赞赏的现实"②"一项法律的司法实践工作在法国和在英国是不一样的。仿效一项英国法律,使它在法国产生一定的效果,不能通过仿效英国法律来完成,而应通过仿效英国法律在司法实践中所达到的'效果'"③。可见,法律不是不能移植,而在于怎样移植。况且,法律的发展是综合性指标的阶段性发展,它既有内容与形式上的独立发展,又有对社会的适应这一方面,超阶段的移植当然是要失败的。日本著名法学家美浓不达吉说:"法是社会生活的规律,存在于社会之中,随社会变迁而变迁。所谓'有社会即有法'的格言,实为贯通千古的真理,社会与法律如形影之相随。"④ 不同社会有不同的法,将"法国民法典"置于古巴比伦王国的现实中,其效果未必比"汉谟拉比法典"更好。第三世界各国的法制道路必须建立在本国现实的研究基础上,不符合实际的移植只能导致失败。但借法律移植中出现的失败和法律的民族性而否认法律的发展及发展趋势是不符合实际的。

否定论不仅在理论上是值得推敲的,而且在实践中是有害的。首先,这种观念会阻碍各国法律间的相互借鉴和吸收,从而使法律的普遍性受到人为的限制,极大地扼制人类法律文化之间的沟通,不利于各国法制建设。其次,这种观念会助长法律文化上的狭隘民族主义,从而为各国政府以民族性为借口反对法律变革,甚至有可能使法律沦为政策的奴仆,从而丧失其自治性。

总之,法律发展中的复杂性是有规律的复杂性,法律发展中的差异性是有共同性的差异性,只承认法律对社会需要的适应,而否认法律有价值上的增进和形式上的改善的观点,无论在理论上,还是在实践中,都是站不住脚的。

三、法律发展的衡量标准

在衡量与判断法律何以发展的标准问题上,发展论者所持的最常见的观点是将法律进步与社会进步相提并论,运用外在于法律的社会标准衡量、判断、评价

---

① 勒内·罗迪埃:《比较法导论》,上海译文出版社1989年版,第56页。
② 勒内·罗迪埃:《比较法导论》,上海译文出版社1989年版,第33页。
③ 勒内·罗迪埃:《比较法导论》,上海译文出版社1989年版,第36页。
④ 美浓部达吉:《法之本质》(中译本),林纪东译,台湾商务印书馆1992年版,第7页。

法律进步。这种观点实质上否定了法律自身发展,同时将法律发展的进程寄托于外部环境的改善。对此,笔者的看法是,社会发展固然有助于法律发展,但法律发展有其自身的规律。

首先,应该明确的是,社会发展的总趋势及适应于社会进步的要求是法律发展的重要前提。法律的精神应该反映时代的精神,法律要有助于社会进步。美国法学家施瓦茨说过,"尽善尽美并不一定是评价某种制度的恰当尺度。……一种效力于社会的法律制度比柏拉图的大群捍卫者脱离社会需要的空调概念更好""美国法律史是努力按照意识到的这个国家在各个发展时期的需要塑造法律制度和法学理论的历史。每当法律与社会需要之间的差距过大时,这种努力便达不到预期的目的,可是,当法官、律师和立法者们制定出新的适合于那个时代变化了的条件的原则和理论时,这种差距最终总是被缩小了"。① 法律的发展过程,从某种意义上讲,就是不断适应社会实际需要的过程,就是根据社会的变化而变化的过程。美国大法官卡多佐对各种法律问题所持的观点明显体现这一点。最典型的例子是麦克弗森诉别克汽车公司案,案由是"因别克汽车公司的汽车驾驶轮有问题而造成麦克弗森的人身损害"。英国古老的判例认为,向邮政部门出售设备残缺的公共马车的人,对马车夫蒙受的损害概不负责。公司辩护人以此为依据提出:因买车合同是与车商订立的,所以厂家不负责任。而卡多佐则认为:"上述判例是以公共马车旅行的时代援引的,它不符合今天的旅行条件。危险在所难免的原则固然没有变化,但适用这项原则的事物已变化了。这是因为文明社会生活需要而非这样做不行。"② 各国法律史都表明,法律发展与社会发展基本上是同步的,离开社会变革的广阔领域,法律也难以显现变革中的动人风姿。

其次,法律的发展是法律自身的发展,即法律符合法的基本精神的发展运动,表现为法律内在价值增进与外在形式及操作技术进步的统一化进程。这一进程尽管与社会进步的总进程相一致,但其评价、判断标准却来自法律自身,来自对法律价值与法律形式、技术运动变化的分析与观察。

法律内在价值的增进是指体现在法律中的人的价值需求的变化。③ 尽管不少人对价值持一种相对主义观点,但我们仍倾向于认为法律发展的进程体现了价值

---

① 伯纳德·施瓦茨:《美国法律史》,王军译,中国政法大学出版社1989年版,第1、第21页。
② 上海社会科学院法学研究所:《法学流派与法学家》,知识出版社1981年版,第165页。
③ 意大利法学家桑德罗·斯奇巴尼将法的人道标准看作对"法律规范是否具有善意的检验,它在几个世纪中促进了罗马法学特有的抽象的进程和对具体性的追求,它努力实现对人的保护,抵制可能对人造成欺辱的豪强势力"。参见朱塞佩·格罗索:《罗马法史》(中译本),黄风译,中国政法大学出版社1994年版,斯奇巴尼所写前言。

增进的趋势，认为法律是否确保和促进了价值的增进是衡量法律发展的一个重要标准。刑法上有罪推定到无罪推定原则的演化体现了对人的权利的尊重，是一种发展。民法中基于"身份"而形成的不平等关系到基于"契约"而形成的平等关系的演化，也是一种发展。诉讼法上司法不独立到司法独立的变革，宣示了对民主和公平的珍视，还是一种发展。马克思说，法典是人民自由的"圣经"。意大利法学家 A.P.d'Entreves 也说："……法律（拉丁文作 ius）既是一门艺术，也是一门科学。作为一门科学，它是关于人类的与神明的事物之一种知识，是关于是与非的一种理论；作为一门艺术，它乃是对善与公正的事物之促进。法律家的任务十分崇高，可以比之于牧师的任务。他确是正义之执行者，因为正义与法律互相关联。"[1] 因此，人们对价值的具体内容可能持不同认识，但却难以否认法律与价值的密切联系，所以是否确保和促进了价值，是衡量法律发展的重要标准。

当然，凝结在法律中的人的价值需求不是静止不动的，而是变化的、相对的。相对主义价值观应该体现在法律的进步与发展之中，而不应成为对法律价值的否定。如正义是法律的永恒理想，可是正义本身是复杂的，不同社会有不同的价值要求，不同的历史阶段也有不同的价值取向，作为人对事物的一种主观体验和把握，正义观本身也是发展的。正如美浓不达吉所说，"所谓正义是社会上的正义，故应是社会心理上感觉它为正义，而判断之为正义者""社会心理，即在社会平均人心理上的正义，是自这种斗争之中，控制住社会的大势而成立者，这是超越个人主观的客观意义的正义"。[2] "德国民法典"将"法国民法典"中契约绝对自由原则发展为契约相对自由原则，将"过错责任原则"发展为"无过错也负责任的原则"，这在 19 世纪的自由主义者看来，固然是对人权与自由的限制，在价值上是一种倒退，但在 20 世纪包括今天的学者看来，这是社会与个人之间的一种平衡，是否定之否定，是发展，是进步，是人们认识更为深刻的象征。再如，对形式正义与实质正义之间的关系，学者们有的侧重于前者，有的倾向于后者，有的试图调和两者的关系，如美国哲学家罗尔斯认为形式正义是一种手段，实质正义才是目的。形式正义的意义在于它可以排除或减少不正义，因为如果一种制度或法律被严格执行的话，人们就可以知道它、利用它，即使有不正义的因素，也可以避免。尽管人们可以将这种分歧归结为价值观的不同，但更深层的原因却在于人们对这一问题的认识有待深化。认识的多样性往往是理论不够深刻、缺乏说服力的结果。历史上，人们对许许多多问题的认识都是由不统一走向统一

---

[1] A. P. d'Entreves:《自然法——法律哲学导论》，李日璋译，台湾联经出版公司，第13页。
[2] 美浓部达吉:《法之本质》（中译本），林纪东译，台湾商务印书馆1992年版，第119页。

的，那么，对法律价值的认识同样存在一个不断深化的问题。不应该将经验简单地推导为常规和真理。人们的价值观可能是不同的，但从法律发展的历史进程看，无疑，法律价值增进呈现趋同的态势，人们对法律价值的认识分歧也在不断缩小。这本身就是一种进步。

法律内在价值的增进不仅体现在法的内容中，也反映在法律外在形式和操作技术的不断完善之中。

形式本身是依附于内容并为内容服务的，是价值的载体和表征。勒内·罗迪埃说："各种法律制度可以表明，法律形式从表面上看是不相同的，但其中却蕴藏着一种法律制度的真实共同体。"①这个"共同体"便是反映在法律形式中的法的内在价值，对单纯地脱离内容的形式固然很难作出价值上的判断，但也并非完全不可能。形式从来不是孤立存在的，它本身是共同体，也是价值体，或者说是凝结着一定价值的共同体。不同的形式、不同的法律操作手段，事实上表明法律在普遍性与自治性方面的差异。普遍性主要是指法律被一视同仁和严格地执行。自治性则主要指法律的独立和自主。法律形式应该不断发展以逐渐显示出普遍性和自治性。不同阶段的法律在普遍性与自治性上是有差别的。在法律发展的初级阶段，血亲复仇是一项基本的制度，理智地解决纠纷的适用范围还相当有限，普遍性的法律和司法机构尚不具有支配地位，法律的普遍性和自治性还非常低。之后，法律呈现出严格化、正规化和精确化的趋势，司法机构的权威已有很大提高，诉讼程序呈现出一定的技术性特征，法律的普遍性和自治性都有不同程度的提高。在法律发展到当代社会，法律体系已基本健全，法律机构已大体完善，法律职业化程度较高，法律权威得以牢固地树立。

法律形式和法律操作技术的改善是在法律的普遍性和自治性的相互弥补中实现的。例如，英国法律形式的发展是从普通法开始的，普通法是法官审判实践的产物。在诺曼人进入英国之前，英国只有地方习惯法，没有普遍适用的法律。1066年，诺曼人入侵后，普通法在皇家法院的司法实践中逐渐形成。如何实现法律的普遍性是当时皇家法院面临的首要问题，由于皇家法院在审判中采用陪审制，增加了判决的公正性，并采取有效措施，使判决得以严格执行，因而其管辖权逐渐扩大，普通法也就逐渐成为全英格兰普遍适用的法律。然而，严格的形式主义程序逐渐导致普通法的僵化，加之特定政治原因，一种更灵活的制度——衡平法得以出现。衡平法由于大法官的自由裁量权，不仅使法律能适应社会的变化，而且使法官的自主性得到进一步充分满足。经历近代工业革命后，英国又出

---

① 勒内·罗迪埃：《比较法导论》，上海译文出版社1989年版，第55页。

现了成文法与法官自由裁量权相结合的法律新形式。英国法形式的一系列变化实际上反映了法官与法律不断普遍化、职业化、专门化的趋向。与此不同的是，法国法律形式在罗马法的基础上发展起来，资产阶级革命后，立法具有较高的普遍性，但是成文法固有的局限性表明高度抽象的原则很难适应变化着的现实，法律的自治性要求法律面对复杂的实际能够自主地作出反应，这样，法律解释应运而生。勒内·罗迪埃说："……法国法给法官很大的法律解释权，这样可以缓和成文法太死板的弊病，并能推翻萨维尼对法典化毫无根据的预言"。① 由此可见，英法两国虽然有着不同的法律形式的发展道路及公认的不同的操作方式，但有一点是相同的，即它们都是通过成文法和法官自由裁量权的相互补充，而实现了法律普遍性与自治性之间的平衡。因此，判断法律的发展不能拘泥于个别经验材料，而应着重把握体现在法律内在价值增进与外在形式、操作技术不断完善之中的法律基本精神的变革和突破。所以，法律的发展实际上是法律向法的基本特性符合的运动。这就是法律能推动、引导社会发展的根源。

鉴于这种情况，我们认为适应社会的实际需要是法律发展的重要前提条件，但作为一种社会现象，法律有相对独立性，这种独立性意味着法律有其自身的发展规律，抽象出来的这种规律，对各国法律来讲是共同的。价值因素和形式因素共同构成衡量法律发展的标准。

四、法律发展与法律文化：超越传统

法律发展问题上的否定论者，强调各国社会需要的差别，法学研究中的文化论者将这种差别归结为各国历史文化与传统的差异。但是，人类也有着共同的需要，它不因历史文化传统的不同而有所区别。文化论者强调差别，它面向"历史"和"本土"；发展论者侧重于共性，更关注未来和世界。文化论者注重对现实的研究，注重"实有"，但却常使它囿于现实；发展论者在研究现实的同时，更注意探索理想，将理想看作未来的现实，因而更注意"应有"。文化论者必然把制度看作观念的产物，因为观念固有的惰性是成规最可靠的保障；发展论者不仅看到了观念对制度的孕育，还看到了制度对观念的改造力。文化论者审慎的态度和重视传统的告诫是诚恳的，但总体上是保守的；发展论者不像文化论者那样在传统面前无可奈何，而是主张超越传统。这就是我们选择发展问题加以探讨的情感基础。

诚然，并非所有的法律文化的倡导者都迷恋传统，事实上，许多文化论者恰

---

① 勒内·罗迪埃：《比较法导论》，上海译文出版社1989年版，第57页。

恰是基于反传统而迷恋文化。但是，文化论者对传统的天然的特殊关注，本身就反映出他们对传统观念的敬畏情绪。我们不反对从文化角度对法律加以探讨和说明，但更主张超越传统，因为传统是完全可以超越的。从理论上来讲，文化都是通过学习形成的，虽然人的创造力是无限的，但这种创造力在历史上由于人们生存空间的狭小而受到极大限制。因为，那时，人的经验主要来自前辈的积累。在我国春秋时期，孔子就认为最理想的社会是礼乐兴隆的周朝社会。外部条件的制约，使人们的信息大部分来自历史和先辈，他们通过学习而获得的大部分是父辈及祖先的经验，因而，传统成为一种巨大的惯性。但是社会发展到今天的信息时代，情况大为改变，人们从小开始就可以借助现代交通和通信手段，迅速而自由地从世界各地汲取信息，人们的知识来源和经验领域发生了深刻的变化，人类间的沟通逐渐密切，人类的共性得到昭示。法律的发展不再是孤立地、自发地成长，借鉴和移植已成为各国法律发展的基本事实和主要方式。法制发展的实践也证明了这一点，日本和东南亚一些国家的现代法制都是对各自传统的超越。对传统的穿越也是西方法律演进的基本特征。美国当代法学家施瓦茨说："仅以维护社会现状的需要为基础的法律，对于一个正在着手创立一个新社会的民族来说是不够的。法律的目标必须转变，即从给每个人的应得的权益，转变到最大限度地扩展个人所固有的权利的范围。……美国法在性质上变成了扩张性的而不是防御性的。"[①]不能超越传统的法律是无法存续下去的。"超越性"和"内在性"之间的平衡是西方法律发展的一个巨大动因。但它绝不仅仅是西方的经验。因此，在现代条件下，过分夸大传统的影响是不必要的，过分强调法律的文化属性也是多余的，事实上，今天的法律就像今天的儿童一样，早已突破了传统的束缚。因此，对法律文化的探讨应该立足于世界的新文化观，立足于蔑视传统、面向未来的法律发展的文化观。

法律移植是超越传统的重要方式之一，它应在社会实践需要的前提下，本着价值增进和形式改善的双重原则大胆地进行。"民族特色"不是凝固的，以历史为标准来寻求"特色"，只能导致停滞。"特色"应在创造中求取。中国特色的法制只能在世界法律发展的潮流中形成。在我国市场经济的建设中，对适应市场经济的法律和制度完全可以大胆移植和借鉴。

（原载《法制与社会发展》1996年第3期）

---

① 伯纳德·施瓦茨：《美国法律史》，中国政法大学出版社1989年版，第21页。

法治如何才能形成？
——中国足球职业联赛的个案分析及其启示

讨论东亚法治社会的形成方式，人们往往习惯于从文化角度入手。甚至"东亚法治社会"论题的文字表述也给人强烈的文化暗示，似乎存在一个独立的"东亚"法治社会或者东亚法治社会存在一个独特的形成方式。诚然，东亚固有的文化特征在许多方面规制着东亚法治，不过，我们对文化因素的过分强调，有时会导致对更为根本的制度建设和建构的意义的低估。本文的意图就在于通过中国职业足球联赛的个案分析，探讨中国法治建设的实际制约因素，说明影响当下中国法治建设的主要原因仍然是制度性的，传统文化是寄生在传统的不合理的制度基础上的。

一、法治与联赛

从一定意义上说，始于1994年的中国足球职业联赛也是中国法治建设最具有代表性、最深入及最引人注目的领域之一。如果我们从法律文化的角度出发，不把法治看成单纯的国家强加于社会的、自上而下的治理活动，而是看成我们生活中的一种被文化制约着的基本秩序，视为社会需要的体现和反映，那么，法治就应该并实际上存在于我们每个人的周围，是我们生活的一个有机构成。中国足球职业联赛是在中国法治建设的背景下进行的，是中国法治秩序的组成部分，当然属于法治建设的领域；说它最具有代表性，是因为它集中反映了法治建设过程中法治与人治的激烈碰撞，反映出私人利益是如何通过公共话语的形式取得并巩固其合法性的；说它最深入，是因为它集中凸显了利益主体试图摆脱传统体制的束缚、与命运顽强抗争的勇气；说它最引人注目，是因为它获得了媒体最为广泛的关注，从而导致全社会聚焦赛场。围绕着它，中国推进法治建设的许多矛盾、问题都得以暴露。尤为引人注目的是，与改革的背景相一致，中国足球职业联赛也是中国足球管理体制改革的产物。在改革的过程中，新旧体制、新旧秩序、新旧法律激烈碰撞，折射、浓缩了中国实行法治的必要性、难点、特点。从1994年职业联赛制度的建立，到2002年足球裁判龚建平被刑事拘留，这期间所暴露、反映出来的问题是非常耐人寻味的。

我们经常把法治类比为体育比赛,认为赛场秩序是最典型的法治秩序,而且是"阳光下的法治"。那么,在这个备受关注的领域,推动以及制约法治的因素究竟是什么呢?与其他社会生产生活领域相比较,中国的足球联赛的赛场可以说不仅几乎包括了所有主要的法治要素,而且拥有即使不能说最完善,但也是基本上最健全的规章制度、管理机制和监督体系。

首先,足球联赛具有一整套其他社会生活领域不具备的最完整的规则系统。除了法律法规,它有各种各样的类似于且效力不亚于法律法规的俱乐部规则、竞赛规则、裁判规则、申诉规则、转会规则等。它既有国内足球协会制定的规则,又有国际足联的规则,不可谓不具体,而且与国际接轨。与我国其他社会领域(例如经济领域)相比较,足球联赛的赛场秩序可以说是由一套相当完整的规范调整着的秩序。

其次,如果说在社会生活的其他领域中还普遍存在着司法地方保护问题,那么,足球联赛所拥有的裁判队伍和裁判组织来自全国,是相对比较中立的。而且,这个裁判机制也是多层次的,球场有被称为"黑衣法官"的裁判员,还有比赛监督员、裁判委员会,足球协会也有纪律委员会,而且在其之上还有亚足联、国际足联。无论是俱乐部还是球队、球员,不仅在赛场上,而且在赛后,都可以请求公正裁判,主张权利。况且,若对足协有关处罚决定不服,还可以到普通法院寻求保护。可见,无论从裁判人员的约束机制、专业化程度还是从地域结构来看,裁判比法官都享有更为有利的履行职务的条件。再次,联赛由各种复杂的利益关系构成,几乎就是一个小社会。现在,围绕中国足球职业联赛已经形成了各种错综复杂的法律关系,其中既有作为公权力主体的中国足球协会(以下简称足协)[1]与作为私权利主体的俱乐部、球员的行政管理关系,又有作为民事主体的足协与作为民事主体的俱乐部、球员之间的民事关系[2],还有俱乐部与球员、球赛与球迷的民事关系,等等。各个利益主体都在通过各种方式争夺生存资源。第四,与上述情况相关,足球联赛最早培育出具有独立的权利意识的一个个市场主

---

[1] 中国足球协会与中国国家体育总局足球运动管理机构一套班子两个牌子,人员待遇与国家机构人员公务员一致,行使中国足球运动的管理权。
[2] 中国足协要从赛事中提取一定比例的费用,前4年(到1998年),中国足协的收入累计达800万元。参见韩勇:《忧欢五载联赛路,一程风雨一程歌》,《足球周报》1998年10月5日第13版。

体,最早市场化,而且这些市场主体也被激发出了强烈的权利意识和法律意识。①我们说市场经济就是法治经济,无非是指市场经济条件下市场主体需要依靠法律谋求自身合法权利,依靠法律调节各种利益关系。在中国,市场主体尚处于培育之中,权、责、利关系尚未理清。但是,通过改革,足球联赛中的利益主体却有了相当明显独立的利益诉求。如果说市场经济就是法治经济,市民社会是法治国家的经济基础,那么,可以说,足球联赛的民事主体是最早具有市场意识的一个群体。

最后,足球联赛受到全社会广泛的监督。不仅俱乐部、球队、球员可以对联赛组织机构足球协会及其工作人员进行监督,而且,媒体也表现出空前的热情与勇气,具有前所未有的空前广泛的权力监督、群众监督和舆论监督。②这种情况是我国社会生活其他领域所难以想象的。

可以说,几乎我们所能够想到的有关法治国家的具体条件和标准,在足球联赛中理论上都是存在的。但是,已经进行了8年的中国足球职业联赛又几乎彻底动摇了我们关于法治的信念和信心。改革越是深入,传统体制的弊端暴露得就越是彻底。在这个领域中,存在着几乎公开的违法违规的假球、赌球、黑哨、球场暴力乃至黑社会等违法或犯罪行为,被称为"阳光下的腐败"。③早在1998年8月,就有人提出一个严肃的问题:"中国足球联赛还有必要搞下去吗?"④1998年9月21日,《足球周报》发表记者何得刚的文章《驱逐假球黑哨暴力,净化绿茵赛场空气》;1998年10月10日,在陕西国力足球队与厦门远华足球队比赛赛场,陕西球迷看台打出了"假B"的横幅。可以说,1998年秋季是中国足

---

①中国足球界的反腐败行动几乎都是从民营企业开始的。1998年9月22日,大连万达队在足协杯上被辽宁队挤出决赛,万达俱乐部董事长王健林宣称"有充分的证据证明中国足坛有假球黑哨",并宣布万达集团将在1998年赛李结束后退出中国足坛;1998年10月19日,原深圳金鹏俱乐部总经理在媒体发表《我为什么要卖金鹏队》一文,将矛头直接指向中国足协,他说,"中国足球没有黑哨,没有红哨,只有官哨";2000年5月,松日俱乐部董事长潘苏通在松日主场输给宏远队之后说,"现在的裁判是不是待遇太低,只能靠收黑钱生活?"。参见《民企反黑史记》,《体坛周报》2001年12月28日B3版。2001年前所未有的反黑行动,同样是由有民营企业背景的广州吉利和浙江绿城两家俱乐部联合发起。
②足球联赛是中国具有最广泛的公众参与的活动,也是舆论界涉及国家机构的批评最集中、最直接、最大胆的领域。在中国,没有一个国家机构像足协一样被置于如此的监督环境中经受考验。1998年10月17日下午3点,中央电视台前所未有地同时交叉直播该赛季最后一轮三场甲B比赛,以督促有关球队公正比赛;新闻媒体对2001年甲B联赛的最后一轮的戏剧性结果,同样表达了激烈的批评;浙江省体育局局长陈培德甚至公开向媒体表示:"我觉得国家体育总局已经不能再领导体育战线上的反腐败"。薛军:《陈培德:很多人屁股不干净》,《足球》2001年12月28日第2版。
③许宾:《陈培德加大扫黑火力》,《南方体育》2021年12月28日第2版。
④李立:《丑陋的赛场》,《球迷》1998年8月31日第12版。

球的"多事之秋",往年足球圈内心照不宣的"秋交会",这一年格外引人注目。从"隋波事件"①到"王健林宣言"②,种种迹象表明,中国职业足球联赛到了一个新的转折点。舆论界也多次发出"司法介入"的呼吁。当时的国家体育总局局长伍绍祖表示,与足坛的腐败现象做斗争,必须高举法律的旗帜。人们乐观地以为"这实际上表明中国足协和上层已下定'依法治足球'的决心"③。法治建设在足球运动中终于从自上而下的政府推动,变为自下而上的社会需求。但是,现实情况又是如何呢? 2001年的甲B联赛,比1998年有过之而无不及,在公众眼中几乎是以闹剧的形式收场。以往的各种控告、举报以及赛场蹊跷事件,中国足协基本上是以没有证据为由未做有力处罚。而到了2001年,广州吉利、浙江绿城、浙江体育局局长陈培德都声称随时可以向中国足协和司法机关提供证据,记者甚至采访到一位足球业内人士,后者详细描述了给裁判送红包和小姐的过程和细节。④那么,中国足协和司法机关又做了什么呢?我们不得而知!总之,这一年完全可以被称为"中国足球也是黑得露出狰狞面目的一年,联赛中的黑幕更加深不可测"。⑤直到2002年3月,北京市公安局宣武分局才逮捕了北京籍足球裁判龚建平。而在这之前的"两会"期间,已经有代表和委员公开联名要求惩治足球腐败。由此可见联赛中的问题的严重性以及有关国家机构对此类事件的麻木或者手足无措。

应该承认,中国足球联赛是中国改革开放的一个最有活力的领域。通过改革,足球界确实形成了骄人的成绩。在这个领域,改革前,共有球队26支(男队20支,女队6支),运动员200余名。每年国家投入经费700万元,自身没有任何产出;改革后,截至1998年,有球队百支左右,运动员7000余人,国家投入减少到630万元,每年仅甲A球队在足球市场的收入就达1亿元(不含足协收入)。前4年(至1998年),足协收入累计800万元,对青少年足球运动投入2230万元,对各级国家队的总投入达2000万元。仅甲A联赛的冠名权就从1994

---

① 1998年8月22日,云南红塔队主场3∶2击败陕西国力队。在赛后的新闻发布会上,国力队主教练贾秀全在指出该场比赛场外干扰太多,暗示有人收买本队队员后,批评本队队员发挥不正常,并点了队员隋波的名。此事被称为"隋波事件"。
② 当时,王健林乃大连万达足球俱乐部董事长。1998年9月27日,在足协杯半决赛大连万达队与辽宁天润队第二回合赛后,王健林指责当值主裁判判元聪判罚不公,表示:"哀莫大于心死",鉴于中国足坛种种不可知因素太多,"万达要永远退出中国足坛"。由于万达队是中国职业足球联赛举办以来连续4年的甲A冠军得主,万达俱乐部的举动又是企业第一次以"退出"形式抗议中国足坛的"黑暗",被称为"惊天动地'9·27'""万达冲击波"。
③ 董谦:《国家体总决心清扫足坛腐败》,《南方体育》1998年12月28日第3版。
④ 路仁:《我给黑哨送红包小姐》,《南方体育》2001年12月28日第3版。
⑤ 金汕:《红与黑》,《体坛周报》2001年12月28日第4版。

年的 1000 万元飙升到 1998 年的 1 亿元。① 1993 年之前，国内球赛没人看，1998 年最火爆的时候，许多场次需要买高价票。

中国足球职业联赛取得了成就，但也面临严峻的问题。究竟是什么法律问题制约中国足球职业联赛的生存和发展？中国职业足球联赛所存在的法律问题具有什么样的普遍意义？它为什么能够形成如此广泛的法律要求？中国法治建设从中可以获得何种启示？

二、启示一：法治社会的法律至上

法治社会的首要条件就是依法办事，而联赛中存在的第一个问题就是：要不要依法办事？当然，在当前的话语背景下，已经没有任何人敢于公开反对依法办事，但是，通过足球联赛，我们可以看到，真正做到依法办事并不是件容易的事情。在中国足球职业联赛的赛场上，为了追求依法办事，人们已经等待了多年。而且距离真正的依法办事，还有相当的距离。

首先，有一个如何理解法律的问题。使足球界业内人士担忧、球迷愤怒、俱乐部伤心的假球、黑哨、球场暴力，在法律上的确没有明确直接的规定。1998 年，伍绍祖说："给裁判 1 万元钱，就是行贿罪，收了这 1 万元钱，就是受贿罪。应该按国家法律来处理。"② 这种说法显然有些简单。因为这里存在三个必须解决的问题：第一，法律规定一般都是以相应的事实为适用前提的，事实是需要证据证明的，那么，由谁来收集证据？换言之，没有证据，司法机关难以介入。问题的困难在于，司法机关不介入，证据又很难收集。按照法律规定，刑事调查的证据收集通常是由司法机关进行的，其他机关既没有权力又缺乏相应的收集证据的法律手段。而在联赛过程中，裁判问题迟迟不能解决，就在于中国足协声称自己没有证据而不能交司法机关。在我国，一旦有人面临违法指控，如果被指控者是"单位"的人，特别是"公家"的人，制度上一般都是由本单位或者纪检机关先行调查，包括"两规"，经审查，认为证据充分的，移送司法机关。现在，由中国足协负责审查，而司法机关并未介入。没有经过相应的法律调查，就作出缺乏证据的判断似乎不合适，就如未经过审判就确定一个人有罪或无罪一样。同时，由于中国足协在组织职业联赛的过程中既是裁判员，又是运动员，有自己的巨额利益，实际上很难保证公正处理问题，其公信力也存在很大问题。即使他们非常公正，人们也有理由怀疑。第二，有了证据，司法机关是否就可以介入了？

---

① 韩勇：《忧欢五载联赛路，一程风雨一程歌》，《足球周报》1998年10月5日第13版。
② 董谦：《国家体总决心清扫足坛腐败》，《华商报》1998年10月12日第7版。

情况似乎也并非如此。因为是否由司法机关介入调查，很大程度上取决于中国足协的态度。1998年，陕西国力队的主教练贾秀全在隋波事件中就强调有足够的证据证明国力队在赛前受到外界干扰，国力队掌握了有人试图收买本队外籍队员的录音带。参加调查的足协官员也表示，国力队的指控事实清楚，证据充分，必要时中国足协将采取措施。[1]王健林表示，他有足够的证据证明足坛有多黑暗。[2]2002年，吉利、绿城都公开表示随时愿意向司法机关提供证据。那么，中国足协做了些什么呢？为什么不能依法向司法机关移送案件呢？为什么要规定一个类似自首的时间表并且表示在期限内向足协说明问题者可以宽大处理，还可以参加新赛季的裁判执法工作？可见，中国足协一开始就希望把已经公开化的裁判问题在行业内部尽量消化。需要说明的是，这在我国其实是一个比较普遍的现象，其理由一般是"保护、挽救干部""给出路"等。第三，法律依据问题，即对问题裁判应该适用什么法律？针对2001年联赛中存在的问题，许多专家学者认为，足球裁判的收钱行为和收取其他利益的行为并不能构成受贿罪或商业受贿罪，因为其主体资格存在问题。法律一般都规定得比较笼统，而我国的司法机关已经习惯了机械地适用法律条文，这被称为"死抠条文"。这仍然涉及对法律的理解问题。当然，裁判问题最终还是部分得到了解决，即由最高人民检察院发布司法解释，把裁判收取黑钱的行为规定为受贿或商业受贿。但是，这是我国司法史上的一个特例，而非常规，并不表明我国对类似问题已经有了一个法律上的解决办法。这个特例是在舆论和两会代表的强大压力下形成的，中国足协始终没有与司法机关进行有效的配合。

这就涉及足协内部的规定和行规问题了，推而广之，还涉及法律与行规的关系问题。在我国足球界，无论是俱乐部，还是球迷、球迷协会或地方足协，一旦觉得自己受到不公平对待，都是向中国足协提出申诉，由中国足协派出调查人员调查并决定处理意见，或罚款，或停赛，或由足协致信受害地区足协、俱乐部、球迷与球迷协会向其道歉。只有在中国足协认为证据确凿且必要时，才会请求司法机关的介入，否则，足协则会以行规为借口抵制司法介入。而司法机关在没有受到足协邀请之前，则不会轻率参与，惹这个麻烦。人们在观念上对足球场上的游戏规则与国家法律的关系认识并不明确。这是一个相当典型的问题。

在我国，除了国家法律之外，还存在各种各样的规章制度、行规行法、政策习惯等。所谓法治，首先就意味着在所有的社会规范中，法律具有最高的地位和

---

[1] 赵炎：《贾秀全笑看风云》，《球迷》1998年10月5日第3版。
[2] 《惊天动地"9·27"》，《足球周报》1998年10月5日。

作用，其他社会规范不得与法律相抵触，行为人也不得依据这些规范对抗法律。生活生产领域的规则如此，足球场上的游戏规则也是如此。杀人抵命（除非法律特别规定，如正当防卫、战争），古今常理。我国刑法也规定故意剥夺他人生命，要受刑事处罚。不能说在球场上就可以把人往死里踢。警察使用武器都有规定，抓犯罪分子也不能乱开枪。其次，判断某种行为是否应该受刑事处罚的最终决定权，在法治社会是由司法机关独掌的。任何处罚都应该是依据一定的规章制度或法律等社会规范作出的，任何社会规范都应该服从法律，而且，任何处罚决定的合法性在法律上都存在提请司法机关加以判断的可能性。我国《刑事诉讼法》（1979年）规定的人民检察院的免予起诉权，在修改后的刑事诉讼法中已经取消。因为免予起诉是有罪决定，而一个人是否有罪，判断权在法院。但是在我国，情况比较特别，法律问题一般也是先由所在单位、部门、系统审查，当有关领导认为需要法律介入，就报请司法机关处理；如果有关领导认为不必要，事情就可以压下来，而且该领导的行为可能被视为保护干部或群众而不是包庇罪犯。司法机关在办案过程中，也被要求尊重单位意见。如1994年民政部颁行的《婚姻登记管理条例》仍然延续我国多年的做法，规定结婚、离婚要由所在单位或居委会或村委会出具介绍信。这种做法事实上对婚姻自由是有影响的，如"文革"前，组织上要审查申请结婚者的配偶身世，经组织批准才能结婚；"文革"后，单位要给离婚者做耐心细致的工作，劝其尽量不要离婚，以维护社会稳定。

当有人试图突破限制，直接请求司法介入，有关部门就会认为这人不听招呼，"无组织无纪律"。例如，针对严重的球场腐败现象，陈培德以浙江体育局的名义直接与媒体见面，试图通过舆论给中国足协施加压力。对此，国家体育总局有人认为，"打假打黑是组织行为，陈培德作为一个党的高级干部应当懂得这一点，如今，他始终没有向总局汇报，而一再在媒体上露面，这样做，不符合组织程序，也不符合党的纪律"。[①] 社会规范的多元化是世界各国的普遍现象，法治国家与此并不矛盾。问题在于，一旦其他社会规范比法律更具有强制力，一旦国家机构"司法"权力多元化，那就必然破坏法治。我国建设法治的难点之一就在于此。各个地区、各个行业、各个部门、各个单位都试图在自己的辖区强制实施自己的规则，有些甚至不惜对抗法律。法治统一存在困难，实际上是中央国家权力有所削弱的表现；而加强法治一定意义上也就是维护国家的统一和尊严。在足球联赛中，各方面对法治和司法机关的强烈呼吁，已经导致行规与法律的激烈对抗，彻底公开了这一矛盾和问题，当然，也就表现出解决这一问题的迹象。近年

[①] 康桥：《体育总局关注陈培德》，《南方体育》2001年12月28日第2版。

来，法学领域的流行话语之一就是把法律归结为地方性知识。问题在于，现在妨碍中国实行法治的究竟是不是中国的地方性知识？是不是中国的传统习惯？这些知识或习惯是否具有合理性？笔者认为，在中国足球职业联赛中，重要的不仅仅是法律能不能实施的问题，更重要的还是要不要规则的问题。熟悉和喜爱足球的人都知道，中国职业足球联赛的问题在于：有人试图不执行任何经过公开讨论形成的规则，而且还通过不执行规则换取私利，谋求幕后利益，损害其他俱乐部和球迷的利益。左右幕后交易规则的确存在，否则也不会有所谓"秋交会"之说。①许多足坛人士都乐此不疲，但这根本不是所谓地方性知识，而是在任何国家的足球赛场上都必须严厉打击的行为。人们关于必须在联赛赛场加强法治的呼吁，实际上就是要求治理这种扰乱赛场秩序的行为。

三、启示二：法治社会的权利基础

强烈的权利意识是足球联赛逐步走向法治的深刻基础。联赛中所有的纷争都源于权利人对自身权利的关怀。中国职业足球联赛的前途取决于如何界定权利主体的权利以及能否给予权利有效保护。

权利保护是法治的基本内容。法律权利是每个法律关系主体依法应该享有的利益。法治社会中，权利主体依法追逐自身利益的行为不仅是合法的，而且是有助于社会发展和社会文明进步的。江泽民同志在中国共产党的十五大政治报告中谈到，依法治国是党领导人民治理国家的基本方略，是社会主义市场经济建设的客观需要，是社会文明进步的重要标志，还是国家长治久安的重要保障。市场经济是靠市场主体的局部利益驱动的，尊重人民群众的个体创造性、积极性，也是社会文明的特征。在市场经济社会中，不能有效维护市场主体的权利，势必导致市场发育不良。中国足球职业联赛面临这一问题，中国市场经济也面临这一问题。

1998年10月5日《球迷》报刊登署名老解的文章——《中国的泡沫足球》。文章非常尖锐地指出：随着大连万达的退出，中国泡沫式职业化足球运动的崩溃开始了，"中国式的所谓职业化根本就是一场痴人说梦般的天方夜谭"。作者对这五年（1994年至1998年）的职业化提出了一个问题：谁是主人？球迷不是主人，俱乐部也不是主人，足协更不是主人。作者的观点或许有些偏激，过于悲观，同时，现代社会人与人都是平等的，不存在主仆之分。但他确实提出了问题：职业

---

① "秋交会"是指每年联赛进行到秋季，也就是即将决定最终名次的时候，俱乐部之间、俱乐部与裁判之间、各种黑手与球员之间就开始进行幕后交易，私下分割联赛名次，或者把某个队推进甲A，或者把某个队降入甲B甚至乙级队。

化足球运动市场的市场主体是谁?卷入这个市场的法律关系主体有哪些?由此甚至还可以进一步提问:这些主体有什么权利?这种权利又有什么保障?谁来保障?球迷花费数十元到数百元买票看球,有权利看到反映球队真实水平的比赛,但比赛的真实性被偏袒的裁判、出于哥们义气的或战略考虑的俱乐部破坏时,① 谁来维护他们的权利?没有。他们又能根据什么规定维护自己的权利?没有证据,无法提起民事诉讼。俱乐部花费数千万元养了一支球队,辛辛苦苦或想升级,或想排名进入前三,或想保级,根本上是想让自己的球队有市场,结果让裁判或其他俱乐部"玩"了,找谁去?足协一句"没证据",就把俱乐部打发了,② 或者发个公开信为裁判的"技术失误"道个歉,③ 问题依然。在球场上为球迷带来快乐的运动员的权利是什么?我们通常听到的、看到的,是他们缺乏职业球员素质,收入高,产出少,间或背个踢假球的名声。谁来维护他们的合法权利?教练员除了指挥比赛,获取报酬、劳动保障之外,还有什么权利?引起国际足联注意的甲A"炒教练"之风中,有没有合同没有到期的教练?1998年10月10日甲B的重庆红岩队与云南红塔队、辽宁天润队与成都五牛队两场关键比赛,被观众和舆论界指为踢假球,足协于当年10月14日"痛下杀手",以消极比赛为名,停止红岩队主教练陈亦明和辽宁天润队主教练王洪礼执教资格,陈亦明声称要向国际足联讨公道并且要揭露中国足球有多黑。④ 在大连万达风波后,中国足协停止当值主裁判俞元聪的裁判员资格,不知他是否也要讨公道。反正舆论界对此看法不一。⑤ 2001年的甲B最后两轮比赛,足协一口气处罚了61名队员,其中是否有冤枉?广州吉利与中国足协、王锋与中国足协进行的诉讼也与此相关。各种法律关系的主体权利都不明确,更不能给予有效的权利保护。正是这种严重的无序和无奈,才导致了足球联赛的一片混乱,当然,也从而激发起依法管理足球联赛的积极性。

---

① 如有的排名靠前的球队以球员有伤为借口,不派主力阵容迎战,以达到帮助"哥们队"或保存实力参加另一类比赛的目的。
② 1998年10月10日甲B的21轮比赛过后,河南球迷愤而前往北京,向中国足协请愿。足协答复:没有证据,无法认定为假球。河南球迷声称:"如果足协不能铲除黑哨、假球,我们将在下一场主场静坐、绝食,一定要讨一个说法。"见《华商报》1998年10月14日第7版《河南球迷赴京请愿》一文。
③ 1998年赛季,中国足协已经三次向延边敖东队道歉,9月30日又再次向万达队道歉。中国足协在致万达队的公开信中承认,在裁判问题上,"所采取的一系列措施,并没有从根本上解决裁判队伍所出现的问题"。《华商报》1998年10月1日,第7版。
④ 罗津:《中国足协处罚甲B"假球"》,《华商报》1998年10月15日第7版。
⑤《俞元聪"整歇"可冤?》,《华商报》1998年10月5日第7版。俞元聪本人表示,自己并无偏袒辽宁天润队的想法;对于足协的处理决定,按照规定,他不能向舆论界发表意见。《俞元聪:我没有整万达》,《体坛周报》1998年10月13日B1版。

足球联赛又给了我们一个重要的启示：权利不是法律赋予的，法治社会的法律是以权利为基础的。过去，一些省市领导为了足球这张名片，推动企业介入足球联赛，因此，许多企业都是为了与领导搞好关系而办足球俱乐部。由于大量民营企业介入足球运动，也就从根本上改变了联赛的性质，人们不仅指望足球给公众带来快乐，而且，还需要足球给自己带来利润。这也就是2002年一些民营俱乐部向媒体和公众大爆足坛黑幕的原因。

法律以权利为基础，权利同时又需要法律的保障。在权利不明确或缺乏有效保护的情况下，人们的行为仍然是不可预测的，市场秩序必然是混乱的。依法办事的优点就是能够凭借以权利为基础的法律建立的行为预期，使人们知道自己该干什么、能干什么，并且知道法治社会能够给予自己正当的行为以法律保护。在足球市场上，不把俱乐部作为真正的企业对待，不把球迷作为消费者，不能在球员、教练员与俱乐部之间建立确有保障的劳动法律关系，各种行为都处于模糊状态，短期行为就难以避免。在政治经济领域，情况何不是如此？产权不清，保护不力，法院判决执行不了，秩序也就不可能形成。以往，有人总认为中国人的法律意识薄弱，实际上，中国人的权利被侵犯时，他们对法律的期待同样是极其强烈的。如果我国各行各业的主体都像足球联赛的参与者一样关怀自身的利益，那么，中国社会离法治社会恐怕也不会太远。

四、启示三：法治社会的权力制约

中国职业足球联赛建立了足球市场（尽管不完善），初步培育了市场主体，形成了行业管理体制。但是，支配联赛的却是与市场体制相对立的权力服从型管理模式。这种管理模式有以下特点：第一，管理权力与行政权力混同。中国足协本质上不是行业管理机构，行业管理主要建立在行业自律基础上，是行业内部各主体充分协商、自我管理的机构。在服从国家法律的基础上，行业内部建立行规行法，自我约束。而中国足协名为行业管理机构，实为国家机构，与国家体育总局足球运动管理中心合署办公，必然行使体育总局的行政权力。第二，行政权的介入，使足协与俱乐部、球员、球迷、运动场及一切参与足球运动的市场主体的关系发生倒错。在我国，足协权力的合法性来源于行政权，而不是市场主体，足协管理权的服务性被行政性所取代。所以，在足协看来，它的权力是国家赋予的行政职权，①而不是市场主体赋予的服务权，从根本上说，市场主体对它满不满意

---

① 中国足协专职副主席南勇指出："中国足球的总体发展由国家体总足球运动管理中心负有全部的责任，它将管理全国足球的发展。因而，中国足协若不能行使正常的管理，中国足球将无法进行下去。"《南勇：中国足球不能失控》，《华商报》1998年10月15日第7版。

并不影响它的权力。第三，中国职业足球联赛的非"职业"化导致了市场主体积极性的弱化和市场的萎缩。职业化的根本特征在于它是民事行为，是市场主体之间的公平竞争，是成本核算，是平等主体间的活动。现在，足协与市场主体是不平等的，球员与俱乐部是不平等的，球迷与俱乐部、球员之间也是不平等的。市场主体无法真正作为主体参与足球联赛，既无决策权，又无知情权。第四，在权力服从结构支配民事关系的领域，必然实行人治。可以说，在2002年的甲级联赛中，中国足协尽了最大的努力来使联赛正常进行，如组织俱乐部签署不打假球的承诺书，严厉处罚裁判，处罚消极比赛的俱乐部和主教练，邀请外籍裁判执法，邀请新闻单位监督，等等，结果仍不尽如人意，一片混乱。最典型的是，在舆论和俱乐部、球迷的压力下，足协做出的各项处罚决定，不仅未能平息事态，而且激起了更大的不满。原因在于，足协的处罚带有相当的随意性。① 足协不是根据事实和规则处罚裁判、教练、球员、俱乐部，而是根据社会影响和"民愤"作出处罚决定。这种决定当然难以服人。

对权利的根本保障来自于对权力的制约。足协的权力首先要受到市场主体的制约。一方面，足协应该真正成为行业自律机构，应该扩大市场主体的参与范围；另一方面，无论是俱乐部，还是运动员、裁判员、教练员、球迷，都需要有一个能够真正代表自己利益的组织参与足球市场，维护自己的利益。其次，足协的权力要受国家的制约。即使作为国家行政机关，足协的权力也是有限的，因为我国作为社会主义国家采用民主政体，坚持人民当家作主。社会主义民主的保障之一就是在国家机关之间形成必要的权力分工体制，各权力系统都要依法办事。足球在自己的权力范围内有权执行各项纪律，市场主体也有权提出异议并有权向司法机关起诉，司法机关介入足球市场是职责所在。再次，制约足协权力的权力应该与足协的权力是平衡的，换言之，对权力的制约应来自能够控制该权力的权力。

五、结束语：关键是靠制度

早在1978年12月，即为中国共产党的十一届三中全会作准备的中央工作会议上，邓小平同志就针对党内的历史教训指出："为了保障人民民主，必须加

---

① 1998年，就有记者提出，当年联赛误判的裁判很多，有的比俞元聪更为严重，为什么单单对俞元聪下此"狠手"？足协的解释是，俞元聪的误判，造成了巨大的影响（《俞元聪"整歇"可冤？》）。重庆红岩队主教练陈亦明大声喊冤："更多的、有确实证据的没有受到处罚，而对红岩队和我却施以处罚。我简直弄不清这其中究竟是什么因素在作怪。"（《滥杀无辜》，《足球》1998年10月15日第1版）。2001年，甲B最后两轮比赛，足协对61名运动员的处罚几乎完全是随意的。

强法制。必须使民主制度化、法律化，使这种制度和法律不因领导人的改变而改变，不因领导人的看法和注意力的改变而改变。"[1]接着，党的十一届三中全会明确指出：一定要使制度和法律"具有稳定性、连续性和极大的权威性"[2]。中华人民共和国成立以来的历史表明，建设要靠制度和法律，不能靠个别人的素质。在秩序的形成过程中，人的道德品质固然很重要，但离开制度和法律，好人也会走向反面。在中国职业足球联赛中，从足协的官员、裁判、教练、运动员到俱乐部、企业家、球迷，谁能说自己最初就希望看到最终的结局呢？一个每年流转着30亿元以上的资产的巨大产业，一个给无数中国球迷带来无限快乐的运动，一个给许多企业制造了无数商机的市场，今天已经失去了它根本输不起的信誉。[3]一个被舆论界广泛监督的运动，在媒体的眼皮底下还能无所顾忌地作假，充分说明，人们希望舆论监督能够遏止腐败，保证依法办事，只是一种良好的愿望。从根本上说，一个良好的社会秩序只能靠法制。制度与法律是社会发展的根本保障。

（原载《法律科学》2002年第6期）

---

[1] 中共中央文献编辑委员会：《邓小平文选（第三卷）》，人民出版社2001年版，第146页。
[2] 中共中央文献研究室：《三中全会以来重要文献选编（上）》，人民出版社1982年版。
[3] "香港一家地下赌球集团将甲B第21轮6场'赌盘'压缩为浦东对加佳队一场，因为这场比赛才具有'可赌性'。有人戏称，赌球集团再'黑'，也'黑不过'甲B的假球。"《假B，最后的疯狂》，《体坛周报》1998年10月13日B2版。

论法的生成

广泛存在的立法活动及相应的立法机关的设立赋予了法律一系列特别重要的特征,即法律的国家性、正式性和官方性等;对立法的大量的专门研究,又给予了立法非常重要的符号象征意义,即立法属于国家机关的专有权力。在这个背景下,尽管人们也给予了立法工作背后的社会因素一定的关注,甚至法律本身有时也被表述为是被"发现"而非被"创造"的[①];尽管立法机关,包括"立法"这个语词,原本都具有特定的社会性含义,是社会与国家的重要媒介[②],但是,概念一旦获得固定含义并独立发展,公众容易接受的往往是其表面上最容易操作的部分,而且,恰如任何外来语词都可能在翻译的过程中与继受民族的某个特定词汇相互转换一样,"立法"这个在汉民族语言中具有固定含义的概念,在接受新的内容的同时,也排斥了它在近代初步形成时的部分原有内容。在这两个方面因素的作用下,在我国,法律与立法紧密联系,而立法则作为一个固定的法律概念,实际上已经脱离了其建立在启蒙传统基础上的原有含义而独立发展了。其典型的表现就是将"立法"作为纯粹的国家活动来看待,[③]认为社会对国家立法和法律的实施没有任何制度上强有力的制约。如此认识,可能导致两个负面后果:第一,使人们误认为法律的内容是立法机关一次性赋予的;第二,使人们容易将社会对国家活动的正常影响和参与,视为"刁民"对法律实施的"干扰"因素,进而加以排斥。

---

① 例如,19世纪的德国法学家萨维尼就指出,法律是民族精神的体现,只能经由一定的历史过程展现其内容,立法者是"发现",而不是"创造"法律。参见萨维尼:《论立法与法学的当代使命》,许润章译,中国法制出版社2001年版,第7页以下。马克思主义创始人马克思在其一生的理论活动中,也一再指出:立法者仅仅是在"表述"法律,而不是创造法律。法律是以社会为基础的,而非相反。
② 大规模的立法活动与专门的立法机关是伴随着近代以来主权国家的产生而出现的,是民主制度的组成部分,故立法概念的基本含义之一是社会对国家活动的介入和参与。在《布莱克维尔政治学百科全书》中,立法机关被表述为"属于政治机构,其成员在形式上是平等的,其权力根源于立法机关的成员是政治共同体的代议员这一主张,其决策是按照复杂的程序集体制定的"。《布莱克维尔政治学百科全书》(邓正来主编的中译本),中国政法大学出版社2002年修订版,第436页。
③ 现在我国的法理学教科书未将"立法"与民主制度联系起来,而是多从法律制定或法的创制角度来看待立法问题,视之为与法律的产生共存的现象。

鉴于此，本文拟从法的生成的角度，探讨法律形成过程中的国家与社会的关系，解读法律成长的社会机制。

一、法的生成的概念及其理论指向

法的生成是指法和法律制度在特定环境与条件下的产生与形成的过程。"生成"是德文中"werden"一词的意译，原指一事物向另一事物的转化，新事物的产生并形成。最早提出"生成"思想的是古希腊哲学家赫拉克利特，黑格尔继承和发展了这一思想。黑格尔认为一切事物都是相互转化的，发展是一个矛盾的过程。生成是新事物的成长和旧事物的衰亡的矛盾统一。用生成的概念分析法律的形成过程，可以揭示国家立法与社会"自然秩序"、法的创制与法的实施、法的实施与法的发展之间的内在联系及其对法律的意义。

从生成的角度看待法律现象，法律的内容就不是立法机关一次性赋予的。立法（法的制定、法的创制）是法的生成的重要环节。但是，严格地说，立法并不等于法的形成。法的实施，即法在社会生活中的实现，也对法的形成具有重要作用。现代意义上的立法通常是指由民主选举产生的代表（代议员）组成的专门的立法机关依照一定的立法权限和立法程序制定、修改、废止规范性法律文件的专门活动。这种活动的实质，按照马克思主义的观点，是将掌握政权阶级的意志转化为国家（表面上凌驾于社会之上的机构）意志，成为全体社会成员一体遵循的行为准则。在形式上，则是强调国家机构的创制法律的权力的专属性。在我国古籍中，"立法"一词就与人的有意识的活动联系在一起。西汉司马迁所著《史记·律书》上说："王者制事立法。"东汉班固的《汉书·刑法志》上说："圣人制礼作教，立法设刑。"在中国古代法律实践中，则是君主口含天宪，言出法随。由此可见，古代人与现代人在立法与人的关系问题上，观点是有接近之处的，即都认为法律是享有一定权威者有意识地积极活动的产物。就法律的制定而言，这个权威者可能拥有至高无上的权力，也可能充满智慧。尽管近代以来人们通过各种方式强调立法机关不是随心所欲地制定法律的，但是，由于国家是法律形成的关键环节，这种观点在实践中必然强调法律是"自上而下"的结果，在强化国家对社会的干预和介入方面具有重要作用。

这种观点在理论方面是与理性主义的发展联系在一起的。理性主义法律观认为，社会可以依据理性的设计而趋于合理化，法律则是理性化时代的最主要的规范基础。基于此，韦伯才将成文法律作为形式合理性社会的主要标志和条件。因此，强调专业知识群体和精英集团在法律形成中的作用，是符合启蒙时代以来法律发展的趋势的。但是，如果我们把法律的内容仅仅理解为立法者赋予的，则又必然引起一系列新的问题。

从理论方面看，第一，我们实际上是用人民取代了君主作为执掌法律制定的权柄者，也就是说，我们不是反对立法权力的垄断，而是反对这个权力垄断在个人手中。借用一个不一定很恰当的例子：贡斯当在批评卢梭时指出，卢梭不反对权力，他反对的只是掌握权力的手。对于卢梭来说，权力高度集中在君主手中是专制，而集中到人民手中则是民主，是值得拥戴的人民主权。贡斯当指出："你错了：事实上应受谴责的是暴力的程度，而不是暴力的掌握者。应当反对的是武器，而不是掌握武器的手臂，因为武器必然要做的事情就是残酷打击。"[1]诚然，独立存在的立法权本身就是贡斯当所说的反对无限权力的重要措施，但是，立法权同样也存在一种专制的可能性。第二，即使是在一个权力分立并相互制约的体制下，立法权也仅仅只能解决立法当时的需要问题，即人民代表将已经认识到的社会需要上升为国家法律，而法律一旦制定，社会也就丧失了对法律的影响力。这同样存在一个问题：既然理论上法律的内容是由社会决定的，社会为什么不能随时随地地发展法律呢？

从法律的实际存在形态看，这个观点又可能引起一个误解，即将法律仅仅理解为人的意志的产物，进而以为掌握政权者可以随心所欲地制定法律，而且法律一经制定，就拥有了确定的内容，只需要全社会不折不扣地、被动地遵守和执行。在立法者与法律的实施者之间存在严格的分工和界限：立法者主动制定法律，司法者、执法者、守法者被动实施法律。而实际上，没有任何一个时代、一个国家的掌握政权者是随心所欲地制定法律的，同时，社会也不会随着法律的改变而立即改变。相反，在一般情况下，法律是随着社会的改变而改变的，是社会变革的需要推动了立法。立法者制定的法与在社会生活中实际实施的法之间从来都是有相当距离的。只有通过法的实施，人们才能确切地清楚法律的内容。只注意纸上的法律，忽视社会生活中实际运行的法律，也是对法律的一种简单化观点。

更重要的是，国家正式法的制定，并不意味着原有秩序的终结，相反，一定意义上，恰恰是原有秩序的发展。法律总是与一定的秩序存在密切联系。应该认识到，现代国家的立法对现代社会秩序的形成具有重要的作用。但是，另一方面也要认识到，国家立法不是社会秩序的唯一的规范基础，尤其在社会民事生活领

---

[1] 邦雅曼·贡斯当：《古代人的自由与现代人的自由》，阎克文、刘满贵等译，商务印书馆1999年版，第56页。贡斯当认为，卢梭忽略了任何情况下权力都必须由具体的个人来行使这个事实。历史上，无论是人民的捍卫者或是压迫者，都不是与人民协商而是以人民的名义行事的。

域，法律最多能够提供一个基本秩序的规范标准，人们的行为更多是依赖习惯、道德、政策、宗教等，也即习惯、道德等同样也是秩序的重要规范基础。而且，由于秩序的普遍存在，意图通过法律建立的新秩序，必然或者是对原有秩序的认可，或者是对原有秩序的否定，不可能是纯粹的与原有秩序、以往历史无关的崭新的秩序。当然，法律对原有秩序的否定，如果符合社会发展的需要，就是积极的；如果不符合社会发展的要求或阻碍社会发展，就是消极的。但是，无论何种情况，法的制定都必然会面对国家期待的"法定秩序"与社会原有的"自然秩序"的对立和冲突，都必然会发生新的法定秩序与旧的法定秩序之间的碰撞。历史经验表明，在各种类型的冲突中，新旧秩序之间的脐带不可能被一刀剪断，人们也不可能凭空建立一个崭新的新时代。所以，原有秩序往往会以"法定"的形式或实际的影响得以延续，其"精华"被保留和发扬，其"糟粕"则被剔除。而法定秩序也会因此而转化、深化为新的自然秩序。中华人民共和国成立之后，历次"运动"几乎都带有强烈的反传统的色彩和目的，但是，中国思想文化传统，包括法律传统，并没有因此而彻底从中国人的生活方式中消失。近20年来，中国人期望通过法治建设塑造一个新秩序，但是，几乎没有任何一部法律在实施的过程中得到不折不扣的执行。

国家立法与社会原有秩序之间剪不断、理还乱的内在联系表明：在一定的成文法国家中，法律的产生，形式上是创制的，实质上却是生成的。它既是以往社会秩序的延续，又是在与原有秩序的冲突与交流过程中得以被认识并发挥作用的。所以，法的创制虽然是人们自觉运用法律来规范社会行为的标志和首要环节，是法的实施的前提，但其内容却并不是与以往历史无关；同时，按照相同的逻辑，法律的实施虽然是法律创制的逻辑结果，但又是法的创制的继续，法在实施的过程中，还会不断被丰富和发展。立法者既然不能终结历史，其所制定的法律也就不可能不在实施的过程中继续面对自己的历史。法律的制定者和法律的实施者都是具体的历史的人，任何人都不可能超越自己的历史性，他们对法律的理解是以各自的以往形成的生活经验以及对生活经验的反思为前提的。既然法律总是需要人实施的，法律的内容也就总是动态地被发展着的。以美国宪法为例：美国宪法制定之初只有7条，制定后就没有改过；虽然后来以修正案的方式补充了26条，但也仅33条。如果以此确定美国宪法的完成时，实际上是很不准确的。在美国人心目中，美国宪法的内容与两百年前相比，已经发生了很大变化，如种族之间的平等问题，妇女的堕胎权问题，等等。美国联邦最高法院经常以判例的方式赋予宪法新的含义①。宪法的文字虽然没变,但其内容却经常在实施的过程中发生变化。这一例子表明,法律的制定并不等于法律的形成,在一定意义上,法的形成是一个永无止境的过程。法律作用于社会的过程,也是法律自身不断被丰富和发展的过程。

从生成的角度看待法律,法的制定与法的实施相互之间不是绝对独立的。立法工作不是一劳永逸的,其成败与效果还要在法的实施的过程中经受检验并得到发展。同样,只有在实施的过程中,我们才能真正意识到原有秩序的强大生命力。在现代法治建设中,国家立法已经处于绝对主导地位,是正式的、国家的法律调整的开始,是一切新秩序的启动。但是,也要认识到,法的实施是同样重要的,其重要性并不亚于立法。两者是法的形成的统一过程的两个不同的阶段。只重视法律的制定,轻视法律的实施;重视国家的作用,低估社会的影响,其结果很可能是使我国的法治建设在或者脱离实际或者自欺欺人的盲目乐观情绪中丧失发展的大好机遇。

二、法的生成的方式及"再制度化"机制

如果说法的生成体现为法的制定与法的实施、国家与社会的互动关系,那么,法律内部就应该存在一个开放的结构,即国家机关制定的法律本身包含着一定的向社会开放的机制。只有如此,才可能使社会力量、社会性因素介入法律的发展过程,才可能形成国家与社会的相互作用,也才可能并有必要从生成的角度研究法律现象。换句话说,法律本身的开放性决定了我们必须从"生成"的角度观察和研究法律现象。

法律是否存在一个开放的结构?它又是如何向社会开放的?我们可以从以下三个方面进行分析。

首先,立法和法律包含着向社会开放的机制。作为一个法律学和政治学的专业词汇的"立法",是与行政、司法概念相对应的,不仅是指国家立法机关的专门活动,而且也是指一种代议制度,即由民主选举的代议员组成立法机关。所以,立法本质上是民主制度的一个内容。民主制度最鲜明的特色之一,就是国家决策向社会全面开放。在古代,公共权力机构的职位,是面向特定群体的。参与公共决策者,主要是具有特定身份者,如西方国家的贵族;偶尔是通过一个特殊的考试机制获得身份者,如中国古代科举制度成就的官员,但这部分人在公共

---

① 鲍勃·伍德沃德、斯科特·阿姆斯特朗:《美国最高法院内幕》,熊必俊等译,广西人民出版社1982年版,"1969年开庭期"。

权力机构中所占比例并不大，以至于形成所谓的"权力世袭制度"。而在民主制度下，在法律上所有的公民都享有选举和被选举权，都有可能参加国家事务的管理，用《中华人民共和国宪法》的表述，就是一切权力属于人民。人民行使权力的机构，主要就是代议制机构，即议会或者人民代表大会。这也就是立法机关不同于行政机关和司法机构的一个特别之处。可以说，立法机构使国家与社会之间保持了一种稳定的制度性的联系：通过定期举行的选举制度和代表轮换制度，使代议制机构始终能够向社会开放，从社会各个阶层中吸纳新鲜血液。

不仅立法是向社会开放的，而且立法机关制定的法律也包含着一定的开放性。这种开放性体现在：法律不仅是由人制定的，而且也是由人加以实施的。法律最主要的特征之一就是明确且公开。明确是公开的前提。法律的明确性源于法律是以可理解的文字的形式加以表述的。精确的文字表述给予了法律规则较之于其他社会规范更为确定、清晰的含义，这是法律明显优于其他社会规范之处。但是，由文字语言表述的法律规则的优点和长处，同时也构成了它的局限和短处：由于依赖不断发展的文字语言和书面语言，统治者有可能自上而下地、强制性地利用法律推行某种制度、价值和理念，包括改革的构想，因此，此时的法律与道德、宗教、习惯习俗等衍生自社会内部的社会规范相比，往往是外在于社会的，由外在于社会的力量加之于社会的。所以，法律的发展导致产生一种专业的法律语言文字，发展出一个法律职业群体。而道德、习惯等社会规范则是发源于社会内部的，规范信息的传递一般依靠的是非文字语言，更非专业化，而是大众语言文字与文体，如口语，甚至肢体、形体语言。通过一个动作，或者一个简单的词汇，交往中的人们之间就可能立即产生一种行为共识。例如，对于一个随地吐痰的不文明的举动，他人的一个厌恶的表情就可以使吐痰者感到羞愧。而法律作为文字语言的文本，本身就具有一定的解释的空间，在许多情况下，它必须经过人们的再三诠释，才可能表述一个准确的行为取向；作为专业文字语言构成的法律文本，它本身更必须经过专业人士的解读。解释的需要意味着不同理解的共存，而不同的理解产生于具体的社会背景和文化条件。从这个意义上说，法律也是向社会开放的。

其次，司法活动也包含着向社会开放的机制。司法机关从组成方式上看，需要接受民意机构的约束。各国的司法机关主要组成人员都是由民意机构（如西方国家的议会、中国的人民代表大会等）任命，并接受后者的监督和制约；从司法机构的工作机制上看，审判权力也是向社会开放的。虽然多数国家的审判人员不是像民意机构的代表那样采取轮换制和民选制，而是终身任职，但是审判过程本身却是面向社会公开的。公开审判制度实际上也就是司法活动公开接受社会监督的一种制度机制。审判程序的三角结构本身就是社会力量介入司法过程的一个渠道。它所经历的从神明裁判到理性审判的转变，不过是社会介入司法的方式的变化，意味着生活在具体的现实的社会关系中的人拥有了直接委托自己的代理人参与审判过程的制度条件。律师制度的产生和发展，使社会具有了直接干预或参与法律实施的制度。律师本人固然不具有官方身份，而且，律师的工作性质要求它与公众建立更为密切的关系和联系，他们的生存的基本条件是为委托人提供更优质的法律服务。所以，律师天然就是民间与社会的。在这种广泛的社会参与的情况下，法官个人虽然具有国家公职人员的身份，而且享有依法独立行使审判权力的一定的制度保障，但是，他们依然需要听取和接受来自不同方面的意见，包括来自民间和社会的意见：他们审判案件的程序在民事诉讼中需要民间和社会启动，他们判决案件的证据需要当事人提供并公开证实，他们审判案件的范围要受当事人的诉由的约束，他们的审判过程要接受舆论的评论和公众的审视，他们的判决结果更要公开。加之他们本人还必须生活在具体的社会环境下，他们不可能脱离自己的生存经验和文化价值观念来处理案件。因此，这一切都使司法活动与社会保持着密切联系。

最后，上述情况导致法律的实施环节成为法律的再制度化的一个法律机制。再制度化是指一种书面宣示的制度在实际运行过程中被制度实施者重新加以诠释而稳定化的过程。法律解释空间的存在意味着在法律实施的环节中，在不需要国家法律机关介入的情况下，民间的社会力量必然会以自己的方式理解和读取法律文本中的信息；在国家法律机关介入的情况下，法律解释空间的存在，又使各方当事人利益的法律代言人在可能的情况下必然根据委托人的利益以自己的方式解读法律。以往我们总是说"法网恢恢，疏而不漏"，实际上，法律并不需要，也不可能覆盖社会生活中的各个方面和领域，多数情况下，国家宁愿让社会自身的规则以及解决纠纷的机制发挥作用，而且大量的授权性法律规则的存在，也使民间和社会的规则具有了自己的发展空间，特别是在公民的私生活领域，法律的作用非常有限。

法律的再制度化的法律机制不仅在于民间拥有调整和规范社会行动的能力和条件，而且更在于法律制度的设置本身也为这种再制度化过程持一种开放的态度。法律的概括性以及相应的解释空间的存在，为民间和社会选择甚至反抗与对抗法律提供了法律条件。例如，我国的制度性的调解程序，执行过程中的和解制度，庭外和解制度，等等，几乎都对其他社会规范参与法律调整过程持一种开放的态度。司法官员对待有重大影响的案件和事件几乎也无法摆脱政府政策和公众道德的干预。例如，发生于美国的"9·11"事件后美国民权面临的问题和挑战，再如中国防治非典型性肺炎过程中行政手段的广泛运用,还如中国的婚姻家庭关系中一些纠纷、交通事故纠纷、强奸类型案件、合同纠纷等等。在所有这些类别的案件中,法官们往往都会以法律的名义作出与公共政策、社会道德基本一致的判断。法律的实施者作为法律人与社会成员的双重身份使其不会因为他拿着国家的"俸禄"就提着自己的头发离开社会。当然,在法律规定非常明确而且惩罚措施到位的情况下,法官们通常不会付出自己的前途和声誉作为迎合大众情绪和政府意愿的成本,但是,在复杂和疑难案件中,在需要法官们进行"创造性"的审判时,他们通常是不会放弃这个博得良好"社会声誉"或者与权势者建立良好"个人信任关系"的机会的。

在上述情况下,法律的制定者尽管可以把自己表述为公共利益的中立的捍卫者,法官们也可以把自己定位于公正中立的裁判者,人们也有理由按照这样的要求去衡量他们,但是,我们没有理由相信他们确实能够做到不折不扣地认真执行法律。因为,这不是他们通过个人努力就可以解决的问题。实际上,法律恰恰是在法律实施者的实际行动中逐渐形成的,法律的确切含义和意义必须通过法律的实施加以理解、观察和研究,经过反复再制度化之后的法律,才是人们生活中真正有效的法律。

三、法的生成的特征及"再制度化"的意义

法律的再制度化是法律的制定和法律的实施之间互动的过程。从表面上看,法律的实施者应该严肃认真地对待法律,不能借法律的名义输出自己的思想、感情、情绪和偏好。因此,再制度化等于为法官们以及其他执法者变更、变通法律规则提供了理由和借口。在我国的司法实践中,有法官也是从这样的角度滥用法律原则处理案件的。① 其实,我们这里所说的法的生成和法律的再制度化问题,是对实际生活中的法律形成方式的考察,而不是对这种方式的价值判断。作为一个事实,法律的再制度化是不可避免的;作为一种价值关怀,我们希望并期待这种再制度化过程能够对我国的法治建设发挥积极的作用;我们认为,再制度化的法的生成机制本身就包括着一种对我国法治建设的建设性影响。这从法的生成的特征可以看出。

第一,法的生成具有一定的过程性。法的生成的过程性体现在:法的形成是

---

① 比较典型的是2001年10月11日泸州市纳溪区人民法院就张学英诉蒋伦芳遗赠纠纷案直接引用法律原则和社会公德所做的判决。近年来,我国法官引用法律原则处理案件的情况日渐增多,但他们对法律原则的理解多有偏差。参见葛洪义:《法律原则在法律推理中的地位和作用》,载《法学研究》2002年第6期。

法律制定与法律实施两个相对独立的阶段的长期互动的结果。

  法治在一定意义上就是一种秩序。一定的稳定的法律制度往往是一定的秩序的象征和标志。国家立法在推动新秩序建立的同时，实际上也在否定旧法所维护和代表的旧秩序。无论是新秩序的建立，还是旧秩序的衰亡，都要经历一个漫长的斗争的过程。就新秩序的建立而言，一方面，用人们经常说的话来表达就是，立法所需要的不可缺少的政治、经济、社会、文化条件要经历一个漫长的过程才能孕育成熟。实际上，立法自身所需要的法律文化条件的成熟同样要经历一个长期的过程才能展现，而且，立法条件的成熟也仅仅表明立法可能与立法"当时"的社会需要相一致。因此，法律创制之后，还必须通过各种方式使之更加成熟、完善，使之能够与不断变化的社会需要相适应。这样一个法律发展的机制需要在法律实施的过程中磨合形成。另一方面，立法所代表的新秩序不可能随着法律的公布而确立，它还要在与原有秩序的冲突与较量中经受洗礼和检验。法律只有在转化为社会的有机的"自然"秩序之后，才能成为真正的"法律"，否则，可能流于一纸空文；就旧秩序的衰亡而言，这也同样存在一个漫长的过程。法律仅仅是秩序的象征和符号，任何秩序的存在都表明这一秩序在一定历史时期、一定历史条件下存在的合理性，意味着一种利益配置格局的历史合理性。否定旧的秩序，实际上是在否定旧秩序的存在根据，否定旧秩序所捍卫的旧的利益格局，而这要比否定代表旧秩序的法律困难得多。法律仅仅是社会需要的反映，是一种符号化的社会需要，改变法律的名称和内容相对于改变法律背后的社会关系要容易许多。例如，我国可以制定法律推动市场经济的发展，然而，计划经济条件下形成的旧秩序（体制、观念）仍然会在相当长的时期内以各种方式表明、证明自己的存在。另外，民间传统秩序和传统文化也在与现代法律秩序进行各种形式的较量。法律的创制往往是新一轮新旧秩序较量的开始，在这个时期内，在新旧秩序交织的过程中，由于每一种秩序都代表着一种利益格局，都存在相应的既得利益者，因此，各利益主体都需要确立自身在新秩序中的利益和地位，都不会轻易放弃自己的原有利益，各种秩序维护者也都会在立法、守法、执法、司法等各个领域展开激烈的争夺。在这个过程中，各方都必然争夺作为秩序重要象征、标志与基础的法律制度的话语权利，因此，法的形成必然伴随着秩序的形成，经历一个相当漫长的过程。为了最终获得主导地位，人们在争夺主导权的过程中一般都会力图达成各种形式的或长期或暂时的妥协。秩序就是形成于这样一个磨合与妥协的过程。这种妥协根本上是有利于稳定和利益平衡的，也有利于社会对国家机构滥用权力的可能性的约束。

  第二，法的生成体现了高度的国家意志性。法的生成的国家意志性体现在国家在法的形成过程中始终居于主动地位。

国家是公共权力的一种组织形式,产生于国家与社会分离的历史背景之下。国家本身就是一种社会分工的产物,而且随着社会分工的发展,国家在社会生活中的地位和作用也发生了重大变化。按照马克思主义的观点,法不是从来就有的,而是随着生产力的发展、私有制的出现、阶级的分化及国家的产生而产生的。这个观点的重要性在于指出:生产力的发展导致私有制的普遍化和社会分工的广泛化,进而使原本统一和谐的社会内部产生了严重的社会对立和分裂。在这一社会基础之上,开始出现了表面上凌驾于社会之上的国家这一新的公共权力组织形式。掌握政权者通过国家的力量,借助法律的手段,将各种矛盾与对立维持在自己所允许的秩序范围内。可见,在马克思主义学说中,国家在法的形成及发挥作用的过程中具有非同一般的重要性。而且,在法的发展的过程中,国家同样发挥着举足轻重的作用。在阶级斗争中胜利了的阶级,总是毫不犹豫地去夺取国家政权,然后以国家的名义,通过法律形式贯彻统治意志,以形成有利于自己的秩序。在法的现代化过程中,国家同样甚至更加重要。在世界范围内,法律制度的大规模发展,是与资产阶级革命后大量的主权的、民族的、世俗的国家的兴起有着直接的联系。而现代化建设也依赖于国家权力的有力支持。究其原因,可以说,正是生产力的发展所引起的社会关系的变化,推动了国家机构在法律秩序中重要地位的形成。从当今世界各国的现代化进程看,国家总体上在法治建设中发挥着更加积极的作用。如果说,在市场经济发展的初期,国家还更多地扮演"守夜人"的角色,那么,在现代化及正在向现代化发展的国家,法的内容则具有了更多的国家意志性,体现出国家对经济乃至整个社会生活的积极干预。正因为如此,国家立法机关制定的法律在当代社会已成为国家有组织地、合理地介入社会生活的重要方式,在许多国家也成为法的主要甚至唯一的正式渊源和社会秩序的重要基础。比较而言,在人类的早期社会,法律更多的是以习惯、惯例、判例的方式存在,而在今天,制定法已经获得了绝对的主导地位。制定法的背后是国家权力,因此,制定法地位的提高也就意味着国家地位的提高和国家对社会生活影响力的提高,更进一步则是社会生活高度理性化的反映;反过来,这种变化也使社会生活的组织性和合理性程度提高。

第三,法的生成还反映了法的深刻的社会性。法的生成的社会性体现在法律内容的形成依赖于社会,是社会对国家产生深刻影响的结果。

如前所述,作为现代法的主要渊源的制定法、成文法更多地表现为国家意志的结果,是人的理性活动的产物。但是,制定法、成文法只有在符合并满足一定的社会需要、与社会协调一致时,才能有效地发挥作用,否则,往往是一纸空文。因此，国家与社会的关系始终是法律发展中的一个基本矛盾。按照马克思主义，一定的社会物质生活条件最终决定法的内容，也就是说，法所体现的国家意志归根结底是由社会所决定的。所谓人的社会存在决定人的社会意识就是这个意思。这一表述包含两个相互联系、相互制约的内容。首先，从制定法的角度看，法是由社会所决定的，因此，法应该反映社会需要，立法者在制定法律时要充分考虑社会发展的具体情况，反映社会发展的客观规律，以推动生产力的进步。其次，立法者不能随心所欲地制定法律，客观上也不可能随意立法。这个观点在理论方面显然是强调社会对国家和法律的作用，但是在法律实践中，人们看到的往往是国家通过法律作用于社会的力量，国家的管理者也往往是这么认识自己的作用的。换句话说，人们容易忽视社会对国家的作用。原因在于，如果仅仅从立法环节考虑，的确，社会对国家的影响是有限的，特别是在民主制度非常不健全甚至比较落后的国家。但是，如果我们深入法律实践的具体过程中，就可以看到，社会对国家和法律也具有重要的影响。毕竟，从根本上看，法不是被"创制"出来的。由一定生产力发展水平决定的经济关系和社会秩序，由一定历史传统衍生的民间秩序，不仅不会随着制定法的改变而轻易改变，而且还可能会改变、丰富制定法。因此，要特别注意，法律是否能够反映不断变化的社会需要，不是立法者凭借自身素质能够完全决定的，也不是立法环节能够解决的问题。社会自身具有一种调节、发展法律的机制。所以，现时，我们不应该低估国家立法的重要地位和作用，相反，还应该充分发挥人的主观能动性，运用立法的手段，创建一个与生产力发展水平相适应，与社会公众价值取向与文化需求相吻合的新秩序。同时，更要认识到，法律不仅应该反映社会需要，而且，实际生活中再制度化的法律，也正是在与各种社会规范的碰撞、交流、磨合、妥协的过程中，在社会（包括其他社会规范、社会组织等）的强有力的作用下，才能够最终真正反映社会需要，融入社会，成为社会的一个有机组成部分。法律对社会需要的反映，不是立法者单方面的基于理性的行动的结果，而是整个社会持续反应机制不断影响的产物。只看到国家的积极作用，看不见社会对国家立法的修正、完善、弥补，就不能把握法的生成过程中社会的巨大力量，也就无法理解法律的生命力。

当然，我们说法是生成的，这并不等于说国家立法对传统的东西无能为力，而是说，立法和法律都包含着向社会开放的结构和机制，使国家创制的法律在实施过程中产生了一个再制度化的问题。在这个过程中，社会原有的秩序以及作为秩序的规则基础的各种社会规范，包括原有的法律，必然会通过各种形式和方式检验、抵制，最终才接纳制定法所包含的新秩序成分。国家法律只有经历了这样一个与其他社会规范碰撞和磨合的过程，才会形成稳定、确定的含义，也才能够真正进入社会，成为社会的有机构成。同时，新事物的产生与旧事物的灭亡处于一个长期并存的状态，法的生成也就不是一朝一夕的事情，而是伴随着法律发展的全过程。因此，深入把握法的生成过程，从生成的角度大力深入研究法的制定与法的实施的关系，对于正确认识法律现象及其再制度化问题，对于进一步推动国家法治建设，对于正确看待、评估社会对法律和国家的影响及其作用方式，都是极其必要的。

（原载《法律科学》2003 年第 5 期）

法官的权力
——中国法官权力约束制度研究

一、问题的提出

司法改革之于我国法治建设的重要性是毋庸置疑的。本文不是对司法改革的全面探讨，而是拟从"法官的权力"这个角度，透视司法改革的一个具体问题。

改革与建设需要一个明确的目标。中国司法改革的直接目标是什么呢？中国共产党第十六次全国代表大会政治报告中有关司法改革的表述，肖扬院长在十届全国人大所作的最高人民法院工作报告以及学术界有关司法独立、司法公正的学术讨论都说明，我国的司法改革目前是以保障司法独立、实现司法公正、提高司法效率为直接目的的。① 在这个给定的目标背后，不难发现，我们还有一个基本的预设，即法官必须拥有相应的权力，而中国法官的权力没有得到根本保障，故需要通过司法改革进一步加强法官的权力。那么，问题实际上也就相应地转化为对我国法官权力的具体分析，即，法官的权力究竟有多大，法官有什么样的权力。有趣的是，从所涉及的实际材料看，对这个问题，一直存在两种截然不同的判断。一种观点认为，我国法官的权力实在太小，法官被各种其他的权力所约束，来自法院外部的约束有政府、人大、组织人事部门、财政部门、检察机关、新闻媒介等，来自法院内部的则有庭长、合议庭及审判长、主管院长和院长、审判委员会等制度制约，对司法独立的呼吁多半与此有关；另一种观点则认为，我国法官的权力已经大到了没有边际的程度，已经不是有没有自由裁量权的问题，而是自由裁量已经发展到了任意妄为的程度。所谓"大盖帽，两头翘，吃了原告

---

① 江泽民同志在中国共产党第十六次全国代表大会的报告里有关推进司法体制改革的部分中指出："社会主义司法制度必须保障在全社会实现公平和正义。按照公正司法和严格执法的要求，完善司法机关的机构设置、职权划分和管理制度，进一步健全权责明确、相互配合、相互制约、高效运行的司法体制。从制度上保证审判机关和检察机关依法独立公正地行使审判权和检察权。"参见江泽民：《全面建设小康社会，开创中国特色社会主义事业新局面》。在第十届全国人民代表大会第一次会议上，最高人民法院院长肖扬强调：今后的工作要"紧紧围绕'公正与效率'这一法院工作主题"。参见肖扬：《最高人民法院工作报告》。

吃被告"反映的就是民间对法官权力的类似看法。十届全国政协一次会议上政协委员所提到的"案子一进门，两头都找人"，也是对这一问题的绝好说明。在这样一个相互对立的认识背景下，显然，单纯地强调司法独立是不够的，也是做不到的。因为，我们的时代已经不允许我们放任任何权力，法官的权力也不例外。

当然，笔者无意否定司法独立的积极意义，甚至积极主张司法独立。笔者的问题是：我们究竟需要给法官多大以及什么样的权力？又如何才能恰当地制约这种权力，即如何保证对法官权力的制约又不影响法官的独立判断？这是一些复杂的问题。

法谚云："法官是法律的嘴"。其中的直接意思无非是说，法官必须依据法律判决案件。如果进一步探究，也可以理解为：法律的涵义需要通过法官的嘴讲出来。这样一来，对这句话也就可能产生两种完全不同的理解。第一种理解认为，法官既然是依据法律作出决定，所以，法官所具有的只是陈述法律的权力，而没有权力在法律之外增加或减少什么东西。法官是执行法律的工具。第二种理解认为，既然法律究竟是什么必须由法官来判断和阐明，那么，法官当然拥有对案件的自由裁量权，"实际的"而非"纸上的"法律就是由法官的活动创造的。人们常说的关于"和尚"与"经"的故事就是佐证。法官如果真能够作为一个宣告法律的简单工具，我们当然有理由批评日常生活中的"歪嘴和尚"，但是，如果法律规则本身无法像人们所期待的那样"不言自明"，对"歪嘴和尚"的批评就不仅是不够公允，而且有些自欺欺人，甚至可能产生误导。这个问题与我们所讨论的法官的权力之间的关系是：如果法官在任何情况下都实际上可以做到不"创造"法律，那么，法官就不需要太大的权力。权力来自垄断，法官的权力来自对法律知识的垄断。法官的工作如果就像歪嘴和尚一样把法律当作经书来念，那么有文化者都可以这么做，法官就不能垄断法律知识，法官的权力自然就小了，受到的约束自然就多了。如果法官们并不是像他们自己所标榜的那样总是在"依法办事"，他们有条件、有能力、有可能在法官和法律的名义下输出自己的思想、情感、情绪、偏好甚至偏见和私欲，那么，法官的权力就有无限膨胀的可能性。推动司法独立，或许就正在强化这种制度性的法官对法律的垄断权。如果我们不能够正视这一点，我们就无法保证法官的权力不会像我们所深恶痛绝的其他权力一样发展到邪恶的程度。我们把领导人个人凭借手中的权力干预司法的现象称为"以权代法"，视之为非法，那么，我们怎样能够保证法官们不以权代法呢？

从上述问题出发，本文试图分析和讨论法官的权力与其约束机制之间的关系、我国法官的实际权力究竟有多大又能够有多大以及法官权力的界限，从而探讨如何才能发展出一个符合我国实际的，保障法官独立，同时又真正能够约束法官权力的制约机制。

二、法官权力的研究框架

研究法官的权力，有两个基本的着眼点。

第一，就某一个具体的权力而言，权力的大小通常与权力所受到的约束的情况成反比。某权力受到的约束越大，该权力则越小；某权力受到的约束越小，该权力则越大。所以，一般认为，法官的权力也是如此。法官的权力所受到的约束越大，其权力也就越小，而约束法官权力的权力则越大。所以，分析法官的权力，就必须分析法官权力的约束机制。

第二，作为一个一般分析规则，前述立论在具有普遍意义的同时，还需要进一步具体化。因为，过于笼统地谈论法官权力的大小，换个角度看，其实是没有意义的。从理论与实践两个方面都可以说明，法官依法独立审判的权力和法官权力应该受到制约，两者并不必然是对立的。任何权力都应该受到制约，法官的权力也不例外，甚至没有任何一个国家法官的权力是不受约束的。所以，也可以说，法官权力大，并不意味着法官就不受法律约束；法官权力小，也不意味着法官受到的约束就一定大。问题仅仅在于，对法官权力的约束本身是否合理与有效。因此，考察法官的权力，就需要了解和具体分析这种权力通常受到了什么样的约束，这些约束来自何方，其强度又如何，即我们可以通过对法官权力的制约机制具体内容的分析来探讨法官权力的实际存在形态。

从世界各国的情况看，对法官权力的约束是在三个制度框架范围内进行的：政治与行政的，道德与宗教的，法律与程序的。

来自政治或行政的对法官权力的约束一般表现为：作为一国政治与行政权力结构组成部分的法院及其法官的权力受到该国其他政治与行政权力的制约，例如特定的政治关系、政治集团、政治权力的配置形式、行政关系中的行政上级和关联单位对法官权力的制约。法官权力的大小一般总是受到自己所处社会中的政治结构以及行政组织制度的影响，具体说，包括了国家结构、国家政体、国家机构及其相互之间的关系、人事财政管理体制、法院内部的组织结构和工作制度、政党制度等因素。显而易见的是，在不同的政治制度和行政体制下，法院和法官的权力是不同的。例如，我们所熟悉的在西方国家三权分立的政治结构中，司法权的地位显然不同于司法权未能独立存在的国家。在一个强势的行政管理体制下，法官的权力必然具有一定的隶属性。因此，政治结构和行政管理体制对法官权力的影响是尤为引人注目的，故许多国家将三权分立作为争取司法独立的基本途径和条件。而三权分立所涉及的法官权力问题主要有二：其一，法官及司法的权力独立于立法权与行政权；其二，法官及司法的权力不受行政上级的控制。

来自道德和宗教的对法官权力的约束也是不容忽视的。所谓影响和约束法官权力的道德与宗教的因素，主要是指价值观念层面对法官依法行使权力的制约，即法官行使权力处理案件的过程中，在法律的含义不够明确或者法律与法官自己的道德、宗教观念发生冲突时，法官自己或法院给予的约束和精神束缚。这种约束在相当长的历史时期里都曾经是非常有力的。暂且不谈中国古代宗法制度和传统道德观念在解决纠纷过程中的地位以及西方国家中世纪宗教对司法的影响（因为古代社会中此类约束本身已经就是制度性的政治约束）。仅以当代为背景，目前世界上被视为法治比较发达的国家，基本上在价值观念和宗教精神方面是统一的。韦伯把资本主义的兴起与新教伦理联结考察，旨在指出人类每一项事业的背后都有支撑这种事业的特定的精神气质。一种统一明确且与法治相融合的价值观显然有助于法官行使权力的统一性。当然，换个角度看，这种道德和宗教的因素也必然构成对法官权力的约束。

来自法律与程序的对法官权力的约束主要是指法律（包括实体法与程序法）以及由法律所设定的各种法律程序和制度对法官权力的制约，即法官必须依法办事。这种约束通常发生在法官行使权力的法律制度背景下。例如，法官必须依据法律规则审理案件，法律规定的各种程序对法官作出制约，如诉讼程序中的举证、质证、认证制度，上诉制度，独立审判制度，陪审制度，审判公开制度，正当法律程序，等等。我们可以透过一些经典案件，例如辛普森案，观察到法律制度和法律程序是如何约束法官的权力的。一般来说，在案件的审理过程中，实体法与程序法从两个方面对法官的权力进行了有力的约束，也即法官必须依据法律审理案件，而法律就是法官思考和解决法律问题、审理案件行为的唯一根据。当然，仅仅单纯的实体性法律规定并不足以保证法官就必然按照法律处理案件，因此，程序性的规定是约束法官权力的一个重要的法律条件。法官主导、控制案件的审理过程与法官必须受到法律的约束是完全一致的，这也是司法独立的一个法律前提。

这三种对法官权力的约束机制是可以并存的，同时也经常是共同发生作用的。但是，它们之间的联系方式和共同作用的形式在不同时期、不同国家则往往是不同的。例如，我们很难说古代中国就不存在法律和统一的道德观念，也不能够说古代中国的官吏不依法办事，但是一般都认为古代中国没有法官，更没有法官独立的问题。原因在于，古代中国没有法官独立的政治制度。我们都认为当代中国形成了自己的法院制度，人民代表大会领导下的一府两院制度使法院享受到了与政府相对独立的地位，但是我们却发现法官们或缺乏依法办事的良好的外部环境或滥用自己的权力。我们还知道美国采用的是三权分立的政治制度，司法权独立于立法权和行政权，美国法官的权力很大，可以创造无数的"先例"，甚至拥有审查政府行为合法性的权力，但是我们同时也知道，美国法官的独立审判制度与广泛的新闻自由是共存的，美国法官在许多案件的审理过程中是相当审慎的，他们的权力不仅受到立法权和行政权的约束，而且也在舆论媒体的广泛监督之下。所以，无论什么国家，无论这个国家采用何种政治制度，只要存在司法活动，存在法官，那么，法官的权力就必然受到这三种约束机制的制约。法官的权力就存在于其与这三种约束机制相互之间的关系之中。

三、中国法官的权力

如果上述对法官权力的约束机制的分析可以提供一个观察法官实际权力的视角，那么，下面我们就可以依据这个分析框架来讨论中国法官的权力。

讨论中国法官的权力，我们经常面临一些完全相反的例证。例如，我们可以通过许多现实案件的审理过程证明中国法官的权力很大，有趣的是，我们甚至也可以通过相同的例子证明中国法官的权力确实很小。这里，我们选择两个在中国具有广泛影响的案件进行分析。

例一：2001年10月11日，四川省泸州市纳溪区法院依据《中华人民共和国民法通则》第7条有关民事活动不得违反社会公德的规定，对张学英诉蒋伦芳遗赠纠纷案所作的判决，在驳回张学英诉讼请求的同时，既宣告了道德对法律的胜利，又显示了中国法官拥有直接依据道德原则处理案件的巨大权力。[1]这个案件的处理结果表明，一方面，中国的法官拥有许多外国法官在现代法治条件下连想都不敢想的裁判道德的权力；另一方面，或许同样表明，中国的法官真正做到依法办事并不容易，法官履行职务的外部环境条件相当严峻，因为，道德对法律的干预意味着公众舆论拥有干扰法官独立判断力的足够影响力。

例二：1997年2月和1998年1月，天津市河北区人民法院对著名的"知假打假"人王海在该院就天津伊势丹商场销售无进网证的无绳电话机这个同类诉讼标的提起的两起同类诉讼，在不到一年时间里，依据相同法律，分别作出了支持和驳回两个截然相反的判决。而且，天津市中级人民法院也分别对就这两起案件的上诉采取了与基层法院相同的立场。当时的河北区法院负责人在回答记者提问时指出，中国不是判例法国家，所以，法官拥有根据法律处理案件的独立权力。

---

[1] 关于此案，笔者曾在于2002年第6期《法学研究》发表的《法律原则在法律推理中的地位和作用》中另有详细讨论和分析，有兴趣的读者可一并参考。

在同一个法院，由不同的法官在一年时间里根据相同的法律对同一原告提起的同类案件作出相反的判决，从一定意义上或许足以说明中国的法官确实拥有独立审判的绝对权力。但是，如果我们换个角度观察这个事件，或许会提出一个新的问题：中国法律的模糊程度真的已经达到了如此地步了吗？如果不是，那么，制约法官判决的根本因素究竟是什么呢？也许我们永远不可能知道这两起案件判决的幕后过程及其真实情况，但是，我们有理由根据中国司法体制的现状提出我们的怀疑。

在我国的审判实践中，各级官员（包括党政领导、人大、政协、有关党政部门负责人、法官的行政上级等）、媒体（包括记者、编辑等）干预司法的情况比比皆是，可以出现不同的领导分别为原被告"批条子"的情况，还可以出现同一个领导在不同的时间里分别为原被告"批条子"的情况。这些司法工作中的常见的现象一般在理论上被认为是对审判工作的干预。但是，人们往往容易忽略一点，即所有的条子的出现，都有一个基本的前提，这就是法官拥有变通法律或者根本不按照法律办案的权力或者条件，否则，如果变通法律或者不依法办事的风险和成本大于自己的收益，那么，他们断然不会冒险。

如果更进一步，我们就会发现，实际上，所有对审判活动的干预都有一个基本的条件，就是干预者拥有制约审判或者控制法官的制度性权力。例如，党委拥有管理干部的权力，而法官属于干部；地方政府拥有控制法院的工资、住房、生活福利等领域的权力；媒体拥有监督的权力；人大拥有法律监督和法官任免的权力。所以，可以说，人们干预法官的工作是以他们所拥有的制约法官的制度性权力为前提的。离开了这个前提，人们是否可能干预甚至影响法官呢？肯定不行！

在上述两个案件中，法官的权力可以说很大，又可以说很小。那么，法官的权力大在哪里？又小在哪里？如果仔细观察中国法官的权力与三个约束机制的关系，我们就会发现：首先，在政治与行政的制度中，中国法官的权力其实很小。原因在于，第一，尽管我国为法院的独立审判提供了宪法和法律依据，但是并没有在制度层面上解决法官权力的独立问题，司法权本身并不是一个能够与行政权力以及立法权相平衡的力量。考虑到西方国家所说的传统的"三权"中司法权是最为薄弱的，因此，这种体制下，法官的权力必然是有限的。第二，上下级法院之间以及法院内部的审判管理体制依然是行政主导型的。上下级法院之间由于存在着下级法院对上级法院的请示制度和上级法院对下级法院主要负责人在人事任免上的建议权制度，而法院内部则在法官与合议庭、庭长、主管院长、院长、审判委员会之间的关系中实际存在一种行政等级制，所以，法官的权力实际上并不是独立的，而是存在于一个行政管理的制度中，或者说，我们依然是用行政的手段解决审判制度的问题。在这个领域中，法官独立实际上是不存在的，拥有相对独立权力的是司法机关，即所谓"司法机关依法独立行使职权"，法官的权力是在相对独立的司法机关的内部，拥有"法官"符号的干部的执法权（而非司法权）。这种权力的独立程度较之司法机关的权力，必然还要进一步相对化。[①]一位法官朋友曾经告诉笔者：已经从事法官工作近17年的他，收入甚至低于刚刚从父母处接班的法院传达室工作人员，因为后者可以在年终获得一笔综合奖，而法官则必须根据自己的办案量提取奖金；在法院，公认的"肥缺"是执行庭，而非审判庭；没有能力取得法官资格的法院工作人员，往往在法院内部分管行政、后勤、人事等工作，他们"管着"法官。试想，法官在法院内部地位如此，他们的权力又能大到哪里去？

其次，在当代中国，宗教和道德的约束机制对中国法官的制约很小，所以，在这个领域，法官的权力是很大的。显然，在中国社会由传统向现代转型的过程中，新旧社会规范交替，法律代替道德和纪律在社会生活中逐渐发挥作用，人们在道德观念和价值观念方面呈现多元化的发展态势，加之中国古代宗法观念在百年来中国人的现代化诉求中长期受到压制和批判，过去没有，今后就更没有能力成为中国的宗教。在这种道德多元化的精神背景下，法官的行为在受到一种道德谴责的同时，很可能又会立即得到另一种道德的支持。宗教和道德对法官权力的约束几乎降到了最低水平。虽然党和政府已经意识到这个问题，并且通过中央工作会议甚至以全会的形式向全社会发出加强精神文明建设的倡议，但是，由于道德本身是人的思想观念和内心深处的自由意志的领域，当一种道德缺乏广泛的思想基础，又缺乏有力的制度强制时，很难形成统一的社会规范；强制性地推行某一种道德，效果如何是显而易见的，而且其本身的道德性也是值得怀疑的，因为道德就是道德，是无形的力量，如果把无形的东西转化为有形的东西并附加以外在强制，那么道德既失去了自己的形式，又失去了自己的力量。所以，在当代中国各种道德以及各种社会规范的博弈过程中，始终没有能够形成一种普遍的与现代化相适应的道德体系，当然也就不可能对法官的权力构成强有力的道德约束。而失去道德与宗教控制的法官，行使权力的空间和余地相对也就比较大。

再次，在法律与程序的层面上，中国法官的权力却很大很大。20多年来，中国司法制度逐渐正式化，形成了一支法官队伍，但是，始终没有解决好法官如何依法办事的问题。从理论角度看，对法官的任何形式的监督和制约，目的都是

[①] 肖扬院长在第十届全国人大一次会议上所作的《最高人民法院工作报告》中，也把强化合议庭的职责作为总结过去5年法院改革的一项重要内容。

推动和保证法官们真正能够依据法律处理案件。而从实际情况看，恰恰就是在这个问题上，中国的法官面临的问题最为突出。我们所采取的各种措施，都未能有效地达到这个目的。在现实司法活动中，既存在法官公开宣称依据道德办理案件的情况，又存在大量的违反程序法规定的案例，更存在广泛的"自由裁量"。我们的司法制度一直没有能够提供一个保证法官必须依法办事的法律机制，法律人没能够形成属于自己的独特的法律思维与法律方法。可以说，在对法官的权力进行广泛的行政制约的同时，由法律本身提供的约束却很有限，比如法律规定过于原则和模糊，法律解释超越法官权限，对法官违反程序法规定的行为缺乏有力的惩罚，上诉制度不健全，公开审判形同虚设，等等。近年来，中国的法院系统开始推行合议庭负责制，即由法院领导选择合议庭审判长，审判长组织合议庭，法官们分别隶属于不同的合议庭，以此淡化院长、庭长以及审判委员会的作用。这种做法被视为法院工作制度改革的一项重要措施。但是，与此同时，法院出现了一个非常普遍的现象：同事不能同处，即相同或相似的案件，在不同的合议庭中，审理结果是不同的。① 这或许能够说明我们的法官在法律角度受到的制约和控制显然比较弱。

第四，舆论监督问题。在中国，并非一种独立的制度性的约束机制的舆论监督具有很大的作用。就其本意而言，新闻媒体一般是通过各种政治、行政以及法律的监督和制约机制发挥作用的。所以，它一般应该更多地反映民意、民情。而在中国，新闻媒体在发挥作用时，有一个"舆论导向"问题。因此，中国媒体对法官的影响力和约束力远远大于西方国家的媒体。在这样一个背景下，媒体对法官的批评，往往可以起到相当的震慑作用，当然，媒体的表扬，也可以使得法官获得一定的利益。所以，新闻媒体实际上也拥有控制法官的权力，与此相应，法官迎合媒体的情况也就屡见不鲜。

通过上述分析，我们可以得出一个基本结论：中国法官在适用法律的领域内权力很大，在政治与行政框架内权力很小，所受到的道德和宗教的约束比较乱。这种情况反映到具体的司法过程中，就难免表现为：在政治与行政疏于控制的民

---

① 推行合议庭以及审判长负责制的初衷是毋庸置疑的。但是，除了我们正在讨论的法律制约问题外，在司法行政化制度没有根本改变的背景下，这种改革还引起了其他许多相当严峻的问题。例如，由于削弱了院长和庭长对于案件的最终处理决定权，许多地方的法院院长和庭长就开始在审判长选任环节上注重"听话"的"自己人"的培养，而"不听话"者（包括一些具有独立思考能力和勇气的法官）甚至可能会被分流出审判队伍，以维护传统的行政干预能力；而法院院长们之所以如此，又是与保证贯彻行政上级的意图有关。类似改革还有法官助理制度，即法官助理由于从事许多具体工作，包括与当事人接触，因此，他们虽然不是法官，甚至没有法官资格，实际上却往往能够影响拥有审判权的法官。

事领域里，法官的权力很大；在党组织和各级政府以及媒体关注的领域内，法官往往抱怨自己的权力很小，但是由于他们拥有法律适用上的广泛权力，所以，他们也就有足够的条件和能力迎合及满足来自其他权力部门人员的要求。与此相应，其他权力部门也就同时有可能介入和干预司法过程。

四、法律领域的法官权力及其界限

权力制约是柄双刃剑，既可能对有条件产生腐败行为的权力领域构成约束，也可能加剧该领域腐败现象的蔓延。前述情况表明，目前我国所采取的各种约束法官权力的措施，不仅未能彻底有效地制约法官的权力，而且在一定条件下还可能成为司法领域存在的相当数量或者说比较普遍的人情官司的诱发因素甚至重要根源。因此，若要从根本上解决这个问题，需要加强对法官权力的外部制约，尤其必须围绕法官权力的特征与属性，重点分析和深入探讨对法官权力的法律制约机制，即着重研究如何从法律与程序的层面上对法官的权力进行有效的制约。只有在这个问题得到解决之后，才能真正地约束法官的权力并避免或减轻其他权力制约机制对法官权力的负面约束。

强调从法律角度加强对法官权力的约束的理由在于：法官与法律之间的关系是法官一切社会关系的基础。因此，关于法官权力的特征与属性，最值得注意并且必须认真对待的就是法官与法律的关系。

首先，法官权力的最终根据是法律，所以法官应该本能地尊重和维护法律。这不仅是因为法官的权力来自法律授权，更是因为法官的权力是随着法律的发展而发展的。法律在社会生活中发挥作用的范围越广，地位越高，法官的权力就越大。有一句调侃的话可以印证这个问题：司法腐败是个"好"现象。这句话当然不是说司法腐败是好的或者是值得鼓励的，而是说，从社会学角度分析，司法腐败现象的存在，在一定意义上可以说明中国法治建设取得了一定成效，表明中国的法律开始发生作用了，法官地位提高了，否则，何以能够产生贿赂和腐蚀法官的行为呢？如果存在普遍的司法腐败行为，那么，在说明中国权力制约机制缺位或不完善的同时，当然也可以说明法官的地位和作用有了明显的变化和提高。所以，法官权力的最终根据就是法律。鉴于此，法官职业作为一个整体，它的生命力与法律存在密切关联。法律荣，法官耀；法律损，法官毁。在这个意义上，法官最基本的职业道德应该是维护法律的尊严；法官最重要的职业技能应该是准确地运用法律解决纠纷。诚然，这是我们就一般情况而言的。在实际生活中，虽然法律给予了作为整体的法官阶层职业的荣耀、光环和利益，但是，就具体的法官来说，其权力同时又可以为自己谋求特殊的私人利益。法律可以给法官职业的尊荣，也可以带给法官巨大的利益。这就是为什么作为个体的法官经常会以权谋私、违法办案。当然，这并不能够改变法官与法律之间生死攸关的基本联系。所以，各国都把建立一个切实能够尊重、执行和维护法律的法官队伍作为一个重要问题。对法官权力的各种制约模式也是由此而来的。

其次，法官的权力是一种法律赋予的法官依法居中裁判的权力，所以法官也必须服从法律。法官的权力就是运用法律解决纠纷的权力，舍此无他。在纠纷当事人之间，法官具有就纠纷事实和争议问题给出解决方案的权力。这种权力之所以能够具有权威性和强制性，除了法官本身代表国家行使权力之外，是因为其具有一定的合法性，即法官的权力获得了当事人的认可和"同意"。韦伯关于统治关系必须从统治者与被统治者两方面考察的观点，提示我们必须注意法官权力的合法性与正当性基础。① 这种合法性与正当性，从形式上讲，来自对法官的中立性的确信，涉及法官独立、法官职业保障等；从实质上看，则来自对法官必须依法裁判的信赖，即法官必须受规则的约束和支配。离开了法律规则这一法官履行职务行为的合法性基础，法官不可能保证自己的中立性，法官行为也就失去了正当性。

法官必须忠实于法律这一信念确立了法官的社会角色和社会功能，从而奠定了法官一切社会关系的基础。法官的权力和责任也是以这一信念为前提和基础的。因此，无论是来自哪个方面的对法官权力的约束，在公共话语层面，都是为保证法官正确行使权力和忠实履行职务而设置的，否则，这些约束同样会失去自己的合法性与正当性。真正的问题在于：规则在何种程度上能够提供这种约束法官行为和法官权力的制度？这实在是我们应该认真研究和分析的问题。从我国司法实践情况看，法官不能做到依法办案，与其他权力系统的干预分不开，更与我们对法律制度本身的认识不到位有关。因为无论何种形式的干预，都必须通过法官的权力实现，即须在法官愿意并且能够做到的条件下进行。我们注意到，除了极其特殊的情况，很少有法官会公开宣称自己不是按照法律处理案件的，也即，无论法官在何种压力或诱惑下偏离法律的轨道处理案件，他们也总是必须借用法律的名义。否则，法官的行为可能也应该招致激烈的批评。这就给我们提出一个问题：我们是否对法官的自由裁量权给予了足够的重视？如果这种自由裁量是必然的，那么，法官自由裁量权的界限在哪里？如何才能够使这种自由裁量权在一

---

① 韦伯指出："任何统治都企图唤起并维持对它的'合法性'的信仰。但是，根据所要求的合法性种类的不同，服从的类型，为保证服从而确定的行政管理班子的类型，以及实施统治的特点，也是根本不同的。"参见马克斯·韦伯：《经济与社会》（上），林荣远译，商务印书馆1998年版，第239页。

个合理的范围内发挥作用？以往我们为法官的权力设定的各种制约机制，其目的和本意应该是确保法官切实依法处理案件。但是如果我们根本就不能为法官是否依法办案提供一个确定的标准，那么，我们将如何评价法官的行为呢？如果合法的判决与不合法的判决之间的界限边缘化和模糊化，那么，是否将意味着法官行使权力行为的彻底失控？如果我们没有能力控制法官的权力，那么，纠纷当事人又如何才能够得到一个公正的判决？因此，从法律角度看，法官如何才能够并且切实遵守法律就是一个重要的问题。

法官所遇到的案件基本上可以分为两种类型：一种是简单案件，一种是复杂案件。法官在简单案件中通常不需要运用自由裁量权，例如普通的债务纠纷，包括金融机构的借贷合同纠纷，债权债务关系非常明确，法官通常不会在违约责任的认定方面行使自由裁量权，最多是在对违约后果的承担和债务问题的解决方式上有所变通。再如对机动车闯红灯等违章行为，交警根据非常明确的交通法规对违章者进行处罚，通常违章者很少会向法院提起行政诉讼。因此，简单案件在法治健全的社会中一般不会作为案件被提交到法院。在中国，简单案件的复杂化几乎是由两种情况造成的：第一，与法官及其权力无关，是由制度性的约束手段的弱化引起的，例如债务纠纷中相当普遍的赖账行为，通常或是因为判决没有被严肃执行，执行力度不够或者法律对赖账者的处罚不够严厉，或是因为社会信用体制的不健全。第二，法官在审理过程和判决中的说理性不够，引起当事人误解或者有意混淆视听。例如，法官在判决中经常笼统地宣布"依法判决如下"，使当事人一头雾水，心中不服，不停地上诉而引起累讼。这类案件从法官的角度看，只要进一步加强庭审方式改革和提高判决书的说理性，其实是可以解决的。加强外部监督机制，同样也可以有效地解决简单案件中法官滥用权力的行为。

在复杂案件中，法官的权力之大则超乎人们的想象。一般而言，法官处理案件不外乎"以事实为根据，以法律为准绳"。但是，法律上所说的"事实"，必须是由相关证据支持的事实，离开证据，对法官而言就没有事实。例如，发生在西安的中国第一例性骚扰案的被驳回，尽管许多人认为，童女士有勇气去法院打官司就说明她的确受到了性骚扰，但是这种推论终究不能作为法官处理案件的事实依据。对于法官来说，事实必须通过相关证据复制出来。再说"法律"，法律永远不可能覆盖所有可能发生的案件。即使就法律规定本身来说，法律都是借助书面语言制定的，而语言的含义本身则往往是不确定的，需要法官加以确定。其实证据中的书证和证人证言也是如此，或是需要通过书面语言，或是依赖口头语言和肢体语言。法律和证据中的语言，一般都为法官行使自由裁量权提供了很大的空间。当然，语言含义本身的不确定性在拥有共同语言背景的人群中通常发生在语言的边缘含义领域,①而法律的边缘含义也是疑难案件和复杂案件的存身之处。法官的权力其实恰恰是在这个领域内得以充分体现的。因为,在法治发达国家,由于制度和法律相对比较健全,人们在法律含义比较明确的情况下,很少敢于像中国的赖账者那样公然挑战法律,也就很少形成诉讼,至少不会造成巨大的诉讼成本问题。需要法官认真面对的多是复杂和疑难案件。所以,我们说法官的权力很大,就是因为法官需要面对这些复杂和疑难的案件。缺乏一定法律知识和丰富实践经验的法官,是无法承担和履行法官职责的,当然也就需要对法官的录用规定严格的条件。

如果我们承认法官在行使权力的过程中拥有一定的自由裁量权,那么,我们也就必须重新讨论和研究法官权力的合法性基础。一般认为,法律含义的模糊化以及相应的法官自由裁量权会动摇法官权力的合法性基础。法官是执行法律的,而不是创造法律的。三权分立并相互制约的思想基础之一,就是法官必须服从立法机关制定的法律。但是,从实际情况看,这显然是一个假象,是启蒙时代虚构的各种神话之一。②这个神话一直到今天还在我国的法治话语中占据主导地位。而从我国的司法实际看,法官们对法律显然拥有一定的自主判断的解释权,各种监督机制之所以能够在监督的同时难免行使干预之实,就在于法官有能力在依法判决的过程中迎合干预活动的需要。无视法官在适用法律时的自由判断的余地和空间,要么是自欺欺人,要么是有意为行使各种"方便"留有余地。因此,打破这个神话,建立一个务实的法官履行职务的机制,就是司法改革的最重要的任务之一。而这个机制最重要的一点就是如何保证法官真正依法办事。法官只有依法行使权力,法官权力才是合法的。这里必须解决的问题是,以往,我们将法官是否切实遵守实体法作为判断法官行为正当与否的绝对标准,实际上,法官更重要的是遵守程序法。因为实体法的标准如上所述在疑难案件中实际上经常处于模糊状态,而合理的程序设置以及完善的说理机制与标准,恰恰可以保证法官运用自己的法律智慧和法律知识,公正地而不是偏私地处理案件。例如,切实保证诉讼当事人的平等诉讼权利,完善公开审判与辩护、代理制度,邀请各类专家(包括语言学家)对证据提供鉴定意见,严格执行证人出庭制度,当庭举证、质证与认

---

① 哈特强调,语言通常所指称的是对象的典型含义。例如当用"秃子"一词指称头上没有一根毛或者头发茂密者,人们都能够对这个判断是否恰当给出符合常识的判断,但是如果用来指称头顶毛发稀疏者,就可能产生争议。所以,法律语言在其使用的典型对象上不会产生歧义。参见哈特:《法律的概念》,张文显等译,中国大百科全书出版社1996年版。
② 现实主义法学和法律实用主义于20世纪发起的对逻辑实证主义法学的批评和围剿,已经基本上打破了这个神话。

证，对提供虚假证据以及其他妨害审判的行为依据妨碍正当法律程序严格处罚，保证判决书的充分的说理性，严格处分违反法律程序（包括撤销判决和发回重审）的法官，在分工基础上解决上诉制度徒有虚名的问题，尊重判决的即判力，等等。

当然，对程序法的格外重视并不意味着实体法的弱化。实际上，经验表明，在疑难案件中，实体法的含义和内容只有在一个合理的程序制度范围内，通过多层次的角色与权力分化、分工条件下的法官参与和商讨的诉讼法律程序，才能得到充分合理的表达，同时也才能建立司法制度的公信力。法官内部真正的角色分工，是法官在权力被制约的背景下参与审判过程的前提，是法官权力的一种重要制约形式。以往，我们讨论分权、分工，往往侧重于法院与其他国家机关之间的关系，而在实际上，法官相互之间在审判过程中的分工，同样十分重要。对于形成正确的判决来说，后者可能更为重要。既然我们没有办法保证法律的含义的确定性，那么，职业化的法律对话机制至少可以保证法官更为慎重作出司法判决，同时也使法官能够避免作为单独的个人抵御来自其他权力部门的干预活动的尴尬。

总之，通过建立一个充分、平等、对等、公开地说理的制度，在特定的法庭空间内，在法律的框架内，保证同时约束法官的权力，才能真正做到司法独立，也才能真正约束法官权力。

五、结束语

中国的法官在法律领域拥有重要的、几乎没有限制的权力，在政治与行政制度框架内权力则极其微小；宗教与道德的多元化则导致法官在该领域的权力未能受到有效制约。因此，中国法官权力呈现一个非常怪异的现象：一方面法官们没有获得法治相对比较发达的国家普遍存在的行使权力所必需的政治与行政体制上的独立；另一方面，法治发达国家比较普遍存在的对法官权力的来自法律与道德、宗教的约束，在中国却极其缺乏。这种状况导致中国的法官在承担公正司法和维护社会正义的责任方面缺乏条件和能力，而法官在真正滥用权力时，则缺乏对其有效约束。所以，这也就不难理解为什么"司法腐败"会迅速蹿升为我国的一个引人注目的重大问题。

中国的司法改革必须在改造法官的权力方面狠下功夫。法官的权力来自法律需要被专业人员运用专业知识和专业技术加以解释才能适用这一事实。所以，尽管我们有足够的理由加强对法官权力的各种形式的制约和监督，但是，最重要的还是必须从法律制度角度为法官的行为确立一个合法与否的界限。法官权力的合法性归根结底还是在于法律本身。所以,能否有效地控制法官的行为,关键还在于能否建立法官与法律之间的有效约束关系,即,在于我们是否有足够的能力建立一个具有相同法律信念和理念,具有丰富法律知识和理论,既受到法律精神约束,又受到法律制度制约的法官阶层。这是解决法官依法办事难题的核心,而来自政治与行政、道德与宗教框架的对法官权力的制约,则是围绕这一前提的,离开了这一前提,任何制约都是荒诞可笑的。

(原载《中国法学》2003年第4期)

司法权的"中国"问题

一

司法权的问题,现在已经不是一个单纯的专业学术问题,而是一个公共话题。由于公共领域在中国发展得不够充分,因而,对问题的讨论很难在一个理性的层面上进行,进而可能引导公共舆论对司法的改进不恰当地施加压力。当前讨论司法权的问题,见诸网络和报端的最多的字眼就是司法公正(或不公)、司法廉洁(或腐败)、司法独立(或不独立)、司法权威(或无权)等。这些词构成了当前讨论中国司法问题的关键词。生活中,不少词汇具有鲜明的时代特色和地域性,例如"官倒""腐败""made in China""超女""跑点"等,这些词汇不同程度地反映了特定时代的生活态度与思想方式,也规定和制约了人们对问题的走向的认识和努力。而有关中国司法问题的关键词,则预示着、勾勒着中国司法的未来。在这个意义上,使用不同的词汇客观上一定会导致对中国司法不同的态度,至少在对所要解决的问题的选择上,公共舆论的作用至关紧要。

如果我们不仅仅是从表面看问题,那么,就应该注意到,有些词汇,例如"司法腐败"等,固然正确地反映了我国司法领域一定的现状,但绝不是当前矛盾的主要方面,而是问题一个侧面的反映。然而这些词汇的流行或许可能影响到我们对问题的正确判断。试想,如果我们不是就事论事地解决腐败个案,而是抽象地、一般地在公共媒体上铺天盖地地讨论作为公共话题的司法腐败,那么,必然会使真正的问题被遮蔽、被掩盖。司法权的问题目前就存在着这种可能性,例如最高人民法院、最高人民检察院频繁地进行司法解释,其根本原因还是出于对基层司法机关的不放心,这一点很难说与公众对司法腐败的关注没有关联。

显然,问题只有在一定的情形下,才能被"恰当"地提出。提出问题,需要知识和智慧,也需要汇集推动问题得以产生的巨大历史力量。更进一步,对问题的考察和分析,只有结合这个问题得以产生的历史性因素,才能够深入进行。目前,司法权在中国已经成为一个受到广泛关注的问题,究其原由,说到底,是中国社会的蓬勃发展孕育了对司法权的广泛需求,是中国经过漫长的等待后迎来了司法权存在和发展的历史机遇。那么,中国的司法权是在什么样的机会条件下成为问题的呢？为什么这个机会条件能够促使中国司法权问题的产生？这个机会条件又是如何历史地规定了中国司法权的问题及其领域与解决方案？司法权真正"中国"的问题究竟是什么？本文试图对此进行一些探讨，欢迎有兴趣的同仁批评指正！

二

司法权是一个理性的民主时代才可能被提出的问题，因为，只有在一个理性的民主的社会环境中，司法的权力才可能成为一个需要讨论的课题。毕竟，公共权力一旦被纳入讨论的范围，就意味着其界限的存在。有限的权力，或权力的限制，只能是理性与民主社会中的问题。在一个非民主的时代，专制的权力是没有界限的，当然也是不可讨论，更不可置疑的；在一个理性程度低的社会，裁判必然依赖情感、情绪、个人好恶、习俗、惯例等琢磨不定或模糊性比较强的因素，不可能形成稳定的司法行为，自然也就无法讨论裁判权力的边际问题。所以，尽管古代有裁判行为，甚至在西方国家的古代还有被称为"法官"的裁判官，但是，裁判的"权力"则通常是不可讨论的，包括裁判权力的内容、范围、行使者、来源、依据等。由此可见，司法权问题作为一个"问题"，只能是一系列重大的社会变革的结果而非原因。因此，观察、分析和解决司法权的问题，也必须立足于时代与社会的变迁。

从这个角度看，司法权的"中国"问题，首先是一个公共权力的理性化与民主化问题，以及由此而必然产生的法治化问题，其次才是司法问题。

对中国司法权的诟病，往往围绕司法腐败、司法不公等内容。坦率地说，这种批评虽然不能说不对，但是，板子打得至少不准确。司法腐败相对于我国目前相当严重的腐败现象，无论其范围还是程度，都不是特别突出的。凡政府审批和决策行为存在的地方，在我国目前几乎都同时存在腐败现象，多数都比司法领域更严重。例如，建设用地审批领域、食品药品审批领域、工程招投标领域、建筑规划与许可领域、干部使用与任用领域、企业上市审批领域、特殊产品生产许可领域等，哪个领域的问题都比司法领域更加严重。为什么独独是"司法腐败"成为了一个广泛流传的有特定内涵的专门词汇？人们现在为什么这么看得起司法权？毕竟，"文化大革命"期间，"砸烂"公检法，也不过就是一句话就办到了的事情。

人们对司法腐败给予特别的关注，无非是出于三个原因。第一，在人们的常识中，现代社会的司法权是制止腐败的最后关口，司法腐败不同于其他腐败现象，它污染的是源头。换句话说，"司法腐败"这个词汇的出现，与司法在现代生活中非同寻常的重要性相联系。如果不是这样一个大背景，司法工作是不会如此引人注目的。第二，也是更重要的、更具有启发性的原因，司法腐败的曝光概率远远大于其他腐败现象。司法过程有严格的职权和程序规定，审判是法院的专有权力，审判公开则是司法机关的法定义务。因此，人们有更多的机会发现、评价司法机关的权力运行过程。而这恰恰是由司法权运行的特点所决定的，是司法权的内在品性所决定的。第三，司法权行使中所涉及的案件，都是以个案的形式出现的，换句话说，均有具体的当事人。无论事情大小，对当事人来说，都是大事，都需要寸土必争。

由此可见，司法权成为一个问题，成为公众特别关注的一个领域，与其说是司法领域办事不公，腐败现象与其他领域相比尤其严重，不如说司法机关在一定意义上负载着中国民主政治和法治建设发展的重任，因其自身的理性化水平而导致的。正是因为中国社会的民主化与理性化程度的提高，司法领域的问题才有条件、有可能备受关注。在这个意义上说，它是中国法治化转型的一个结果。

三

司法权的重要是基于公共权力的理性化和民主化的需要，而公共权力的理性化与民主化则又是社会生活理性化的结果。理性化在现代主要表现为两个层面的内容。第一，社会生活的知识化和确定性。与早期人类纯粹依靠经验的生活方式不同，现代社会生活是建立在对客观知识的精确把握的基础上的，形成了知识化的专业分工基础上的社会生活。不同的劳动、工作形成了不同的"客观"知识，进而导致不同的专业领域。从事任何一项重要的工作，都需要经过专门的学习和训练。由此可见，现代人所面对的这个社会，是被知识建构起来的"新"社会，不是自然的社会，而是知识化的社会。生产社会化，交往社会化，消费社会化，物质生活如此，精神生活同样如此。换言之，知识的增长改变了我们的生活，使我们的生活内容、生活方式、生活期望变得更加明确和可以预期。第二，生活世界的自主性和民主化。知识破除了迷信和各种类型的拜物教，解除了人们对权力和权威的盲目信仰，使人们坚信通过知识就可以把握未来。而知识是个体化学习的结果，从而导致人的自主意识的大大提高和生活世界的民主化程度的提升。人们越来越依靠自己对社会的知识安排生活。自我做主的前提是这个社会的一切尽在自己的掌握之中。正是在这个背景下，法治社会、法治国家成为一种具有深刻社会历史内容的社会组织形态出现在世界各国的政治理念中。其中的深刻之处在于：人们相信一种形式化的但内容又相对确定的法律可以给自己的生活带来稳定的预期，而且是对所有人的稳定的预期。这一切，就是近代以来对传统公共权力进行革命性改造的深刻的社会根源,其结果就是公共权力的理性化,其主要表现之一就是公共权力的法律化,包括公共权力的设定、内容、范围、取得与更替方式、行使程序、运行过程等的法律化,即由法律明确规定公共权力从取得到行使再到丧失的全部过程。我们不可能用一个历史上的衙门来保障现代公共权力依法运行,而是需要建立一个人民感到可靠的值得信赖的专门的裁判机构处理个体自己无法解决的围绕法律而产生的各种争议并惩罚一切针对法律而产生的各种挑衅行为。从公共权力中分化出来的独立的司法机构产生伊始,就具有监督和制约其他公共权力的重要使命。它是整个社会理性化的标志之一,更是生活世界民主化的最后保障,不可谓不重要。

如此一来,司法权的运作制度在设计上当然具有典型的理性化和民主化特征。司法裁判必须依法进行,而法律是由概念含义相对明晰的语言文字来表述的,从而使法律具有比较明确的内容和含义,比较起以往的道德、习俗、长官意志等,可以为司法权制约其他权力提供了一个强有力的理据,也可以把司法活动纳入一个有力的约束机制之中,间接体现了司法民主的要求。民主化就是程序化,司法则是最讲程序的领域。司法过程程序化,使司法活动的每一步都被置于公众和其他权力部门的视野之下,也使司法人员的工作置于司法机关内部各个组成机构的相互约束之下,所以,它本身就是司法民主的体现,审判公开、控辩制、审级制等,莫不是在这个指导思想下形成的。裁判文书的公开,则将司法审判活动的结果纳入各界和公众的约束之下,要求裁判官必须给当事人、诉讼参与人、公众一个合法的论证,证明自己的判断和决定是依法并公正作出的。可见,司法权的行使,即使不是公共权力运行过程中最公开的,也是公开化程度最强的领域之一;而其理性化程度,则无可置疑地排列在公共权力之首。这就是司法权何以备受瞩目的原因。

中国司法权的"问题",就是一个在中国社会理性化与民主化过程中特别是公共权力理性化与民主化过程中出现的问题。中国的改革开放,在经济领域是以市场化为取向的,这个市场化的取向必然导致理性化和民主化;在政治领域,则以科学与民主为导向,同样以理性化与民主化为目标。因此,这场波澜壮阔的社会改革始终与理性化、民主化相关。而所有的社会矛盾和社会问题,又都是基于公众对理性化与民主化的期待和其实际上所能够达到的水平之间的矛盾而产生的。尤其是在公共权力的运行过程中,人们对决策过程和结果的理性化与民主化的要求,明显地高于公共权力机构实际上能够达到的水平。

制止司法机关的腐败行为,无论从哪个角度,都是一项迫切的任务。然而,中国司法权面临的绝不仅仅是个别人的腐败问题,甚至主要不是腐败问题。司法腐败是一种肌体病灶的反映，是结果而非原因。中国的司法机关在目前面临的各种腐败现象面前嘟嘟囔囔、欲言又止、患得患失，进而麻木不仁、畏缩不前、束手无策，无力承担起法律与道义的责任，甚至自身也陷入了腐败的中心，其中的原因，固然有司法人员的职业信念、道德勇气、个人操守方面的因素，但更重要的因素依然是体制性的，尽管这不应该成为司法机关和司法人员推卸自己责任的理由。在全社会的理性化与民主化程度尚有待大幅度提高的时候，弱小的司法机关是不可能独善其身的。因此，解决司法权的中国"问题"，不能仅仅针对个别、孤立的司法腐败案件，而是需要把司法权作为实现和保障社会生活理性化与民主化最重要的权力之一，结合中国实际，对其实现方式进行思考和设计。

我们生活在一个理性的民主时代，是一个需要变革而且已经发生巨大变革的时代。一个强大的司法权，逻辑上既是这场变革的结果，又是它的保障，更是它的推动力量。司法权的"中国"问题，首先就在于司法权自己都无法安身立命，而它的艰难处境，又是由它作为捍卫理性与民主的重要责任、内在品性与现实条件的冲突所决定的。解决这个问题，不可能照搬西方国家的成功经验，这是我国政治体制所坚决不允许的；也不可能继续这样无所作为，这是这场史无前例的中国社会变革的强烈要求以及在此背景下公民意识觉醒的结果。因此，建设一个具有中国特色的有效的司法制度，形成一个以理性与民主精神为灵魂和价值取向的强大的司法权，维护理性与民主基础上的社会稳定与社会和谐，必然是研究中国司法权问题的出发点和归宿点。所有关注这个问题的人，都必须在这个问题上表明自己的态度。

四

这就决定了，研究中国的司法权问题，必须且不能不将司法权的监督与制约问题摆在中心的位置。司法权的提法本身就意味着一种界限的存在，意味着司法权与其他公共权力的不同，也意味着司法权与其他公共权力之间的制约关系。发展一个强大的司法权，就是要建立一套区别于其他公共权力并能够有效约束其他公共权力的司法权行使机构。但是，与一般理解的不同，研究司法权的监督与制约问题，不能定位于如何发展一个重重束缚下的无所作为的司法权，而是需要摸索如何建立一个有效的强大的且可以避免陷入腐败漩涡中的司法权。司法腐败概念的流行，给我国构建强大的司法权带来了一个极其不利的后果，即人们思想上普遍认为，必须对司法权进行广泛的监督。由此，导致了一个无所不包的监督理论和监督体系的产生。除了体制上进一步强化党对司法机关干部任免的严格把关以及上级人民法院对下级人民法院日趋行政化的业务指导之外，可以说，几乎每个机关,都具有监督法院工作的法定职权。例如人民代表大会及其代表的监督(曾经发展为个案监督),人民政协的监督,检察机关的监督(人民检察院公诉人与监督者双重角色问题),人民团体(工青妇)的监督,等等。公民也可以通过各种形式监督审判工作,例如提出意见、建议,来信来访,公开发表监督言论,通过报纸、广播、电视、网络等,参与到对司法工作的批判过程中。由于审判过程本身就是公开的,对社会持开放的态度,因此,各种监督往往促使舆论一面倒。本来,各级政府虽然不评论法院的工作,但实际上因为控制着法院的人事、经费、住房、设备等而卡着法院的脖子,法院在国家权力结构中地位本身就很微妙,属于弱势权力机构,加上各种舆论的批评与谴责,它就更加小心翼翼。人们陷入了一种尴尬:司法越公开,被批评的可能性越大;人们越是批评,法院为了迎合大众和逢迎上司,就越容易犯错误;法院的错误暴露得越多,越受到批评。这就如同一个单位中,什么都不干的人,永远不会犯错误;越是干事情,越是容易犯错误。司法机关的理性化与民主化程度高,也就比较容易成为被批评的靶子。从每年两会上法院和检察院的工作报告得票比较少就可以看出这点。而司法机关受到的批评比较多,社会也就更加希望把它管住,迫使它唯唯诺诺,少惹麻烦,影响社会稳定。而它唯唯诺诺,就无法发挥作用。它像一个受气的媳妇,两头替人背黑锅。在这样的处境下,司法机关是不可能担负起自己的责任的。

司法制度的设计,必须将发挥司法权的作用作为自己的起点、重点和终点。研究司法权的监督与制约机制同样如此。监督与制约的目的是发挥司法权的作用,而不是使它无力施展;是为了建设一个强大的司法权,而不是为了建立一个听命于上级的行政附庸。一个强大的司法权需具备以下条件。

首先,必须具有制约其他权力机构的能力,必须在一定的社会结构和国家政治结构权力体系中居于重要位置,扮演重要的角色。从正面看,如果司法权过于弱小,例如,司法机关的运行经费均由政府控制,那么,司法机关在公民与该政府的诉讼中若能义无反顾地主持公正,那才是活见鬼了。两会期间,经常可以听到司法机关负责人表示自己应该主动向政府汇报工作的说法,其实,这不是谦虚,而是两者关系的真实写照。反面地看,不妨分析一下司法腐败问题。从理论上说,司法机关,特别是审判机关,本身并没有许多的机会参与社会资源的分配,因而腐败的条件并不充分。它是通过受理的案件间接被卷入社会纠纷之中。受所受理的案件的约束,司法腐败所涉及的金额,比较而言,通常一般不大。我们很少听到某个受贿的法官涉案金额高达几千万元的,因为法官的权力还没有大到需要行贿人出资千万的程度。这就是目前的实际情况。由于许多重要的领域,例如干部任免、工程招投标、土地出让、抽象行政行为等,其案件要么法院无权受理，要么法院无权自主审理，所以，它目前还远远谈不上对其他权力机构的制约。强大的司法权主要不是对公众行为的司法判断权，而是必须体现在对其他权力机构的决定拥有一定范围的司法审查权基础上。

其次，必须具有制约其他权力机构的法律机制，自身必须具有正当化自身行为的能力。强大的司法权当然包括明确的权力范围和内容，但是，同时它必须具有自己的行动正当化的能力，自身行动的正当化过程，也就是建立司法权威的过程。权威不完全在于拥有多少干预他人行动的外在能力，例如司法审查的范围、效力等，而在于自己的决定的说服能力。所以司法权运行的内在机制，即司法工作的职权划分和司法程序是否可以反映理性化和民主化的要求，是至关重要的环节。司法权不是因为有权而强大，而是因为正确而强大。司法权必须通过其行使的法律机制约束自身，提高使自身决定正当化的能力。这点体现在司法制度的设计上，则是要求建立法律意义上的裁判权保证和约束体系。例如，各级法院之间、立案审查与审判之间、审判长与审判员之间的合理分工，庭审过程中举证、质证、认证、辩论等各个环节的精心设计，保障当事人充分且平等表达意见的制度，裁判文书的合理与充分的论证、执行的公正有效等；法官的遴选、待遇、考核、职业保障制度，法官在与律师、媒体、地方党委、人大、政府的关系中如何保证独立公正的法律地位；等等。换句话说，司法权不仅必须强大，而且必须以自身的正当性为其强大的前提和基础，这种正当性应当以看得见的法律制度的方式，在每个具体案件的审理过程中加以体现。

上述两个方面，从两个不同的侧面设定了司法权制约的法律机制。就前一个方面而言，是司法权对其他公共权力的制约，这是通过界定司法权与其他公共权力之间的界限，从而发展司法权对其他权力的约束能力完成的。如同对司法权的监督与制约不应该导致司法机关功能萎缩的结果一样，司法权对其他公共权力的监督与制约同样不能导致其他公共权力能力萎缩。所以，司法权行使的基本原则就是行使者坚持自己的裁判权立场，也即不告不理，居中判断，不主动介入其他公共权力机关的职能活动之中。就后一个方面而言，司法权的运行必须接受其内部工作机制的约束。与通常理解的不同，司法权是一种被动的中立的裁判权，因此，司法制度本身从设定之初就是一种受到外部广泛控制的权力。司法机关必须依法办案，法律是立法机关制定的，在我国，政府部门制定的行政法规和地方规章也具有一定的法律效力，司法机关的权力受到法律法规的制定机构约束；司法权作为一种被动的权力，也受到诉讼当事人的约束。司法机关必须在当事人诉讼主张或公诉机关起诉的基础上开展工作并进行裁判。当事人主张和公诉人请求之外的事项，司法机关均无权介入。司法权受到公诉机关和当事人的制约；司法权是公开行使的权力，必然受到媒体和社会公众的广泛关注，也受到司法机关内部业内人士的监督和制约；司法机关无权任命法官，法官由议会（中国的各级人民代表大会常务委员会）任命，也是一种制约；等等。由此可见，司法权是一种本来就受到广泛监督和制约的权力。那么，为什么还会出现各种司法腐败案件呢？主要根源不在于其他公共权力机构、公众对司法权的监督不够，而在于其内部的工作机制不完善以及独立性不足，在于它没有坚定地把依法说理作为制度建设的出发点并作为法官行为的根本准则。所以，对司法权的制约需要建立起比较完善的内部工作过程中的权力制约机制。

五

人都是会犯错误的，但是不能犯法，更不能犯罪。应该允许法官作出别人认为不正确或不太正确的判断。如果司法制度不是建立在对法官信赖的基础上，而是处处从防止法官犯错误出发进行制度设计，那么，除非我们可以找到一个永远正确的司法裁判之神，否则，必然强化司法机关内部的行政隶属关系，即下级服从上级，基层法院服从中级法院，中级法院服从高级人民法院，高级人民法院服从最高人民法院，甚至最高人民法院服从中央政法委，政法委服从政治局，一级服从一级。这个服从模式，同样不是以裁判内容的正确与否为标准排列，而是以权力的大小为排序的逻辑。因为谁都可能犯错误。难道基层法院的法官会犯错误，最高法院的法官就不会犯错误？中央政法委就不会犯错误？在历史上，许多错误甚至罪行都是权力集中的结果，而权力之所以集中，很大原因就是不相信人民，不相信他人，不相信基层，总是担心别人犯错误，从来不想自己也同样会犯错。这是传统的理性主义的专制性的反映。司法权的产生，恰恰是针对这个问题的，是反专制而尚民主的。因此，一方面我们必须建立一个防止并能够严惩法官违法犯罪行为的机制，另一方面则需要建立一个能够给予法官平等的充分信任的制度，使法官能够在自己的职权范围内按照司法程序大胆有效地行使司法权。司法权的强大，依赖的是一支忠于法律、精于业务、善于说理的法官队伍以及相应的司法制度和体制，除了法律，法官不应该有任何上级。

说到底，中国司法权的"问题"，依然是一个民主与理性时代司法权的地位和作用问题。行文至此，又闻最高人民检察院出台了一个有关不起诉条件的规范性意见，从中可见其对基层司法权力不放心的心态。在这种状况下，中国的司法权很难发挥自己的作用。

（原载《法律科学》2008 年第 1 期）

顶层设计与摸着石头过河
——当前中国的司法改革

党的十八届三中全会《中共中央关于全面深化改革若干重大问题的决定》提出，全面深化改革，要加强顶层设计与摸着石头过河相结合。① 这释放出一个重要信号：长期以来坚持的摸着石头过河的改革实践，今后将受到来自法律、政策方面的更多约束或规范。如果说，以往的改革，中央鼓励各地自行探索，杀出一条血路，那么，今后中央则要加强统一领导，提高改革决策的科学化水平，不会再允许或者默许地方"闯红灯""遇到红灯绕着走"的现象。十八届四中全会《中共中央关于全面推进依法治国若干重大问题的决定》（下文简称《决定》）中提出的改革要与立法相衔接，改革措施要于法有据，表达的都是这个意思。②

摸着石头过河及著名的"猫论"，是中国改革开放能够取得一系列令世人瞩目的成就的重要理论工具之一，其实质就是鼓励基层与地方干部解放思想、开拓创新。然而，在这个过程中，国家也付出了一些代价，出现了各地政策不一、重复建设、资源浪费、与民争利以及生态环境等负面问题。特别是有法不依、不依法办事直接导致严重的社会不公，间接地滋生了大面积的腐败现象。很明显，中央现在提出加强顶层设计，就是希望在未来的全面深化改革的过程中，进一步加强中央统一领导和谋划，妥善处理顶层设计与摸着石头过河两者之间的关系，通过全面推进依法治国，提升执政能力，实现国家治理体系与治理能力现代化。③

---

① 参见2013年11月12日中国共产党第十八届中央委员会第三次全体会议通过的《中共中央关于全面深化改革若干重大问题的决定》。该《决定》在阐述全面深化改革的重大意义和指导思想时提出，改革开放的成功实践为全面深化改革提供了重要经验，必须长期坚持，要求坚持正确处理改革发展稳定关系，胆子要大、步子要稳，加强顶层设计和摸着石头过河相结合，整体推进和重点突破相促进，提高改革决策科学性，广泛凝聚共识，形成改革活力。

② 参见2014年10月23日中国共产党第十八届中央委员会第四次全体会议通过的《中共中央关于全面推进依法治国若干重大问题的决定》中关于党对立法工作的领导部分。该《决定》提出党领导立法、保证执法、支持司法、带头守法。其中特别突出强调了党对立法工作的领导作用和领导方式，要求改革必须于法有据，不能突破法律限制；法律不符合改革要求的，要先修改法律；需要先行试验的，要取得授权。

③《中共中央关于全面推进依法治国若干重大问题的决定》中提出的国家治理体系与治理能力现代化和法治中国的关系，参见徐显明：《国家治理现代化关乎国家存亡》，《法制与社会发展》2014年第5期；张文显：《法治化是国家治理现代化的必由之路》，《法制与社会发展》2014年第5期。

在这种时候，特别需要防止从一个极端走向另一个极端。摸着石头过河所激发起来的干部队伍投身建设与改革的前所未有的热情，全国各地踊跃争当改革开放先行先试排头兵的积极现象，是相当难能可贵的。1949年中国共产党成为执政党以来，中央一直警惕并致力于解决脱离群众、高高在上的官僚主义问题，直至发动"文化大革命"，但是结果却走向了反面：官僚主义与特权现象日益严重，懒政、庸政、不作为、宁左勿右，成为干部的护身符和官场法宝。经过近40年的改革开放，这种情况才得到了很大改进，想做事、敢做事的局面初步形成。因此，在加强顶层设计，解决摸着石头过河所导致的严重负面问题的同时，更要注意总结摸着石头过河的成功经验，这或许才符合中央关于顶层设计与摸着石头过河相结合的指导思想。

当前的司法改革也遭遇了相同的问题。目前的改革实践中，无论是法学理论界还是法律实务界，与中央一系列司法改革措施的出台相呼应，普遍比较注重顶层设计，对中央有关司法改革的举措比较关心，学者们更是热衷于出谋划策，而有意无意地忽略了摸着石头过河，对地方贯彻实施中央有关决定的能力和方式关心不够、深入研究不多。事实上，司法改革与经济体制改革又有许多不同之处，改革若不能重心向下，很难取得成功。因此，本文拟就司法改革中地方与基层的作用问题，围绕顶层设计与摸着石头过河的关系，谈点自己的看法，就教于各位。

一、司法改革来自于两个积极性

我国的司法改革，分别来自中央与地方两个积极性，或由中央发动，或由地方启动，并非只有中央一个积极性。

党的十八大以来，我国的司法改革由点及面、全面推开，无论就其广度或深度而言，都是1979年最高人民法院、最高人民检察院组织法制定并实施以来最具声势的有组织的司法革新。

这一轮改革最鲜明的特点就是将司法权明确归于中央事权，自上而下地启动改革。从公开披露的信息看，这个发动过程大致可以归纳为：党的十八大后，中共中央总书记习近平同志提出，要让人民群众在每一个案件中都能够感受到公平正义；党的十八届三中全会提出"审理者裁判，裁判者负责"、人财物省级统筹、设立知识产权法院等司法改革任务；中央全面深化改革领导小组第二次会议通过了《关于深化司法体制和社会体制改革的意见及贯彻实施分工方案》，以及该领导小组第三次会议通过了《关于司法体制改革试点若干问题的框架意见》《上海市司法改革试点工作方案》，提出了司法人员分类管理、司法责任制、司法人员职业保障、人财物省级统筹等4项改革任务在内的改革方案并选择6个省市作为改革试点；各省市政法委又以此为据，牵头制定本地区改革方案并选择试点单位推行；十八届四中全会《决定》再次详述改革要求，提出要建立以审判为中心的司法体制，保障司法机关依法独立公正行使职权。2014年底之前，最初的6个试点省市推出本地区改革方案，全国范围第二批试点省区确定，并且，按照中央的要求，上海、广东等地知识产权法院、最高人民法院的巡回法庭、各地区的跨区域法院陆续设立。[1] 在这一轰轰烈烈的政治背景下，没有被列为试点的省市，也纷纷选择辖区内的地方和单位自行试验。由此，在中央的强力推动下，在维护中央权威的政治环境中，之前几乎寸步难行的司法改革，一夜之间带着鲜明的中国特色全面铺开。正应了那句老话，"老大难，老大难，老大一出就不难"。在这一过程中，中共中央是司法改革的主导者和强有力的推动者。

不过，司法改革的问题却由来已久。众所周知，我国司法体制的弊端从它建立之初就已经显现，例如，司法不独立，缺乏权威性，专业化水平偏低，等等。学术界批评之声不绝于耳。作为一种回应，进入20世纪90年代以后，最高人民法院与最高人民检察院就一直在谋求推动改革，包括2001年建立国家统一司法考试在内的措施，都是在这个背景下推出的。之后，中央政法委还成立了司法改革的领导机构，统筹中央层面司法改革工作，把司法改革的权力从最高司法机关相应统一到中央政法委。所以说，自上而下地推动司法改革，也不是现在才开始的。不过，在党的十八大之前近10年左右的时间里，全国性的司法改革基本上处于停滞阶段。

与此形成鲜明对比的是，地方层面的司法改革工作则一直在持续深入地进

---

[1] 北京知识产权法院成立于2014年11月6日，以审理专利商标等行政授权确权案件为主，兼顾审理民事案件；上海知识产权法院成立于2014年12月29日，以审理专利等民事侵权案件为主，不审理专利商标行政授权确权案件；广州市知识产权法院成立于2014年12月16日，审理范围包括专利、植物新品种、集成电路布图设计、技术秘密、计算机软件民事和行政案件，涉及驰名商标认定的民事案件。其中，北京知识产权法院设立了全国法院系统首个法官遴选委员会，遴选委员会主任由北京高院院长慕平担任，委员由最高法、市人大内司委、市委政法委、市人力社保局、市知识产权局、中国知识产权法学研究会、律师协会以及北京三级法院的法官代表共同组成。广州市知识产权法院法官遴选委员会委员分别来自4个界别，法官委员和其他委员的比例为5：4。最高人民法院第一巡回法庭于2015年1月28日在广东省深圳市挂牌，巡回区为广东、广西、海南三省区；第二巡回法庭于2015年1月31日在辽宁省沈阳市挂牌，巡回区为辽宁、吉林、黑龙江三省区。最高人民法院设立巡回法庭在于推动审判机关重心下移，就地解决纠纷、方便当事人诉讼，有利于最高人民法院本部集中精力制定司法政策和司法解释、审理对统一法律适用有重大指导意义的案件。2014年12月28日，上海市成立全国首个跨行政区划法院，上海市第三中级人民法院正式成立；2014年12月30日，北京市跨行政区划的北京市第四中级人民法院成立。新的司法管辖规定体现了跨行政区划管辖案件的要求，从制度上防止对审判工作的不当干扰，确保法院依法独立公正行使审判权。

行。其背景是,稳定压倒一切的指导思想,将地方与基层国家机关推向了维护社会稳定的第一线,司法机关作为化解纠纷的专门机关自然承受了巨大的工作压力。在政策有意无意的引导下,群众大量通过群体性事件、制造公共舆论以及上访信访等方式越级表达诉求,客观上导致各级党委对司法机关的控制能力大幅度提升,进一步削弱了司法机关先天不足的独立性。基层司法机关面临日益艰难的法律环境,如群众闹访、领导干预、信访不信法、案件量剧增、判决质量不高、重大冤假错案频现、法官待遇偏低、工作量过大、队伍不稳定、司法机关权威不足、司法判决得不到尊重等,这些状况迫使基层司法机关不断尝试改革。在全国性的步伐一致的司法改革启动之前,为因应难解的矛盾,全国许多地方司法机关,或在上级司法机关批准或授意下,或在本地党委支持下,早已启动本地区、本单位的司法改革。

深圳市中级人民法院就是其中比较有代表性的单位之一。当时,全国法院都存在对外面临司法公正、对内面临队伍稳定的问题。为此,该院至迟于2011年就在全市两级法院开始了包括合议制(审判长负责的团队制)、员额制、司法文书制作、待遇分配制等内容的改革,在市委、市政府的支持下,经过与组织、人事、财政、编制等部门的协商洽谈,至少在与待遇密切挂钩的法官职级确定与增量经费两个方面获得了支持,提高了一线法官的待遇,部分具有法官身份的法院领导主动要求转为法官,放弃领导岗位;部分判决不用制作裁判文书;工作优秀的合议庭,奖金明显增加,基于中国司法规律的激励机制初步形成;审判方式有明显创新,例如对于网络著作权纠纷,南山区法院建立了网上调解制度。应该说,深圳市中级人民法院主导的深圳法院系统改革,在深圳市委、市政府的大力支持下,在上级法院的密切关注、监督下,积极、稳妥推进,成效非常显著。更为难能可贵的是,这一系列的改革,在法院内部,也达到了各方比较满意的效果。就目前全国性的司法改革实际进度看,若要达到深圳司法改革水平,难度依然非常大。事实上,在十八届三中、四中全会有关司法改革的决定形成前,中央政法委、最高人民法院也多次到深圳市中级人民法院调研。类似情况还有广东佛山以及其他省份的基层司法机关,为十八大以来全国性司法改革提供了宝贵经验。

由此可见,中国的司法改革,或许也包括其他领域的体制机制改革,一直存在两种发动方式。一种是由中央完成顶层设计,有组织地推进的;一种是由地方结合本地实际,在地方各部门通力合作下开展的。前者高屋建瓴,气势恢宏,组织系统;后者针对性强,形式多样,和谐有序。事实上,摸着石头过河的地方实践,也为顶层设计积累了宝贵的经验。

问题在于：目前中央推进的司法改革如何才能持续调动中央与地方两个积极性？如何更好地发挥地方的主动性？这就涉及顶层设计与摸着石头过河的关系了。摸着石头过河是一种探索，为顶层设计提供源头活水。同时，没有摸着石头过河的勇气和精神，顶层设计也无法落地。在制度建设的过程中，正反两个方面的经验教训都明白地昭示：单纯的以暴力相威胁的强制，依靠上级施加压力推进的改革，效果并不显著和持久。制度必须建立在绝大多数人自愿执行的基础上，司法改革各项决策最终一定要依靠各级司法机关及其工作人员落地，必须得到来自基层司法人员发自内心的认可。因此，顶层设计依赖于摸着石头过河的经验，也必须在摸着石头过河的实践中推进。

富有成效的司法改革，需要认真处理顶层设计与摸着石头过河的关系，使法官、检察官、地方各级司法机关自觉自愿地参与改革，成为改革的中坚力量。而要达到这个目的，就需要深入思考诱发或促使地方实践者勇于且乐于摸着石头过河的因素及其相互关联。

二、司法改革依然需要摸着石头过河

之所以要摸着石头过河，就是因为前行途中充满不确定性。

生活的魅力就在于其具有试验性。摸着石头过河，原本就是一种工作与生活常态。我们每天必须面对层出不穷的新问题，必须提供一种或多种新的可选择的解决方案。法律问题也是如此。如弗兰克所说，每一项法律纠纷都是独特的和单一的。法律工作者每天都会在时间、地点、人群（领导、助手、当事人、同事、其他参与者等）不断变化的条件下，面对不同的问题。生活与工作的乐趣就在于迎接新问题、面对新挑战、破解新难题。如果凡事事先就知道对错，做事的意义会大打折扣。如果法官对每一个案件的裁判都有充分的把握，其工作也就不再具有专业性。尽管不能说得很绝对，但是，能够成为问题的事项，一定没有现成的答案。无数的失败指明了正确的方向。

诚然，司法工作并不同于一般的日常生活和个人创业体验，有着实体法与程序法的双重约束，还必须遵循司法伦理与行业纪律。从这个意义上说，司法工作只要严格依法办案，就是顶层设计与摸着石头过河的有机结合。法官、检察官个人对挑战性工作的尝试性解决，被一系列约束条件所规制。这决定了司法工作的特点，即必须依法审慎地处理案件。

必须首先要排除掉的情况是，司法领域的案件可能会有一个现成的无可挑剔的正确答案。在司法实践中，一个问题对应一个答案的思想方式过于简单。况且，在一个成熟的法律体系中，有明确法律规定答案的情况，从节约司法资源的角度上说,也应该通过制度性条件将其排除于司法程序之外。服从法律规定,属于法治国家所有人的基本义务。任何人如果挑战法律,都必须付出代价。在正常情况下,司法机关触及的应该是具有各种可能性的复杂的争议性案件。凡是当事人或者各种形式的社会性组织能够解决的问题,即便属于法律问题,也应该鼓励他们自行依法解决。司法的权威性不仅在于必须尊重所有的司法决定,而且在于任何人启动、行使司法权,都需要满足必要的严格条件。争议需要动用国家司法资源加以解决的情况,应该是例外,而不是常态。为方便群众诉讼而开门办法院,如同有困难就找党委和政府一样,是一个不负责任的提法。为当事人提供办理起诉事项的便利手续与方便群众诉讼、引导群众诉讼是不同的问题。正确的做法是,引导群众自己依法解决问题,包括聘请律师自行化解矛盾。必要时,可以通过有关社会性组织,诸如行业协会,加以裁决。只有复杂、争议不下的案件,才需要动用国家司法权力,即司法应该是最后一道防线,而不是第一道防线。

进入司法程序的争议性案件,需要依法解决。这是摸着石头过河与顶层设计的连接点。争议性案件能否得到解决,取决于判断标准的唯一性。没有进入司法程序的案件,只要不违反法律禁止性规定,当事人可以自行解决,基本属于个人自治范围。一旦进入司法程序,则必须依法解决。国家司法资源是用于维护法律权威的,并不是一般地用于维护社会秩序的。维护社会秩序,是国家、社会、个人的共同责任,必须划分清楚国家与社会之间的关系。社会事项的处理首先是社会自治范围内的事务,依照法律也好,依照道德、习惯也好,都可以。但是,国家存在的唯一理由就是解决社会解决不了的问题,而不是代替社会解决问题。所以,司法机关只能依法处理案件,而不能按照道德、习俗、政策化解矛盾。长期以来,司法机关广泛适用调解处理案件,其实是公权力对私人权利领域的侵入。况且,道德、习俗习惯、乡规民约、政策等,存在多重体系,即使不与法律比较,它们相互之间有时也并不一致,如尊重妇女与保护妇女的道德要求在一定条件下就是相抵触的,遑论不同国家、地区、民族、党派、宗教信仰、性别、年龄、肤色人群之间截然不同的行为习惯。除了法律,国家司法机关断然不应该成为其中某种行为规范的强制执行力量。离开了法律,争议性案件不但不能根本解决,而且还会导致更多的争议产生。

尽管司法必须遵循依法裁判的规律,但即使排除法律之外的干扰因素,例如党的十八届四中全会要求杜绝的非法干预现象,法律本身的不确定性也会给司法工作带来困扰,以至于司法人员需要审慎地处理纠纷。司法的审慎性与它的结论的非唯一性是一致的。这也构成了司法文明的一个重要标准。法律工作者与科学家完全不同,科学家可以宣布真理在手,但没有一个严肃的法律工作者会这么冒失地说话。所有的司法结论,都仅仅是在比较中显得似乎更合适或者更正确。所以,我们可以说需要文明司法,但不会提出文明科研的要求。更宽泛地看,所有涉及社会领域的问题,都可能存在两种以上的解决办法,选择解决方案比认知解决方案更考验司法能力和司法水平。司法权就是选择权,就是法律赋予法官在不同的解决办法之中进行选择的权力,检察官、律师所要做的,只是陈述自己选择的恰当性并提供相关证据,说服法官,最终还是法官说了算。如美国联邦最高法院法官所表达的,"我说得对,不是因为我正确,而是因为我有权力说"。[1]

司法工作的这一规律,决定了司法决策的多样性,决定了独立司法的必要性,也决定了司法改革的重心在基层,在一线法官和其他法律职业者。

重心在下的改革,呈现的一定是多样性。必然性是通过偶然性为自己开辟道路的。国家层面的司法改革基本思路正是在不同地区多样化的地方司法改革探索过程中逐渐形成的。对于同一个案件,不同的法官有不同的处理方式,任何国家都不可能要求法官们对同一个案件得出同一个结论。相反,都需要支持法官们独立作出各自认为适当的判断。同一类案件的不同的判断,形成了此类案件的判决规律。我国司法改革的目的是保证司法机关依法独立公正行使职权,也就必然需要落实到围绕法官设计司法改革方案,建立党的十八届四中全会所要求的以审判为中心的司法制度。不同地方的司法改革方案,若能做到眼睛向下,以法官为中心,以审判为中心,所形成的一定是形式多样的司法改革方案。毕竟,各个地区司法人力资源、财力物力、制度环境、开放程度等存在各种各样的差异,基于本地实际情况所制定的司法改革方案,必定存在诸多不同。这些不同的改革方案,不能简单地说哪个对哪个不对、哪个好哪个不好,只要是充分体现出将中央改革精神与本地实际相结合,就是适当的、好的。在基本政治体制不变的情况下,即使中央支持改革,司法机关的单兵突进也会遇到各种难以想象的困难,因此,摸着石头过河,也是一种体制内探索改革的稳妥方式。

由此可以得出一个结论,在司法改革的过程中,摸着石头过河,充分发挥各级司法机关在司法改革中的积极性、主动性,鼓励依法依规积极探索,是司法改革成功的基本前提。以为司法改革仅仅依靠顶层设计或者用顶层设计取代摸着石头过河,既不符合党的十八届三中全会所要求的顶层设计与摸着石头过河相结合的基本精神,也不符合人类社会公认的司法规律。

---

[1] 参见Brown v. Allen, 344 U.S. 443, 540 (1953) (Jackson J., concurring in result) ("We are not final because we are infallible, but we are infallible only because we are final.")。

三、司法改革需要引入竞争性因素

面向基层、眼睛向下的司法改革，需要鼓励大家摸着石头过河。摸着石头过河，就是通过竞争考核，鼓励积极探索。因此，引入竞争性因素，才能充分发挥不同法官、检察官正确办案的积极性，也才能有效调动起不同地方真心实意地参与司法改革的积极性。所谓真心实意地参与司法改革，是指以切实保证司法机关依法独立公正行使职权为目的的司法改革。

如果说，司法改革的过程中，必须鼓励各级地方司法机关乃至党政机关积极探索各地司法改革的路径以及中央司法改革要求的实现形式，那么，各地参与司法改革的动力就来自其必须面对的问题，即各地党政司法机关何以愿意、乐于、敢于积极参与改革，而不是以贯彻落实中央决定的方式，以完成任务的心态，应付差事？

毋庸讳言，目前存在应付式的司法改革方案，存在眼睛向上、做给中央看的司法改革方案，这并不奇怪。所有自下而上的司法改革，都是各地在压力之下而采取的积极应对措施。如果中央没有自上而下、全力以赴地推动司法改革，不少地方即使出于免除自身维稳责任的心理，也会尝试推动改革。这也就是这么多年各地陆续出台一些司法改革措施的原因。但是，当中央有关司法改革的决定形成并下达后，各地或许会有一种如释重负的感觉。他们中有人会以为在司法改革的问题上不需要自己承担风险了（在过去，一地独立作出改革决定，也就必须独立承担改革的风险），现在中央表态了，而且制定了具体规划，自己按照中央的要求，照猫画虎，搞一个方案即可，是否有效与自己无关，也不需要自己承担后果。担任过领导的人都有一个经验：上级管得多的地方，下级更轻松；上级越放手，下级越努力；上级负责了，下级就不负责。逃避责任，在特定情况下，也是一种正常的心理状态。况且，有许多地方原本并没有做好改革的思想准备工作，只是现在中央要求改革了，为了赢得上级的欢心，这些地方也开始摆出改革的姿态。地方司法机关自己要求进行的改革，通常会瞻前顾后，照顾好上下左右的关系，积极稳妥推进。而中央发动的改革，许多地方则是被动实施。改革多年，干部队伍都在着力解决从"要我干"向"我要干"转变的问题，当前司法改革也面临这个问题，处理不好，就会引起新的问题。

事实上，2013年《中共中央关于全面深化改革若干重大问题的决定》发布之后，按照中央全面深化改革领导小组第三次会议审议通过的《关于司法体制改革试点若干问题的框架意见》，中央政法委组织了6个省市进行司法改革的试点工作。中央和上海的司法改革方案要点，通过各种形式，率先在多种媒体上陆续披露。令人遗憾的是，这些方案并未能够像所期待的那样，在司法界引起积极关注和热烈支持。恰恰相反，法官检察官对此评价普遍不高，网络上不时传出法官、检察官辞职的消息，似乎是这些方案受到了冷遇。微信群里活跃着的"守望的距离"群聊组，全部由北京市离职法官构成。①前法官张伟辞职时一句"我没有另一个青春洋溢的十年用来试水"②在网络上疯传。这是一个令人关注的问题：此前，许多法官检察官尽管对现状不满，但依然一直坚守在岗位上，然而，千呼万唤始出来的司法改革方案，却使他们终于下决心告别了自己曾经历经艰难获得的岗位。

从表面上看，似乎是这些改革方案没有满足法官、检察官们的心理预期，例如待遇提高幅度不够大，工作压力加大，特别是员额制导致年轻法官对自己未来的担忧，等等，以至于法官检察官用脚投票。实际上，这并不是问题的关键。在国外，法官虽然高薪，但依然没有律师和大企业法律顾问收入高。律师的责任压力或许更大。根本问题在于：司法改革的方案需要解决的问题是什么？这些问题的提出，是从基层司法官员出发，还是从简单地贯彻中央要求出发？是否以人为本？如果从实际出发，从一线工作的法官检察官出发，考虑和设计改革方案，集中解决当前妨碍司法公正的问题与矛盾，去除留存在法官检察官心里的心病，情况肯定不同。用法官的话说，他们是看不到希望。季卫东教授曾经提出一个重要问题："法院内外的利益冲突却很可能把技术层面的问题转化成意识形态层面的问题。"③顶层设计可能有助于避免不必要的意识形态争议，但是技术层面的问题依然困扰着基层，必须依靠基层的力量化解。不依靠基层司法人员，问题不可能得到解决。目前各地的试点方案，显然没有充分估计到法官、检察官们特别是青年法官、检察官们基于自身工作处境的可能反应。

唯一的解释是，方案的制定者或许认为，来自法官检察官的意见并不十分重要。毕竟，这一轮的司法改革，是中央统一部署，先行制定全国司法改革总体方案，而后中央政法委根据中央的要求，推动各地政法委加以落实。因此，在落实过程中，必然重点考虑如何实现中央意图，中央也必然要求各地要在自己所框定的范围内结合本地实际进行改革。在这种情况下，是否结合本地实际，就会成为次项选择。只有在没有风险或者风险不大的情况下，地方性因素才可能被考虑。加之，省级政法委系统并不是一线办案单位，对一线法官检察官的感受并不直接

---

① 一位辞职法官的痴言妄语，http://www.criminallegalaid.org/a/news/201412/5450.html，2015年2月4日。
② 一名辞职法官的遗憾，http://epaper.ynet.com/html/2014-07/19/content_73983.htm？div=-1，2015年2月4日。
③ 季卫东：《问题导向的法治中国构想》，《法制与社会发展》2014年第5期。

了解。尽管其肯定会征求本地法院检察院系统的意见，但是否采纳，应该是两可之间的事情。从逻辑角度看，各地政法委最应该关心的是中央政法委对自己所制定方案的评价，稳妥并避免冒进才是正确选择。实际上法院检察院也会作出类似选择。如此一来，法官检察官的需求很容易被忽视。

假设基层司法机关为应对自己工作中的困难而制定司法改革的方案，那么，他们首先必须考虑的就是所提出的方案能否解决他们的问题，而且是如何以最小的代价最大限度地解决问题。例如，经济发达地区普遍面临案件量偏大而法官人手不足的难题，解决办法无非两种，增加法官数量和挖掘法官潜力。增加法官数量需要解决编制问题，在当下的中国，这对基层司法机关而言，是一个很大的几乎无法根本解决的难题。另外，法官数量扩大，很难保证法官质量，又可能降低审判质量。所以，法院通常会把竞争性因素引入审判工作，通过岗位竞争，挖掘法官潜力，提高办案效率。合议庭改革、主审法官制等，都是这个思路下的产物。而且，这个思路也容易说服本地党政领导和财政部门，对后者来说，适当增加一些投入，解决部分司法人员待遇，比增加编制要容易许多。其他司法改革所面临的问题，如责任制、去地方化、去行政化等也是如此，必须考虑可行性，在可行的基础上，引入竞争机制解决问题。所设计的解决方案一定会设法激励有办案能力的法官承担更多的办案权力和责任，而不是相反。

假如各地党委主持制定司法改革方案，假定各地必须切实落实中央关于禁止党政机关以及党政领导非法干预司法工作的禁令，各地党委自然会结合本地实际情况，拿出切实可行的解决方案。例如，由于司法机关有条件通过所掌握的司法资源与实力部门领导搞交易，以牺牲司法公平为代价，解决法院工作中的实际困难，那么，当地党委就可以有针对性地提高司法保障水平，去除法院的担心。毕竟，地方国家司法机关所需资源主要来自本地。即使省级统筹人财物，地方的态度也是相当关键的。有效的解决办法，只能是把地方司法机关的工作成效与地方党委挂钩，形成竞争。事实上，在不同地方之间，在贯彻中央决定方面，只要提供足够的制度约束条件，也会形成竞争性局面。

结语

综上，我国的司法改革离不开中央的顶层设计，只有在中央下决心的情况下，司法改革才能触及根本性问题。同时，从另一方面看，中央的司法改革方案，又必须给地方留下足够的发挥余地和空间，迫使地方承担起在司法改革中的责任，必须面向一线司法人员制定实施方案，促使司法人员之间、各地司法机关之间能够形成有效竞争。只有这样，才能充分调动中央与地方两个积极性，推动司法改革深入开展。以顶层设计取代摸着石头过河的做法，于中央层面来说，是一种简单化；于地方层面而言，实际上是一种不作为，会使当前轰轰烈烈的司法改革再次无功而返。

（原载《法制与社会发展》2015年第2期）

五

地方与法制（法治）

我国地方法制研究中的若干问题

在我国法学研究中，地方法制研究是一个相对不大引人注目的领域。学者们比较关注一些法治建设中更具有全局性、根本性的课题，例如法治与人治、宪政、人权、物权、债权、司法独立、律师自治、无罪推定、罪刑法定、法人治理等，多在国家层面思考问题。而在有限的关于地方法制的研究成果中，地方法制问题往往被归纳为地方立法及其实施问题。[①] 本文的研究试图说明，地方法制问题是中国法治建设中最具有特殊性的问题领域之一；其内容非常丰富，远远超出常规认识的范围；地方法制问题的研究，要求我们拓宽自己的理论视野，更新法学理论。从地方法制入手，我们可以更为清晰地观察到一个正在向法治国家转变的中国；或许，这里也蕴藏着中国法学的发展机遇及其证明自己的机会。

一、我国地方法制的特殊性

我国的地方法制问题，在一定意义上，是一个颇具本国特色的问题。我国是一个历史悠久的中央集权的大国。一方面，经过长期的历史积淀，我国形成了根深蒂固的大一统的法律观念[②]，强调中央集权和统一的立法权，没有地方法律的概念。直到今天，尽管我国的宪法、立法法与各级人民代表大会组织法、各级

[①] 20世纪70年代末以来，有关地方立法的研究，还是相对比较引人注目的。例如，由全国人大常委会组织召开的"全国地方立法研讨会"截至2011年已经举办了15届（2007年在乌鲁木齐市召开，2008年在南京市召开，2009年在重庆市召开），全国人大有关领导一般会出席会议，出席者中还有各地人大法制工作委员会领导以及有关学者；有关著作和论文，数量也是相当庞大的。而比较之下，有关我国地方法制（治）建设的研究情况则大不相同，全国性的专题学术会议，仅有广州市法学会、吉林大学理论法学研究中心、华南理工大学法学院于2009年12月主办的"全国'法治进程中的地方法制'专题学术研讨会"；有关著作也是屈指可数，早期的著作可参见杨春堂：《中国地方法制建设基本理论》，中央党校出版社1990年版。
[②] "大一统"最初见于《公羊传·隐公元年》："何言乎王正月？大一统也。"这个词汇尽管可以理解为政治、文化、思想、社会的大一统，其实主要是政治上的大一统。其核心是王权至上，所谓"普天之下，莫非王土；率土之滨，莫非王臣"反映的就是这一思想。这种以王权至上为核心的整体性思维，经过2000多年的政治实践，已经在中国人内心中形成了崇尚、服从"正统"的观念。即使是先秦诸子百家时期，尽管各家学说各异，也从没有人敢于提出分裂国家和民族的思想。支持统一，反对分裂，在我国具有久远的传统。

人民政府组织法赋予了部分地方人大及其常委会制定地方性法规、自治条例与单行条例，部分地方人民政府制定地方规章和规范性文件的权力，但在正式法律文件中，并没有地方立法、地方法律、地方法制（法治）的概念。另一方面，我国也是唯一的实行单一制的大国。虽然全世界200多个主权国家中只有20多个国家实行联邦制，但是，美国、加拿大、德国、俄罗斯、印度、墨西哥、尼日利亚等国土面积比较大的国家，都在其列。这些国家人口大约22亿，占了世界上大约一半的土地。我国这样一个国土面积辽阔、人口众多的大国，不仅国体是单一制，而且人们在思想观念上也真心实意地拥护统一，这样的国家，在世界上还是第一个也是唯一一个。因此，我国地方法制建设中存在的问题，是其他国家一般很难遇到的。

我国这样一个地理与人口的大国，维系国家统一面临的重大问题之一，就是如何处理中央与地方的关系。毛泽东当年在《论十大关系》中曾经专门讲到"中央与地方的关系"，他认为，调动中央与地方两个方面的积极性，一定比仅仅依靠中央一个方面的积极性更有利于国家建设。[①]而我国法治建设的复杂性，同样根源于我国中央与地方关系的特殊性。一方面，我国法治统一。法律是全国统一的，立法权高度集中于中央；[②]各级行政机构尽管不是由中央政府委派，但是服从中央政府的指令；[③]法院适用全国统一的法律，最高人民法院在制度上是全国各级人民法院中的最高法院，有权审理任何它认为应该由它审理的案件。[④]从这个意义上讲，我国是单一制国家，由统一的政权机构实行统一的法律。尤其是，我国各级法院之间，并没有类似美国联邦法院系统的分权体制，例如初审法院负责法律审与事实审，上诉法院只能进行法律审。我国上级法院可以对下级法院判决进行全面审查。因此，理论上，我国的最高人民法院可以全面审理任何它感兴趣的案件，也可以推翻任何一级地方审判机关的判决。另一方面，我国的地方各级国

---

① 毛泽东：《论十大关系》，收录于《毛泽东文选（第7卷）》，人民出版社1999年版。
② 《中华人民共和国立法法》第4条明确规定，立法应当依照法定的权限和程序，从国家整体利益出发，维护社会主义法制的统一和尊严；第63条规定，地方性法规不得同宪法、法律、行政法规相抵触；第64条进一步明确，地方性法规只能就法律、行政法规实施中的具体情况以及地方性事务制定规定。可见，地方立法的权限受到了严格限制，目的就是保证法律的统一性。
③ 根据《中华人民共和国地方各级人民代表大会和地方各级人民政府组织法》第55条的规定，地方各级人民政府要对本级人大及其常委会和上级行政机关负责并报告工作；各级政府都在国务院统一领导下开展工作并服从国务院的领导。
④ 根据《中华人民共和国人民法院组织法》第13条第2款的规定，最高人民法院对各级人民法院已经发生法律效力的判决和裁定，上级人民法院对下级人民法院已经发生法律效力的判决和裁定，如果发现确有错误，有权提审或者指令下级人民法院再审。

家机关主要是由地方选举产生的。我国法治的实现，显然要依赖各级地方国家机构的积极努力。而我国的地方国家机构在国家体制上是自下而上产生的，而不是自上而下委派的，这就使我国的单一制的国体具有了自己鲜明的特点：它的各级人大是由本地选民选举产生的，各级政府、各级人民法院与检察院负责人又都是由同级人大及其常委会任命的，向本级人大报告工作。① 另外，还有一个特殊的地方，我国坚持党的领导，中国共产党是领导我国各项事业的核心力量。而党组织的基本原则是民主集中制，各级党委是由党的各级代表大会选举产生的，代表大会的代表则是基层党组织选举产生的。② 这一切，既由社会主义民主制度的本质决定，又出于一个大国应对各种具体复杂情况的需要。从这个意义上说，地方和基层是否能够认同并积极参与国家的法治建设，地方与基层参与国家法治进程的程度与水平，对法治国家建设也就具有非同寻常的意义。

由此可见，在宪法法律的层面上，我国的法治建设并不是由统一的中央国家机构发布法律，再由统一的国家机构统一实施法律，其间必然夹杂着中央与地方的讨价还价甚至利益博弈。如果我们依然认为法律是以国家权力为后盾的规则体系，那么，我国国家权力独特的配置状况，对于法律的实施而言，显然就是一个非同小可的问题，毕竟，这种权力配置下的法治结构，是没有任何先例可以借鉴的。因此，在讨论法治建设问题时，仅仅从中央国家权力的层面思考问题，仅仅借鉴西方国家法治建设的一般经验，不去具体分析、研究我国的地方在法治国家进程中扮演什么角色、承担什么任务、发挥什么作用，是很难深入掌握和理解我国的法治的。过去那种把我国法治建设理解为属于自上而下的政府推动型法治的观点，即使不是错误的，也是不很全面的。

二、我国"地方法制"的概念

如前所述，我国法律文件以及官方文件中，并没有"地方法制"的字样。这个概念仅仅是学者为了方便研究问题而提出的。这意味着我们研究地方法制并没有更多的制度性条件的限制，但也同时意味着我们缺乏必要的制度性依据作为自己的论证基础。在这种情况下，对地方法制概念的界定，就需要我们认真把握概念边际的确定原则。这些原则大体包括以下三个方面。

首先，我国的地方法制是法治国家建设背景下的地方法制，是中央统一领

---

① 参见《中华人民共和国地方各级人民代表大会和地方各级人民政府组织法》第5、第8、第9、第44条，《中华人民共和国人民法院组织法》第16、第34条及《中华人民共和国人民检察院组织法》第10、第21条。

② 参见《中国共产党章程》第10条。

导下的地方法制。我国采用单一制国家中的地方法制。坚持中央的统一领导，是地方法制建设的基本前提，否则，就不是地方法制了。然而，地方法制同时又是法治国家的一个组成部分，否则就不是法制了。地方法制不同于国家法治。在地方，主要是法制建设；而在全国范围内，则在根本上必须解决与人治相对的法治问题。可见，地方推进法制建设，必须符合法治的精神与原则。强调这一点，就是因为我们必须遵循法治的一般原则，在全国一盘棋的指导思想下，观察与分析地方法制问题。这涉及地方法制研究的基本方向与路径选择问题。

其次，在地方层面上，法制问题主要是法律实施的规则与制度问题。法制是指法律与制度的总和。[①] 地方法制则是在中央确定的建设法治国家的背景下，地方形成的符合法治原则的规则与制度的总和。不能把地方法制简单理解为对各种地方性法规的实施，应该理解为对整个国家法律体系的实施。在单一制国家里，地方所制定的规范性文件是不可能被允许与中央立法相抵触的。而之所以使用"地方法制"而不是"法治"一词，主要原因还在于强调：法治秩序根本上是建立在地方、基层一系列、一整套有效的规则与制度基础上的，推进法治建设，需要立足于各级地方的规则与制度建设。法治可以是抽象的，法制则必须是具体的。

再次，地方法制是法律实施中所涉及的由"自下而上"因素推动的地方实施法律活动的总称。在法律实施的过程中，由于国家地域辽阔，各地差异很大，诸如地理条件便利程度不同、民族文化传统之间的差异、经济社会发展不平衡等，法律实施的具体状况是不同的。所谓"自下而上"因素是指：尽管法律统一规定了各种权利和义务，但是，由于上述差异，事实上，各个地方的权利主体对自己法律上权利的关切点以及关注程度存在很大差异，维护自己权利的热情和方式也都是非常不同的。这些因素都会导致由地方产生的地方国家机关在应对与解决地方所直接面临的法律问题时，面对着不同的压力，需要在中央确定的统一原则的基础上，根据宪法与法律赋予的权力，自主采取各项积极措施，维护地方的团结。这些措施既包括地方国家机关依法自主设定的实施法律活动的规则与制度，也包括地方向中央积极反映基层民众要求进而形成的中央与地方国家机关相互之间的制度博弈。在我国，按照行政区划形成的地方国家机关，是法律实施的重要主体。社会生活中的各种法律需求，是通过地方国家机关得以实现或者得以传递到中央层面的。地方法制就是地方各级国家机关根据宪法法律赋予的职权，根据本地具体情况，或者也可以说，在本地各种法律需求的压力下，而主动或者被动

[①] 孙琬钟、李玉臻：《董必武法学思想研究文集（第4辑）》，人民法院出版社2005年版。

地推动宪法法律实施的各种活动。

根据上述三点，我们可以初步给"地方法制"下个定义：地方法制是指在国家法治原则的统一指导下，各级地方根据本地实际情况的需要，在应对地方实施宪法、法律所产生的各种问题的过程中，形成的规则与制度的总和。

三、我国地方法制的研究意义

在我国，地方法制研究具有重要的意义。

首先，法律实施显然不同于法律制定。以法律制定或者法律实施为重点观察法律现象，路径与结论差异很大。由于地方国家机关在法律制定方面的权力有限，因此，地方总是面对具体的、现实的依法或者不依法产生的纠纷、争议、矛盾甚至社会冲突，相应地，地方法制也总是以具体的法律实施问题为中心。如果比较法律实施与法律制定的主体以及规制方式，可以发现，从法律的制定或者法律的实施角度观察法律，差异是非常大的。法律制定的机构是国家依法设定的，是中央自上而下组织起来的。所以，从立法的角度看法治，势必将重点放在"自上而下"的国家推动力上，把法律看作国家组织活动以及对社会的主动规制的结果，进而强调中央国家机构在法治建设中的主导作用；而如果从法律实施的角度看，情况则完全不相同。与法律制定相比较，法律实施必须面向社会现实。当然，这不是说，法律制定就可以脱离实际，而是说，法律实施没有脱离实际的机会。法律制定可以作为一个理性的策划行为，由精英人物决策于千里之外。而法律实施活动则必须与每个具体的、活生生的人打交道。因此，研究法律实施，需要侧重于对"自下而上"的基层制度建设中体现出的地方性活动进行考察。法律制定，在一定条件下，是中央可以控制的，例如加强上级对法律制定工作的领导等；而法律实施不行。法律实施是一个复杂的综合因素构成的机制，这个机制必须具有反映社会复杂情况和各种变化的能力。人们从基层开始寻求权利的法律保护，社会的变动也最先从基层得到反映，基层没有任何退路。所以，基层为应对各种变化而形成的规则与制度，不仅比较客观准确地反映了国家的法治水平，而且是我们分析法治国家建设的重点。可以说，地方法制是法治国家建设的重要组成部分，它决定与制约着国家法治化的进程，建设法治国家，必须紧紧抓住地方与基层这个环节。

其次，地方是我国法治建设中最具有活力且至为关键的力量与环节，是推动法治国家建设的真正重要的着力点。按照马克思主义的基本原理，法律是以社会为基础的,而不是相反。① 社会需求总是首先反映为底层民众的需求。当然,这个说法并不是否定领袖的作用,更不是否定知识精英在法治建设中的影响,而是说,不存在脱离社会需要、社会现实的法律需求。由于这个原因,理论上,最能够接近群众的地方,最贴近社会现实的国家机构及其工作人员,最能够真切感受到社会的变化以及相应的法律需求。强调地方法制的原因就在于此。我国的法治建设,是我国经济、政治、文化与社会发展的客观要求,党的十一届三中全会确立的加强社会主义民主、健全社会主义法制的决定,不应该被看成个别领导人的"发明创造",而应该理解为当时的领导人对现实乃至今后国家发展道路的一种深刻认识。事实上,"文革"结束后,要民主不要专制,要法制不要人治,首先也是普通老百姓的强烈期待。邓小平、叶剑英、彭真等我国当时的领导人,也是在经历了"文革"("被罢官")之后才进一步认识到这个问题的重要性。彭真在 1979 年主持制定《中华人民共和国刑法》《中华人民共和国刑事诉讼法》等 7 部法律时,在回答这些法律的制定是否仓促的问题时,就特别说明,他在被关押时期就开始认真思考这些法律的制定问题了。中央推动改革开放、特区建设的立法,也是由地方领导人积极向中央提出而后推动的。所以,地方与基层国家机关在法治国家建设中具有很大的积极性、主动性,抓住地方,才能抓住法治国家建设的动力来源。

最后,从地方法制角度观察法治国家建设,可以通过有力地推动地方法制建设经验的方式,促进法治国家的建设进程。一般来说,一个国家内,特别是一个单一制的国家内,某个地方率先形成法治,是根本不可能的。但是,客观上,在不同的地方,法治化的水平之间存在着一定差异。其原因就在于,各地实施国家法律的规则与制度可能呈现完全不同的样态,出现某些地方先行的现实。例如,某个省份或城市制度化水平、群众依法维护自己权利的意识高于另一些省份或城市等。出现这种情况并不奇怪。毕竟,我国是一个各级地方国家机关与中央一起共享国家管理权力的国家,地方具有一定的自主性,这必然反映为,不同的地方治理与管理水平有所不同,各个地方之间有合作也有竞争。中央正是通过促进地方之间竞争的方式,提高整个国家的管理水平和财富创造能力。目前开展的各种绩效评价,目的都在于此。因此,各地之间在法律实施的规则与制度上存在差异,是国家体制结构性的要求。在这个背景下,研究地方法制,就有利于我们总

---

① 马克思恩格斯正是在国家(法律)与社会的关系问题上,将黑格尔所主张的"国家决定社会"倒转为"社会决定国家",从而形成了历史唯物主义。所以,这个问题是马克思主义与非马克思主义的一个原则界限。

结、分析、分享各个地方推进法治国家建设的经验,从地方的角度,夯实法治国家的基础。

四、我国地方法制的研究范围

基于上述考虑,根据法治国家建设的整体要求与总体目标,地方法制的研究范围大体包括以下三个方面。

首先是地方国家政权机构的组成与职能分配的制度化问题。地方国家政权机构是宪法、法律的实施机构,承担着宪法、法律实现的重要任务,这些机构的健全程度以及组织化水平,其是否享有明确的法定职权以及是否能够依据法定职能充分发挥作用,直接影响到公众权利的实现程度,是地方法制建设水平的一个重要衡量标准。在法律的形成过程中,国家始终处于一个积极主动的位置,是基本制度的供给者。所以,地方法制的研究,必须关注"硬件"意义上的国家政权组织形式,关注各级各个国家权力机构的职权分配和职能分工,掌握和分析国家制定的各个规范性法律文件文本,了解和掌握国家调整某类社会关系的一般过程、基本要求和主要方式。特别需要在比较各个国家相关"硬件"设置不同的基础上,研究地方各级国家机构如何在制度建设上先行先试,为统一的国家立法积累经验,以及如何结合本地实际情况,采取什么样的制度形式,推进国家法律的实施;包括是否已经按照中央的统一部署,依法组建地方国家政权的机构组织体系并分解各项职能,使地方各个、各级国家机关都被纳入中央统一规划的政权组织形式与国家结构形式之中;国家机构是否依法设立,是否具备能够履行职能的条件,人员编制情况以及专业化与职业化的水平;是否建立了一整套适合本地区社会生活生产需要的规则体系,包括为努力实施中央制定的各种规范性法律文件(诸如宪法、法律、行政法规和部门规章等)而制定的各种规范性法律文件。例如,地方各级国家机关为依法调整本地方的社会关系以及应对新的社会矛盾、新的情况、新的问题而在法律允许的范围内进行的地方性法规、政府规章及其他规范性文件的创制活动。

其次是国家机构实施法律的方法与具体制度。地方法制研究的另一个重要方面则是国家机构内部的工作方法与制度是否健全的问题,即依法建立的国家机构是否具有实现自己职能所必需的达到一定技术理性标准的方法与制度。这是一个非常重要但也很容易被遗忘的领域。人们经常抱怨,有关国家机构不按照法律和政策办事,其实问题往往出在这里。例如,人们往往习惯性地怀疑法官偏袒对方当事人,问题可能并不在于法官真的偏袒他人,而在于我们缺乏一个让当事人足以相信法官公正性的内部工作制度。所以,这个领域的研究重点是:国家机构内部是否建立了有效解决矛盾和问题的公正、民主、高效的具体制度。这些往往是更为具体、大量的内部制度建设工作，包括机构的建设、各种内部的工作制度建设等，它决定着国家机关工作人员是否有足够的能力合理并公正地运用法律调整各种复杂的社会关系，并足以应对、化解不断出现的新的矛盾。在法律的实施中，这些工作机制与方法往往具有决定性的作用。同时，国家机关内部在制度形成的过程中存在着各种形式的博弈，而且，规则一旦制定并发布，势必激起其他各种未能参与或者未能有效参与规则制定博弈的社会力量的干预和抵制。这种情况古今中外都存在。理论上，任何一个规则，如果在制定过程中未能有效充分博弈，那么，这场博弈就会延续到实施过程中，矛盾就会爆发在实施过程中。因此，各个国家的不同国家机关对规则的制定过程中的具体制度的设计，例如地方立法的程序设计、辩论、党派设计、院外集团、专家论证、广泛征求群众意见等，包括我国的全国人大到各个地方的调研，这些开门立法的措施，目的都是减少法律实施的阻力；各个国家的国家机关为了实施法律，在机关内部也设计了多种工作制度，例如官员的考试录用制度、质量跟踪制度、监督制约机制、集体讨论制度、审批制度、错案追究制度、晋升制度、薪酬制度、保障制度、奖惩制度等。一方面，保证所在机关公职人员正确实施法律，不徇私枉法；另一方面，也是让公众以看得见的方式，提高对国家机关的信任度。上述制度建设，构成了地方各级国家机关的重要工作，是国家法律乃至国家本身是否能够得到足够尊重的根本保证，也是地方各级国家机关向自己的上级证明自己忠诚度的主要制度方式之一。包括司法机关的法律适用活动和执法机构的执法行为在内的国家机关的活动，只有建立在合理的规则与制度的基础上，才可能真正有力地推进法治进程。

最后是权利实现的民间保障机制。这个方面的内容是指：基于法律法规的规定而产生的群众实施法律以及有助于群众实施法律的机制，包括群众基于维护个人和企业合法权利的需要而进行的诉讼、仲裁、调解、和解行为，对他人合法权利的尊重，经济往来中的交易与谈判行为，法律中介机构的服务活动，新闻媒体的开放程度，等等。这里主要涉及权利人在权利实现或者受到侵害之后是否可以便利地找到可以帮助自己的国家机关、中介组织、新闻媒体，是否有足够方便的通道和制度克服自己遇到的法律困难；是否可以在民间得到有力的支持等。事实上，在不同的地方，这个民间的权利保障机制的发展水平是明显不同的。例如，北京的律师事务所一般比外地更具有影响力，专业化水平更高；经济发达地区的经济往来相对于经济落后地区更加规范与理性化；广州的媒体比全国其他地区显得更为开放与活跃。这些因素，对一个地方的法制水平不可避免地具有重要影响。当然，特别要说明，并不是说，全国的经济政治中心的法制状况一定优于其他地方，而是说，在不同的地方，权利实现的民间保障机制呈现不同的状况，从而导致保障水平的不同。这个方面的法制工作，由于不具有明显的官方背景，以往一般不被作为法制工作，而被认为属于民间的活动。其实，法制是一切围绕权利的实现而产生的规则与制度。有些规则与制度尽管不是由官方创立的，但是，由于官方的认可（无论出于什么原因），依然具有强大的生命力，是地方法制重要且不可忽视的组成部分。这就要求，我们应以公民权利保护能力为检验手段，分析不同国家、不同历史时期以及我国现阶段不同地方在权利保护方面的具体实践，进而检测地方法制的发展水平。我们可以选择若干种特定权利的实现方式开展研究，例如，权利的基本内容，权利实现所遇到的主要问题和障碍，保障权利所采取的主要方式，各种解决问题的方式的便利程度以及成本比较，各地法律中介机构的状况，律师的地位与作用，国家机构办事流程的方便性、公开程度和透明化水平，媒体的状况，各类民间组织、社会机构的活跃程度，等等，都可以作为可能制约地方法制状况的因素加以研究。

五、我国地方法制研究的理论基础

我国地方法制研究，不仅是一个具体的操作层面上的法律问题，而且也对法学理论的诸多"常识性"观念再次提出挑战。

第一，它涉及法律的一般概念，即应该如何理解法律现象。如果我们把法律理解为由国家制定的行为规范的总和，必然把法律视为国家强加于社会的东西；而如果我们把法律理解为社会学意义上的概念，即认为法律形成于一个特定的过程之中，是国家与社会互动的结果，或者说，法律形成的过程也是不同社会力量之间的博弈过程，那么，我们就必须从个体活动和基层制度建设的角度诠释法律。可见，地方法制研究需要我们形成一种社会学意义上的法律概念，通过法律概念的理论分析，展示法律内涵的丰富性及其与社会之间的内在关系，把社会作为法律的基础而不是相反。不能把法律制定与法律实施分为两个无内在关联的部分，因为它们是一体的。

第二，法律规则的开放性。① 规则的开放性决定了地方国家机关和官员不断诠释法律规则的可能性，进而也为地方的制度创新提供了一种可能性。如果法律都是科学严谨、十分周密的，法律实施者就可以机械地适用法律，采用计算机执法也就不是不可能了。否则，法律实施者就必须运用自己的法律智慧解决其面临的各种具体而复杂的问题。具体问题总是语境化的，与特定背景、文化和历史条

---

① 庄永廉：《3个月，制定7部法律的前前后后》，《检察日报》2009年7月6日。

件联系在一起,很难说有一个统一的解决问题的好办法。因此,就需要地方各级国家机关结合实际,推进问题的解决。规则的开放性,是法律实施可能采取必要的灵活性的前提,而多样化则是必须灵活的基础。

第三,制度是法律实施的基础。法治建设必须大处着眼、小处着手。只有通过一个个具体制度的完善,才能最终形成国家的法治。制度的形成是一个博弈的过程,不是单方面的"自上而下"的强加;也并不是只有国家法律设定的制度才是法制的制度。实际上,法律的实施必须依靠各个单位内部创设的各种规章制度,而这些制度多数都是在解决各种矛盾与问题的过程中,由参与方相互之间的博弈而促成的。在制度的形成过程中,民众为保护权利而进行的斗争是一个积极的最重要的动力。法律就是为权利而进行的斗争。这种斗争的压力促使制度不断改进。因此,基层是法治国家建设的基础和动力来源,基层和地方的规则与制度比较健全,国家的法律正确实施的条件就好;否则,再好的法律也不可能得到好的实施,不能提高人民群众的权利保障水平。公民保护权利的条件和动力,与一个地区的经济发展水平紧密结合在一起。经济条件好的地方,公众的权利意识就比较强,国家机构保护权利的积极性也比较高,权利实现的基础就比较好。

第四,中央与地方权力分配的格局,对地方法制具有重要的意义。在计划经济中,中央是绝对的集权,地方的积极性受到抑制,群众的积极性也受到抑制。地方无需独立负责,凡事均向上级反映和请示。而在分权体制下,地方的人权、财权、物权、事权都比较明确,可以调动地方的积极性。更重要的是,在计划经济体制下,资源由中央统一掌握;而在市场经济条件下,资源是在市场上完成其合理有效配置的。如果地方没有足够的权力,作为第一线的地方国家机关,就无法应付自下而上蜂拥而至的权利诉求,导致管理失控和混乱。法治的确与分权有关,但是,分权不仅仅是横向上的,也是纵向上的。

研究地方法制的问题,说到底,就是把人作为法治建设的根本。法治的前提是把每个人作为理性的主体,假定每个人最知道自己最需要什么。作为理性的人,每个人都会选择对于自己最为合理的行动。因此,他们必须具有一种自己捍卫和维护利益(被认为是自己的利益)的能力。而这个能力,是通过国家的法律和国家机关的活动实现的。所以,国家制度越是健全,规则体系越是完善,群众参与制度建设的能力越强,国家就越是以人为本,越是把人当作人。因此,与群众最为接近的地方与基层的法制实践,才是法治国家建设的真正舞台。

(原载《法律科学》2011年第1期)

法治建设中的"地方"

一、问题的提出

在我国,讨论法治建设问题,很少涉及"地方"一词。这是令人惊讶的。因为,从实际法律事务的角度,"地方"本是法律人最应该关注的领域,法律工作本身就是从基层做起的。法律人打交道的国家机构与官员主要是地方的国家机构和地方官员,任何人遇到法律问题,正常情况下都是寻求身边可能得到的最便利的帮助的。而从理论研究的角度上说,中央与地方、上级与下级的权力配置问题,又与一个国家的宪政结构有关。没有生机勃勃、丰富多彩的地方法律活动,也就不可能有法治国家的丰硕土壤。当然,学者们很少关注"地方",可能还是出于概念的原因,或许有人认为,相对于中央,地方法制始终只是一个"地方"的局部问题,还有人可能会认为,中国的法治建设根本上取决于自上而下的推动,而不是自下而上的变革。

"地方"或许是中国法治建设中所面临的最为独特的问题领域之一,因为其他国家并没有这么复杂地涉及"地方"的问题。中国语言博大精深,"地方"一词蕴含着丰富的内容,这是其他民族的语言很难比拟的。例如在英语中,就无法找到一个与汉语中"地方"一词相对应的词汇,含义比较接近的或许就是 locality、part 等,这些词完全没有汉语中"地方"一词的韵味。在西方国家,有许多关于联邦制国家联邦与各州关系的著作,也有有关单一制国家中中央与作为其组成部分的地方之间关系的论述,还有政府与公民关系的研究,而在中国,其实都可以用"地方"这个词作为中心概念来指称。如果不了解中国的"地方",很难说清楚中国的法治所面对的问题。"地方"问题的头绪清楚了,位置明确了,中国的法治或许会前进一大步。

似乎可以确定的是,我国语境下,"地方"一词既与中央集权的大国体制有关,也包含着一种微妙的心理状态,即一种心理上的或者优越或者卑微的意识状态。举个简单的例子,在我国目前,只要按照体制做事,正确的永远是上级,上级当然也就具有了无可争议的优越地位;在军事建制中,士兵服从长官、下级服从上级,是取得胜利的保证;在中国共产党党内,下级服从上级、全党服从中央,也是一贯原则。问题是,在国家生活中,在社会生活高度政治化和国家化的我国,社会、社会成员、基层国家政权、地方各级组织和干部在法律上享有什么权利(职权),就不是一个简单的问题了。如果不能彻底改变"计划经济式"的国家政治权力组织体制,不能深刻地认识到中国法治建设本质上是国家体制的变革,即从自上而下的权力控制转向自下而上的权利实现,法治国家建设的目标就无法实现。毕竟,权利(职权)不明确,义务(职责)也就不可能明确。因此,"地方"在这一转型中负有特殊的职责和任务。只有通过法治建设,让各级"地方"切实负起各项工作职责,才能真正落实国家政治生活中的责任制。单一的军事化的命令体制,无论如何都不能适应这种社会变化需要。因此,凸显"地方"问题的重要性与复杂性,对于法治建设,也就具有了特别重要的意义。加之对于这个问题几乎没有现成的经验可以借鉴,也就特别需要我们能够给予更多的关注。

综上,本文拟结合我国的实际情况,从法律角度对"地方"的概念及其关涉的法治建设的重大意义进行初步的探讨。笔者的基本看法是:在我国法治建设的过程中,需要进行视角的转换,把研究与观察的重点由国家转向社会、由官员转向群众,必须高度重视"地方"的问题。

二、"地方"的概念

在现代汉语中,"地方"一词主要是与"中央"相对而言的,一般指中央统辖下的各行政区域。进一步延伸,则有中央的决定、中央的同志、中央财政与地方的决定、地方的同志和群众、地方财政等区分。在古代,"地方"一词相当中性,有所谓"天圆地方,道在中央"(《淮南子·天文训》)。随着现代政治的发展,组织性的加强,中央已经不仅是核心区域这种地理概念,而是政治组织结构中的上级、顶层、领导之意。这才有了外地人被广东人称为"北方的"、被上海人称为"乡下的"、被北京人说成是"地方的"的民间戏言。这种说法当然存在以偏概全之嫌,但也确实反映了民间的一种心理状态,即"'地方'意味着一个边缘性的广大区域,中央则是统辖和凝聚地方的、处于政治组织体的最高层的部分"[①]。

"地方"这个概念从法律角度表述,主要还是一个政治体制的问题,即事关政治权力的分配问题。必须首先说明的是,中央与地方的政治权力关系,只存在于单一制国家。权力与服从是政治权力组合的基本形式。而在典型的联邦国家,

---

[①] 葛洪义:《中心与地缘:"地方法制"及其意义》,《学术研究》2011年第2期。

如美国，各州与联邦之间与其说是上下级的支配与服从的关系，不如说是平等的关系，但并不意味着它们之间事权的平等，而是身份的平等，联邦只享有宪法规定的权力，这个权力来自各州的授权，在宪法规定的权力之外，联邦不可改变各州的决定。这也就是美国宪法需要各州分别批准的原因，也是美国宪法比较稳定的原因。于是它的政治权力的结构就呈现以下特点：联邦权力来自各州，各州权力来自县市，所有的公权力都来自人民；没有人民授权，国家机构就不得主动行为。当然，这只是理论上的表述，实际情况如何，人民究竟可以在多大程度上控制公共权力，则应另当别论。比较而言，单一制国家的政治结构则是相反的。人民也是通过宪法与法律授予国家机构权力，地方国家机关与中央国家机关根据宪法各自享有相应职权，中央还会在适当时机授予地方部分原本属于自己的权力。区别在于，几乎所有事项，在中央愿意的情况下，中央都可以享有最终话事权，包括纠正地方国家机构的错误决定，例如，我国最高人民法院在任何时候都可以对它发现的任何一级地方法院作出的错误判决提起再审，加以改判。可见，地方对任何事项几乎都不可能作出终极决定。所以，中央与地方的划分，是单一制国家政治体制的产物。中央统一行使或者掌控权力，地方隶属于中央实际上是中央权力的延伸部分。这样一来，"地方"一词，就具有了下述三层含义。

第一，"地方"指中央的行政下级。下级与上级之间，原则上必须做到下级服从上级、上级领导下级。因此，中央与地方之间的关系，首先体现为领导与被领导的关系。所谓下级服从上级、全党服从中央，就是这个意思。这层关系决定了，地方所做的任何事情，都应该经中央直接或者间接的批准与同意，地方不得擅自行动，不得背离中央的意图。这种批准，既可以是经法律、法规、政策、红头文件等具有普遍约束力的规范性文件的形式发布，又可以特事特办、个案处理。由于层级不同，中央大多数情况下不直接领导最基层国家机关的工作，而是通过行政区划设置，达到层层领导的目的。但这并不妨碍在某些时候，中央一竿子插到底，直接跨入基层。中国历史上的钦差大臣以及现代设立的特区，几乎都是中央直接到基层办理事务的方式和渠道。不过，就常规情况而言，层层领导、层层负责，实现中央统一的政策目标、工作要求和工作任务，则是普遍情况。即使是委派的钦差大臣，同样也是下级官员。可见，上级领导下级、上级的上级领导上级，这个集权的体制最后保证了国家的高度统一和行政高效。这种领导与被领导的关系，关键之处在于其纽带，即如何领导。如果是依靠行政命令的方式进行领导，依靠行政上级不断发出行政指令的方式，控制和调动行政下级，就是命令式的领导关系。而法治建设所要解决的问题，则是通过规则的制定与实施的方式，事先明确规定各级行政下级的职权和职责，要求各级地方国家机关严格按照预先制定的规则办事,按照规则的实现程度考核和检查下级的工作。这样,同样也能保证上级对下级的领导,保证下级服从上级,所不同的是,下级不再无条件服从某个抽象的上级,也不再是任何上级都可以对某个特定的下级发号施令,而是按照法律规定的明确的职权和权限,对特定的上级就特定事项负责,从被动的行政命令的执行者,改变为必须依照规则主动改进工作的法律实施者。

第二,"地方"指国家管理、服务社会的最前沿。金字塔式的权力体制,与社会接触面最大的部分,当然是其底部。应该明确的一点是,国家政治权力有一个逐渐发展的过程。最初,公共权力介入的领域是比较有限的,相应地,国家机关也就没有那样庞大。例如中国古代,官府一般设置在县一级及以上,后来,国家管理的事项越来越多,越来越具体。中华人民共和国成立以后,基层政权一直延伸到乡镇一级,党的组织则建立到了最基层的社会组织中间,所管理的事项几乎覆盖群众生活的各个方面。可见,国家权力向社会的渗透是一个逐渐扩大的过程,无论在广度或者深度上,国家介入社会生活都越来越具体、全面。而国家与社会的"接触点"或者"接触面",就是最基层的国家机关,诸如街道办事处、乡政府、区县政府等。越是基层的单位,越直接与群众打交道,国家管理的事项越多,这些基层组织的压力就越大,工作就越繁琐。目前,各地基层人民法院受理绝大部分一审的诉讼案件;地方国家行政机关受理绝大多数行政审批、行政许可事项,例如收费、开办学校和医院、房地产开发、烟酒买卖、工商登记、牌照办理、开设网吧,等等;承担绝大多数违法案件的查处任务,诸如食品安全、违章建筑、假冒伪劣产品、酒后驾驶、公共场所吸烟等都归地方管理;群众遇到困难主要还是求助地方政府和地方官员,并由后者加以解决。所以,所有有关民生问题、社会问题乃至政治问题的中央决策、国家管理、服务社会的各项措施,包括宪法等法律,都是通过地方实施与实现的。

第三,"地方"指国家与社会的"结合部"。国家有国家的整体意志和政策目标,而社会则有自己的利益和需要。在黑格尔的法哲学中,市民社会是一个由自私自利的社会成员组成的共同体,而国家的职责则正是克服市民社会的局限性。恩格斯在《家庭、私有制与国家的起源》中也一再强调指出:"国家是阶级矛盾不可调和的产物。"国家意味着社会已经分裂为相互对立的阶级,其任务是把这个矛盾控制在秩序的范围内。可见,国家与社会之间,存在着不同的利益和目标。如果再进一步具体到不同的社会成员、社会组织方面,他们(它们)与国家之间的矛盾很难用"根本利益""一致"等词语消解。而"地方"作为连接国家与社会的纽带,对各种矛盾包括社会成员之间、社会组织之间、社会与国家之间的矛盾,通常比较敏感。实际上,地方国家机关工作人员经常"两头受气"。一方面，他们作为上级的下级，必须坚决贯彻上级的各项指示与决策，虽然有时候也可以向上级讨价还价，但基本都属于"撒娇"型的，不能硬抗，只能软磨。除非职权规定得非常明确和清晰，一般他们不会违背上级指示和要求，否则，轻者受批评，重者被查处与免职。另一方面，他们面对一个个利益主体，做法如果不到位或者干脆就是错误的、违法的，这些利益主体会尽最大努力同他们抗争。当上级的决定是"送温暖"类型的时候，问题不大，最多就是看谁会"哭"，结合本地的财政状况，适当分配即可。当中央有关决定涉及利益的重新配置的时候，在中央坚决支持的情况下，问题也不大，因为地方手里有庞大的专政机器，可以强力推进、坚决落实。但是，当利益配置可能引发新的社会矛盾导致社会不稳定，而中央又十分看重社会稳定问题时，地方国家机关及其工作人员则进退两难。例如当中央有关部委的决策不符合或者不十分符合当地实际情况时，不执行，则是违反中央决定；执行，则有可能导致社会不稳定和群体性事件。因此，地方是否贯彻以及如何贯彻中央的指示和决策，就是一个非常令人头痛的难题。诸如计划生育、国有企业改制、维稳安保、上访信访、安居房等，地方国家机关被夹在上级与群众之间，既要完成上级分配的任务，而且还不能出问题。特别是改革开放以来，地方国家机关与中央之间在事权、财权等方面进行了适当分割，两者工作总目标由于制度安排的原因虽然尚能保持一致，但是在利益分配、具体政策、工作方法上，有的地方也会出现一些思想不统一、目标不一致甚至对中央的决定阳奉阴违的情况。这样就导致上级对下级越来越不放心，中央直管的机构越来越多，监督工作不断加强。这也从一个侧面反映出"地方"作为国家与社会"结合部"的特点。

综上所述，没有"地方"，就无所谓"中央"；当然，没有"中央"，也无所谓"地方"。两者是相互依存的既对立又统一的矛盾体。如果不能妥善处理好两者之间的关系，就会对整个国家治理活动产生严重的不良影响，可能导致整个社会秩序的紊乱。

三、地方对于中央的意义

地方之于中央，具有重要的意义，而地方的法律化、法治化，对于中央而言，则尤其具有特别重要的意义。

首先，地方作为中央的下级，只有法律化、法治化两者的关系，才能充分发挥各自的作用。在单一制国体下，地方是具体实施各种中央决定和法律的主要力量，是行动者、实施者，是接受指令的一方，相对被动。也正因如此，地方也就成为中央各项决定能否真正贯彻执行的关键。地方如同中央的手脚，没有它，中央的各项决策就无法落实，成为一纸空文，如同毫无意义的空气震动。地方工作是否得力，直接关系到中央决策的实际结果。地方出色的工作，甚至可以弥补中央决策的不足和失误；如果地方"不听话"，懈怠或者不得力，好的政策也会走样还会严重干扰中央的决策，带来负面后果。理想的状态当然是中央说什么，地方就干什么，整个国家就像一个人一样，中央是大脑，地方是肢体。毛泽东曾说，"军民团结如一人，试看天下谁能敌"。道理是对的，问题是很难做到，因为军与民根本就不是一个人，也不可能是一个人，而是许许多多有不同思想、不同利益的人。中央与地方之间也是如此，它们也是两个或者两个以上由具有不同思想、不同利益的有生命的人组成的不同层级的管理与服务主体，不可能不带任何偏差地传递信息、执行指令。同时，任何决策都必须与当地实际情况相结合，最大限度地因地制宜，发挥政策法律的作用。况且，更重要的是，如果把地方仅仅定位为执行机构，就等于免除了它的决策责任，使其无需承担相应责任，难以调动地方工作积极性、主动性和责任心。任何情况下，都需要做到权力与责任一致。想让地方国家机关切实负起责任来，中央就要适当放权，否则，地方就不可能具有工作的主动性、积极性和进取精神，而是被动接受中央指令而缺乏活力，特别是在市场经济条件下，这是完全不可行的。而中央放权如果不适当，又缺乏统一的意志和行动纲领，任由各个地方分别积极探索、尝试、摸着石头过河，则可能影响全国工作的统一布局，也很难保证各个地方不乱来，甚至可能导致失控的严重混乱局面。所以，理顺中央与地方的关系，既要充分发挥地方的作用，又要有力且恰到好处地规范地方国家机关的权限，对于中央来说，就是能否切实有效、认真组织国家权力的问题，当然也就是事关执政能力和领导水平的迫切工作。如果说中央与地方的关系构成一组矛盾，那么，中央无疑是矛盾的主要方面，因为它处于政治权力的顶端，负有组织政权的职责。当前面临的主要问题是改变单纯依靠行政命令、单纯依靠控制地方人事和财力的方式管理地方、约束地方国家机关及其公职人员，代之以法律规定的方式，即以明确的规则确定各级国家机关及其公职人员的职权与职责，要求后者努力按照规则办事并依据执行规则的实际情况进行奖惩。如此，既可以保证中央政令的统一实施，又可以防止地方国家机关各行其是，大大提高国家的法治化水平。

其次，地方作为国家管理、服务社会的最前沿，是国家行为的直接体现者，必须建立一个地方国家机关及其公职人员依法向社会负责的法律机制。地方官员在任何意义上都是代表国家的，政策法律不是一纸空文，而是通过地方国家机关的官员行为体现出来的。这个直接与群众打交道，承担发展经济、改善民生、实行行政管理、调处纠纷、处理争端、化解矛盾的直接责任的群体，其所思所想、所作所为，可以对社会产生巨大的影响。他们的工作水平，就是国家的管理与服务水平。如果地方国家机关职责不清、权限不明，其公职人员疏于值守、相互推诿、态度恶劣，就很难形成人民群众对国家的信赖感。在我国历史上，吏治就是一个大难题。回过头来看，中国几千年的历史中，公认的清官屈指可数。中华人民共和国成立以后，"三反""五反""整风"等政治运动还是把重点放在吏治上，只是换了个说法。其实，吏治问题说到底还在于体制本身，过分集权的向上负责的政治体制，导致下级官吏把哄骗上级、欺瞒造假、虚报冒领当作升官发财的捷径。本来地方官员身处社会管理第一线，他们的职位、贡献、酬劳乃至一切回报都应该取决于社会的评价，但由于他们的乌纱帽来自上级，对上负责也就成为常态，而对社会负责就会成为例外。改革开放以来，从财政包干、分税制、办特区甚至 GDP 指标等，客观上都是试图扭转国家机构及其公职人员仅仅对上负责局面的重要措施，也取得了积极效果。地方作为国家管理、服务社会的最前沿，对社会负责应该是目的，对上级负责只是手段。因为服务社会是国家存在的全部基础，也是中央最高政策目标，所以，两者不能本末倒置，否则，将会扭曲中央政策。"眼睛里必须有群众""向社会负责"，这些话说起来容易，但做起来难。根本上，这是一个"法治还是人治"的问题。要求地方国家机关及其公职人员面向社会，根本上不能依靠他们的道德自觉，实践证明这也是做不到的。如果官员们的职务是上级任命的，工作的好坏也是由上级来进行考核和判断的，那么，要求他们必须全心全意为人民服务基本上是不可能的，这也是被经验反复证明了的。现在，必须建立一个依法维护公民和社会组织各项法定权利的法律机制，使人民群众可以通过法律渠道，依法自下而上地维护自己的合法权利，进而迫使各级地方国家机关及其公职人员不能不面向社会，眼里不能没有群众。而人民群众维护自己的权利，必然要首先诉诸地方国家机关，其中相当多的纠纷和矛盾也都是与地方国家机关的工作存在直接或者间接的联系。因此，建立健全法律的实现机制，切实维护各项法律权利的实现，对于促进基层政权自身建设，提高其面向社会与群众的自觉性和实际能力具有明显效果。

再次，地方作为国家与社会的"结合部"，只有以法律为基础开展各项工作，才能有力黏结国家与社会。地方具有连接国家与社会的作用，是上级乃至中央决策正确与否的重要保证，也是人民群众各项要求能否准确传递到中央的保证。金字塔式的权力构造，必然导致国家机构中基层政权对社会活动、社会变化最为敏感，他们往往掌握第一手的资料和信息，最熟悉群众的要求和关切所在，也最清楚工作中的困难和矛盾焦点。因此，对于中央而言，决策的正确与否很大程度上取决于地方国家机关参与决策过程的程度，甚至可能要赋予地方一定的重要事项决策权。目前，我国单一制的国体其实并不包含地方制度性参与中央决策的机会，相反，是依靠一些在许多人看来或许并不十分恰当的方式完成这一必需的沟通。首先，我国是通过中国共产党的领导体制，实行民主集中制，来达到集思广益的目的。共产党党内奉行的是民主集中制，一定级别的地方人大、政府中的党员领导干部，也是党的各级委员会委员、常委，进而保证了各级地方国家政权机关都能参与上级决策。其次，我国采取的是人民代表大会的体制。按照宪法规定，各级人民代表大会是人民行使当家做主权利的机构，工作原则也是民主集中制。目前各级官员中不是党代会代表的，相当一部分参加了各级人大的工作。在人民代表大会，上下级之间可以利用会议时间进行一些交流和沟通。这种参与形式因其本身的局限，对于下级国家机关参与决策，意义不十分明显。为了保证中央决策始终能够与人民群众紧密联系，地方这个层级的作用显然不可忽视。重视地方国家机关的作用，就必须首先信任他们。实践中，有些做法明显是对地方不放心而采取的，例如各级监察机构、纪律机构以及巡视员的明察暗访等。这些做法出发点或许并非不对，但是就实际结果而言往往是无效的。显然，重要的是建立能够充分信赖和发挥地方作用的工作制度，而不是把地方当作防范对象。充分信赖和发挥各级地方政权组织的作用，就必须依赖法律手段。现在，许多基层地方国家机关都觉得自己是弱势群体。由于我国相当长一段时间特别强调各级干部要关心群众，把群众满不满意作为评价各项工作的标准，导致一部分干部思想混乱。毕竟，不同的群众有不同的利益和要求，如果没有一个明确的评价标准，就会导致无所依从的结果。如果再把群众的意见作为考核基层官员的标准，甚至可能导致干部队伍盲目迎合群众的低俗风气。更为严重的是，本应该作为国家精英群体的干部队伍，一旦丧失了独立的判断事物的能力，后果将会非常严重。因此，只有通过加强法治建设，才能最大限度地保护干部，发挥干部的作用，切实保证干部具有优良的工作作风；才能最大限度地公正维护人民群众的利益，消除国家与社会之间的芥蒂。

四、地方对于群众的意义

地方这个层面离群众最近，越是基层的国家机关，对群众的意义就越大。地方的法律化、法治化水平，在群众的眼里，就是国家制度公正与否的直接体现和反映。

第一，地方作为中央的下级，必须通过法律建立自身的权威，否则将损害所有国家机关的权威性。在现实中，地方作为中央的下级，对于群众来说，经常意味着地方的决策、决定并非是终极的，而是存在着改变的可能性。在群众心目中，既然地方是下级，那么就有能够管地方的上级，所以就出现了一个奇特的现象——上访。所有的上访目的只有一个，就是借助上级的干预，改变对自己不利的地方国家机关的决定。这种体制，我们应该是非常熟悉的。中国历史上，就有告御状的制度和丰富经验。事实上，许多流传下来或者当代好事者演绎的文学艺术作品，例如《杨乃武与小白菜》《雍正王朝》《戏说乾隆》等，也都牵涉到这个主题：皇帝或者某个高官，克服各种困难，帮助民众申冤。故事终归还是故事，毕竟，国家这么大，并不是谁都能见到皇上的，所以就有了"侯门深似海"之说。在现代，高级官员则是其居所、办公场所有警卫把守大门，出行有警队护卫，一方面当然是安全需要，另一方面则是防止上访人员冲击。这样一来，更多群众的问题依然得不到解决。而且，如果一个地方出现了上访或者上访人数比较多，那么这个地方的官员可能就要被问责，进而导致一场全国性的地方官员普遍参与的围追堵截上访人员的"大剧"。更为严重的问题是，上访的存在客观上还削弱了地方国家机关的公信力。信访、举报、检举等性质上与上访极为接近，都是不信任国家正常办事体制的结果，或者说是地方国家机关工作体制不被信任的结果。可见，建立一个正常的国家体制，让每个老百姓都能够方便地找到值得信赖的公正的办事机构，在当前是非常迫切的任务。我们特别需要进一步明确上下级之间的权力界限，让地方国家机关放手工作，同时承担起应该承担责任。为什么必须依靠法律建立这样的体制呢？原因在于，如果不改变按照上级指示办事的机制，就不可能形成地方国家机关的权威。而改变这种状况的唯一办法，就是形成明确的关于不同工作岗位的岗位分工体制，让各级国家机关享有应该享有的职权，承担应该承担的责任。国家机关之间不应该是重叠结构，而应该是分权结构。分权不仅仅是横向的不同国家权力的分割，还应该是不同级别国家机关所行使的权力之间的合理划分。上级有上级的权力，下级有下级的权力，下级不能代替上级，上级同样不能代替下级。最高人民法院如果总是不断对基层人民法院的判决提起再审，那么，还有谁会认真对待基层人民法院的审判活动？或许有人会认为：基层国家机关违法乱纪，难道不应该加大监督力度吗？其实这是一个假问题。国家机关公职人员的违法乱纪行为，根本上不应该依靠上级用监督检查的方式来解决，而是需要依赖一个工作中的权力制约机制，按照正常的制度加以解决。目前的体制则使包括司法权力在内的各种权力进一步集中到中央，严重影响到基层司法机关的权威性，而人民群众绝大部分案件又必须通过基层人民法院解决，这必然产生矛盾，导致人民群众对整个国家政权的不信任。

第二，地方国家机关在面向社会时的依法办事能力和制度创新能力，凸显国家服务社会的水平。地方作为国家管理、服务社会的最前沿，对于群众而言，就需要提供依法、公正、便利、便宜、友善的良好办事条件。在单一制国家，涉及公民基本权利义务的事项，都是由宪法规定的，地方主要负责实施。但在实施过程中，地方也并不是完全被动的。两个问题处理得好坏，对于法律实施则是非常关键的。其一，是否能让人民群众感受到实实在在的依法、公正的办事机制。依法是公正的前提。宪法、法律是中央国家机构制定的，不折不扣地执行或者依据法律为群众办事，即使群众不满意，也不会形成对地方国家机关和地方官员的意见和批评。同时，尽管依法才可能公正，但依法并不必然带来公正的结果，还必须让群众在办事过程中切实感受到行政管理及执法司法过程中的公正，所以，严格按照相关程序法办事，就是依法办事最内在的要求。其二，是否能够切实为群众着想，提供便利、便宜、友善的良好办事条件。群众到国家机关寻求帮助，结果如何大多情况下往往是由法律法规决定的，地方国家机关所能做的则是关心、爱护群众，无论群众的要求是否能够得到满足，都要让群众感到地方国家机关是愿意尽量帮助他们的。例如地方国家机关可为群众提供周到的服务和详细的办事指南，在有争议的情况下充分听取和认真对待群众的意见，在法律有余地的情况下尽量从群众的角度考虑问题，等等。其实，现在每个国家机关在贯彻执行有关规定的时候，多是为本部门争取最大利益的。如果地方国家机关也能为群众争取最大利益，把上述细节问题处理好，地方国家机关与群众之间就不会形成尖锐矛盾。当然，现实中处理好这些问题并不容易，但这是群众对地方的期待，因此，地方有责任把工作做好。

从全国各地的实际情况看，不同地方服务社会、管理社会的水平不尽相同。这就引出了一个问题：在统一的国家法律指引下，为什么会导致不同的结果？有人也许会认为，这是对待法律、对待群众的态度问题。实际不然，这依然是个制度问题，不能把制度完全等同于国家制度。现实生活中，各个国家机关都建立了自己各种各样的工作制度，例如群众接待制度、收费缴费制度、听证制度、决策过程中征求群众意见的制度、办事公开制度等。这些制度就其实质而言，都属于法治建设的有机组成部分。制度化的水平越高，就越是可以克服工作中的任意性，就越是能够保证同事同处、同罪同罚，提高国家机关工作中的理性化水平。只有当地方国家机关积极结合本地情况，建立了比较完善的各项工作制度体系，国家法律才会真正深入百姓生活。

第三，依法转变职能，充分发挥社会组织的作用，是地方国家机关摆脱两头受压的尴尬地位和各种工作风险的唯一办法。地方作为国家与社会的"结合部"，对于群众来说，是表达自己意见、建议、不满、愤怒的直接对象。地方当然负有一定的管理社会的责任，但是必须充分考虑自己的特殊性，不可高高在上、颐指气使、激化矛盾。群众追求自己的利益是无可厚非的。作为管理者，自然不可能无限迁就群众的要求，而且利益之间也存在着冲突，所以，大多数决定，都会存在不满意的群众。妥善处理冲突，就是地方国家机关的重要职责。一旦冲突扩大了，达到无法控制的程度，就会给上级甚至中央抹黑，地方国家机关会变成麻烦制造者。例如，城管查处流动摊贩是职责所在，但如果采取的方法不当，就会激起当事人与围观者的愤怒，酿成严重后果甚至大规模的群体性事件。所以，与中央国家机关相比，地方国家机关及其工作人员尤其要考虑工作的方法。因为前者面对的往往是行政下级，顾虑比较少，而地方国家机关尤其是基层机关面对群众的机会和时间比较多，工作人员的一言一行甚至一个厌恶或者为难的表情，都会产生充满风险的后果。因此，地方国家机关需要更多地听取群众意见，让群众充分发表意见，群众说不清楚的时候，可以鼓励他们邀请或者聘请社会组织给予帮助，让群众学会自己解决自己的问题，学会自我管理，让社会组织发挥更大的作用。实践中，有些地方比较重视人大的作用，对群众言论比较宽容，工作效果就好。所以，地方层面的工作方法和工作机制有自己的特殊性。

政府与人民群众的对立，往往是源于政府职责的混乱。现在许多地方政府为了所谓的发展，不时侵犯群众的利益，进而导致针对政府的各种群体性事件。按照马克思主义的基本原理，国家本来应该是凌驾于社会之上的，而实际上，一些地方国家机关往往成为一方当事人，把自己变成了社会组织，参与到市场之中，与其他市场主体争夺利益，从而丧失了公正决策的能力。所以，地方国家机关如果希望成为真正的具有公正性和权威性的裁判者，就必须彻底转变职能，使自己独立于社会组织之上。因此，一方面，地方国家机关不要那么热衷于搞建设，更不要包揽群众生活中的一切。因为管是需要成本的，管得越多，就要从社会中索取更多，反而给社会增加了负担。另一方面，地方国家机关要对社会组织持更为宽容的态度，允许社会组织在社会生活中发挥更大的作用。如果一半以上的民事纠纷在民间自己解决了，那么法院的压力也就不会这么大，针对法院的矛盾和意见也就不会这么多。所以，依法逐步转变政府职能，大力发展社会组织，对于完善地方的治理机制，提升地方国家机关的公信力，进而改善国家机关的整体形象，是极其必要的。

五、结语

概而言之，如果国家存在的意义就是为人民群众服务、为社会服务，那么，地方就是一线的舞台。地方国家机关的治理水平，直接反映了国家的领导能力和执政水平。因此，地方国家机关权力的规范行使，对于中央、对于整个国家和社会，具有不可低估的价值。

目前，我国的法治建设已经进入一个新的阶段，迫切需要我们重新认真思考国家与社会的关系。社会管理创新、社会建设已经成为党和政府高度重视的一个问题。其实质依然在于充分调动人民群众和基层社会组织的积极性，让其参与国家建设活动，而不是单纯依靠国家机关及其工作人员。这也从一个侧面反映出法治建设中的地方问题的重要性。而地方层面的法治问题，说到底就是两个方面的内容。第一，尽可能按照事先制定的规则办事，包括各种法律法规。有了规则，就无须事事请示，广大群众和基层干部就有了行为的指导。每个人就可以根据法律的规定，享有权利（职权），承担义务（职责），并寻求社会组织帮助自己实现权利。第二，通过规则和制度，进一步明确地方各级国家机关及其工作人员的职权与职责，让各级干部依法履行职权和承担责任。如此，就可以在中央与地方、地方与地方之间实行权力的合理配置，进而既可以达到权力制约以及有效监督权力行使的目标，又可以使人民群众、各类社会组织、地方国家机关及其工作人员充分发挥自己的作用，实现国家的依法治理。

（原载《吉林大学社会科学学报》2012年第2期）

多中心时代的"地方"与法治

在我们的生活中,中心与边缘的关系正在发生巨大的变化。现在,议论中心与边缘的关系,人们经常提到苏轼名句"此心安处是吾乡",意思是,每个人的位置,都是由自己决定的。事实也是如此。从心理空间上看,越来越多的人开始以自我为中心,甚至并不认可传统的中心与边缘之间的划分,伴随这一过程的,则是中心的陨落,或者说,多中心的兴起,例如,学术权威、知识权威、家长权威、领导权威等诸多权威的不再。从地理空间上看,我们每个人,即使没有居住在中心城市,似乎也在距离中心城市不远处。现代化的城市建筑、交通工具和超现代的通信手段,使我们几乎已经分不清中心与边缘,我们可以随时随地与远在异乡甚至大洋彼岸的亲人在视屏中照面,也可以与世界人民一起即时分享重要信息。城市的位置也开始突破了传统的边界限定,在国家快速发展的过程中,条件稍好者,都在争创国际化中心城市、区域中心城市、城市副中心等。这种空间感的变幻,不仅影响到了人们的社会关系及其构造方式,而且,事实上,或许正是我们的社会关系的改变及其需要才加快了人们之间空间位置的移动和空间感的变化。

如果说,法律是以社会为基础的,那么,现代政治、经济、社会生活中已经发生的中心与边缘关系之间的变化,边缘地带的崛起,以及多中心的形成,在哪些方面会影响乃至规定到法治秩序的形成?本文拟对此展开一个初步的讨论,尝试说明,中国法治的进步与这一变化存在密切的关系,植根于这一重要变化之中。

一、中心的边缘化

法治建设一个最显著的功效,就是导致中心的边缘化。中心的边缘化是一个过程,意指传统的中心,其重要性正在持续不断下降,势力范围逐渐限缩,变得不如以往重要,也可以说,发挥重要性的方式已经发生或者即将发生根本变化。中心的边缘化与中心的中心化一样,都是一个自然历史发展的结果。

"中心"一词,多少涉及西方哲学中"一"与"多"的关系。以柏拉图为代表的古希腊人从现象的多样性出发,探寻其背后的根据和原因,试图找到其变化的最终根据。这也就是所谓的一元论。这个最终根据，就是思想史上的元问题。按照一元论的观点，无论人们是否意识到，世界都是有序的，原因就在于这个神秘的"一"的存在。或许与此相关，人类历史上各个国家都曾经历过君主制时代，这些君主都以这样或者那样的方式，把自己的权力归结为某种神圣的来源。尽管时代已经发生了很大变化，人们依然期待通过自己对科学知识的不断追求，把握真理，建构一个理想的秩序。中心的形成，与人们对这个"一"以及以这个"一"为基础而形成的秩序的依赖和期待是分不开的。

人治与法治的区别或许从这个角度也可以得到说明。人治是依靠个别人、少数人占有这个"一"，从而控制"多"，贤人政治即是如此。而法治则是通过众人形成一个"一"，进而实现对"多"的约束。因此，法治根本上与中心至上的理念是冲突的。当然，法治的发展，也就必然导致中心的边缘化。

中国也正在经历中心的边缘化过程。在一个趋向法治的变革时代，这一变化或许是极其自然的。从法学研究的角度看，一般认为，法律的存在与法治的发展意味着对权力的必然与必要的限制。但是，需要指出的是，这种限制几乎同时意味着传统权力从其中心位置逐渐滑落，即向边缘移动。给予这个问题必要的关注，有助于帮助我们理解法治建设本身的复杂性。例如，教育资源集中于北京，与北京作为中国政治中心的地位是分不开的，也与中国政治权力对其他权力的高度垄断分不开。当人们要求限制政府对教育的垄断权力，要求北京的优质教育资源应该向外地人公平开放时，北京人开始采取反抗行动，反对外地人分享这些教育资源。[①] 所以，尽管人们一般都支持对权力的限制，但许多人内心深处依然依附于权力，迷恋于中心位置，进而导致许多普通市民参与到对限制权力行为的集体性反抗活动之中。所以，法治建设所开启的社会转型，如果同时意味着一场去中心的活动，那么，就并不仅仅是在精英层面存在事实上的争议，如同其本身的世俗化趋势，一开始就涉及于千千万万的普通群众和民间草根阶层之间的分歧。

从最表面的意义上看，法治在中国带来的最大的变化之一，就是政治权力中心位置的迁移，或者说，在相对的意义上，传统的政治权力中心在逐渐地边缘化。处于政治权力顶端的中央，在传统社会里，集各种权力于一身，军事的、外交的、人事的、财政的、金融的、商业的、文化的、学术的、教育的、司法的等几乎所有权力，最后都归结于政治权力，归结于中央，归结于最高领导人。1949年之后，与计划经济体制同步，我国的权力集中达到了顶峰，形成了后来邓小平

[①]《异地高考获46%网民支持，京沪95%市民反对》，http://edu.163.com/12/0906/11/8ANETDNL00294JD0.html。

同志称之为权力"过于"集中的体制。①改革开放以来,由于宪法和各种国家机构组织法、诉讼法、行政法等法律的制定,中央的权力一方面被地方国家机关与社会组织、公民个人分享,各级国家机关具有了相对确定的用人权、事权和财权等,企业拥有了一定的经营自主权,个人有了流动的自由。尽管法律上的最高权力依然归属于中央,但中央依法已经不再拥有曾经拥有过的绝对权力。另一方面,政治权力为中心的权力架构也发生了一定变化,政治权力被具体化为各种权力,如立法权力、司法权力、行政权力、政策制定权力、人事任免权力、经济权力、文化权力、社会权力等,分别由各个国家机关乃至社会组织、企事业单位依法独立行使。一度被严重政治化的国家生活,开始回归本来的样态。例如,司法机构开始了专业化、职业化的进程。相应地,作为中国政治权力中心的北京,也不再是万众瞩目的圣地,而仅仅是中国的中心城市之一,或可以说,是最大的中心城市。尽管北京依然集中垄断着诸多的权力,但是,其中多个领域的权力,都被作为市场化的改革对象,按照党的十八届三中、四中全会精神,面临重新布局。对于某些官员、学者、律师来说,北京或许依然是令人神往的,他们期待着或晋升京官,或服务于最高决策,或驻守最高人民法院周边,但是,对于绝大多数普通人如法官、检察官、律师、农民工等,北京绝对不是排名靠前的适合工作与生活的栖息之地。上海、广州、深圳等其他一线城市,在产业领域对许多人具有很强的吸引力;就生活舒适度而言,具有吸引力的还有杭州、成都、厦门这样的二线休闲城市和珠海、苏州、扬州、江门、中山等诸多的中小城镇。想一想"文革"初期,全国各地群众、红卫兵心潮澎湃地涌向北京的情景,这种变化还是十分令人感慨的。

上述变化自然首先是改革开放的成果。改革改变了我国权力过于集中的体制,而且,从党的十八大以来的中央精神来看,国家依然还会继续推动权力的进一步下放。只是需要强调的是,这些改革的成果,是通过"变法"实现的,也是以法治的方式被确认并巩固下来的。而进一步的改革,依然也需要依赖法治推动。正是在这个意义上,全面深化改革与全面依法治国才构成全面实现小康社会的鸟之双翼、车之双轮。②

政治权力中心位置的迁移,更为深刻的意义就在于对传统权力结构的改造。北京大学张千帆教授围绕主权与分权概念,对中央与地方的权力关系进行了深入研究。他的结论是,一旦进入具体制度领域,主权概念就失去了用武之地。联邦

---

①邓小平:《党和国家领导制度的改革》,《人民日报》1980年8月18日第1版。
②详细内容参见习近平:《2015年新年贺词》,《中国青年报》2015年1月1日第1版。

制与单一制的概念解决不了中央与地方的权力关系问题。联邦制国家有的更加强调集权，而单一制国家有的则更加强调地方自治。[①]主权概念显然是近代以来随着世俗国家的出现而出现的。马基雅维利、博丹、霍布斯、卢梭等人确立了一个绝对至高无上的国家主权概念，特别是卢梭有关人民主权的理论，同样以社会契约理论为基础，却与霍布斯不同，为人民主权至上提供了一个来自公意的合法性论证。其实，卢梭与霍布斯虽然进路不同，最终结果则都是维护一个至高无上的国家主权。毕竟，人民是无法直接行使主权的。但是，这样的研究终究是理论上的一种建构，是思想家们创设出来的概念。尽管理论可以指导、引导实践，但是，却不能衡量实践。我们任何时候都不能拿着理论这把尺子去剪裁现实。推动中国改革开放与法治建设的，不是前人先贤的思想理论，而是现实的需要。"文革"时期动员群众夺权，可以被解释为人民主权、一切权力属于人民的实践，现在坚持人民代表大会制度也同样可以被理解为是一切权力属于人民的具有中国特色的政治实践。所以，对权力结构的改造，最深刻的根据只能在于多样化的现实需要。对中国而言，权力结构的改造，最重大的现实需要就是分事设权、分岗行权，进而要求各个国家机关和社会组织、企事业单位各行其权、各负其责，最终根本解决权力过于集中的问题，而这一切都需要依赖法律制度来完成。正是因为法律的规定，人们相对以往更为容易确切地了解自己的岗位及其职责。每个在岗位上的人，都是一个中心。

在这一背景下，传统的权力中心、重心都必然会发生迁移。这时，所涉及的就并非仅仅是权力的直接占有者，而且也关乎一大批利益相关者。中心之所以成为中心，是因为在一定的社会关系中，处于中心地带的一部分人对处于边缘地带的另一部分人具有支配力。中心发生位移后，直观的感觉就是，一些有权力的城市，一些有权力的部门，一些有权力的岗位，一些有权力的人，现在不那么有权力了，也不能那么任性地使用权力了，相应地，也就变得不那么重要了。所以，法治建设也是利益关系的一次重大调整，所涉及的并不仅仅是少数政治权力的拥有者。

二、边缘的中心化

法治并不是不要中心，而是反对把中心唯一化和固化。换句话说，法治形成的是一个多中心的时代，一个中心处于不断流动状态的时代。这个时代最显著的

[①] 张千帆：《主权与分权——中央与地方关系的基本理论》，《国家检察官学院学报》2011年第2期，第61-84页。

特点，就是处于边缘位置者，有了自己掌握自己命运的机会。

法治最基本的要求就是服从规则，法律面前人人平等。这个原则不仅适用于每个自然人，而且适用于所有的国家机关、各政党、各社会组织、各企事业单位。法治也要求统治与服从，但是，人与人、人与社会组织、人与企事业单位、人与国家机关之间所形成的支配与服从关系，是建立在法律的基础上的，不存在其他人身依附关系。所以，法治状态下，人对人的服从是通过人对规则的服从实现的。从这个意义上说，服从规则，就是尊重他人；大家都服从规则，就会形成一个以相互尊重为基础的公平社会。

需要特别说明的是，法治所要求的对规则的服从，实际上却给予了每个人最大的行为选择自主权。从法律角度看，服从即自由。法律规则与其他社会规则不同之处就在于，它不仅仅规定了禁止性、义务性的行为要求，而且赋予了行为者广泛的行为选择的自主权，从而使行为者能够真正地当家作主。由于法律的规定，人们可以自由地选择自己的职业，选择为谁工作，选择与什么人合伙创业，选择在哪里居住和置业，选择与谁结婚、生子，选择如何安排自己的假期，选择自己偏好的食物与生活方式，选择对公共生活发表意见，甚至选择国家领导人。人们的行为选择自主权，还包括在与他人发生争执之后，可以依据法律设定的路径自由选择解决纠纷的方式；可以自行和解，也可以请人居中调停；可以求助于社会组织、新闻媒体，也可以求助于国家机关。一切都需要由行为人自己作出决定。

许多人，包括一些领导干部，都误以为，公众的权利多了，社会管理就会失控，所以法治建设必须加强对社会的管理。① 这种观点只是看到了问题最表面的形态。其实，如同黑格尔所说，刑罚是自由的结果。② 人们一旦拥有了自由，就必须为自己的自由选择行为负责。所以，一个自由的社会，也是一个负责任的社会。如果说，在一个人治的国家，每个人都听从权力的安排，服从他人对自己行为的要求，也就不需要为自己的行为承担后果，那么，在法治的国家，除了法律，人们已经没有了上司，每个人自己必须根据法律决定自己的所作所为，当然也要自己承担行为合法与否的选择责任。所以，专制社会剥夺掉的不仅是人们的自由，而且也是人们作为一个理性的主体所应该对自己所负的责任。

人们自由选择与责任范围的不断扩大，必然要延伸到公众参与公共生活领域的热情。因此，伴随着法治的发展，公民有序政治参与的范围在扩大，人们对

---

① 《社会管理不能落入"公民社会"陷阱》，《求是》2011年第10期，第37–38页。
② 黑格尔：《法哲学原理》，范扬、张企泰译，商务印书馆1979年版。

关系到自身利益的立法表现出前所未有的关注，立法机关也前所未有地以各种方式开放立法活动。例如，婚姻法的修订与司法解释的制定，个人所得税标准的确定，物权法的制定，都曾经成为全民话题。各地有关公共生活的地方性法规和政府规章、决策在形成过程中，也曾经引起区域性、地方性的公众关注，例如控烟条例、养狗条例、路桥收费、举办亚运会、建设化工企业、垃圾焚烧、重大项目投资等。甚至于发生在某个城市的一次审判，都会引起全民热议，例如许霆盗窃金融机构案、南京彭宇撞倒老人案等。人们对这些问题的关切，都源于它们与人们自身利益存在密切关联，都与人们法律上的权利与义务息息相关。2015年8月发生的天津港危化品仓库爆炸事件，引起周边小区居民与政府的对抗。① 对抗产生的原因，无非是居民对自己依法自由选择购买的房产的利益的关切。如果倒退20年，房子都是单位分的，还会有人参与到这类公共事件中吗？应该是不会的，至少不会形成大规模的群体性事件。

　　上述分析说明，法治在推动中心边缘化的同时，也促进了边缘的中心化。法律是一种规则体系，它是为讲道理者提供的。依据常识，我们不难发现，日常生活中讲道理的一方，通常是相对处于弱势地位的，而相对处于优势地位的人，例如有权力、有财产、有知识的人，更有凭借自己优势地位继续扩大优势的可能性。所以，按照规则办事，有助于促进边缘群体、阶层、组织、城镇的中心化，使这些边缘的或者相对边缘的力量向中心的方向发展。由于我们国家曾经经历过高度集权的时代，所以，我国正在发生的边缘的中心化就与中心的边缘化一样，具有特别重大的意义。然而，问题在于，是什么力量推动了这一边缘中心化的进程？分析、观察边缘的中心化过程，我们可以认为，自由是结果，而不是原因；否则，我们无法说明处于优势和中心地位的一方，为什么愿意推动这一进程。笔者的看法是，不是权利，而是义务和责任发挥了关键性作用。下面，笔者分别从个人、企业、社会组织角度，讨论一下这一进程。

　　首先，是个人的自我中心化。过去，个人处于整个国家的组织体系的末端。在国家、集体、个人利益发生冲突时，个人利益被要求无条件服从国家和集体利益。个人的需要和行为被纳入整个政治化的组织体制之中，外出都要持单位的介绍信，个人自由显然很少。而现在，法律赋予了个人大量的权利，也要求每个人对自己负有更多的责任。在此情况下，每个人都有了自己的能够与整体相抗衡的独立利益及相应的力量，从而形成了以自己为中心的生活与生产关系。这种状况

---

① 《天津爆炸区居民打"爱党信政府"横幅请愿》，http://news.china.com/focus/tjgbz/11173334/20150818/20214750.html.

是如何发生的呢？我们可以从多年前中国农村启动的土地承包制来加以说明。计划体制下，农民作为集体组织的一员，他们的生活其实是由国家负担的。也就是说，当他们的劳动成果不能满足自己的生活需要时，国家有责任提供支持和帮助。所以，土地承包制最初的宣传口号就是："交够国家的，留够集体的，剩下是自己的。"① 换句话说，农民所要求的，就是通过自己的劳动，给国家、集体完成任务后，养活自己。所以，农民对土地的权利，是以他们主动愿意承担更大的责任为前提的，是自我中心化过程以及国家对其认可的结果。企业员工也是如此。当年的社会主义性质企业的职工，是由一个系统的国家体制提供福利保障的，干多干少一个样，与企业无关。所以，当企业改革开始后，企业职工在享有企业劳动者权益的同时，首先必须承担更多的自己养活自己的责任。法律上对农民权利的保障、对企业职工权利的保障，都是如此。

其次，是企业的自我中心化。1956年底，我国就已经在城市完成社会主义改造任务，企业全部被纳入政治化的组织体制之中，要么是全民所有制企业，要么是集体所有制企业。在计划经济体制下，这些企业当然也就成为实现国家整体目标的一个单位，企业利益服从国家利益需要自是题中之义。对于企业生产什么，生产多少，运到哪里去，生产者是不清楚的。企业的劳动者是国家的主人，不能被称为企业员工，与企业之间不是劳动关系，所以，企业不是独立的利益主体。现在，国家已经建立了现代企业制度，企业成为自负盈亏、自主经营的独立法人。除了保留了少数大中型国有企业，其他企业几乎都已经成为独立的经济主体，与国家之间形成的是税收关系，即以向国家交税的方式，构建企业与国家的关系。即使是少数垄断国企，也同样要缴纳税金。而且，尽管这些国企法律上应该向出资人——国家支付红利，但通常上缴的红利并不多，它们更愿意保持自己的企业法人独立身份。因此，所谓以市场为基础配置资源，也就是要发挥这些企业作为市场主体的作用。企业不仅是市场的中心，而且也成为生产的中心、经济活动的中心。企业中心地位的形成，同样来源于责任的分担。当年企业改革，提出要以"责、权、利"一致为原则②，责任就是排在第一位的。国有企业改革的动力，固然是企业可以自负盈亏、节余归己，提高管理者、劳动者待遇，但是，承担国有资产保值增值任务依然是主要的、前提性的。民营企业更是如此。一开

---

① 这是1978年安徽凤阳农民传唱的一首歌谣："大包干，大包干，直来直去不拐弯，交够国家的，留足集体的，剩下都是自己的。"
② 1983年3月5日，中央发出《关于发展城乡零售业、服务业的指示》，要求坚决地有序地在国营零售商业、服务业推行责、权、利相结合的经营承包责任制。参见马齐彬、陈文斌等：《中国共产党执政四十年（增订本）》，中共党史出版社1991年版，第496页。

始，就是基于国家无法充分就业、急于扩大就业渠道、满足社会多方面多层次的物质需要而出现的。从当年的个体户、承包经营户、私营企业到今天的有限责任公司，都是国家与社会成员分担责任的结果。国家没有能力对社会成员承担无限责任以及社会成员愿意自己承担自己生活的责任，这两个方面的积极性，共同推动了中国企业向现代企业制度的转型。离开了这一点，我们就无法解释一个拥有庞大计划体制的强大的中央政权，为什么会转向市场经济体制。

再次，是社会组织的自我中心化。社会组织也就是组织起来的社会力量。1949年中华人民共和国成立之后，我国的社会组织被纳入国家体制之中，基本不存在独立于国家的社会力量。工会、农会、学生会、行业协会都是如此，由国家包办，需要的话，由政府财政经费支持，形成了所谓"二政府"，更不存在今天的非政府组织。这当然是当年国家与社会不分的结果，但也是国家建立全能型政府的政策目标的产物。现在，情况则已经发生了重要的变化，社会组织开始发展。民间出现了许多自发的公益救助组织，特别是在"郭美美事件"之后，红十字会组织声誉一落千丈，民间公益组织则获得了更多支持。各种行业协会、商会开始在所属成员中产生影响力，为维护所属成员利益发声，具有了独立于国家和政府的利益诉求。党的十六大正式提出要加强社会建设，① 十七大、十八大又进一步加以强调②。各地党委政府都在探索推动社会组织建设，③ 社会组织逐渐具有了自己的合法地位以及相应的权利和义务，在生产生活中开始发挥重要的作用。社会组织在中国的重新起步，直接的原因就是政府转变职能的需要。过去，政府管理范围过宽，力不从心，希望将部分工作的责任从政府身上转移出去，其中一部

---

① 2004年，党的十六届四中全会通过《中共中央关于加强党的执政能力建设的决定》，其第七部分为"坚持最广泛最充分地调动一切积极因素，不断提高构建社会主义和谐社会的能力"，其中，加强社会建设和管理、推进社会管理体制创新为重要内容。

② 2007年，党的十七大报告第八部分为"加快推进以改善民生为重点的社会建设"，将"社会建设"与经济、政治、文化建设并列为"四位一体"，提出社会建设与人民幸福安康息息相关；必须在经济发展的基础上，更加注重社会建设，着力保障和改善民生，推进社会体制改革，扩大公共服务，完善社会管理，促进社会公平正义，努力使全体人民学有所教、劳有所得、病有所医、老有所养、住有所居，推动建设和谐社会。2012年，党的十八大报告第七部分为"在改善民生和创新管理中加强社会建设"，提出要全面落实经济建设、政治建设、文化建设、社会建设、生态文明建设"五位一体"总体布局；加强社会建设，是社会和谐稳定的重要保证，必须以保障和改善民生为重点，必须加快推进社会体制改革。

③ 2012年，在广东省委十届十一次全会上，时任省委书记汪洋要求，要大力培育、发展和规范社会组织，将社会组织能够"接得住、管得好"的事情逐步转移过去。同年4月，中共广东省委广东省人民政府印发《关于进一步培育发展和规范管理社会组织的方案》。2013年9月，浙江省下发《关于加强社会组织信用体系建设的通知》，上海市下发《社会组织信用信息记录、共享和使用管理暂行办法》。

分，就是交给社会。所以，社会组织之所以能够获得生存与发展的权利，与政府放权有关，也与其自身愿意承担这个责任相关。社会组织最根本的特点就是其自愿性，是社会成员之间自愿形成的联合，没有承担责任的意愿，是不可能产生的。同时，我国的社会组织是在一个强大的国家权力背景下发展的，如若不能分担国家的责任，也几乎是不可能获得发展的。

在中国，个人、企业、社会组织曾经都是比较边缘化的，现在，他们在各自的领域内，逐渐具有了独立的地位和话语权，开始进驻中心位置，扮演着生产生活中的中心的角色。他们的地位是由法律保障的，拥有各自的受到法律保护的权利，尽管这些权利的保护措施还需要进一步完善，但是，他们已经依法具备了独立性。他们以对自己负责的态度和决心，已经或者正在取代曾经由国家负责的事务。与上述个人、企业、社会组织类似的走向中心位置的边缘群体还有很多，他们使我们国家迈入了一个多中心的时代。

三、地方与法治

多中心时代的形成，根本上是改革开放的结果。同时又推动了国家的法治建设。离开改革开放所带来的包括权力结构的变化在内的一系列巨大社会变化，就无法解释中国的法治。而观察中国法治的进步，其中一个重要的观测点，就是各个地方向中心方向的跃进。

悄然抵达的多中心时代，给我国的地方党政机关带来了巨大的工作压力，责任负担的加重，导致无论是否情愿，地方都已经加入了这一由边缘至中心跃进的进程；这也是中国法治的持续深入地发展的重要标志。

一方面，多中心的形成，导致地方党政机关工作压力陡然加大。中心的多元化打破了国家权力一元化的自上而下的命令服从体制，意味着所有的个人、企业、社会组织、事业单位，都可以依据法律的规定，独立自由地作出自己的行为选择，甚至当地方政府妨害自己实现自主选择权时，可以起诉政府，进而产生了一个自下而上的自主选择机制。地方党政机关既要应对各种形式复杂多样的来自群众与基层的需要，又要落实上级部门各种要求和指令。所以，目前的地方党政机关工作压力相当大。

另一方面，为了解决工作压力大的问题，地方党政机关又必须加大责任追究力度，以保证各项工作不出现大的纰漏。加大责任的结果，则是出现了党政机关内部的多中心的形成。从中央到基层，各级国家机关都需要明确事权范围并形成相适应的财政体制和人事任免权力分配体制；各级政府部门被要求公布权力清单，明确责任边界；党委、人大、政府、政协、司法机关各自行使各自的权力；

各个机关内部同样要求责任到人。例如，对于司法机关，中央明确提出"谁办案，谁负责""审理者裁判，裁判者负责"，要求领导干部不得干预案件处理。即使是司法机关内部，工作人员相互之间也不得干预案件处理。因此，司法机关内部一元化的领导体制也面临着挑战。

党政机关多中心的结果必然体现为，先是责任，然后是权力与责任同时向最基层的国家机关及其工作人员下放、下沉的趋势。这一趋势与法治发展是完全一致的。

首先，地方党政机关工作压力增大，本身就是法治发展的结果。法律多，法律问题才会多。我国全国人大及其常委会现在已经制定了近300件法律，赋予了有关人员和企事业单位、社会组织大量的权利，导致国家生活比以往更加活跃，人们的自由度显著提升。这就要求地方党政机关为人们行使自己的权利提供更多的条件，创造更多的便利，更加方便群众办事。在法治状态下，国家要做的，更多的是帮助群众自己动手，而不是代替群众做事。这样一来，直接面对群众的地方党政机关，工作压力自然加大。加之，毕竟，我国长期处于一个一元化的领导体制下，各级干部都已经习惯了按上级要求做事，现在要满足群众做事的要求，帮助群众提高做事能力，必然面临许多新的问题。党政机关的工作方式、领导方式都面临新的挑战。一时不适应，也是非常正常的。

其次，法律问题有自己的解决方式和渠道，也要求基层党政机关切实承担起责任。不同的问题有不同的解决途径和办法，法律问题的解决方式和渠道是法律规定的，任何人或者组织，在解决法律问题的过程中，都必须遵循法律所规定的解决途径。这个途径的基本特点就是，依法逐级处理问题。任何人遇到法律问题，与他人产生法律方面的争议，在求助于国家帮助时，都首先是求助于基层国家机关。对行政处理决定不服，可向上一级国家行政机关提出复议；对复议决定不服，可以向基层国家审判机关提起诉讼。与他人发生民事纠纷，一般都是向基层人民法院提起诉讼。对基层人民法院裁判不服，可以向上一级人民法院上诉，两审终审。目前，我们国家90%以上的一审案件都是由基层人民法院受理的，20多万法官中的大部分，都在基层人民法院工作。这也说明，法律问题的解决给基层带来的压力最大，挑战也最为直接。

再次，我国的法治正处在发展的过程之中，地方与基层党政机关则位于矛盾的焦点之中。所谓发展的过程之中，是指我国法治建设正在推进。各国法治发展都有自己不同的道路，没有一个统一的模式。我国推进法治建设是从我国实际需要出发的，边学边干，在实践中摸索，新旧体制并存，无法照搬任何现成的模式。因此，新旧体制之间必然发生冲突。长期以来，一元化的领导体制要求各级干部都要按照上级指示开展工作，按领导的看法办事，这是对干部的基本要求。改革与法治两大话语力量所推动形成的多中心的现实与一个中心的传统惯性思维模式并不一致，按照规则办事与按照领导看法办事在实践中形成了直接冲突。这个冲突的焦点一般都会汇集到地方和基层党政干部身上，要求他们作出艰难的抉择。服从谁？从这个意义上说，地方面临的压力越大，说明我国法治建设距离关键处越近。

以上分析说明，法治的发展，如果可以被概括为限制权力与保障权利，那么，这种对权力的限制，法律实践中，首先是涉法群众对地方一级国家机关及其工作人员是否依法行使权力的监督；对权利的保护，则体现为基层国家机关对群众依法行使权利的具体行为的尊重与保障。所以，在我国的法治建设过程中，地方党政机关承担了重要的改造权力的工作，众多的新型的权力与责任必然集于一身。而推动法治中国建设，衡量中国法治的发展水平，都需要从地方特别是地方党政机关的执政能力入手。

综上所述，我国改革开放以来，法治建设有了同步的发展。之所以得出这一结论，是因为改革开放促使中国从单一的固化的中心向多元化的中心方向迈出了坚实的步伐。这一转变使中国普通群众有机会自己依法决定自己的行为，不仅活跃了社会生活，释放出了个体活力，解放了生产力，而且加快了国家机构尤其是基层国家机构的权力改造工作，使我国法治建设在限制国家机关公权力与保障人民私权利的两个方向上均取得了一定的重要进展。法治中国的未来，或许可以从中国地方层面中心化的步伐加以观察、判断。

（原载《法律科学（西北政法大学学报）》2016 年第 9 期）

作为方法论的"地方法制"

本文无意对本体意义上的地方法制进行对象化的考察研究，而是试图以"地方法制"作为知识进路，解释中国法治发展的另一样态，建构一个分析中国法治状况的新的可供选择的理论框架，也提供一个思考法治问题的不同进路。

一、法学研究的整体性视角及其方法论问题

法学研究存在一个视角问题。我国的法学研究者比较倾向于一种总体性、整体性、综合性的思维方式。

这种思想方式确信并立足于法律现象之间的内在联系，进而从整体、总体、综合的视角展开研究。从科学的角度看，事物之间固然存在一定的内在联系，但是理论上的总体化却需要建立在对各个构成要素的细致观察与分析的基础上，否则，总体化也可能就意味着简单化。

例如，几乎所有的法学教科书都将法律体系理解为法律部门有机联系的整体。法律体系有一个"龙头老大"——宪法。然而，中国的宪法并不具有可诉性，而且没有建立起有效的宪法审查机制，根本无法保证法律部门与宪法内容的内在统一。

再如，20世纪80年代流行系统工程理论。法学界有些学者也积极尝试，探索法制系统工程研究，法治被认为是由立法、执法、司法、守法、法律监督等环节构成的一个有机整体。这样一来，复杂的法律及其实施问题，就被简化、分解为由各个相关国家机关主导的工作任务了。

还有，按照人民法院组织法的规定，本来，上下级人民法院之间不存在领导与被领导的关系，但事实上，我们还是把法院编织成了一个整体。

总之，我国的政界和法学界，无论是领导还是学者，都有一种将法律问题总体化的主观偏好。笔者不否认法律现象可能是一个总体，但是，反对将这一问题简单化，甚至怀疑这种思考法律问题的方式是否有意义。尤其是，理论问题的总体化很可能会强化本质主义的思想方式，这就更应该引起注意了。

法律并不是一个不以人的意志为转移的"实体"性的"自在"之物。法律这个概念语词所对应的对象，曾经被认为是上帝的意志、统治阶级意志或者客观规

律。这些认知的共同之处在于，法律都被认为是不以具体的人的意志为转移的，任何一个具体的有生命的人都无法左右它。无论如何，从知识论的角度看，这样的结果只有一个，即概念化的法律与真相越来越远。或者是被归结为具有某种客观性的自在的东西，与赋予其意义的生命个体反而无关了，与人的意志和活动无关；或者是被归结为某种抽象的人、组织的意志，同样与有生命的个人无关。这种脱离了人的感性与生活实践的法律，也就成为没有生命力的概念空壳。

法律实体化的后果，一方面与法律实践的多样性现实不符，另外一方面，则是造成知识上的混乱。

法学研究不能仅从中央、上级、领导、干部等角度入手，把握、推动总体化，即使法律现象是一个整体，整体化、总体化也未必具有足够的正当性，但也完全可以换一个角度，从地方、下级、普通群众等角度，观察中国社会现实中丰富的法律生活，或许会有新的认识和启示。

二、地方法制的六个方法论向度

地方法制并非地方性法规及其实施问题，也不存在一个对象化的实体意义上的与中央法治相对应的地方法制。地方法制是指地方实施法律的活动，包括为了实现国家宪法与法律的要求而进行的制度创新。

与总体化的理论倾向相比，地方法制试图从地方与法制的角度，深入观察中国法治发展。如果说，本质主义思想方法侧重于以总体化方式把握法治建设全局，进而自上而下有领导地、有理论地、有组织地理性推进法治发展，那么，地方法制研究则侧重于以具体化、制度化及地方性为概念工具，立足于法治实践活动本身，构建法治发展研究的理论框架，重点把握法治发展中自下而上的作用力。

地方法制研究通过以下六组概念之间关系的重建，试图提供一个新的观察中国法治发展的知识进路。

第1组：统一与分散

统一是本质主义法律观点赖以形成的整体性、总体性思想方法的基础性概念。实际上，统一与分散的关系问题，一定意义上，也就是整体与局部、抽象与具体的关系问题，不讨论、研究、分析构成整体的各个部分及其之间的关系，不研究整体与部分之间的关系，是不可能真正了解整体的。统一的前提是差异，是不同部分之间的统一。如果没有差异，没有多样性，统一又有什么意义呢？就法治建设而言，统一是不同的地方、不同的人服从同一个规则体系。由于这些不同的地方、不同的人之间属于不同的个体，因而必然对规则产生不同的理解，进而形成一个协调不同认识的机制。真正的统一建立在尊重差异的基础上。

第2组：权力与权利

在总体性法律思维中，权力居于优先地位。以加强与巩固权力为出发点与归宿点，并不符合法治思维。法律的核心、中心与重心都是权利，而不是权力。权力是政治的核心，权利才是法律的核心。法学研究应该侧重于分析研究权利和义务的配置状况及其实现情况，所以，要把权利主体及其活动作为研究重点，分析权利人在生活实践中如何实现自己的权利以及是否具有实现自己权利的必要性的制度条件。

第3组：中央与地方

地方服从中央，既是作为单一制国家的结构性特点，也是中国共产党领导地位与体制的体现。但是，地方服从中央的不同方式，决定着我国究竟是走人治还是法治的道路，能否坚持依法治国的重大问题。党的十八届三中、四中全会提出全面推进依法治国，目的之一就是解决全党全国的统一问题。所以，各个地方全面依法办事，本身就是维护中央权威。地方法制研究不仅关心中央的领导能力和执政水平，关心国家大政方针的贯彻落实，更关心地方层面如何以认真执行法律、服务公众的方式维护中央权威。

第4组：中心与边缘

与一元化的政治实践相一致，我国政治话语长期强调维护一个中心的权威，这也是单一制国家必要的政治纪律。然而，在实践中，如何理解和实践一个中心，一直是一个难题。研究中国的法治发展问题，要从中国实际上的不平等的状况出发，从被几千年的发展所固化的不平等的阶层关系出发，从解放边缘群体出发，通过解放出来的边缘群体的生产力，推动国家的发展。

第5组：法治与法制

"法治"一词在中国提出并被写入中国共产党的政治文件，无疑是中国人民政治生活中的一件大事。但是，应该注意到的是，在我国的语言环境中，法治是以法制为基础和前提的。法制是法律与制度的总和，是法治的基础条件，没有完备的法律和制度，不会有法治。从地方的角度看，是否有条件按照规则与制度办事，而不是根据领导人的看法与意见办事，是目前法治建设面临的更为紧迫的任务。

第6组：自上而下与自下而上

在人治社会，治理方式是自上而下的。法治社会则相反，治理方式是自下而上的。所谓自下而上，首先，是指国家法律一经制定，其实施的主要力量和基本力量是在国家基层、社会底部；其次，是指法律的实施是一个自下而上的过程；再次，自下而上的治理方式中，基层需要依法享有一定的自治权利。

三、法治在中国：地方法制的进路

从地方法制的视角观察中国的法治发展，就可以注意到，尽管依然存在诸多令人难以满意的现象，但是，法治的精神已经开始融入我们的日常生活。这主要依赖于与地方密切相关的三个方面的改变：

第一个改变来自公权与私权关系的变化。今天，当我们观察中国法治发展的时候，首先应该注意到的就是越来越多的人民群众愿意拿起法律的武器，维护自己的合法权利。这是中国法治不可逆转的基本保证。

第二个改变来自中央与地方关系的变化。这一改变的关键是干部责任制的建立，即干部必须依法依规承担责任。在传统的计划经济体制下，中央国家机关控制着全部生产资料与生活资料，按计划组织生产和分配。在这个体制下，各级干部都是按照上级意见开展工作和承担责任的。当经济体制改变之后，生产活动的组织者成为企业与劳动者自己，干部不再是收钱的和花钱的，还必须创造条件，让别人赚钱，以开创更多税源。在财权上移的过程中，事权则是不断下移的。因此，各级官员干部必须有工作能力和责任意识，而且不能影响社会稳定。依法办事的意识开始逐步进入官员的生活中。

第三个改变来自国家与社会关系的变化。生产力的解放首先是人的解放，而人一旦被解放，国家与人的管理、治理关系就开始发生了变化，客观上，社会已经被重建。这些社会组织形成了一个个新的利益共同体，在与国家的关系中，具有了独立的利益。相应地，国家与社会、社会成员的关系，不可能再依据上下级、领导与被领导关系来构建，而是要依靠公平合理的规矩。

以上三个涉及我国社会的根本性改变都是来源于改革开放的实践，构成了当今中国法治最有活力的部分和最深刻的基础。

总之，中国的法治建设，尽管发轫于中共中央十一届三中全会决定，与中央各项有关法治建设的重要决策息息相关，但从根本上看，不是被规划与设计出来的，而是在改革开放总的路线方针政策的指引下，依靠被动员起来的广大人民群众、企业、社会组织、国家机关，在各个地方之间经济社会发展竞争激烈的环境下，逐步发展起来的。也就是说，地方与社会才是中国法治发展最活跃的场域。当然，这种活跃，始终是在中央有效的控制之下的。

（原载《中国法学》2016 年第 4 期）

关于我国地方立法的若干认识问题

除非是特别授权的立法活动①，通常我国的地方立法是不得与中央立法相抵触的，这既是《中华人民共和国立法法》（以下简称《立法法》）的基本要求，也是地方立法必须坚持的宪法法律基本原则。然而，这项要求与原则是否必然导致我国地方立法的从属性、依附性等特征，则是值得研究的。换句话说，地方立法既然在国家立法体制中具有自己独立的法律地位，那么，也就必然具有一定的独立属性。如同反腐败的必要性是以国家公职人员存在的必要性为前提的，不能因为反腐败，最终否定国家权力的存在。同理，地方立法的从属性应该是依附于其独立性的，而非相反。若不能从此出发，观察、研究、发挥地方立法的作用，分析地方立法何以会在当代我国成为一个问题，有关地方立法的制度设置就会有所弱化、虚制、甚至被取消。在实践中，我国的地方立法主要分为实施性（执行性）立法、自主性立法、先行性立法三大类，其中又以实施性立法为主，即以结合本地实际，贯彻实施全国人大有关立法为目的的立法。有关自主性立法和先行性立法的空间并不大。这就是相关理论缺失而导致的地方人大难以有所作为的结果。

2015年3月15日，第十二届全国人民代表大会第三次会议表决通过了修改《立法法》的决定草案，地方立法权扩展至所有282个设区的市和4个不设区的地级市，我国地方立法的诸多问题亟待进一步研究，回避不能解决问题。在此背景下，本文拟就地方立法与地方立法权在我国的独特性做一些探讨，以期更好地发挥地方在法治建设中的积极作用。

一、地方立法与单一制国体

从单一制国体的角度看待我国的地方立法，或许会低估我国地方立法的重要意义。

讨论我国的地方立法和地方立法权，有些学者往往会立足于联邦制与单一制

---

①指的是通过全国人大有关特别行政区、经济特区等区域的特别立法以及有关授权立法的决定，赋予相关地区特别立法权，包括有关事项的特别立法权的直接授权和暂停有关法律在特定区域实施而导致的立法权限变化的决定。

国体的政治组织架构看问题。然而，我国的地方立法本身却是一个颇具中国特色的重大理论与实践问题，从一定意义上看，这个问题具有明显的独特性，很难在联邦制和单一制的框架中思考。我们也不应该过于依赖这种僵硬的分析框架。

在联邦制国家，各州或联邦成员本身拥有宪制意义上的明确清晰的与中央立法权相独立的立法权。这种立法权，不是"地方"边缘意义上的，而是实体中心意义上的。我国不是联邦制国家，所以，地方并不享有这种立法权，这是毋庸置疑的。

我国也并非标准的单一制国家。单一制国家中，中央对地方具有绝对领导权，地方必须服从中央，地方官员也由中央委派。全国只有一部宪法，各地服从中央的统一领导。有关立法权的问题，逻辑也是清晰的，即地方立法来自中央的委托、授权和安排。我国的国家结构形式从表面上看基本属于单一制国家，例如，地方的主要领导均来自中央提名；各级政府都必须完成上级政府交办的工作；地方性法规不得与上位法抵触；等等。但仔细研究，就会发现我国又不完全与其他单一制国家相同，或者是特殊的单一制国家，或者并非是完全的典型的单一制国家。

需要说明的是，单一制的"单一"是指领导权相互之间的单一，即拥有国家权力者之间领导关系的单一。单一制与中国古代的郡县制有许多类似之处，尽管它们在根本性质上是不同的。中国古代的郡县制是帝王专制下的一个体制，地方官员听命于君王，国事也是君主的家事，专制帝王言出法随，无所谓"地方立法"一说。而单一制国家许多都是民主制国家。所谓单一领导权，是产生于民主基础上的中央相对集权。民主选举民意机构代表，民主选举中央政府领导人，而后由民选的中央机构集中行使人事任免权、重大事项决定权和立法权等各项权力，包括对各个地方的领导权，地方同样不存在独立的真实的立法权。所以，与郡县制之间性质不同。但是，如果仅就领导权力之间的相互关系看，它们也有类似之处，即国家与社会之间具有一定的直接性，国家的领导权是高度统一的，国家是作为一个整体对社会发生作用的。所以，这种领导关系，仅仅体现在国家事务的范围之内，并不涉及广泛的民间社会的自治领域。换句话说，单一制国家，指的是国家与社会之间的诸多层级的中间国家机构没有独立于中央的权力，包括立法权，而是完全听命于中央权力。这一点，与联邦制国家相比较，就很清楚了。当然，这仅仅是一个法律意义上的构造，是否可以达到统一领导权的目的，还需要取决于具体的制度设计。否则，我们就无法解释，郡县制下，君主对各级官吏的高度警惕、花样百出的监控举措，以及地方官员的谋反与抗拒行为。所以，单一制或是联邦制，与宪制意义上的政治权力的分工及合作方式、组织方式有关，与官员之间忠诚关系的建构有关，而无关于国家权力（政治权力）与社会权力之间的关系。在一个社会更具有活力的民主国家，采用单一制还是联邦制，往往取决于历史传统、重大事件、各种社会力量的对比关系、公众选择等因素，不是一个价值观问题，也与国家统一或分裂这样的政治议题无关。

由于单一制国家并不十分重视国家权力内部的纵向分权，而更倾向于统一行使权力，所以，一般比较适合地域规模比较小的国家，这是顺理成章的。当今世界，大国很少因为担心分裂而采用单一制国体，就是这个道理。在这样的单一制国家，在国家事务上，地方并没有真正的立法机构和立法权，只有相应的贯彻中央意图的行政机构。所谓的地方立法权，也往往是通过行政权力授予而获得的。我国的制度设计最初也是出于这种考虑，例如，1988年后，我国就是由国务院批准了若干较大的市，后者自然拥有了地方立法权。①

基于上述分析，可以明确，我国并非严格意义上的单一制国家。

首先，我国各级立法机构的代表都是经由选民直接或间接选举，自下而上逐级产生的，最终必然要求向选民负责；各级政府、司法机构也都是由同级人民代表大会选举产生并向同级人大报告工作，法律上同样也有一个向选民和代表负责的问题。但是，我国宪法与法律均未涉及一个重大宪制问题，即上级意图与代表意图相互冲突的时候，服从上级还是服从代表。无论是否承认，地方国家机关向上级负责与向选民与代表负责，在法律意义上肯定存在着冲突的内在可能性。实际上我国也不止一次发生过地方人大否决上级提名的干部人选任命，也发生过有关政府、法院、检察院工作报告没有通过表决的情况。尽管从组织原则和领导体制上我们要求下级服从上级，但在宪法法律上，有关地方事务的决定权，很大程度在地方人大及其代表手中。这并不同于一般的单一制国家。

其次，由于权力来源于人民而非来源于更高的权力的政治合法性前提，我国各级国家权力相互之间客观上也就具有一定的独立性，这同样不同于单一制国家。在我国的中央与地方之间，还区隔着若干具有实质意义的国家权力层级。国家权力并非中央独享，而是由宪法规定的一个国家权力体制分配的。在这个体制下，一方面中央享有最高领导权，其合法性来自全国人大代表，体现出一切权力

---

① 1950年通过的《中华人民共和国市人民政府组织通则》第4条规定："市人民政府委员会在其上级政府领导之下行使下列职权：……（三）拟定与市政有关的暂行法令条例，报告上级人民政府批准施行。" 1982年修改的《中华人民共和国地方各级人民代表大会和地方各级人民政府组织法》（以下简称《地方组织法》）规定：省级人民政府所在地的市和经国务院批准的较大的市具有地方性法规拟定权。1984年，国务院批准了13个较大的市。1986年修改的《地方组织法》将较大的市的地方性法规的"拟定权"改为"制定权"。1988年后国务院又批准了宁波等6个较大的市。同样，现在设区的市，也是由国务院批准的。可见，哪些地方享有立法权，在我国，受制于国务院的行政权力。

属于人民的政治制度优势;另一方面,法律上中央的领导权又是通过地方性的民主产生的各个地方国家权力层级实现的,包括基于党内民主而产生的各个地方层级党委的领导权力,所以,在法律和制度层面上,各级权力都必须得到尊重。

由此可见,我们不能在单一制的国体框架内考虑我国的地方立法问题,我国的地方立法权,是来自社会主义民主制度的设计,不是从中央立法权中派生出来的,与中央的立法权既有联系又有区别。两类立法权都是国家立法权的组成部分。正是在这个意义上,我国的地方立法才作为一个重大复杂问题而存在,没有任何先例可循,因此,迫切需要开展认真而严肃的学术讨论。

二、地方立法与国家领导体制改革

对地方立法的研究,不能仅仅局限于一般意义上的中央与地方的关系,而是需要纳入全面深化改革与全面依法治国的整体框架和动态过程来考察,作为国家领导体制改革和国家治理现代化的一个重要战略组成部分进行分析。

我国地方立法的独特地位是深刻地植根于我国政治经济体制之中的。如果说,单一制国家一般是个圆锥形的权力集中于中央的领导体制,那么,我国则是更与中国古代的各种塔楼类似,中间存在一系列具有支撑作用和地位的极其重要的承重层。塔尖的稳定,依赖于各个承重关节。在我国的国家体制中,各级国家机关及其干部队伍,就是国家体制的承重关节,这也就是我国特别强调干部队伍建设、强调民主集中制原则的一大重要原因。各级国家机关除了履行本职工作,解决各种经济社会问题之外,还承担着上传下达的任务。一方面,群众的意见和需要,依赖这个体制逐级上传和汇报;另一方面,中央的决定也需要依赖这个体制逐级下达和贯彻。在计划体制和中央权力过于集中的情况下,上传下达的职能就更为重要。但是,改革开放以来,情况发生了根本变化,各级国家机关除了上传下达,必须独立地负担本地经济社会发展和公共服务工作。上级国家机关也以此作为考核下级国家机关及其公职人员的抓手。所以,对地方及其立法的地位和作用的认识,不能脱离这个国家体制及其改革来思考。换句话说,地方立法权主体范围的扩大,是国家体制改革所带来的地方国家机关职能变化的必然结果,是改革和规范地方国家机关领导方式的要求,是地方国家机关充分发挥职能作用的保证,是全面推进依法治国的一项重要措施,核心就是推动建立依法办事的国家体制。由此出发,应该注意到以下几方面。

首先,地方立法问题不宜局限于中央与地方的一般关系中看待。强调这一点的原因在于,长期以来,每当中央决定对地方放权的时候,都会出现一些习惯性的貌似非常理性的提醒的声音,有些观点似乎总是在表达某种对地方极度不信任的情绪。当年的特区建设，今天的简政放权，都是如此。第十二届全国人大第三次会议对《立法法》的修改决定，本来目的就是将地方立法权扩展至所有设区的市，显示出中央希望通过赋予地方立法权的方式，激励更多的地方国家机关进一步发挥工作积极性，更好地适应全面推进依法治国背景下的改革工作。修改后的《立法法》同时也规定了设区的市的相应立法权限，与之前已经取得地方立法权的较大的市比较，设区的市的立法权被限制在城市建设与管理等三个领域，似乎可以被理解为有关方面在扩大地方立法权主体范围的同时，又有一定的顾虑。与此相呼应，意料之中的，学者也表现出一种担忧，担心可能会带来法治碎片化、立法质量下降、助长地方保护主义以及侵蚀中央立法权的危险。[①]这种担忧总体来看不仅高估了地方层面的消极影响，低估了其正面的积极作用，而且把地方立法权问题的研究和讨论，转变为如何维护中央的统一领导问题，偏离了如何发挥地方的积极性、改进地方国家机关工作的方向。

其次，改革所带来的多样化、多中心发展，以及权力下沉，大幅度加重了地方国家机关的责任，驱动了广泛的地方立法需求。地方层级的存在，实践中必然会带来执行中央决策的偏差，这是一个长期存在的问题，从这一点看，有些担忧表面上看似乎不无道理。但是，如果我们换一个角度看，作为一个地域辽阔的多民族的经济政治社会发展极度不平衡的大国，"一刀切"的政策并不明智，也是不可行的，甚至实践中还是有害的。因此，历届中央政府都非常强调因地制宜、结合本地实际开展工作。我国政治体制构造的民主制，要求各种权力的取得与行使都需要建立在公众认可、监督、制约的基础上，就是用于解决这一问题的，以保证各项决策的正面效应。尤其是，作为一个曾经长期实行计划经济体制、权力高度集中的全能主义国家，在向市场经济体制转型的过程中，必然同时面临一个权力分散化的过程，在政策层面，就形成了目前中央积极推动的权力下放给社会、地方及基层的改革。国家需要有所为有所不为，中央同样需要有所为有所不为。改革开放以来，我国地方立法的主体和权限一直在变化，总的趋势就是地方立法权不断扩充，这与我国的改革进路是一致的。所以，我们讨论地方立法权的问题，也不能离开这个大的背景。不能因为我国是单一制国家，就否认地方独立的立法权；不能因为我国是中央集中行使领导权的国家，就否认地方工作的独立性。这种思维方式，显然过于简单。

再次，地方立法的蓬勃发展，还是依法执政、实现国家治理现代化的需要。我国地方立法的发展，与我国全面推进依法治国这一背景也是分不开的，后者是

---

① 王春业：《论赋予设区市的地方立法权》，《北京行政学院学报》2015年第3期，第109页。

中央政府在总结中华人民共和国成立以来正反两方面经验教训的基础上作出的重要决定。在党的十八届四中全会作出的关于全面推进依法治国的决定中，明确提出，改革必须于法有据，不能突破法律规定。改革必须于法有据就是针对各级干部特别是党员领导干部滥用手中权力的一种重要限制，试图在法治的轨道上推进改革。在长期的国家建设过程中，由于国家体制设置，地方各级领导干部担负着重要的领导责任，地方各级领导干部也相应承担着繁重的工作任务，但也毋庸讳言，权力的集中也带来了许多违法乱纪、滥用权力的行为。山高皇帝远，不少领导干部搞"一言堂"，凌驾于宪法法律之上。"上管天，下管地，中间管空气"，一些书记，俨然成了一个个"土皇帝"，无法无天，严重败坏官场风气，贪污受贿、贪赃枉法甚至草菅人命，欺上瞒下、结党营私终至官官相护。因此，在全面深化改革、权力不断下放的过程中，如何管好中间层，使地方国家机关有条件和能力依法积极行使权力，承担责任，就是全面深化改革与全面依法治国的共同课题。在这个意义上，加强地方立法工作，就远远不仅是调动地方的积极性问题，而且也是对地方各级领导干部领导方式的一次重要改革，是对权力的规训，是把权力关进制度笼子的一次具有法律意义的尝试，也是国家治理现代化的一个组成部分。

在上述背景下，研究地方立法问题，就需要我们从国家的长远发展和国家领导体制改革的现实出发，从地方国家机关权力与责任不断增大的前提出发，深入、有效地思考我国的地方立法问题。

三、地方立法与国家事权体制改革

地方立法是国家立法体制的组成部分，作为中央政府统一领导的国家，我国的地方立法权必然受制于中央有关地方职权与事权安排的顶层设计。

目前，我国在法律上对中央与各级地方国家机关职权分配尚未作出清晰明确的划分，这与过去的领导体制有关。1949年9月，中国人民政治协商会议第一届全体会议通过的《中华人民共和国中央人民政府组织法》，突出的是中央人民政府的权力，其第5条规定："中央人民政府委员会组织政务院，以为国家政务的最高执行机关；组织人民革命军事委员会，以为国家军事的最高统辖机关；组织最高人民法院及最高人民检察署，以为国家的最高审判机关及检察机关。"其职权设置并不强调分权，而是强调领导关系。例如第15条规定，政务院领导全国各地方人民政府的工作。之后我国所制定的各级人民政府组织法，基本上都是重在强调领导关系，并未认真涉及各级政府之间职权的划分。例如《中华人民共和国宪法》第89条有关国务院职权的规定中提到，国务院"统一领导全国地方各级国家行政机关的工作，规定中央和省、自治区、直辖市的国家行政机关的职权的具体划分"。这一条规定明确了国务院与下一级人民政府的领导关系,但并未同时规定职权划分。现行《中华人民共和国地方各级人民代表大会和地方各级人民政府组织法》(以下简称《地方组织法》)第55条规定:"地方各级人民政府对本级人民代表大会和上一级国家行政机关负责并报告工作","全国地方各级人民政府都是国务院统一领导下的国家行政机关,都服从国务院。地方各级人民政府必须依法行使行政职权"。由于各级人民政府相互之间职权并没有法律意义上的严格区分,所以,各级人民政府必须依法行使职权的规定无法有效落实。从该法有关省级、市级、县级人民政府的职权的各项规定看,除了"办理上级国家行政机关交办的其他事项"相当清晰外,各级政府其他职权的规定区别并不大。所以,我国有关《地方组织法》的规定,没有真正解决地方政府之间的职权划分,仅仅是保证了不同层级政府间的领导关系。

地方各级政府职权是模糊的,其他国家机构也与此类似。本来最应该清晰表述的司法职权的配置,由于上级法院被赋予了纠正下级法院错判案件的完整权力,上下级法院之间成为事实上的领导与被领导关系。

由此可见,我国国家机构建设还有很长的路要走。作为各级国家机关权力边界模糊的直接结果,便是地方立法难以有所作为。这也就可以解释,为什么1949年以后我国有关地方立法权的规定,反反复复,无法确定。地方职权不明确,所做的工作取决于上级国家机关的安排,当然无法立法规定,而且,地方立法权的存在还会破坏这种领导体制。

这种状况是不符合依法治国的需要的,也不适应改革的要求。所以,1994年中央政府推进财税体制改革,最初也希望同时推进事权体制改革。当时推动分税制改革的理由,就是希望在划分事权的基础上,划分中央与地方的支出范围。然而令人遗憾的是,在中央的高度重视和坚定推动下,分税制改革获得了成功,中央财力明显增强。但是,事权体制改革则陷入停顿。中央财力增强,地方财政捉襟见肘。财权上收的同时,事权不断下移,成为如今事权改革的最大动力。所以,党的十八大以来,中央政府很自然地将事权体制改革提上议事日程。

党的十八届三中全会决定提出:"建立事权和支出责任相适应的制度。适度加强中央事权和支出责任,国防、外交、国家安全、关系全国统一市场规则和管理等作为中央事权;部分社会保障、跨区域重大项目建设维护等作为中央和地方共同事权,逐步理顺事权关系;区域性公共服务作为地方事权。"[①] 2016年8

[①]《中共中央关于全面深化改革若干重大问题的决定》,《中国共产党第十八届中央委员会第三次全体会议文件汇编》,人民出版社2013年版。

月 24 日，国务院印发《关于推进中央与地方财政事权和支出责任划分改革的指导意见》，这是国务院第一次比较系统地从政府公共权力纵向配置角度（即事权和支出责任划分）提出推进财税体制改革的重要文件。这个文件的名称没有使用"事权"一词，而是用"财政事权"，反映出事权改革在中国的复杂性，但是，这也已经是我国推进国家领导体制改革的一次具有深远意义的事件。"事权"其实是个笼统的称呼，它同时也是事责，权力与责任是一致的。财政体制改革强调的是，权力是谁的，支出责任也是谁的。但是，从领导体制看，权力是谁的，谁就要负责，权责必须一致。因此，考虑到我国国家权力长期以来边界不清晰的现状，这一改革，将会极大地推动我国权力体制的法律化、制度化。需要说明的是，尽管这是一个国务院发布的文件，但是，按照党的十八届三中全会决定的内容，事权体制改革并非仅指政府内部上下级之间的权力关系，而是具有更为广泛的内容。地方事权的明晰，将会大幅度提高地方对自身责任范围内事项的重视程度，并促使其积极改进工作，预期会对地方立法产生极大的促进作用。

在事权改革没有全面启动之前，在法律没有明确划分各级国家机关权力分配格局的情况下，中央与地方之间的权力分配都不具有制度上的稳定性。中央对地方立法权限的安排，也势必具有探索性、试验性，相应地，地方立法权限当然也会维系在法律赋予的有限的立法权限范围和中央明确授权的领域之内。目前，我国地方立法就处于这种蓄势待发、不断尝试的状态。一方面，地方迫切需要通过立法，积极推动本地方的发展，化解有关矛盾；另一方面，由于权力边界不清楚，又有所顾虑，进而导致各地方在地方立法方面存在诸多差异。有些地方十分积极，勇敢尝试，而更多的地方则比较消极，还在观望等待。同样的道理，在地方事权不清的情况下，地方自主性立法的空间必然十分有限，实施性立法则居于各项立法的突出位置。在此情况下，如果说，制度优势将来会成为各区域的核心竞争力，那么，谁能够把握住地方立法的机会，积极推动制度进步，或许，谁就会掌握发展的先机。

综上所述，地方立法的问题之所以在我国成为一个重大问题，与我国的国家领导体制及其改革之间关系密切。没有改革开放，地方立法是不会作为一个问题、难题而存在的；同样的道理，只有沿着继续深化改革的方向大胆尝试，积极努力，地方立法才可以在我国全面深化改革与全面依法治国的历史格局中发挥自己的重要作用。法学界也需要在这样一个重大的历史格局中整体把握有关地方立法问题的研究。

（原载《地方立法研究》2017 年第 1 期）

"地方法制"的概念及其方法论意义

本文的主要目的是阐释地方法制的概念及其中所蕴含的方法论意义。①之前，笔者曾在多篇文章中就地方法制的概念和方法论问题分别发表过自己的观点，②但总有一种言犹未尽的感觉，将两者联系起来进行分析，或许可以更清晰地表达自己的看法。同时，需要首先说明的是，尽管本文使用了"概念"一词，但并不意味着作者认为存在一个本体论意义上的地方法制。概念，通常指对某类事物、对象的本质属性的概括，而我们很难确定"法律""法治""法制"等概念所对应的实体对象，即使我们有一串很长的清单，也一样无法穷尽对象。况且本质主义的思维方式往往会抑制我们对无限丰富的生命实践的思考。但是，我们现在又确实需要在理论上把地方法制的概念或者研究范围予以澄清。由于法学界的共同努力，越来越多的学者开始使用这个词汇，③一方面说明这个方向的研究开始产生一些积极的效果，引起了一定的关注；另一方面，伴随而来的是也开始出现一些语词使用上的明显的不统一乃至混乱。鉴于此，在没有找到更合适的词语的情况下，本文依然采用这个题目，尝试把笔者希望通过这一词汇所表达的内容和方法论意义提供给大家参考，以便更好地开展相关研究。

---

① 本文写作过程中，浙江大学光华法学院博士后谢郁、博士研究生江秋伟、严文俊、林立成帮助收集资料和参与讨论文中观点，在此一并表示感谢！
② 参见葛洪义：《我国地方法制研究中的若干问题》，《法律科学》2011年第1期；葛洪义：《中心与边缘："地方法制"及其意义》，《学术研究》2011年第4期；葛洪义：《作为方法论的"地方法制"》，《中国法学》2016年第4期。
③ 参见高全喜：《地方法制的历史及其现代意义》，《民主与科学》2017年第4期；余涛：《地方法制理论视野下的"小制度"研究》，《云南大学学报》2015年第6期；郭威：《转型期地方政府内在行动逻辑下的地方法制》，《山东科技大学学报》（社会科学版）2015年第2期；李旭东：《地方法制研究的理论框架》，《学术研究》2011年第4期；徐忠明：《地方法制研究的视角和方法》，《法治论坛》2010年第1期。类似标题的还有，倪斐：《地方法治概念证成——基于治权自主的法理阐释》，《法学家》2017年第4期；黄文艺：《认真对待地方法治》，《法学研究》2012年第6期；付子堂、张善根：《地方法治建设及其评估机制探析》，《中国社会科学》2014年第11期；周尚君：《地方法治试验的动力机制与制度前景》，《中国法学》2014年第2期；万江：《中国的地方法治建设竞争》，《中外法学》2013年第4期。

一、地方法制的含义

有关地方"法制"或者"法治"概念的争论,一直以来都是基于"地方"是否具有法治建设的主体地位或者是否存在一个实体性的"地方法治(法制)"而展开的。本世纪初,有学者针对全国各地蜂拥而起的"法治某省(某市、某县)"等,提出法治是一个整体性、整全性概念,地方法治的概念有可能消解法治的统一性,将法治碎片化,对地方法治有所质疑,①从而开启了地方法治的争论。需要说明的是,一般而言,学者们并不否认我国不同区域之间法治发展的差异,因此,对有关地方法治先行、地方之间法治竞争的话题,争议不是很大。分歧在于,一个统一的国家,而且是一个单一制国家,是否存在独立的区域性法治建设的可能性?如果有可能,那么如何理解?倪斐针对这一问题,提出了一个治权自主的概念,希望通过区别主权与治权,为地方治理与地方法治奠定一个清晰的法理基础。②这种研究思路,尽管对地方所享有的各种国家权力给予了说明,同时也论证了地方法治的权力基础。但是,正如拥有主权的国家未必施行法治一样,拥有治权的各个地方,逻辑上,也未必同样施行法治,权力并不是施行或者不施行法治的唯一前提。更重要的是,这样的讨论,或许会使我们偏离研究目标本身。在一个统一的国家主权范围内,不可能同时存在依据治权不同而形成的法治或者非法治的地方。就一个国家而言,可能是法治的,可能不是法治的,可能是正在通往法治的道路上,就如我国。但是,一个国家范围内的各地之间,治理模式不会存在根本差异,有的只是局部和细微的区别。在我国,地方的法制建设,其实都是在中央统一决策下而展开的。不同地方的差别,来自不同地方及其领导集体、区域文化传统、相关政策等诸多领域的差异。因此,以治权自主为基点解释地方法治的概念,还需要解决许多相关的理论问题。

本文所称的"地方法制",是指在法治统一原则下,地方根据本地实际情况的需要,在应对宪法法律实施所产生的各种问题的过程中,形成的规则与制度的总和。这个概括既不赞成以法制统一为由否定地方法制的观点,也对基于治权自主而主张地方法治概念的观点有所保留,其基本含义如下。

首先,显而易见,本文所使用的"地方法制"并不等同于法治或者地方法治,两者之间不是同等关系,逻辑上不是平行的概念,毋宁说,地方法制只是法治的重要内容之一。类似于树与树叶、树枝、树干的关系。法治意味着一系列的

---

① 参见杨解君、赵会泽:《法治的界域:由"法治××(区划)"引发的思考》,《湖南社会科学》2004年第4期;杨解君:《法治建设中的碎片化现象及其碎片整理》,《江海学刊》2005年第4期。
② 参见倪斐:《地方法治概念证成——基于治权自主的法理阐释》,《法学家》2017年第4期。

重要的、根本性的原则和制度，表明了特定的价值关怀。一个国家是否属于法治，其实并没有标准答案，符合一定原则的，通常就被称为法治。从这个意义上说，一个主权意义上的法治的国家，其内部某个地方就不可能是人治的。单一制国家、联邦制国家，都是如此。所以，"地方法治"这个概念的使用，其实是有风险的。而地方法制则不同，它是法治的具体化以及各种表现形式。例如，法律面前人人平等是一项法治原则，按照这项原则，不平等、歧视显然就不是法治。而如何衡量平等或者歧视与否，如何保障平等对待，就需要从更为基本的制度进行分析和考察，而这些基本制度，宪法法律在一般情况下是无法详尽规定的。例如，市民办理各种证照是否都需要无例外地排队？是否排的是同一个队？查处酒驾，是否无例外地允许被查处者申辩或者向外界求助？交通违法，什么情况下可以免除责任？大学生报考各地公务员，是否需要填写性别、民族、宗教信仰或者是否患有乙肝？等等。这些情况往往都是由地方当局通过一些更为具体的制度规定的，属于地方法制的讨论和研究范围。从这个意义上说，不坚持法治原则，地方法制就失去了内在价值核心，但是，抽掉了地方法制的内容，"法治"这个概念也就成为了空洞的说辞，同样没有任何价值。我国宪法法律文本中大量的在世人看来非常先进的规定无法实现，成为摆设，其主要原因之一，就是受制于地方法制的不匹配状态。这也反过来可以说明，对地方法制开展研究，着力于相关具体的制度建设，是法治建设所需要的。当然，这并不是说地方要为这种有法不依、有法难依的状况承担主要责任。只是想说明，无论是对行为抽象的肯定或者否定，都需要同时完成自身借助一系列具体环节而实现的对象化过程。

其次，地方法制是围绕宪法法律实施而产生和形成的。这个定义意味着，地方法制是整个国家法治建设的组成部分，主要涉及两层含义。其一，强调地方法制的研究，与国家制度的统一规定是一致的。我国的国家权力集中在中央，宪法法律来自中央权力、依托中央权力，所有人、所有地方都必须严格遵守，包括各级地方官员、各企事业单位、各武装力量等。这是国家宪制与政治体制所要求的。所以，地方法制是在这一政治架构下提出的概念，对地方法制开展研究，不是为了否定、削弱中央权力，而是为了更好地、更全面地贯彻实施来自中央权力的宪法法律。任何国家的法治建设，都不可能离开相关的政治安排进行设计。法律是实践理性，必须从实际出发，结合现实条件进行研究。我们不能把自己的法治构想放在真空中，放在假定的理想环境中展开。这也是地方法制研究所内含的基本政治前提。其二，尊重和维护宪法法律的权威，是实现法治的根本要求，也是地方法制研究的根本目的。稍具法律常识的人都知道，宪法法律至高无上的权威，需要通过每个人的守法尊法敬法行为来体现，需要一系列制度来保障，所以，宪法法律的权威，必须具有现实性，不能口惠而实不至。地方法制则是实现、展示、测度宪法法律权威的产物，是从属于宪法法律的，围绕宪法法律的实现而出现的，离不开宪法法律实施的法律实践活动。所以，从这个意义上看，地方法制也是一个国家统一的法治话语架构下的概念。之所以强调这一点，是因为离开了法治中国建设这一根本目标，地方法制是无所依托的。准确一点地说，"地方法制"这一概念，是出于研究、解决宪法法律实施层面的各种问题，维护宪法法律权威，进而维护统一的国家制度的需要而提出的。

最后，也是最重要的是，地方法制是来自各个地方的为了应对宪法法律实施而产生的问题的过程中形成的规则和制度的总和。宪法法律中抽象的、一般的规定，必须通过实施者的主观努力，才能够转化为对行为人的具体要求。在我国，更为特殊的是，还存在一整套严密的高度实体化的组织体系。所有人几乎都被编织在不同的组织里，这些组织在宪法法律的实施中，不可避免地扮演着重要的角色，发挥着重要作用。例如，一个党员干部涉嫌犯罪，不经过其所在的组织，司法机关可否进行查处？若其达到一定级别，在什么情况下，司法机关可以介入？再如，法官需要查封某家企业的银行存款，不经过本单位领导批准，银行职员是否会协助？银行职员协助查封企业银行账户，是依据法律，还是本单位或者本系统的有关规定？很显然，在我国，宪法法律的实施并不是直接面对当事人的，或者说，当事人不太可能在各个有关部门或者单位作出具体规定之前直接根据法律主张自己的权利。权利的实现一般还要受制于法律实施中的所有参与者所属单位、部门的有关规定，或者说，是通过这些规定发挥作用的。从更为宽泛的意义上看，各个社会组织，包括企事业单位、行业协会等，也都在基于宪法法律的规定，制定各种各样的有关规章制度。有些属于内部管理和自治的范围，例如村规民约、小区业主公约等，还有相当一部分，与宪法法律的规定存在交叉。无论何种性质的规定，其实都影响和决定着我国宪法法律的实际实施状态。这样一来，就存在一个次级规则与制度的问题。如果说，宪法法律是一级规则和制度，为了一级规则与制度的实施而设立的规则与制度，就是我们所说的次级规则与制度。这个划分从表面看并不严谨，因为如果把国家的法律体系看成是一个系统的效力等级体系，也就会存在宪法法律内部的多级规则与制度的问题。但是，如果从法律制定与法律实施、中央与地方两分的权力架构出发，分为两级规则与制度，大致上也是清楚的，可以有效说明两者之间的关系，也可以更清楚地呈现我国宪法法律实施的基本方式和主要特点。

概而言之，地方法制这一概念主要是研究各个地方在实施宪法法律的过程中结合本地实际和自身认识而形成的次级规则与制度，目的是保障宪法法律权威的实现。

二、次级规则与制度

地方法制概念成立与否,关键就是如何理解和把握次级规则与制度,这也是地方法制的核心问题。同时,这还是正确认识法治统一基础上的地方法治建设及其意义的关键所在,也有助于深化对主权与治权关系的讨论。

地方法制是一个非常中国化的概念,这不是说法治发达国家不存在一个次级规则与制度的问题,而是说,这个问题在其他国家可能并不是一个重要的、突出的、全局性的问题。中国的法治建设与中国的政治国家制度密切相关,根植于中国的政治土壤之中。法治说到底就是规则之治。古人说,徒法不足以自行,法律的制定与实施都与人分不开。而制定与实施法律之人,在现代国家中,都是依附于各种组织的,特别是拥有公共权力的各级组织在法律的制定与实施中具有极其重要的地位和作用。在中国这样一个将各个分散的个人高度组织起来的国家权力体系中,研究中国的法治问题而不研究中国的权力体系,是没有办法得出接近实际的结论的。次级规则与制度的问题,就是一个由中国国家权力体制决定并诞生于其中的问题。"文化大革命"结束之后,我国能够进入法治建设的快车道,就是由这个权力体系发动和组织的,否则,我们没有办法解释,在这样一个至今依然缺乏规则意识和共识的国度里,[①]何以能够推进法治中国建设。同样,当法治实践面临诸多问题的时候,我们依然要从这一体制自身寻找原因。

作为一个主权国家,对内对外,主权都是由不同部门代表国家行使的,进而形成了一个个拥有独立权力(包括治权)的国家机关。实践中不存在抽象的主权,尽管学理上可以进行讨论。可以说,之所以要突出强调次级规则与制度,就在于我国的国家权力体制下,地方国家机关(包括地方党委系统各个机构)实际上享有相当完整的独立权力。与学界拘泥于主权与治权之争不同,我国地方官员所拥有的实际权力是超乎想象的。媒体曾经报道,有一基层官员口出狂言:"上管天,下管地,中间管空气",[②]这是地方实际情况的真实写照。尽管学术界习惯于认为我国采取的是单一制国家结构形式,但这种认识并不正确。我国不是单一制国家(当然更不是联邦制),但是地方享有的权力比单一制国家在某些方面

[①] 2018年1月5日,安徽女教师罗某以等丈夫为由,扒住车门,导致列车无法开出。参见澎湃新闻网:《合肥站一女子以"等老公"为由阻挡高铁车门关闭,致列车晚点》,https://m.thepaper.cn/newsDetail_forward_1942679。

[②] 央视国际:《"上管天,下管地,中间管空气!"》,http://www.cctv.com/oriental/sj/szsb/20011130/38.html。

还要广泛和完整,例如有权决定如何实施某些法律。依照《中华人民共和国立法法》的规定,地方人大可以就某个法律的实施,结合本地情况制定相应地方性法规;①各个地方的法院,也可以根据本地经济社会发展情况,决定某种罪行所涉金额是否属于数额"特别巨大""巨大",进而决定相应刑期;地方党委与政府的自由裁量的权力就更广泛了。学术界早有"财政联邦主义"一词用于阐明我国的财政体制,②也可以从一个侧面说明我国目前的权力分配体制并不是单一制的。

准确一点地说,我们可以称我国目前的权力分配体制为中央统一领导下的各级地方分工负责体制。这一体制或许多多少少来源于革命战争年代的军事管理体制,类似于部队管理系统。全军服从最高军事指挥部指令,各个部队领导同时具有独立的战场战斗指挥权。下级军官和士兵必须无条件服从直接上级,每个战斗单元都是一个独立完整的军事单位,无论班、排,还是师、团,首长拥有在单位内部至高无上的权力。各国军队指挥体系都是如此。中国军队的特殊之处之一,就是建立了军队的政治体系,把党支部建到了连队,保证任何情况下,都是党指挥枪,而不是枪指挥党,③保证全军的统一领导。显然,我国的国家管理体制,与此是十分类似的,至少受到这一军事组织体系的深刻影响。需要说明的是,用军事体制比附我国的国家体制,只是为了准确阐述一个事实,并不涉及相关的价值评判问题。我国动员能力强,与这个体制设置是分不开的。所谓对我国具有"集中力量办大事"能力的赞美,也是从这个意义上说的。实际上,地方法制的研究恰恰是为了能够更加切合我国的实际而展开的。

从中央统一领导的角度看,我国的国家权力长期以来都是比较集中的,国家运行依靠国家权力的统一指挥和调度、安排,其中,尤其强调中央权力的权威性。计划经济年代,我国权力集中发展到了极端。改革开放以来,针对"权力过于集中"的弊端,中央决定进行相应的体制改革,下放了部分权力,但是,中央统一领导的原则,从来没有改变。这也是与我们维护国家统一的原则是一致的。

---

① 《中华人民共和国立法法》第72条:"省、自治区、直辖市的人民代表大会及其常务委员会根据本行政区域的具体情况和实际需要,在不同宪法、法律、行政法规相抵触的前提下,可以制定地方性法规。设区的市的人民代表大会及其常务委员会根据本市的具体情况和实际需要,在不同宪法、法律、行政法规和本省、自治区的地方性法规相抵触的前提下,可以对城乡建设与管理、环境保护、历史文化保护等方面的事项制定地方性法规,法律对设区的市制定地方性法规的事项另有规定的,从其规定。"
② 王守坤、任保平:《财政联邦还是委托代理:关于中国式分权的经验判断》,《管理世界》2009年第11期;王文创、徐斌:《谈分权、财政联邦主义与我国中部经济发展》,《商业时代》2009年第29期;朱军:《单一制国家财政联邦制的"中央—地方"财政关系》,《财经研究》2012年第6期。
③ 参见《毛泽东选集》(第一卷),人民出版社1991年版,第65页以下;《毛泽东文集》(第一卷),人民出版社1993年版,第66页以下。

所以，所有的决策，不限于包括依法治国在内的重大决策，都需要依赖最高权力机关的决定以及这个权力系统的发动和贯彻实施。党的十九大所作出的成立全面依法治国领导小组的决定，正是在这个意义上，才被认为是对中国特色的社会主义法治建设的重大推进措施。①

我国目前的权力体制，也不能与传统中国简单类比。中国，在历史上大部分时间都是统一的国家，从秦王朝开始，就以郡县制取代了封建制，建立了中央集权的帝制帝国，整个国家的权力都集中在皇帝手中，各级官员都是由皇帝任命的，形成了君主的家天下。为了防止地方官员扭曲政策甚至背叛君王，帝制中国在地方层面探索、实行了多种形式的分权制，②地方官相互之间有所牵制、约束。而我国当代政治体制下，各级地方都是围绕党的组织特别是书记形成的领导集体，各级政权都有一个最高负责人。尽管党内实行的是集体领导和民主集中制，但实际上，书记在制度上是无可争议的"一把手"。如此一来，我国就形成了一个以无数个书记为中心的领导集体构成的国家权力体系，或者说，各级地方分工负责的体制。这个体制与传统帝制中国的家天下的国家权力体制是根本不同的，最重要的区别之一，就是现代我国的地方政权组织所拥有的权力以及施展权力的空间更大，管理范围更宽。一方面的原因在于现代我国政府管理的事项范围要比历史上更为广泛，全面渗透到社会生活中；另一方面，各级地方国家机关的产生都需要按照一定的程序，包括法律程序，所以，上级机关对官员的管理与任免所受到的牵制更多。

在此制度框架下，每个领导层级和各级地方作为国家权力之网的一个扭结，由于拥有自己的相对独立完整的权力，在各项工作中，包括宪法法律的实施中，也就拥有了一定的话语权与独立活动空间，包括是否实施以及如何实施宪法法律。如此体制，也就成就了一种我国独特的政治现象，即每当党的中央全会闭幕之后，各级党委都要陆续出台一个关于贯彻中央全会决定的决定，以表明本级党委对中央全会决定的态度；同样，下级党委就要作出一个关于贯彻中央全会以及省委（或者市委）决定的决定。所有的决定，除了政治表态的意义，还要体现出

---

① "深化依法治国实践。全面依法治国是国家治理的一场深刻革命，必须坚持厉行法治，推进科学立法、严格执法、公正司法、全民守法。成立中央全面依法治国领导小组，加强对法治中国建设的统一领导。"习近平：《决胜全面建成小康社会夺取新时代中国特色社会主义伟大胜利——在中国共产党第十九次全国代表大会上的报告》，http://news.cnr.cn/native/gd/20171027/t20171027_524003098.shtml。
② 叶林生、刘新建：《中国封建社会集权与分权的历史考察》，《晋阳学刊》1987年第3期；曹正汉：《中国的集权与分权："风险论"与历史证据》，《社会》2017年第3期。

如何结合本地实际，抓好哪几项主要工作的意见，以利于下级执行。所有的文件都是如此，或者作出决定，或者作出贯彻决定的决定。下级机关及其工作人员以及文件政策涉及的人民群众、企事业单位，当然必须执行各级党委的文件，所谓"以文件贯彻文件"，就具有了特别的重要性。同理，宪法法律的实施，同样取决于各级各地国家机关所制定的文件。这些文件，按照权力隶属关系，对国家机关的下属单位和成员具有绝对的效力。在实践中，其影响甚至超过了宪法法律。这是西方那些所谓法治国家根本不存在的问题。一部法律颁布后，甚至一个判决作出后，是否执行，执行什么，怎么执行，等等，还要由其他国家机关进行事实上的遴选。在我国，中央一级的艺术团体甚至有名望的企业中的一些人之所以敢于公开批评法官、法院及其判决，挑战法院权威，[①]其背后的深层原因就在于此，或许，他们认为自己背靠着更有权威的、比法院更"牛"的国家机关。所以，研究我国法治建设的实践情况，是不可能绕开这些地方国家机关围绕宪法法律实施所制定的有关规则和制度的。特别是在中央不断加大推进法治建设的举措之后，经历了改革开放的各个地方，多多少少都积累了一定的依法办事的经验，施行了相关的制度。这就是在我国次级规则与制度存在及其具有超强效力的基本依据。所以，这是一个典型的法治发展中的中国问题。

进一步而言，由于我国的企事业单位、社会组织等组织体都是在国家直接或者间接的管理之下发展的，有些甚至直接隶属于某级国家机关，例如中央企业、中央高校，省属企业、省属高校等，也就不可能不受所属国家机关的影响乃至领导，当然也会产生相应的归属感和身份感。例如一个坐落于省会城市的中央企业，其人事、纳税主要或许就不归地方属地管理。由此，各单位的内部各项规定，或许与其所属地区的有关规定并不一致，地方甚至无权过问。在国家的法律体系中，各级地方发布的文件、决定，制定的有关规定，企事业内部的各项规定，大部分不具有法律地位，但是，实践中，它们的地位和作用甚至可能超过法律。在转型过程中的中国，"县官不如现管"，是非常普遍的。在"死磕派"律师、"刁民"中，不少人就是在以法律对抗各种地方决定的过程中扬名立万的。

由于地方在中国是实体性的存在，具有扭曲政策、法律、上级意图的实际能力，其行为之于上级决策而言，就可能一致，也可能不一致；之于法治而言，就或者积极，或者消极。但无论如何，是不应该被忽视的。由地方而产生的次级规

---

① 搜狐网：《宋城集团排舞台剧举报浙江高院院长 法院称正核实》，http://www.sohu.com/a/26953041_114984；西安网：《中央芭蕾舞团质疑停演判决 冯远征：为法院点赞》，http://ent.xiancity.cn/system/2018/01/03/030534357.shtml。

则与制度，在我国法治发展过程中的重要性，无论如何评价都不为过。但总体而言，地方是中国法治发展的一种积极力量，次级规则与制度的实践，对突破不利于法治发展的旧体制，产生了更多的积极意义。

法治发展所必然导致的主体行为选择的多样化，在弱化和挑战单一行为模式的同时，对权力系统的最底端的地方与基层国家机关带来了巨大冲击，迫使其不断在服从上级与服从法律之间进行平衡与选择。在过往的实践中，由于改革开放占据了主流的话语地位，同时为了维护本地方的利益，在上级无法以提供应对复杂具体问题的统一的规则与制度的方式进行领导的情况下，各地无可回避地必须进行自己的选择，必须利用自己本来就享有的独立权力作出相应反应。在此过程中，各个地方被迫尝试改变既有的领导方式和体制，制定各种规则与制度，站在本地方的立场上，以保证完成自己作为"地方"国家机关的"守土安民"之责，客观上，部分地区实现了自身利益的最大化。从统计数据看，中国的营商环境在总体改进的同时，明显呈现一定的区域之间的不平衡。以咨询公司科尔尼发布的2017年全球城市指数排行来看，进入前100名的中国城市（按排名先后）有香港、北京、上海、广州、深圳、南京、成都、天津、武汉，① 这个指数的一个重要内容就是创业生态投资环境。显然，这里所说的投资环境、营商环境，本质上还是一个法治环境的问题，而且无法由统一的国家法律来说明，只能是由次级规则与制度的差异来支持这种区别的形成。这说明，在不同的地区，领导集体的思想认识水平、领导方式与能力的不同以及外部条件的不同，导致了中国的法治发展呈现区域之间的不平衡。这就不仅从经验上而且在逻辑上为地方法制的重要性提供了支撑。

从20世纪80年代起，就有学者展开了对以地方立法为核心的地方法制的研究。② 然而，在次级规则与制度中，地方立法并不是最重要的。一方面，地方立法调整范围和手段有限，另一方面，地方人大在国家权力体系中的实际职权、地位也是有限的。在法治的语境下，我们关心的是，地方究竟有多大的空间能够为宪法法律的实施创建有效的规则与制度。之所以使用"法制"一词，原因就在于笔者希望单独将地方的各种规则与制度提出，通过对各地创建的各种规则与制度的观察、分析、比较研究，提供一个分析宪法法律在中国实施情况的视角，进而说明法治在中国的特殊性，同时避免一些在过于宏大的问题领域的争议。

---

① 《科尔尼：2017年全球城市排行榜》，http://www.199it.com/archives/599169.html。
② 夏卫民：《对搞好地方立法问题的探讨》，《法学》1983年第4期；信春鹰：《对我国地方立法权限的初步探讨》，《法学杂志》1984年第2期；王双昆：《浅谈地方立法层次》，《河北法学》1985年第4期；杨春堂：《中国地方法制建设基本理论》，中央党校出版社1990年版。

三、地方法制的方法论意义

笔者提出"地方法制"的概念,指出次级规则与制度在我国法治建设中的特殊地位,如前所述,并不是为了论证存在一个与全国性的法治不同的地方的法制。地方法制不是一个本体论、存在论意义上的概念,更多的是一个方法论意义上的概念。地方法制强调以地方为重要分析单元,从地方在法治建设中的所作所为入手,研究地方做了什么以及可以、应该有什么作为。在笔者看来,地方在中国法治发展过程中处于一个关键环节,可能成为法治发展的积极推动力量(例如深圳在全国率先提出特区立法,依法保障改革),而各地在改善营商环境方面所作出的努力,又可能成为改革的消极阻力(例如一些地方领导干预司法形成了冤假错案,一些地方政府在经济活动中乱作为导致企业生存艰难)。所以,宪法法律的正确和有效实施,离不开地方这一环节,只有抓住地方,调动起地方在法治建设中的积极性,同时能够有效约束地方的行为,中国的法治建设才可能取得根本性突破。基于这一认识,从法学研究的方法论角度,就需要适时进行转换。

研究并判断法治的价值、作用、存在形式,从来都有不同的方式,过去,我们习惯的是一种整体主义的视角,即将法治作为一个整体进行思考和推进。既然是个整体,那么,就一定强调内部各要素、各单位之间的和谐统一,就一定存在一个统帅性的领导力或者推进力,我们有关法律体系的定义、司法机关的设置乃至本质主义的法律概念,几乎都是这个思想方式的结果。同样,认为地方法制的研究可能将法治碎片化的观点,也是产生于相同的方法论。沿着这个方法论思路,就会强调中央和上级的权威。尽管这个考虑不无道理,但结果可能恰恰适得其反。原因在于,中央和上级的直接领导,恰恰是人治国家与人治社会的一个主要特征,这是法治建设所要完成的主要改革任务。通过加强中央和上级直接领导的方式推进法治建设,与法治建设的目标是背道而驰的。当然,这么说,并不是否定统一领导。关键是,法治建设代表着执政方式、领导方式的改革,中央和上级的权威并非只有直接领导一种方式,而且,事无巨细都依赖领导,是已经被实践证明错误的领导方式。所以,党的十九大报告中提出,全面依法治国是国家治理领域的一场深刻革命。[①] 要学会运用法治的方式进行领导,这是法治建设必须面对的。因此,忽视地方之间的差异、把法治统一理解为无差别,其实仍然是以

[①] "全面依法治国是国家治理的一场深刻革命,必须坚持厉行法治,推进科学立法、严格执法、公正司法、全民守法。成立中央全面依法治国领导小组,加强对法治中国建设的统一领导。"习近平:《决胜全面建成小康社会夺取新时代中国特色社会主义伟大胜利——在中国共产党第十九次全国代表大会上的报告》,http://news.cnr.cn/native/gd/20171027/t20171027_524003098.shtml。

人治的理念讨论法治问题。

法治的特点是分散决策，必须让各个权利主体在法律的基础上根据自己的意愿和理性自主决定自己的行为并为自己的行为负责，培养和造就千千万万个责任主体。在此背景下，国家机关应减少对社会生活的干预，有所为有所不为，实现国家与政府职能的转变。所以，以行为的统一性和整齐划一来规划一个法治蓝图，根本上还是在以人治的方式推动法治，结果可想而知。所以，衡量法治的标准，来自法律基础上的分散决策的广泛有效性。离开了多元主体的分散决策，就不是法治；法治离开了法律基础，同样也不再是法治。从这个意义上看，各个地方作为独立的利益主体，在宪法法律范围内，实现本地方利益的最大化，是法治建设的应有之义。为此，各个地方创制次级规则与制度的活动，在法理上是无可指责的。

与整体主义方法论相对立，更多的学者则倾向于个体主义的方法论，突出强调和强化个体在维护自身权利过程中的积极作用。虽然这一思路反映了法治秩序的基本特点，但是，与中国实际也并不完全相符。中国至今为止并不存在独立自由的、不受空间限制的、具有维护自身权利的足够力量的权利主体，无论是企业、个人、国家机关，都是如此。各主体被编织在一个庞大的组织之网中，只能在一个有限的空间中腾挪。所以，法治建设固然要以各项法律权利的实现为依托，但如果离开了各项地方制度的改造与完善，进而把个体解放出来，维护权利的行为所带来的未必是权利实现的结果，甚至相反，会带来更为严重的社会对抗。任何权利的存在和实现，都不可能是单纯立法的结果。法律不是改造社会和国家的前提，而是其结果。法律不能决定社会，社会则决定着法律。所以，研究我国的法治建设问题，必须立足于国家权力的实际运行方式，从实际出发，分析、总结、发现问题。这也是将地方法制作为法学研究方法论的原因。

"地方法制"的提出，则是在各种法学研究视角中，提供了一个以地方为重要单元的研究思路，即结合改革开放的宏大历史背景，通过分析比较地方在法治发展中所创制的各种次级规则与制度，探讨中国由人治向法治转型过程中，法治建设所经历的各种变化及其中的困难与问题，进而把握中国法治发展的特殊性。

把地方法制作为方法论，就是试图提出，地方无疑也是法治建设的相对独立的主体。地方的主体性主要体现在：地方在国家的利益格局中具有一定的独立性，进而表现出自己的独立意志和价值取向。作为国家权力体系中的相对独立的环节，地方与中央以及不同地方之间，存在着一定的利益差别，当前国家大力推进的事权与支出责任体制的改革，就是为了解决这一问题。利益差别进而导致给予地方权力而形成的决策差异，势必导致对同一部法律形成不同的认识和态度。

例如，虽然国家要求建立统一的大市场，但不同省份在某些商品（烟、酒、食品、电动自行车）、企业进入本地市场方面态度截然不同，措施也不同，法律实施状态当然也就不一样。在法治发展过程中，地方既可能也有条件基于自身利益的需要扭曲宪法法律的规定，又可能并有条件同样基于自身利益的需要，通过严格依法办事维护企业与公众的法律权利，进而营造良好营商环境和社会稳定形势。所以，地方不是法治建设中的被动者、被推动者，在大多数情况下，它们都是基于自身利益而积极主动介入的参与者。如果不注意规范、约束和引导地方的行为，把地方看作消极的因素，刻意打压地方，就会出现乱作为或者不作为现象。

以"地方法制"为关键词开展法学研究，可以促使我们通过推动宪法法律上地方国家机关职权与职责的明晰划分，确认各级地方以及不同地方国家机关之间的独立职权与责任，进而促使其成为宪法法律实施中的权力与责任主体；切实落实地方在各项工作中的主体责任，推动地方采取积极措施为企业和公众法律权利的实现提供更为有效的制度性帮助；使国家与社会的边界变得更为清晰，社会更有活力，公众更有创造力。只有通过地方与基层公权力的积极改造，宪法与法律上所赋予的各项权利才可能实现。只有当权利有条件实现的时候，公众才有可能有效约束公权力。目前，在我国的法律制度中，为了保证中央和上级有效的领导能力，上下级之间在法定职权的划分上依然是非常模糊的，存在严重的权限不清、责任不明。例如，地方各级政府之间在《地方各级人民代表大会与地方各级人民政府组织法》中，对职权没有进行区分，只用一个法律条文笼统规定了事。① 再如，最应该分清权力界限的司法机关，最高人民法院依然保留管辖所有他认

---

① 《地方各级人民代表大会与地方各级人民政府组织法》第59条："县级以上的地方各级人民政府行使下列职权：（一）执行本级人民代表大会及其常务委员会的决议，以及上级国家行政机关的决定和命令，规定行政措施，发布决定和命令；（二）领导所属各工作部门和下级人民政府的工作；（三）改变或者撤销所属各工作部门的不适当的命令、指示和下级人民政府的不适当的决定、命令；（四）依照法律的规定任免、培训、考核和奖惩国家行政机关工作人员；（五）执行国民经济和社会发展计划、预算，管理本行政区域内的经济、教育、科学、文化、卫生、体育事业、环境和资源保护、城乡建设事业和财政、民政、公安、民族事务、司法行政、监察、计划生育等行政工作；（六）保护社会主义的全民所有的财产和劳动群众集体所有的财产，保护公民私人所有的合法财产，维护社会秩序，保障公民的人身权利、民主权利和其他权利；（七）保护各种经济组织的合法权益；（八）保障少数民族的权利和尊重少数民族的风俗习惯，帮助本行政区域内各少数民族聚居的地方依照宪法和法律实行区域自治，帮助各少数民族发展政治、经济和文化的建设事业；（九）保障宪法和法律赋予妇女的男女平等、同工同酬和婚姻自由等各项权利；（十）办理上级国家行政机关交办的其他事项。"

为应该由他管辖的案件的权力。① 这就导致实践中难免出现大量事务性工作下移到基层的情况，同时也导致基层国家机关权威不足，信访不断，出现大量的迷信上级机关进而"信访不信法"的现象。另外，在国家与社会的关系上，也存在同样的边界不清问题。这就导致地方国家机关有时或者背负了过重的责任，或者推诿自己的责任，或者越过国家权力的边界，不适当地甚至违法地侵入原本属于社会的领域，侵犯企业、个人、社会组织的权利。换句话说。目前法治建设中存在的突出矛盾，很大程度上，都是由于没有适时地对地方国家机关及其权力进行改造的结果。以规则与制度的方式，在国家权力体制不做大的改变的情况下，依法完善地方国家机关权力运行体制机制，提升其法治化水平，是这一方法论的重要结果。

将地方法制作为方法论，还可以有效借助改革开放的制度及话语资源，分析中国法治的进步，探索未来的发展趋势。我国历经40年的改革开放，其中最宝贵、最重要的成果就是对束缚生产力发展的僵化的经济体制进行了必要的改革，这个旧体制的核心就是权力过于集中。在改革的过程中，从国家无所不管的范围中，划分出一部分，形成了自然人、法人的权利；划出另一部分，形成了各级地方国家机关的权力，进而导致维护各种多元利益的法律需要。不从改革的角度研究中国的法治建设，不依托改革汇聚的强大政治力量，不挖掘地方在改革中被释放出的巨大活力，不弄明白地方官员何以放下身段亲近企业家和劳动者，以为这就是中央一条指令或者发布法律就能解决的问题，那就根本无法解释今天中国的法治建设成就，就无法解释中国的企业和个人所享有的那些自由和权利，也没有办法真正面对法治建设所遭遇的巨大困难。地方法制立足于这样一个基本事实，即，在我国，地方也是一个独立的利益集团，而且是一个举足轻重的群体。法治与改革一样，能否取得实效，地方是关键一环。

当然，将地方法制作为方法论，就需要超脱旧的法律观念的束缚，对法律持一种更开放的态度。由于地方参与法治发展的基本方式来自其自身所有的在法律上并未严格界定的公共权力，其权力在法律上经常是模糊的。因此，其维护自身利益的方式一定是以非正式的法律文本为依托。所以，法学研究对地方法制的关注就要依托各种各样的次级规则和制度，否则，抱着有关法律的教条定义，几乎是无法真正深入中国地方的法治实践之中的。反过来说，如果我们给予次级规则

---

① 《中华人民共和国人民法院组织法》第31条："最高人民法院审判下列案件：（一）法律、法令规定由它管辖的和它认为应当由自己审判的第一审案件；（二）对高级人民法院、专门人民法院判决和裁定的上诉案件和抗诉案件；（三）最高人民检察院按照审判监督程序提出的抗诉案件。"

和制度足够的重视，我们就能够对地方这一庞大的公权力主体在法治发展中的角色和作为作出恰当评估和判断，也才可能从根本上建立权力的依法运行机制。

综上所述，地方法制不同于地方法治，不是将中国法治碎片化，而是基于完整把握法治的需要而提出的。其目的是把握地方基于应对宪法法律的实施而产生的各种问题创制出的规则和制度，进而将这些规则和制度纳入法学研究的范围之内。相比较国家的宪法法律，这些规则与制度在法律体系中属于不那么刚性的次级规则与制度，但是，鉴于地方在国家权力体系中的极端重要性，其实践中的刚性往往超过了法律。对中国法治的研究，需要我们转换研究视角，抓住地方法制这一环节，才能有效推动中国的法治进步。如果说，中国的法治建设最困难的部分，就是对公权力的有效约束，那么，对地方法制的研究，将地方国家机关的权力纳入规则与制度框架内，就显得尤为迫切和重要。

（原载《法学评论》2018 年第 3 期）

何以"应当"
——地方法制的规范性维度

法学界对地方法制的提法不以为然者甚众,不少人认为这一概念不具备规范性的基础。这既涉及关于规范性及其问题的理解差异,也关系到对地方在法治发展中的地位与角色的不同评价,直接影响地方法制乃至法治理论研究未来的发展方向与可能的学术空间。鉴于此,本文拟以地方法制何以"应当"为主题,就其规范性问题提出一些初步的认识。有关分析与观点,若有不妥和错误,敬请指正。

一、地方法制与规范性问题

地方法制与所有的法学概念一样,都会面临一个规范性的问题——尽管这并不意味着只有在规范性的意义上,法学概念才能作为一个有价值的问题或者命题而存在。例如,有关死刑的刑法规则固然是一个事实,但也是一种对于某些犯罪行为以及刑罚措施的态度。分析相关事实与阐明某种态度,都是很有意义的。

在法学研究中,规范性主要是指法律作为一种行为规范,具有约束人的行为的普遍效力。一方面,行为人有服从法律的义务,"应当"遵守法律,法律包含着对人的"当为"的行为的要求;另一方面,"应当"被遵守的法律规范,内含某种普遍的"应当"服从的价值准则,导致其效力也是普遍的,即对所有人都应当有效。规范性问题则是围绕"应当"而产生的,指法律规范何以能够约束人的问题,即什么样的规范、符合什么标准或价值的规范、从哪儿来的规范,才具有对人的行为蕴含"应当"意义的约束力,才能取得被人们一体遵循的效力。而对行为人而言,规范性则使其具有了基于规则的某种程度的"当为"的义务。由此,规范性问题实际上又是一个正当性的问题,规范性问题也就相应转化为如何证成规范的正当性的问题。这显然是一个很大且很复杂的交织着多学科知识背景且有相当理论难度的学术问题。

地方法制研究与规范性问题最初并无交集,因为前者关注的是一系列"实有"的问题,涉及大量看似碎片化的事实;后者关注的是一连串"应有"及其论证的难题,涉及复杂的逻辑与伦理理论。两者之间或许是可以不发生关联的。

地方法制最初仅仅是作为一个分析问题的概念工具,用于观察、分析、解读中国法治建设"实际"的发生过程与进路,用于解释"地方"在法治进程中实际上在做什么以及可以做什么。据此,地方法制曾被笔者界定为"在国家法治原则的统一指导下,各级地方根据本地实际情况的需要,在应对地方实施宪法法律所产生的各种问题的过程中,形成的规则与制度的总和"①。在这一定义中,既强调了我国的法制统一原则,又明确了在法制统一过程中宪法法律的至高地位,还特别提出要关注各个地方结合本地实际情况,在宪法法律规定的框架范围内,积极、主动、创造性地开展制度构建活动,并提出后者可能才是中国法治建设最具有创造力、最具活力的源头动力,当然也是中国法治体系的重要组成部分。

在上述思想指导下,地方法制研究主要关注和针对的是我国法学研究的一个方法论问题,即由整体主义视角出发而展开的法治、法律研究,这种研究方法将法治视为可以由上而下基于对理性的确信而统一规划与设计并有序推进的科学系统的实践活动。显然,这是与常识相背离的,也与我国法治实践所取得的经验相违。法治最显著的标志和特征就是所有行为人均可依法自主决定自己的行为,中国法治建设最主要的成就也就相应地在于扩大了包括公众在内的各个主体(个人、企业、集体、各级政府等)自主选择自己行为的范围。这与整体主义方法论所依托的集中决策体制恰好相反,是一种分散决策的制度体系,其中蕴含着深刻的以分散决策为前提的行为统一的制度智慧。中国的法学研究如果不能面对与突破传统整体主义、中心主义的方法论限制,不仅无力解释中国法治实践,而且还会与法治基本原理背道而驰、渐行渐远。

显然,对法学研究方法论的强调,也是对法的本体论研究的一种态度。整体主义的法学研究依托的一直是本质主义思想方法,尽管表达方式复杂多样,但一般均主张存在一个不以具体的、有生命的、现实的人的意志为转移的客观的法的实体。实际的法必须符合这一客观的法才具有所谓的正当性。自然法学说就是其中最有代表性的一个学派。化繁为简,把生动丰富的法律现实化简为若干条原则,再由拥有知识或者权力者独享规则的制定与解释权,极其容易形成与法治相对立的独断思维。其实,法律一经制定发布,法律面前就应当人人平等,包括不同的国家机关及职务高低不尽相同的公职人员。实践中,大家直接面对法律,依据自己对法律的理解采取行动,不可能无休止地向上请示法律的含义,寻求指导。所以,仅从常识出发,这种整体主义的思想方法也是与法治相悖的。

---

① 葛洪义:《作为方法论的"地方法制"》,《中国法学》2016年第4期。

地方法制研究由此就又与法的规范性问题发生交集。在是否存在地方层面的相对独立的法治实践问题上,现在学术界似乎并无太大争议。毕竟,依据宪法法律,地方享有一定的相对独立的立法权、司法权和行政执法权,甚至相对独立的更为广泛的事权,如地方税的收取和分配。为了招商引资,适当给予税收优惠,是地方基于自主决定权而采取的普遍做法;至于赋予企业与社会组织更多的自主权,也曾是一个时期地方先行先试的工作重心。从这个意义上说,决策的多中心已经事实上初步形成,这当然与地方的法治实践有关,与地方层面在规则与制度的创制上的主动进取相关。这里的争议仅仅在于如何认识地方层面所形成的规则与制度,如何确定这些规则和制度的属性。这些问题原本就包含在地方法制研究框架之中。[①]"地方法制"而非"地方法治"的用语,其实也是在这一问题上保持谨慎与适度克制的结果。

规范性问题的提出,则挑战了这一平衡。作为一系列事实的地方法制,被我国是否"应当"有一个地方法制的规范性意义这一问题所取代。地方法制是否"应当"的问题又直接牵涉两个议题:第一,地方即使曾经创制了一系列或许有助于法治发展的规则和制度,这些规则和制度就是"应当"存在的吗?或许,地方为应对具体问题形成的局部经验,本身就仅仅是一个阶段性或偶然性的历史事件而已。第二,即使存在这样的规则和制度,其规范性也是来自上一级的规范,其正当性需要依赖法治的一般原则来支撑,如何能够证成其具有独特的存在价值和优先发展的需要?

就第一个议题而言,在我国的法治乃至整个改革实践中,长期执行的政策之一,就是通过在少数地方先行试验,然后总结经验,再上升为国家的法律或者全国统一的政策。所谓"从实践中来,到实践中去",就是这个意思。如果局部的具体经验不可能直接上升为普遍的全局性的规则,那么,这样的试验转化为普遍的国家层面的实践,在途径与方式上的理论逻辑又是什么?抑或,经验压根就没有转化为普遍规则,仅仅是被更多的地方作为地方经验而借鉴?那么,一般规则又是如何形成的?其中地方经验有什么意义?

就第二个议题而言,在法治建设中,地方是否具有优先或独立的地位?质疑在于,即使地方处理法律问题更为便捷、优先,从规范性的层面上说,地方所产生的规则与制度,其规范性源自何处?制度化领域的局部地方实践或许只能作为器物层面的"雕虫小技",如何能够具有某种程度的独立性?

[①] 有关次级规则,参见葛洪义:《"地方法制"的概念及其方法论意义》,《法学评论》2018年第3期。

二、法律的实践性与规范性

良法善治,是对法律规范性核心问题的一个通俗阐释,意指需要凭借好的法律,实现善的治理。然而,何谓"良法",如何"善治",则并不是一个可以轻松回答的问题,实践中更是难以取得共识。

从规范性的角度质疑地方法制及其研究,很大程度上,就是基于对一统"良善"标准的执着与对"地方"多样化有所忧虑的结果。法学界一般是可以接受甚至会热情地支持"法治中国"的概念,但要是说到"法治广东""法治浙江"等就不以为然了,若再见到"法治某县(区、乡、厂)""法治家庭"的提法,更是视为笑话。其实,标语治国是中国的一种特有的政治动员方式,有时也是很有效的,只不过是要求各地都积极行动起来,支持中央有关依法治国的决策。尽管各地所采取的有些具体行动和提法,不够严谨甚至荒诞,但主要方向还是积极推进法治建设。学界的疑虑应该还是来自对"地方"在法治建设中的地位和作用的怀疑。法治应该统一,体现统一的价值观,因此,必须一致行动。"地方"起哪门子劲?有"地方"什么事?即使"地方"有权制定规则,那也是宪法法律赋予的,意义是被赋予的,也没有独立的价值。所以,地方法制意义始终是极其有限的。

法律是认识的对象还是实践的对象?这个问题决定了在法律的规范性问题的思考方式上存在两种根本不同的思路。从实践的角度看,法律的规范性,包括地方法制的规范性,只能是一种"弱"规范性,原本就不是一个本体论意义上的规范性。甚至恰恰是对传统的本体论意义上的规范性问题反思的结果,不能将其作为单纯的逻辑问题对待。

法律是一种实践理性,即法律不是一个有待"科学认识"的客观实体,而是一个基于人对人的"正当"行为的判断、交流和阐释而形成的规范体系。所以,法律一方面是人的活动的产物,人是实践主体而非客体,法律是人的意识的结果,法律实践中,人是主动的;另一方面,法律是在实践环境中动态变化的,不是永恒不变的。因此,法学也并非一般的科学活动,以说明法律的客观"真相""真理性"为目的。法学的目的是阐释性的,以解释人们在何种情况和条件下承担了服从法律的义务。相应地,也存在两种完全不同的规范性。科学意义上的规范性认为,法律的规范性归根结底来自法律背后的对法律有最终决定作用的不以人的意志为转移的终极客观因素,现实的人的一切行为,包括基于人的有意识活动产物的法律,最终都逃脱不了这个规律的检验。所以,法律的正当与否,最终来自是否符合这个客观因素,从柏拉图的理念到黑格尔的客观精神都是源于相同逻辑。按照这一逻辑,法学的目的当然就是揭示法律背后的客观存在,而可凭借的手段则是逻辑,依赖于人的理性与推理能力。如此一来,法律就成为一个认识对象，取决于人们的认识能力和知识水平；什么是法律的问题，也就成为一个谁有知识或者权力来对什么是法律的问题作出决定并加以宣布的政治权力问题。

从实践的角度看，将人的主体地位置于中心位置，法律的规范性问题则呈现出不同的面貌。

首先，法律是实践的，决定了法律的规范性只能是"弱"规范性，而不是科学认识领域的放之四海而皆准的真理意义上的"强"规范性。本体与现象分属两个不同的领域，可感知的现象才是人的知识可触及的对象，属于经验可控的范围；本体则压根与知识无关，属于信仰和实践的领域。这一领域，人们是不可能凭借知识达致的。法律的正当性需要获得道德的支撑，最终都属于实践理性的范畴，而不是知识的对象。这是康德以来知识界已经解决的问题。有关法律问题的研究，都必须面对这一康德问题：要么摆脱客观道德的约束，在现象层面将法律视为人的感官系统可感知的实在法，要么就必须超越本体论意义上的正当性论证方式，从主体角度重新建构法律与道德的关系。当人们在讨论法律、地方法制的正当性问题时，必须明确，这已经不是也不可能是一个传统本体论意义上的问题。

如此一来，人们就必须站在作为主体的人的自身立场上重新审视规范性问题。在"强"规范性话语体系中，规范性主要是一个逻辑问题。规范的规范性需要来自另一个规范的支撑，所有的规范都面临这一共同的问题。除非存在一个不需要其他规范来证明自身规范性的规范，否则，就可能陷入"明希豪森困境"。传统的自然法学说，就是这样跌入绝境的。它们试图寻找一个能够撬动整个世界而自身无须被推动的力量支撑自己的整个规范体系，结果陷入了无力自拔的处境，进而促使所谓"新自然法学"不得不另辟蹊径。罗尔斯、德沃金这两位被我国学者在20世纪归为新自然法学派的代表性学者，[①]尽管与传统的自然法学者在法律与道德的关系上持有相近观点，但论证方式则完全不同，这也说明"强"规范性所面临的困境。法律实证主义也遭遇类似处境：他们严守康德有关知识界限的主张，将法律严格限制在经验的范围内，甚至将法律归结为主权者的命令，不得不无视或回避法律的正当性问题。这些都说明，随着人的主体地位的确立，规范性问题的话语形态已经发生了根本变化。

其次，法律是实践的，决定了法律的规范性的源头在"下"，在社会以及公众，在作为主体的人自身，而不是在"上"。法律作为一种实践理性，其最显著的标志，就是以人的个体行为的正当性为中心确定行为准则，作为规范依据。实

[①] 沈宗灵：《现代西方法律哲学》，法律出版社1983年版，第227–228页。

践指的是人的行动；实践理性，则是指人对自己行动正当性的判断能力。作为实践理性的法律，其规范性与人的活动以及人们对相互之间行为的正当与否的判断联系在一起。所谓行为的正当与否，受制于人的特定生存环境，环境决定人及其意识，而不是相反。所以，人们对法律的态度，并不取决于人们对所谓客观的法律的认识和知识，而是取决于在某种特定环境下，哪些行为规范是可接受为"正当"的。因此，规范的规范性，又不是主体个人认知的结果，而是主体之间交往活动的产物，是人们对某种行为及其方式正当与否的集体理解与意识。所以，这个意义上的法律的规范性，与普通人的自我意识内在地联系在一起，同时具有民主的内在品性。

凯尔森与哈特在规范性论证领域采取的策略，就是在努力向"下"寻求论证资源，也是在"弱"规范性意义上进行的。凯尔森规范体系有两个重要特点。一个是从规范的效力（而非规范的存在）角度讨论法律的规范性问题。这里，他等于是将规范内容的正当性问题作为一个自身无法解决的问题交给具体的行动者（立法者）了。另一个特点是视作一个新康德主义者，他秉承康德的思想方法，将作为宪法规范的规范性来源的基本规范纳入先验的范围，成为纯粹形式的规范标准，与正当与否的法律规范内容无关。[1] 不应该忘记，康德的先验论与他对人作为主体的主体自我意识的褒扬是一致的；哈特的路径虽然不同于凯尔森，但思路也是接近的。他将主要规则的规范性来源归结为承认规则，而认为后者取决于社会的认可。他通过区分内部与外部视角将相应的社会认可的事实转变为社会规范，从而为主要规则提供规范性，同样也是从社会汲取论证资源。

再次，法律是实践的，决定了法律的规范性是在一个动态的实践过程中被不断丰富的。法律总是被有的研究者作为一个由立法者一次性完成的文本纳入研究的视野，其实，立法与法律的实施是一个交互影响的动态过程。法律最重要的是要管用，而能够发挥作用的法律文本，是那些能够面对实际、解决实际问题的文本或者条款。一个能够持续从社会中汲取资源的法律才会获得这样的生命力。如同美国宪法，如果没有联邦最高法院一次次的诠释，或许早就被抛入历史。

法律是概括性的，一般性地规定人的行为。与各种具体的指令不同，后者对行动细节的要求是非常明确清晰的，如军令。而法律的实施者则需要结合具体情况，具体对待各种问题。正是基于法律必须面向社会与公众要求，才产生了具体情况要具体对待的策略。法律的实施者之所以不能教条式地对待法条，同样也是因为他们必须能够依据法律解决问题。实践中，对法律含义的多种理解，既可能

---

[1] 俞静贤：《法概念与法律的规范性——以凯尔森为中心的考察》，《清华法学》2006年第3期。

来自法律本身的模糊空间，也可能来自实施者基于自身理解能力的解读，还可能来自实施者有意识的误读，但结果都是使法律处于不断被诠释的状态。在一个设计良好的制度条件下（这也是众多研究者从程序与制度的形式条件考虑规范性问题解决方案的原因），由于公众的积极参与，法律的动态实施过程完全有可能成为法律规范性的重要补充形式。因此，基于实践而开展的规范性问题的研究，具有鲜明的地方与区域色彩，与地方性群体共识直接相关。在此角度看，规范的规范性，归根结底，并非来源于某个抽象的伦理规范，而是来自在规范可能的适用区域内，人们对规范效力的普遍认同以及对规范内容的持续不断的补充和丰富。

三、职权法定与规范性

地方法制的规范性，直接涉及地方创制的规则与制度和宪法法律之间的关系问题。从这个角度看，地方法制的规范性至少涉及三个问题：地方创制的规则与制度有没有独立性？独立性是哪里来的？如何认识、评价其地位和作用？

首先，地方创制的规则与制度，即次级规则与制度，来自法定职权，且具有独特的宪法法律不可取代的内容，是我国当代法律系统中相对独立的有机组成部分。

地方法制的规范性问题，经常会被望文生义地作为一个基于"地方"的主体身份而产生的问题。由于在一个权力高度集中的政治体制中，"地方"一词本身就显示出国家权力结构上的从属性，地方是作为服从者、被领导者、贯彻落实者而设计存在的。因此，有关地方法制或其规范性的讨论，往往被局限于这一身份关系之中。其实，这一分析框架是有很大局限的。因为，有关地方法制及其规范性的讨论，并不是讨论这个权力等级内部的相互关系，而是讨论和研究由地方产生的规则和制度的规范性问题，主要是：地方层面有关机构和组织为实施宪法和法律而制定的规则、形成的制度，是否也应该被遵守？为什么应该被遵守？除了权力之外，遵守这些规则和制度是否还存在强有力的规范性意义上的依据？以上问题即次级规则与制度的规范性问题。主体身份本身，并没有一个所谓的规范性问题。规范性问题是基于规范而产生的问题。

如果把问题放在中央与地方的身份关系中进行讨论，基于地方服从中央的科层制度，很容易认定地方的权力来自中央的授权。其实，地方国家机关创制规则的权力，并不是上级的授权，而是一种法定的职权。次级规则与制度的存在，渊源于国家权力分配体制的安排，是一种权力分工的结果。地方国家机关和组织在这个权力分配体制内，拥有一定的通过规则和制度进行管理的法定职权。

这些次级规则和制度的存在，其部分来源于相应的正式法律规定的权力结构，被纳入国家的立法体制中。例如，《中华人民共和国立法法》有关地方人大及其常委会的立法权以及地方政府的规章制定权的规定，部分则来源于长期的权力运行及其制度实践，主要是各个部门和组织运用被上级或者法律赋予的内部管理的权力而制定的有关规则。再如，法院制定的法官管理的规则，组织部门对各级干部的考核规定，看守所对本所干警提出的管理律师会见犯罪嫌疑人的要求，高等学校对本单位教职工与学生的管理规定，等等。由于这些规则与制度的效力，或者来源于宪法法律，或者直接来源于更高的权力，不得与来自国家最高权力机关的宪法法律冲突，所以，从总体的效力关系上说，它们可以作为宪法法律之下的次级规则和制度。

可见，宪法法律实际上并不是次级规则与制度的唯一来源，后者来自更为广义的国家权力分工。按照《中华人民共和国地方各级人民代表大会及地方各级人民政府组织法》的规定，各级人民政府在其辖区范围内的职权几乎是重叠的。虽然同时规定，地方各级人民政府都要服从上级政府，完成上级政府交办的任务；但也意味着，在上级没有明确要求的情况下，区县级政府与省级政府职权范围是一致的。所以，地方国家机关所创制的规则和制度，很难说是以宪法法律意义上的规范为直接依据的，而是来自更广泛的政治实践和社会需求，是政府内部协调分配、总结实践经验的结果。党务、立法、司法系统内部的权力分配，逻辑也几乎相同。实践中，各地都具有一定的相对独立的实施上级要求或者回应社会需要的权力。例如，地方立法中普遍采纳的不冲突原则，强调的就是地方立法不能与宪法法律相冲突，但并不排斥在宪法法律没有涉及的领域内，地方可以通过立法行为有所创新。我国的国家生活，很大程度上，就是由这些次级规则和制度构建的。由此可见，次级规则的内容是十分广泛和丰富的。

其次，地方创制、实施相关规则和制度的必要性，来源于国家体制及其转型实践，与宪法法律一样，都是从国家法治发展中获取规范性资源的。

职权法定作为地方法制规范性的来源，不仅基于次级规则与制度本身是否来自合法有效的权力，而且更在于，职权法定本身就是法治化的最重要的环节之一，同时也要求地方各级国家机关、企事业单位都必须依法依规行使职权。次级规则与制度正是这一法治实践的重要成果并从中获取自身的正当性。

如果说，宪法法律是中央权力的产物，那么，次级规则与制度则与地方权力相联系。两者都是国家法律系统的相对独立的组成部分，共享法治的规范性论证资源。与此相对的，我国又是一个正处于法治化转型过程中的国家，人治因素并未彻底清除。党的十九大报告指出：全面依法治国是国家治理领域的一场深刻革命。推进法治发展，关键要解决各级领导干部依法办事的问题。众所周知，在一个完全按照上级指令从事的体制下,规则的作用是十分有限的,所有问题的解决方案都取决于人们之间职务的高低,与指令的内容正确与否完全无关。古人说"军令如山",执行军令对军人而言是"必须"的,不是"应该"的,与其正当与否完全无关。在我国政治权力体系中,不同国家机关之间的身份关系,直接决定了按谁的指令办事这一原则问题。我国在推进依法治国的过程中,必然存在一个按照上级和领导的看法办事与按照法律办事之间的关系问题,有时它们之间是冲突的,有时则是各行其道——有些事听领导的,有些事听法律的。我国的地方法制问题就是这一背景下的产物,讨论的是:在这个体制尚未完全转变为法治秩序的前提下,人们是如何努力推进法治的?在推进法治的过程中,人们应该或者实际上又是如何依法办事的?这其中的一个重要举措,就是要求和鼓励地方各级党政机关通过制定规则、建立制度的方式开展工作,以减少和避免领导人个人说了算的情况。党的十八大以来授予所有设区的市地方立法权,就是这种工作思路的体现。

由于我国的各级党政机关都是按照民主集中制的组织原则设立的,一方面,在理论上,主要的领导干部都要由本地的人民代表或党代表选举产生,重大事项也必须经过一定的民主程序,从这个意义上说,次级规则与制度与宪法法律共享着"自下"汲取的合法性论证资源;另一方面,他们也必须承担"父母官"的职责,所以,各级地方都拥有相对独立的职权和职责,在自己所负责的辖区和领域内,一定程度上都是"一言九鼎"。所以,次级规则与制度的独立性,其作用规模之大、范围之广、与群众联系之密切,都是显而易见的。正是在这个意义上,依据法治原则,提升制度化水平,当然是国家推进依法治国的重中之重。

最后,在我国法治发展的过程中,次级规则与制度的地位与作用不可低估。

理论上说,一个人在应当做什么的问题上,要么听从内心的召唤,要么服从权力的指令。[1]推进法治建设,就应该依法办事。然而,实际情况可能并非如此简单,在现实中,两个体制并存的局面下,人们在面临选择的时候,法律并不总是优先的选项。事实上,也确有领导干部因为依据上级领导要求办事,忽略了法律规定而被追责,[2]这说明在一个严格的权力等级体制下,即使服从上级指令会存在风险,但人们依然可能选择服从上级的要求。事实上,在全国的不同地方,依法办事的状态也是不同的。各地之间的营商环境也存在明显差异:某些地方的干部似乎更倾向于依据规则办事;某些地方的群众,依法办事似乎更加方便。按照

---

[1] 丘尔契:《希腊悲剧故事集》,施咸荣译,中国青年出版社1980年版,第60—61页。
[2] 吴少博:《两名公务员因执行上级违法强拆命令被判滥用职权罪》,http://www.sohu.com/a/233817315_451642。

"法治是最好的营商环境的判断",①各地营商环境的不同,说明各地之间法治状态不同。这种不同,不是由国家机关之间权力上的身份关系决定的,也不是由各地主政主官的认识与个性的不同决定的。根本上说,一个稳定的秩序状态只能由不同地方、不同国家机关创制的不同规则与制度决定。可见,地方在法治发展中已经大显身手,也是可以大有作为的。

同时,虽然说,我国整体宏观的国家政治、经济、文化秩序是以宪法法律为基础构建的,但这是总的方向和原则,它维护与保证着国家的统一,决定着人们行为的主要方面。而在微观层面,各层级党的机构、国家机构、企事业单位、社会组织均拥有一定的以不同方式存在的对规则与制度的相对独立的创制权力。人们实际上遵守的,正是那些各地、各单位(特别是大型国企、事业单位)为贯彻落实宪法法律而制定的规则和制度,其构成了人们行为的直接依据。我们每个中国人,其实都能够体会到,在自己的日常工作和生活中,谁才是说了算的角色。或许按照持"强"规范性主张的学者看来,一个国家的宪法法律,应该成为人们行为的直接依据,而不能依靠那些被反复诠释并具体化的次级规则与制度治理国家。这当然有一定的道理。问题仅仅在于,这可能只是一种理想的"实验室"状态。

次级规则与制度的存在与角色,决定了其具有的效力,蕴含了特定的规范性。人们对"地方法制(法治)""区域法治""软法""地方法治先行"等话题的关注,无非是对中国特有的广泛存在的次级规则与制度及其作用的理论回应。次级规则与制度的广泛适用,必然会导致一个问题:有些次级规则和制度是符合法治原则的;有些则不是,甚至会阻碍法治的进程,削弱、限制权利主体行使权利。现实中,严重违法的次级规则与制度的确是普遍存在的。正因如此,按照国家法治原则,着力解决次级规则与制度建设中存在的问题,特别是进一步强化其从社会与公众获取规范性资源的能力,正是法治建设应该优先考虑的方向。

简言之,地方法制的规范性,即次级规则与制度的规范性,源于职权法定这一法治发展的巨大成果,并从吸纳我国地方、基层和公众参与法治进程的可预见的美好前景中获取自身的合法性与正当性。从这个意义上说,地方法制当然是"应当"的。

(原载《中国法律评论》2019 年第 3 期)

---

① 施歌:《习近平主持召开中央全面依法治国委员会第二次全体会议》,http://www.xinhuanet.com/politics/leaders/2019-02/25/c_1124161654.htm。